기독교문서선교회(Christian Literature Center: 약칭 CLC)는 1941년 영국 콜체스터에서 켄 아담스에 의해 시작되었으며 국제 본부는 미국 필라델피아에 있습니다.
국제 CLC는 59개 나라에서 180개의 본부를 두고, 약 650여 명의 선교사들이 이동 도서차량 40대를 이용하여 문서 보급에 힘쓰고 있으며 이메일 주문을 통해 130여 국으로 책을 공급하고 있습니다. 한국 CLC는 청교도적 복음주의 신학과 신앙 서적을 출판하는 문서선교기관으로서, 한 영혼이라도 구원되길 소망하면서 주님이 오시는 그날까지 최선을 다할 것입니다.

추천사

정병식 박사
한국루터학회 회장

'역사는 시간의 문제이자, 공간의 문제다.' 때문에 현장이 없는 역사는 공허한 낭설에 불과합니다. 이 책은 충실한 해설과 역사적 화보를 통해 지금의 세계를 결정지어 준 500년 전 종교개혁을 현재화시켜 줬습니다. 16세기 종교개혁의 핵심을 인물, 장소, 사건을 통해 이해할 수 있는 매우 유익한 책입니다.

이후정 박사
감리교신학대학교 총장

탁월한 역사신학자인 오광석 교수님이 금번에 저술한 『간추린 종교개혁사』는 한국의 개신교회가 자신의 진정한 뿌리를 찾는 데 큰 유익을 주는 귀중한 책입니다. 오랜 시간을 유럽 현지에서 보내면서 더욱 현실감 넘치는 입문서를 펴낸 저자의 노고를 치하하면서, 이 책이 신학도와 목회자 및 평신도에 걸쳐 많은 독자들에게 영감과 바른 지식을 선사할 것이라 믿습니다.

이은재 박사
감리교신학대학교 역사신학 교수

간추린 종교개혁사지만 "이해할 수 있는 종교개혁"이 되도록 문장이 쉽고 필요한 자료를 담았으며, 무엇보다 현장을 누빈 사진들이 책의 가치를 더해 줍니다. 위대한 종교개혁자들의 발자취를 수차례 걷고 묵상했던 수고의 열매입니다. 이 책이 종교개혁 500주년의 정리이자, 한국교회의 개혁을 준비하는 이들에게 디딤돌이 되기를 기대합니다.

임용택 목사
안양감리교회 담임목사

이 책은 목회자는 물론 평신도들도 이해하기 쉽습니다. 다양한 에피소드를 곁들여 재밌습니다. 익히 아는 종교개혁 이야기를 넘어서서 교회를 바라보는 통찰을 제공합니다. 수십 년간 교회사를 연구한 저자의 탁월한 내공이 느껴집니다. 목회자들에게 일독을 권하는 것은 물론이고 교인들에게 교회사를 가르치는 교재로 활용해도 좋을 듯합니다.

조성현 학생
서울대학교 기계항공공학부 기계공학 전공

역사는 현재보다 나은 미래로 나아갈 방향을 제시해 주는 과거의 창입니다. 현재 개신교를 보다 나은 미래로 이끌어 나가야 할 개신교 청년들에게 그 방향을 제시하는 과거의 창은 바로 종교개혁사입니다. 한국 개신교에 새로운 개혁이 요구되는 지금, 종교개혁의 핵심 흐름을 짚어 낸 『간추린 종교개혁사』는 나와 같은 개신교 청년들이 꼭 읽어야 할 필독서입니다

종교개혁 현장과 함께 읽는
간추린──
종교개혁사

A Concise History of Reformation
Written by Oh, Gwang Seok
All rights reserved.
Korean Edition Copyright ⓒ 2020 by Christian Literature Center, Seoul, Korea

종교개혁 현장과 함께 읽는 간추린 종교개혁사
2020년 8월 10일 초판 발행

지은이 | 오광석

편　　집 | 고윤석
디 자 인 | 김현진
펴 낸 곳 | (사)기독교문서선교회
등　　록 | 제16-25호(1980.1.18.)
주　　소 | 서울특별시 서초구 방배로 68
전　　화 | 02-586-8761~3(본사) 031-942-8761(영업부)
팩　　스 | 02-523-0131(본사) 031-942-8763(영업부)
이 메 일 | clckor@gmail.com
홈페이지 | www.clcbook.com
송금계좌 | 기업은행 073-000308-04-020 (사)기독교문서선교회

ISBN 978-89-341-2146-6 (93230)

이 도서의 국립중앙도서관 출판예정도서목록(CIP)은 서지정보유통지원시스템 홈페이지 (http://seoji.nl.go.kr)와 국가자료공동목록시스템(http://www.nl.go.kr/kolisnet)에서 이용하실 수 있습니다. (CIP제어번호: CIP2020019721)

이 책의 저작권은 저자와 (사)기독교문서선교회가 소유합니다. 신저작권법에 의하여 한국 내에서 보호받는 저작물이므로 무단 전재와 무단 복제를 금합니다.

종교개혁 현장과 함께 읽는

간추린

종교개혁사

오광석 지음

CLC

목차

추천사
    정 병 식 박사 | 한국루터학회 회장
    이 후 정 박사 | 감리교신학대학 총장
    이 은 재 박사 | 감리교신학대학 역사신학 교수
    임 용 택 목사 | 안양감리교회 담임
    조 성 현 학생 | 서울대학 기계항공공학부 기계공학 전공

일러두기   12
저자 서문   13

제1부 간추린 종교개혁사

제1장 종교개혁의 선구자들   18
  1. 피터 왈도   20
  2. 존 위클리프   24
  3. 얀 후스   28
  4. 지롤라모 사보나롤라   38

제2장 루터의 출생과 성장   44
  1. 부모와 가정   44
  2. 만스펠트 시기   49
  3. 마그데부르크 시기   51
  4. 아이제나흐 시기   53
  5. 에어푸르트대학 시기   55

제3장 루터의 영적 싸움　　　　　　　　　58
　1. 수도사가 되다　　　　　　　　　　　　58
　2. 로마 순례　　　　　　　　　　　　　　64
　3. 하나님을 사랑하라고?　　　　　　　　66

제4장 종교개혁의 시작　　　　　　　　　69
　1. 신학박사 루터, 이신칭의를 깨닫다　　　69
　2. 면죄부 판매를 반대하는 95개조 논제　 72
　3. 95개조 논제　　　　　　　　　　　　　81

제5장 진리를 향한 싸움　　　　　　　　　96
　1. 로마의 대응　　　　　　　　　　　　　96
　2. 신성로마제국의 황제 칼 5세　　　　　 101
　3. 라이프치히 논쟁　　　　　　　　　　 104
　4. 교황 교서의 위협　　　　　　　　　　 109
　5. 보름스 제국 의회　　　　　　　　　　 113
　6. "밧모섬"에서 게오르크 기사의 은둔 생활　125

제6장 과격한 개혁의 거센 물결　　　　　 133
　1. 폭동과 과격한 개혁　　　　　　　　　 133
　2. 토마스 뮌처와 농민 전쟁　　　　　　 137

제7장 루터의 결혼과 가정　　　　　　　 154

A Concise History of Reformation

제8장 개혁의 확산과 논쟁들   171
  1. 에라스무스와의 논쟁   172
  2. 율법무용론 논쟁   176
  3. 성만찬 논쟁   178
  4. 재세례파 문제   189

제9장 아우크스부르크 신앙고백과 독일의 종교적 분열   194

제10장 생의 마지막이 가까이 오다   210
  1. 역사의 비판을 받는 반유대주의자 루터   210
  2. 육체적 질병과 우울증   216
  3. 생의 마지막   218

제11장 루터의 종교개혁 이후와 그 영향   225

제2부 종교개혁 현장 역사와 현재

제1장 존 위클리프 개혁의 장소   233
  1. 옥스퍼드   233
  2. 루터워스   235

제2장 얀 후스 개혁의 장소   237
  1. 프라하   237
  2. 콘스탄츠   243
  3. 타보르   245

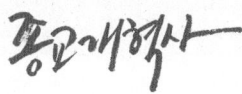

제3장 지롤라모 사보나롤라 개혁의 장소	247
1. 피렌체	247
제4장 마틴 루터의 부모의 장소	250
1. 뫼라	250
2. 바트 노이슈타트	253
제5장 루터의 고향	255
1. 루터의 도시 아이스레벤	255
제6장 루터의 학창 시절	272
1. 루터의 도시 만스펠트	272
2. 마그데부르크	278
3. 아이제나흐 – "나의 사랑하는 도시"	284
4. 에어푸르트	292
제7장 루터의 영적 싸움과 수도사 서원	306
1. 슈토테른하임	306
제8장 종교개혁의 시작과 중심	308
1. 루터의 도시 비텐베르크	308
제9장 루터의 진리를 향한 싸움	333
1. 하이델베르크	333
2. 알텐부르크	335
3. 라이프치히	337

4. 뉘른베르크　　　　　　　　　　　　　　　344
　　5. 옵펜하임　　　　　　　　　　　　　　　　345
　　6. 보름스 - "내가 여기 서 있나이다"　　　　346
　　7. 슈타인바흐　　　　　　　　　　　　　　　350
　　8. 바르트부르크　　　　　　　　　　　　　　352

제10장 과격한 개혁자 토마스 뮌처와 농민 전쟁　　357
　　1. 바이마르　　　　　　　　　　　　　　　　357
　　2. 예나　　　　　　　　　　　　　　　　　　370
　　3. 슈톨베르크　　　　　　　　　　　　　　　375
　　4. 츠비카우　　　　　　　　　　　　　　　　382
　　5. 알슈테트　　　　　　　　　　　　　　　　387
　　6. 뮐하우젠　　　　　　　　　　　　　　　　391
　　7. 바트 프랑켄하우젠　　　　　　　　　　　　394

제11장 루터 가족의 장소　　　　　　　　　　　　401
　　1. 그림마　　　　　　　　　　　　　　　　　401
　　2. 토어가우　　　　　　　　　　　　　　　　404
　　3. 차이츠　　　　　　　　　　　　　　　　　416

제12장 논쟁의 개혁자들 장소　　　　　　　　　　421
　　1. 에스라무스의 바젤　　　　　　　　　　　　421
　　2. 츠빙글리의 취리히　　　　　　　　　　　　427
　　3. 부처의 슈트라스부르크　　　　　　　　　　434

제13장 성만찬 문제를 위한 개신교 간의 종교 회담　　449
　　1. 마부르크(Marburg)　　　　　　　　　　　　449

제14장 "프로테스탄트"　　　　　　　　　　454
　1. 슈파이어　　　　　　　　　　　　　454

제15장 재세례파 문제의 장소　　　　　　460
　1. 뮌스터　　　　　　　　　　　　　　460

제16장 아우그스부르크 신앙고백의 장소　463
　1. 아우그스부르크　　　　　　　　　　463
　2. 코부르크　　　　　　　　　　　　　473

제17장 개신교 동맹과 종교적 분열　　　　481
　1. 슈말칼덴　　　　　　　　　　　　　481
　2. 나움부르크　　　　　　　　　　　　487

제18장 루터의 죽음　　　　　　　　　　　494
　1. 할레　　　　　　　　　　　　　　　494

제19장 칼뱅의 도시　　　　　　　　　　　504
　1. 제네바　　　　　　　　　　　　　　504

약어 표기 및 참고 문헌　　　　　　　　　508
미주　　　　　　　　　　　　　　　　　　512
색인　　　　　　　　　　　　　　　　　　516

일러두기

1. 인명과 지명은 현지어 발음으로 한글 표기하고 괄호 안에 원어를 병기했다. 필요한 경우에는 독자의 이해를 돕기 위해 영어명도 함께 병기했다.

   예: 피렌체(Firenze; 영어명 Florence)

2. 인명과 지명은 처음에만 원어를 함께 표기하고, 이후에는 한글명만 표기했다.

   예: 처음에 나올 때만 '비텐베르크'(Wittenberg) → 이후는 '비텐베르크'

3. 1부에서 종교개혁사를 기술하며 관련 현장의 역사와 현재의 모습을 참고하도록 2부의 해당 지역과 장소를 →로 표기해 찾아볼 수 있도록 했다.

   예: "아이스레벤에서 한스는 기대한 것처럼 성공하지 못했으나, 그곳에서 훗날 위대한 종교개혁자가 될 둘째 아들 마틴(Martin) 루터를 얻었다." → (루터의 도시 아이스레벤 - 루터의 생가)

4. "성경"이란 용어 대신에 "성서"로 통일했다.

5. 각주는 미주로 처리했으며, 전공자들이 아닌 독자의 경우에도 부담이 없도록 최소한으로 첨부했다.

6. 심화 독서를 원하는 이들을 위해 각주에 나타난 문헌 이외에 참고한 문헌들을 뒤에 첨부했다. 종교개혁 현장의 교회, 성, 박물관, 학교, 관광청 및 기타 기관에서 얻은 소책자나 인터넷 소개 사이트 등은 그 항목이 너무 많아 참고 문헌에서 생략했다.

저자 서문

오 광 석 박사
감리교신학대학교 객원교수

왜 또다시 종교개혁인가?

지난 2017년 종교개혁 기념 500주년을 맞아 종교개혁과 마틴 루터에 관한 많은 책이 쏟아져 나왔다. 곳곳에서 관련 학술제가 열리고, 여러 교회에서 루터와 종교개혁에 관한 강좌가 열렸다. 한국에서 온 목회자들과 성도들의 단체 종교개혁 순례로 유럽의 종교개혁지마다 한국인들이 넘쳐 났다. 종교개혁의 진원지였던 독일의 비텐베르크에서는 500주년 기념 특별 행사를 보기 위해 온 한국인들로 인해 지역의 호텔 객실이 1년 전에 예약이 다 찼다고 한다.

그토록 요란하게 종교개혁을 기념한 한국교회는 이후 많이 달라졌을까? 안타깝게도 한국교회의 타락에 대한 우려와 개혁을 향한 외침은 여전히 좀처럼 줄지 않고 있다. 대형교회의 담임목사 세습, 목회자의 부도덕한 추문, 물질주의 등 교회와 목회자들의 타락을 걱정하는 소리가 여전히 기독교계 안팎에서 그치지 않는다. 한국교회는 종교개혁 500주년을 성대하게 기념하고 축하했지만, 여전히 그 상황이 500여 년 전 루터가 교회와 성직자의 타락을 비판했던 현실과 크게 다르지 않다.

필자는 오랫동안 교회에 관심이 많았고, 그 때문에 박사 논문도 교회론을 연구 주제로 삼아 썼다. 필자는 스스로 교회를 많이 사랑한다고 생각하는 사람이다. 할 수만 있다면 교회를 교회답게 만드는 일에 조금이라고 일조하고 싶다.

"교회는 창기다. 그런데 그녀가 우리 어머니다."

종종 성 아우그스티누스의 말로 인용되는 이 말에 필자는 공감한다.

교회가 더럽혀지고 타락했다고 비난하지만, 그러나 내 어머니이니 어찌 버릴 수 있겠는가?

사랑하지 않겠는가?

이 책을 저술하게 된 동기도 교회가 종교개혁의 역사를 통해 배워 다시 교회다운 교회로 세워지기를 바라는 마음에 있었다. 7년의 독일 체류 기간에 기회가 될 때마다 종교개혁 현장들을 찾아 그 기운을 느껴 보고자 했다. 현장을 보고 사진과 사료들을 포함해 관련 자료를 모았다. 그 후에도 이런저런 이유로 이 책을 쓰기까지 여러 해가 걸렸다.

이 책에 필자 나름대로 종교개혁에 대한 많은 정보를 담았다. 그러나 바라기는 이 책이 단지 역사 지식의 추가로 그치지 않았으면 한다. 독자들이 종교개혁의 역사를 통해 교회 개혁과 갱신을 위한 영감을 받는다면 더할 나위 없이 좋겠다.

루터가 위대한 개혁자이지만 그에게도 인간적인 면이 있었다. 이 책은 종교개혁자들의 공적뿐 아니라 잘못과 실패도 다뤘다. 우리가 특별히 성자여서 개혁을 주장하는 것이 아니다.

흠도 부족함도 있지만, 우리에게는 주님과 우리의 어머니 교회를 사랑하는 마음이 있지 않은가?

필자는 이 책을 종교개혁사를 공부하고자 하는 이들뿐 아니라 유럽의 역사와 문화를 알고자 하는 이들에게도 권하고 싶다. 기독교의 역사를 알지 못하고 유럽의 역사를 알 수 없다. 종교개혁을 언급하지 않고 유럽의 중세와 근세사를 이야기할 수 없다. 종교개혁은 단일의 사건이 아니다. 독일의 루터뿐 아니라 여타 지역의 다른 종교개혁자들도 루터 못지않게 중요한 일을 했다. 그래서 이 책은 루터와 독일의 종교개혁사를 중심으로 기술했지만, 다른 유럽 지역의 종교개혁자들도 지면이 허락하는 한 함께 다뤘다. 다만 한 권의 책으로 만들다 보니 애초 작성했던 원고의 상당 부분을 빼내야 했다.

최근에는 지역사 연구를 통해 그 조각들을 모아 역사의 큰 그림을 그려 보려는 시도가 활발하다. 필자는 이 책에서 종교개혁사 개론을 가급적이면 이야기 중심으로 기술하면서 관련된 지역의 역사를 함께 다뤘다. 종교개혁 현장의 비교적 상세한 역사를 담아내고자 했다. 역사를 기술하면서 자료들이 서로 일치하지 않는 경우 가능한 한 신뢰할 만한 자료를 따랐다. 하지만 혹 오류가 있다면 그것은 전적으로 필자의 부족함 탓이다.

이 책이 나오기까지 많은 분의 도움이 있었다. 먼저 필자가 관련 사료를 볼 수 있도록 도움을 주고 친절한 설명을 해 줬던 유럽 종교개혁지의 지역 박물관, 교회, 성 등의 관계자들께 감사를 드린다. 특별히 기억나는 분은 예나대학 도서관의 요아힘 오트(Joachim Ott) 박사와 알슈테트성의 카린 에리히(Karin Ehrich) 부인이다. 오트 박사는 도서관에 소장된 희귀한 루터 성서들과 고문서들을 보여 주고 설명해 줬을 뿐 아니라, 이후에도 대학 아카이브 사이트에 접속해 자료를 이용할 수 있도록 배려해 줬다. 에리히 부인은 일반인들에게 공개하지 않는 성과 박물관 자료들을 볼 수 있도록 배려해 주고, 이후에도 메일로 관련 자료들을 찾아 보내 줬다. 알슈테트성을 찾은 날은 몹시 추운 겨울날이었다. 성을 나와 성 요한네스교회로 가는 필자를 위해 겨울철 문을 열지 않는 교회에 들어갈 수 있도록 교회 담임목사에게 연락해 나오도록 주선해 주고 그곳까지 데려다줬던 에리히 부인의 친절을 필자는 잊을 수가 없다.

일부 사진 파일이 사라져 난감했을 때 몇몇 사진을 기꺼이 제공해 주신 김현배 목사님과 이상범 목사님 그리고 사진 제공과 함께 책의 추천사까지 써 주신 정병식 교수님께 감사드린다. 따뜻한 격려와 함께 책의 추천사를 써 주신 이후정 총장님과 이은재 교수님께 감사드린다. 또한, 책이 나오기까지 곁에서 계속 격려해 주신 안양감리교회의 임용택 목사님께 감사드린다. 그리고 이 책을 출간해 준 기독교문서선교회(CLC) 대표 박영호 목사님과 직원분들에게 감사드린다. 무엇보다 하나님의 은혜와 인도하심이 없었다면 이 책은 나오지 못했을 것이다.

제1부

간추린 종교개혁사

제1장　종교개혁의 선구자들
제2장　루터의 출생과 성장
제3장　루터의 영적 싸움
제4장　종교개혁의 시작
제5장　진리를 향한 싸움
제6장　과격한 개혁의 거센 물결
제7장　루터의 결혼과 가정
제8장　개혁의 확산과 논쟁들
제9장　아우그스부르크 신앙고백과 독일의 종교적 분열
제10장　생의 마지막이 가까이 오다
제11장　루터의 종교개혁 이후와 그 영향

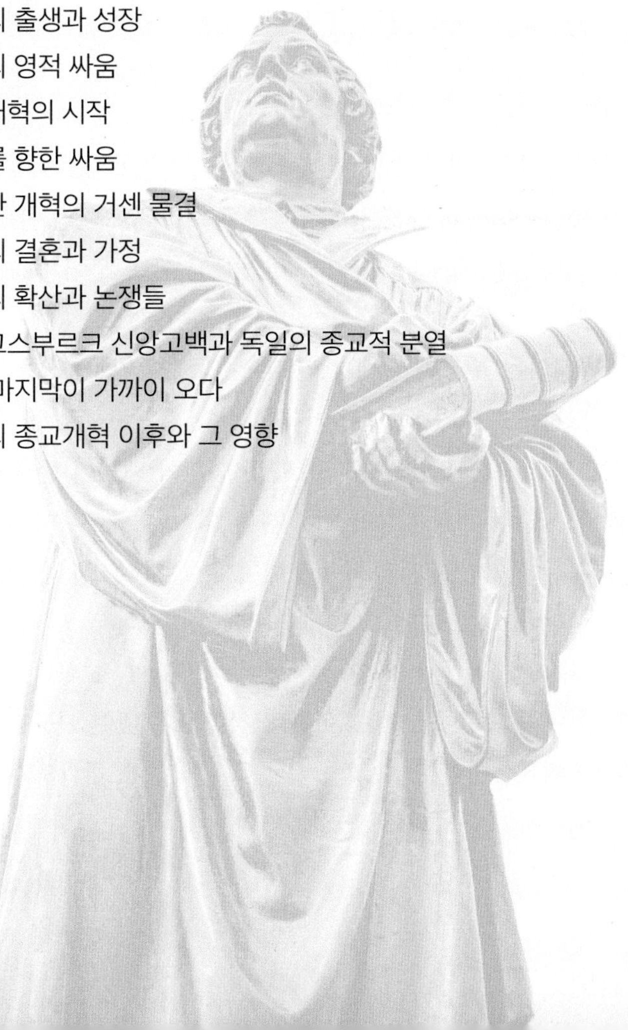

제1장

종교개혁의 선구자들

역사가 중 종교개혁은 마틴 루터(Martin Luther)가 아니라도 그 시대에 반드시 일어났을 것이라고 말하는 이들이 있다. 여러 가지 시대적 상황이 종교개혁을 요구했음은 분명해 보인다. 문예 부흥 운동과 함께 개인주의의 성장, 자치적 교회 생활에 대한 열망 그리고 로마 교황청을 향한 동경(ultramontanism, 산 넘어 저쪽, 즉 로마 교황청을 인정하자는 생각)에 반기를 든 반 로마주의(anti-ultramontanism) 정서의 확대 등이 종교개혁의 토양을 제공했다.

발전하는 무역과 함께 생긴 많은 경제적 기관도 교회라는 유일한 기관에 도전하고 있었다. 그런 가운데 신앙의 원천으로 돌아가자고 하는 인문주의의 발흥으로 원문 성서에 관한 연구와 해석이 발달했고, 이를 통해 교리와 생활의 개혁을 이루고자 하는 의식이 확산했다. 무엇보다 중세기가 끝나 감에 따라 교회의 부정부패는 극에 달하고 많은 이가 근본적인 개혁을 갈망하고 있었다.

교황의 자리를 두고 암투가 끊이지 않았고, 교황의 자리를 차지하고 있었던 여러 인물이 그리고 이를 탈취하고자 했던 인물들도 자격이 없는 자들이 대부분이었다. 교회의 분열을 종식하고 개혁하자고 시작됐던 '종교회의 운동'(Conciliarism)도 실패했다. 이는 종교회의에 참석했던 성직자들 가운데 상당수가 당시 교회의 부정부패를 통해 막대한 이익을 얻고 있는 자들이었기 때문이다. 성직자들의 궐석 제도, 성직 중임 제도, 성직 매매와 같은 부정부패가 만연했다. 성직자들의 독신 제도를 많은 이가 공개적으로 지키지 않고 있었다.

주교들과 심지어 지방 신부들도 사생아들을 가지고 있었고 부정부패로 모은 재물로 이들을 부양하고 있었다. 또한, 많은 수녀원과 수도원은 사치와 향락의 장소로 변질됐고, 군주들과 고위 귀족들은 첩에게서 낳은 자식들을 이러한 수도원이나 수녀원의 원장에 임명함으로써 그들의 생활 기반을 마련해 주고자 했다. 거기다가 지방 성직자들은 교육도 제대로 받지 못한 이들이었다.

이러한 상황 속에서 의식 있는 성직자들과 수도사들은 절망할 수밖에 없었다.

호화스러운 수도원 속에서 어떻게 금욕과 명상과 기도의 생활을 유지할 수 있을 것인가?

자기 자신이 이미 돈을 내고 성직을 산 이들이 교구 안에서 부정부패가 있을 때 어떻게 이를 막을 수 있겠는가?

이러한 죄의식을 느끼지 못하는 성직자들이 행하는 고해성사를 어떻게 평신도들이 의지할 수 있겠는가?

과연 죄 사함과 구원을 위해 신자들이 타락한 성직자들과 교회에 의존할 수 있겠는가?

이러한 염려와 불만과 분노의 지수는 점점 높아져만 갔다. 이러한 시대 상황 속에서 루터에 앞서 이미 오래전에 교회의 개혁을 외쳤던 종교개혁의 선구자들이 있었다. 1521년 루터가 황제 앞에서 자신의 주장을 굽히지 않고 목숨을 걸고 진리를 수호했던 장소인 제국 의회의 도시 보름스(Worms)에는 세계에서 가장 큰 종교개혁 기념물이 있다. → (**보름스 - 루터 기념물**)

보름스 루터 기념물

그 기념 조형물에는 중앙에 있는 받침대 위에 루터가 서 있고, 그를 둘러싸고 네 사람의 종교개혁 선구자들이 앉아 있는 모습을 하고 있다. 이들은 프랑스 출신의 이탈리아 종교개혁가 피터 왈도(Peter Waldo), 영국의 존 위클리프(John Wycliffe), 보헤미아(Bohemia)의 얀 후스(Jan Hus), 그리고 이탈리아의 지롤라모 사보나롤라(Girolamo Savonarola)다. 그중 후스와 사보나롤라는 이단으로 몰려 화형으로 순교하기까지 개혁을 부르짖었다.

1. 피터 왈도 (Peter Waldo, 1140-1218)

피터 왈도

프랑스 리용(Lyon) 출신의 상인이었던 왈도는 회심 후 사업을 접고 재산을 팔아 가난한 사람들에게 나눠 준 후 성서 연구에 몰두했다. 이를 통해 그는 로마 가톨릭교회 신앙과 체제에 대해서 의심하게 되고 종교개혁적 사고를 하게 됐다.

이후 그는 두 사람을 고용해 라틴어로 된 4복음서와 성서의 일부 책들, 교부들의 글의 요약본들을 중세기 남

유럽 일부 지역의 언어인 로망어로 번역했다. 그리고 그 번역물들을 읽고 나서 왈도는 사제나 주교 또는 교황의 말이라 할지라도 인간의 말은 믿음의 토대가 될 수 없다는 것과 오직 성서만이 믿음의 토대가 된다는 사실을 깨닫게 됐다.

그는 또한, 오직 한 분의 중보자가 계실 뿐이며, 성례 가운데는 오직 두 가지, 곧 세례식과 성찬식만을 주 예수 그리스도께서 제정하셨다는 사실도 알게 됐다. 나아가 성인 숭배, 죽은 자들을 위한 기도, 그리고 연옥을 부정하게 됐다. 이러한 주장들은 후에 루터가 종교개혁을 주장하며 가졌던 사상과 상당히 유사함을 알 수 있다. 루터의 사상은 어느 날 그가 갑자기 만들어 낸 것이 아니라, 이미 역사 속에서 그와 같은 주장을 했던 개혁가들이 있었다.

또한, 왈도는 프랑스와 이탈리아 북서 지역인 롬바르디의 여러 지역을 다니면서 자신이 읽었던 번역물들의 필사본들을 나눠 주면서 설교를 했고, 많은 지지자를 얻게 됐다. 전도 여행을 다니던 중 1177년 프랑스 남동부 알프스산맥 기슭의 피드몽 골짜기에서 자신과 같은 신앙을 가진 사람들을 만나 그들과 같이 거하면서 그곳에서 설교했다. 그들은 곧 왈도의 이름을 따라 "왈도파"(Waldeneses)라 불렸다. 또는 "왈덴시안들"(Waldensians), 즉 "왈도파 사람들"이라고도 했다.

이들은 예수께서 70인의 제자를 파송하시며 "전대나 배낭이나 신발을 가지지 말라" 하셨던 것에 기초해 청빈을 실천했기에 "리용의 가난한 사람들"이라 불리기도 했다. 또는 나무로 된 신발인 사보트(Sabots)를 신고 다녔다고 해서 "사보타티"(Sabotati)라고도 불렸다. 그들은 성서의 원초적이고 순수한 가르침을 따르려고 했다. 왈도파의 성서 교사 혹은 설교자들은 재산이나 소유물, 집이나 가족 등을 가지고 있지 않았다. 그것들을 가지고 있었더라도 기꺼이 포기하려 했고, 왈도가 그랬던 것처럼 가난한 이들에게 나눠 줬다.

이들은 처음에는 공개적으로 활동했다. 하지만 왈도파 성서 교사들이 곳곳에서 로마 가톨릭교회 사제들로부터 배척받고 추방 당하자, 왈도는 로마의 합법적인 지지를 얻기 위해서 번역된 성서 등 신앙 서적들과 함께 두 사람을 보내 교황을 만나도록 했다. 그러나 당시의 교황 알렉산더 3세 (Alexander III)는 그 책들로 인해 야기될 사태를 두려워해서 그 책들을 인정하지 않았다. 로마 가톨릭교회 성직자들에게 왈도파 사람들은 무식한 평신도로 보였다. 교황은 1179년의 제3차 라테란 공회에서 "왈덴시안들은 그들이 속한 지역의 성직자가 원하지 않는 한 어떤 경우에도 성서를 가르칠 수 없다"라고 결정했다.

알렉산더 3세의 뒤를 이어 교황이 된 루시우스 3세(Lucius III)는 왈도파가 로마 가톨릭교회에 위협이 된다고 생각했다. 그는 왈도파 사람들이 설교하지 말라고 한 명령을 따르지 않았다는 이유로 그들을 이단으로 정죄하고 법으로 금지했다. 이후 왈도파는 공공연하게 박해를 받았고, 특히 교황권이 최전성기를 맞은 이노센트 3세(Innocentius III) 때 매우 큰 핍박을 받았다.

그러나 이런 핍박 속에서도 상인이었던 왈도의 특성을 잘 살려 왈도파 사람들은 행상을 겸해 유럽의 여러 지역으로 돌아다니며 자신들이 깨달은 진리를 전파하고 로마 가톨릭교회의 거짓 교리를 공격했다. 왈도파 사람들은 성서적 기독교의 재건을 크게 갈망했기에 신약성서를 거의 외울 정도였고, 각국어로 번역된 성서 필사본들과 소책자들을 보급했다. 왈도와 그의 제자들은 평신도였지만 능력 있는 설교로 이름을 떨쳤다.

박해가 더욱 거세지자 이를 피해 왈도와 왈도파 사람들이 오늘날의 체코 지역인 보헤미아로 이주해 갔고, 왈도는 1217년 그곳에서 사망했다. 그는 죽기 전 그 땅에 많은 복음의 씨를 뿌렸는데, 200여 년 후 바로 그 보헤미아에서 또 다른 종교개혁의 선구자 얀 후스가 나타났다.

왈도파는 수백 년 동안 로마 가톨릭교회의 박해로 100만 명 이상이 학살당했다. 심지어 임산부를 돌에 깔아 죽이기도 했고, 400여 명의 부녀자와 어린이들이 피신해 있던 동굴에 불을 질러 안에 있던 모든 사람을 죽이기도 했다. 무수히 많은 사람이 잔인한 고문을 당했으며 다양한 방법으로 죽임을 당했고, 그들의 시신은 때로 들짐승과 새들의 먹이로 던져지기도 했다.

왈도파가 많이 거주하는 지역인 경우에는 무차별 살육과 방화를 감행해서 황폐하게 만들었는데, 왈도파의 본거지인 피드몽 골짜기는 피가 강물처럼 흘러넘쳤다고 한다. 당시의 한 종교 재판관은 왈도파에 대해 "그들은 인내뿐만 아니라 열정을 가지고 죽음으로 나아갔다"라고 말했다고 전해진다.

이러한 혹독한 핍박을 받으면서도 왈도파는 멸절되지 않고, 오히려 15세기에 이르러는 가장 광범위한 반로마 세력으로 성장했다. 이들은 리옹 부근에서 시작해 점차 프랑스 전역으로 세력을 넓혀 나가다가 이탈리아, 스페인, 독일, 헝가리, 폴란드 등 인근 국가로 전파됐다. 16세기 종교개혁의 봇물이 터졌을 때, 그들은 보다 적극적이며 안전하게 그들의 신앙을 전파할 수 있게 됐고, 종교개혁 운동의 최고 고참이 됐다.

이들은 16세기 종교개혁으로 개신교(개혁파)에 흡수됐으나, 그 일부는 프랑스와 이탈리아 사이의 국경 지대와 알프스의 보도와 계곡에 남았다. 1848년 왈도파는 완전한 시민권을 되찾았고, 1855년 이탈리아 토리노에 독자적인 신학교를 세웠다. 지금도 토리노는 왈도파의 지역이다. 교황청이 있는 로마 가톨릭교회 국가인 이탈리아에서 왈도파 개신교도들은 소수이지만 감리교와 연합해 연합 개신교를 이뤄 활발하게 활동하고 있다. 한편 다수의 왈도파 사람들이 우루과이로 이민을 떠났다가 다시 미국으로 옮겨가 남북아메리카에 왈도파교회를 세웠다.

2. 존 위클리프 (John Wycliffe, c. 1320-1384)

존 위클리프

"종교개혁의 샛별"(Morning Star of the Reformation)이라 불리는 위클리프는 정확한 출생 년도는 알 수 없지만, 학자들에 따르면 1320년대에 태어났다. 위클리프의 집안은 영국의 북부 지방 요크셔(Yorkshire)의 유지로 독실한 로마 가톨릭교회 신자 가문이었던 것으로 알려져 있다. 후에 위클리프가 로마 가톨릭교회에서 이단으로 정죄됐을 때, 독실한 로마 가톨릭교회 신자였던 그의 친척들은 가문에 있는 모든 문서에서 그의 이름을 지우려 했다고 한다.

위클리프는 1345년경 왕립대학인 옥스퍼드(Oxford)에 입학해 철학과 법학 등을 공부했다. → (옥스퍼드 – 옥스퍼드대학) 특히 그는 교회법과 국법에 많은 관심을 갖고 공부했으며, 성서도 깊이 있게 연구했다. 이것이 훗날 그가 교회와 국가의 개혁을 위해 일하는 데 있어 토양이 됐다. 대학 시절 이미 학문적 재능과 신앙적 열심을 보여 줬던 그는 학생들과 교수들 사이에서 상당한 명성을 얻었고 많은 지지자들을 가지고 있었다.

위클리프는 1356년이 돼서야 옥스퍼드 머튼대학(Merton College)에서 학위를 받았는데, 그가 대학을 오래 다닌 이유는 1348년 여름부터 영국에 흑사병이 돌기 시작해 학업을 제대로 할 수 없기도 했고, 아버지의 사망으로 학업을 잠시 중단하기도 하는 등 여러 사정으로 인해 학업을 지속할 수 없었기 때문이었다.

특히 흑사병의 창궐은 위클리프에게 큰 영향을 줬다. 그는 전염병의 재앙을 지켜보며 인류의 상태와 미래에 대해 우울한 견해를 가지게 됐다. 1356년 위클리프는 「교회의 마지막 시대」(The Last Age of the Church)라는 소논문을 썼는데, 그는 14세기 말에 세상의 종말이 올지도 모른다고 생각했다. 당시 흑사병을 죄 많은 인간들에 대한 하나님의 심판으로 보는 이들도 있었지만, 위클리프는 이를 자격 없는 성직자들에 대한 심판으로 봤다. 그 근거로 그는 성직자들의 사망률이 특별히 높았던 것을 들었다.

우여곡절 속에서도 학업을 계속했던 위클리프는 1361년 옥스퍼드 발리올대학(Balliol College)에서 문학 석사 학위를 받고 링컨셔(Lincolnshire)의 필링햄(Fillingham) 교구를 맡아 나가게 됐다. 그러나 이후로도 그는 옥스퍼드 대학과 계속 관계를 유지했으며, 1369년에는 옥스퍼드에서 신학사 학위를 그리고 1372년에는 박사 학위를 받았다. 위클리프는 대학에서 유창하고 열정적인 강의로 명성이 높았으며, 많은 학생의 지지를 받았다. 그는 학생들 사이에서 "복음 박사"라는 별명을 얻었다.

위클리프는 점차 교회와 국가의 개혁을 요구하는 목소리를 높여 갔다. 그는 처음에는 애국적인 입장에서 교황의 횡포에 항거했다. 위클리프는 당시 교황이 영국 국왕에게 요구하는 조공의 불합리성과 영국에 미치는 교황의 정치적 영향의 부당성을 지적했다. 교황청은 1309년부터 로마에서 프랑스의 아비뇽으로 옮겨져 프랑스의 영향 아래 있었다. 프랑스와 적대 관계에 있으면서 전쟁 중이었던 영국 국민들은 자신들의 물질이 프랑스로 넘어가는 것과 교황청의 탐욕스런 강제 징수에 대해 불만을 느껴오던 차에 위클리프의 비판에 크게 공감했다. 결국, 영국의 국왕과 귀족들이 하나가 돼 교황청의 각종 요구를 단호히 거절했다.

위클리프는 점차로 교회 개혁 쪽으로 관심의 폭을 넓혀 가기 시작했다. 그는 모든 합법적인 통치권은 오직 하나님으로부터만 오는 것이며, 이 세상에서의 통치는 섬김을 받기 위해서가 아니라 섬기기 위해서 오신 그리스도의 본을 따라야 한다고 주장했다. 위클리프는 교회의 법은 성서이지 교황이나 교회가 자의적으로 만든 법이 아니라고 강하게 교황의 권위에 맞섰다. 교황의 면죄권도 강하게 부정했다.

또한, 위클리프는 "교회의 유일한 머리는 그리스도이며, 복음의 정신을 따르지 않는다면 교황도 적그리스도의 대리자"일 수 있다고 선언했다. 나아가 교황의 무오설과 사제를 통한 고해성사와 미사를 부정하고, 연옥이 있다는 주장이나 성지순례를 구원과 결부 짓는 일, 성인들을 숭배하는 일과 성인들의 유해를 숭배하는 일 등은 모두 비성서적인 것으로 배척해야 한다고 주장했다.

또한, 탁발수도단 제도의 타락에 대해서도 신랄하게 비판했다. 위클리프의 이 같은 주장들은 중세 로마 가톨릭교회에 대한 치명적인 도전이 됐다. 따라서 중세교회와 교황권의 지도자들은 위클리프의 주장이나 그의 영향력이 백성들 사이에서 커가는 것에 대해 큰 우려와 분노를 갖기 시작했다.

위클리프의 주장이 점점 더 과격해지자 그의 정치적 후견인들이 그에 대한 지지를 거뒀다. 옥스퍼드 동료들까지도 그를 더 이상 지지하지 않자 위클리프는 1374년 레스터셔(Licestershire)에 있는 루터워스(Lutterworth)로 내려가 그곳의 성 마리아교회(St Mary's Church)의 주임신부 직을 맡아 죽을 때까지 그곳에서 지냈다. → (루터워스) 루터워스에 있는 동안 위클리프는 자신의 일생의 과업이었던 성서 번역을 마무리했다. 당시에는 라틴어성서 불가타(Vulgata)만을 보도록 했기 때문에 일부 학자들을 제외하고 보통 사람들은 성서를 읽을 수도 없었다.

위클리프는 하나님의 말씀에서 소외되고 격리된 불쌍한 영혼들을 위해 성서를 영어로 번역하기로 결심했다. 1382년에는 신약성서를 그리고 1384년에는 구약성서를 영어로 번역했다. 성서 번역과 함께 위클리프는 유일한 참 권위는 교황을 통해 말하고 있는 교회가 아니라 성서를 통해 말씀하시는 하나님의 음성이라고 주장함으로 종교개혁의 선구자가 됐다.

영어로 된 성서는 영국 전역으로 퍼져 나갔다. 이로써 모든 사람이 자국어로 된 성서를 가질 수 있는 시대가 왔다. 위클리프의 추종자들은 영국의 여러 지역을 떠돌아다니며 필사본 영어성서를 나눠 주며 복음을 전했다. 그들은 "기도를 중얼거리는 사람들"이라는 뜻의 "롤라드파"(Lollards)라고 불렸다. 이는 네덜란드어에서 유래했다.

위클리프와 롤라드파 (W. F. Yeames)

성서가 나오게 되자 로마 가톨릭교회 지도자들은 당황했고, 음모를 꾸며 위클리프를 세 번이나 법정에 소환했다. 그들은 주교들의 종교회의에서 위클리프의 저서를 이단이라고 선고하고, 젊은 왕을 그들 편으로 끌어들여 누구나 금지된 교리를 지지하는 자는 투옥시킬 것이라는 칙령을 반포하게 했다. 위클리프는 순교를 각오하고 있었다. 왕과 교황과 주교들이 모두 힘을 합해 그를 죽이려고 했으므로 그는 자신이 틀림없이 화형에 처하게 될 것이라고 생각했다. 그러나 그 전에 1384년 위클리프는 갑자기 루터워스에서 뇌일혈로 쓰러진 후 사망했다.

위클리프 사망 후에도 롤라드파의 활동은 계속됐다. 그들은 교황과 영국의 주교들에게 철저히 박해받았으며, 상당수가 화형대에서 처형 당하기도 했다. 위클리프의 저서들은 불태워지고 강에 던져졌다. 교황청에서는 위클리프가 죽은 지 31년 후에 열린 콘스탄츠 공의회(1415)에서 얀 후스를 화형에 처하며 위클리프가 후스에게 영향을 줬다는 이유로 위클리프의 유골을 다시 파내어 사람들 앞에서 불태우고 그 재를 그 근처에 흐르고 있는 템스강(혹자는 스위프트강이라고도 함) 물에 던져 버렸다.

그러나 후대 사람들은 위클리프를 "종교개혁의 새벽별"이라고 불렀으며, 그의 영향은 계속돼 보헤미아의 종교개혁자 얀 후스에게 이르렀다. 그리고 150여 년이 지나 루터를 통해 마침내 종교개혁이 유럽 전역에 불길처럼 번져 나갔다.

3. 얀 후스 (Jan Hus, c. 1370-1415)

얀 후스

후스는 자주 루터와 관련돼 언급되곤 하는 종교개혁의 선구자다. 후스가 자신을 거위에 비유하며 자신은 불에 타 구워질 것이나 100년 뒤에 올 개혁자는 불에 타 죽지 않을 백조와 같은 이가 될 것이라 예언했는데, 사람들은 그 백조가 후스의 개혁 과업을 완성한 루터라고 생각하곤 했다.

후스는 1370년경 오늘날의 체코 지역인 보헤미아 남부의 작은 마을 후시네츠(Husinec)에서 태어났다. "후시네츠"는 체코어로 "거위를 잡는 마을"이란 뜻을 가지고 있다. 체코어 "Husa"는 "거위"를 뜻한다. 그 마을 이름에서 그의 성(姓) 후스(Hus)가 유래했다. 어린 시절 후스에 대해서는 많은 것이 알려져 있지 않다. 다만 그의 가정이 매우 가난했다는 것을 그가 남긴 글을 통해 알 수 있다.

> 내가 어린 시절에 배고팠을 때, 홀레바(체코인들이 일반적으로 먹는 호밀 식빵)로 숟가락을 만들어 콩 수프를 떠서 먹다가 다 먹으면 그 숟가락도 먹었다.[1]

당시 평민 계층인 후스가 가난을 면하고 출세할 수 있는 유일한 길은 성직자가 되는 것이었다. 그는 그 시절 자신의 욕망에 대해 후에 이렇게 회상했다.

> 나는 자신의 악한 욕망 때문에 어렸을 때 빨리 사제가 돼 좋은 집에 살며 화려한 옷을 입고 사람들의 존경을 받으려고 했다. 그러나 성서를 알게 되면서 그것이 악한 욕망임을 알았다.[2]

사제가 되기 위해 후스는 1390년 프라하대학(Univerzita Karlova v Praze)에 입학해 그곳에서 석사 학위까지 받았다. → (프라하) 이후 후스는 대학에서 강의하며 신학을 공부하고 1400년 사제가 됐다. 그의 강의는 점점 더 좋은 평판을 얻었고, 그는 프라하시의 대학 교구를 맡게 됐다. 그는 1402년에는 지식인들의 열렬한 지지와 환영을 받으며 그 대학의 총장 자리에까지 올랐다. 같은 시기에 후스는 프라하의 성 미카엘교회(Kostel sv. Michala)를 거쳐 새로 지어진 베들레헴 예배당(Betlémská kaple)의 설교자가 됐다. → (프라하 - 베들레헴 예배당)

1348년 칼 4세(Karl IV)에 의해 설립된 프라하대학은 후스가 가르치고 있을 당시 후스를 중심으로 한 체코 출신의 교수들과 독일 출신의 교수들로 나뉘어 있었다. 수적으로는 독일 출신의 교수들이 다수였다. 양측은 민족적 감정뿐 아니라 사상적으로도 나뉘어 있었는데, 체코 출신 교수들은 실재론을 그리고 독일 출신 교수들은 유명론(Nominalism)을 옹호하고 있었다. 체코 출신 교수들은 대개 위클리프를 옹호했던 반면 독일 출신들은 로마 가톨릭교회의 입장을 따르고 있었다.

자연히 독일 출신 교수들은 후스를 못마땅하게 생각했다. 학교가 분열되자 1409년 1월 보헤미아의 왕 바츨라프 4세(Václav IV; 독일어명 Wenzel IV, 영어명 Wenceslas IV)가 대학을 구성하는 각 측의 대표들을 보헤미아의 쿠트나 호라(Kutná Hora)에 소집해 충성 서약을 요구하는 '쿠트나 호라 법령'(Decree of Kutná Hora)을 반포했다.

체코 대표들은 이에 동의했지만 다른 대표들은 이를 거절했다. 이에 왕은 독일 출신 교수들을 줄이고 체코 출신 교수들을 대거 채용했다. 이어서 후스가 프라하대학의 총장이 되고 후스를 지지하는 체코 출신들이 득세하자, 독일 출신 교수들과 학생들 천 명 이상이 학교를 떠나 독일의 하이델베르크대학과 라이프치히대학으로 갔다.

라이프치히대학은 당시 마이센(Meissen)의 영주가 프라하에서 온 교수들을 받아들이기 위해 막 세운 대학으로 이후에도 반(反)후스 정서가 강했다. 이러한 역사적 배경 때문에 라이프치히대학은 100여 년 후 루터에 의해 종교개혁 운동이 일어났을 때, 후스에 대한 악몽을 상기하며 오랫동안 반대 진영에 섰다. 1519년 로마 가톨릭교회 측의 요한네스 엑크(Johannes Eck)가 루터와의 유명한 신학 논쟁을 라이프치히에서 하기를 원했던 이유도 후스와 후스파(Hussites)에 대한 반감이 여전히 남아 있던 라이프치히에서는 후스와 유사한 루터의 주장에 대해 부정적인 정서가 강했기 때문이었다.

한편 후스는 1402년부터 프라하에 있는 베들레헴 예배당의 설교자로도 활동했다. 이 예배당은 한 부유한 상인에 의해 설립된 예배당이었는데, 당시 개혁적인 설교의 중심지였다. 후스는 도시의 유력 인사들이 많았던 그 예배당에서 라틴어 대신 자신의 모국어로 예배를 인도했다. 중세에는 모든 서방의 교회에서 자국어가 아닌 라틴어로 예배를 드렸기 때문에, 예배에 참석한 대다수의 사람이 제대로 뜻도 모른 채 예배를 드렸다.

그러다 보니 대중에 대한 신앙 교육은 주로 눈에 보이는 예식이나 그림과 조각 등 성상에 의존했다. 그런데 후스가 라틴어가 아닌 체코어로 예배를 인도한다는 소문이 퍼지자 점점 더 많은 프라하 시민들이 베들레헴 예배당으로 몰려들었다. 당시 후스는 보헤미아에서 가장 대중적인 설교자였다. 그곳에서 그들은 자신들의 모국어로 주기도문을 외우면서 로마 교황청으로부터 종교적으로 독립하려는 열망을 키워갔다. 이후 후스와 함께 베들레헴 예배당은 보헤미아 종교개혁의 중심지가 됐다.

1406년부터 프라하에서 위클리프의 신학 사상에 대한 논쟁이 격화되기 시작했다. 오래 전 피터 왈도의 영향을 통해 종교개혁적 주장을 받아들인 바 있는 프라하에서는 영국 유학을 마치고 돌아온 이들을 통해 이미 1,400년 이전부터 위클리프의 저서들이 소개돼 있었다.

대학 시절 위클리프의 저서들을 읽었던 후스는 그의 개혁 사상을 받아들였다. 그리고 위클리프의 사상을 따르는 후스가 프라하대학의 교수가 되고 총장이 되면서 그를 따르는 체코 출신 교수들과 로마 가톨릭교회를 옹호했던 독일 출신 교수들 사이에 논쟁이 불붙기 시작했다. 점점 더 많은 학생과 시민들이 후스를 추종하자 위기감을 느낀 프라하의 대주교 츠비넥 차직(Zbyněk Zajíc)이 대학에 있는 위클리프의 책들을 모두 불태우라고 명령했다. 후스와 시민들의 반대에도 로마 교황청의 명령을 받은 대주교는 끝내 위클리프의 책을 거두어 모조리 불태웠다.

이에 대해 후스는 "불로 진리를 태울 수는 없다. 생명이 없는 전혀 해가 되지 않는 사물에 분을 내는 것은 소인배들이나 하는 짓이다"라고 분개했다. 후스와 함께 대중은 대주교가 "책은 불태웠으나 그 안에 적혀 있

는 것이 무엇인지 전혀 모를 것이다"라고 노래하며 대주교의 무지를 조롱했다.[3]

그 사건 이후로 후스는 보헤미아를 대표하는 개혁가로 부상했다. 동료 교수들과 학생들 그리고 시민들뿐만 아니라 봉건 영주들과 귀족들 그리고 보헤미아의 왕과 왕비까지도 교회에 나와 그의 설교를 듣기 시작했다. 이후 보헤미아에서 교회 개혁과 사회개혁 운동이 활발하게 전개되기 시작했다.

당시 교황청에서 프라하의 대주교에게 편지를 보내 "보헤미아의 이 선동가는 대체 어떤 사람인가?" 이렇게 후스에 관해 묻자, 대주교는 다음과 같이 답신을 보냈다.

> 그의 행동은 엄격하고 근엄합니다. 그의 삶은 자기를 부인하며 살아야 할 성도의 표본이 되며, 또한 불의를 멀리하는 삶의 표본이 되기에 그 누구도 그를 비난하거나 그를 반대하지 않습니다. 또한, 키가 크고 수려한 용모를 지닌 그를 모든 사람이 좋아하며 따릅니다. 특히 천하고 가난한 사람들까지 구제하려고 애쓰는 그를 사람들은 성인이라고 부릅니다. 어리석은 짓이지만 이는 사실입니다. 저들은 그가 성인이라고 믿고 있습니다.

후스에 대한 평판은 당시 보헤미아 귀족들 사이에서도 좋았다. 훗날 그가 콘스탄츠에 소환돼 재판을 받게 됐을 때, 그를 아는 귀족들이 황제에게 구명을 탄원하며 이렇게 말했다.

> 얀 후스, 그는 의로운 사람이며 의로운 설교자로 거룩한 복음에 충실하고 칭찬받을 만한 선각자입니다. 이 나라에서 그가 악한 일을 했다는 것에 대해서는 전혀 알려져 있는 게 없습니다.[4]

대중의 신임과 추종을 받으며 위클리프를 따르는 이가 성인이라고까지 불리니, 후스는 로마 가톨릭교회의 큰 위협이었다. 교황 알렉산더 5세는 1409년 12월 교서를 내려 후스의 설교를 금지시키고, 후스에게 잠잠하지 않으면 종교 재판에 회부하겠다고 위협했다. 후스가 말을 듣지 않자 1411년 3월 교황은 후스에게 출교를 선포했다. 그리고 교황은 보헤미아 왕가에 압력을 가해 후스를 공적으로 지지하지 못하도록 했다.

보헤미아의 왕이 후스에 대한 지지를 철회한 데에는 후스가 교회의 면죄부 판매를 신랄하게 비판했던 것도 한몫했다. 당시 왕은 면죄부 판매 대금의 일부를 챙겨 큰 이득을 보고 있었기 때문에 후스의 면죄부 판매 공격이 달갑지 않았다.

1412년 면죄부를 공개적으로 사기라고 비판했던 3명의 평민이 참수 당했다. 그들은 후대에 후스파 교회의 첫 순교자들로 기록됐다. 이후 프라하에 소동이 일어났고, 왕은 후스파와 교황 측의 화해를 시도했으나 실패했다.

후스는 보헤미아가 다른 나라들과 마찬가지로 교회 문제와 관련해 같은 자유를 가져야 한다고 선언했다. 그의 추종자들은 로마 가톨릭교회에 순종하라는 요구를 거절했고, 일부는 왕에 의해 추방되기도 했다. 그러나 후스의 사상은 보헤미아에서 점점 확산됐고, 일부 지역에서는 폭동이 일어났다. 그러자 바츨라프 4세와 그의 정부는 후스의 편을 들었고, 후스의 지지자들의 세력은 날마다 증가했다.

사태가 심각해지자 교황은 프라하시의 교회들에 금지령을 내리고 프라하에 대한 재판을 선포했다. 후스는 도시를 보호하기 위해 프라하를 떠나 지방으로 내려갔다. 그가 프라하를 떠나기 전 쓴 글들은 보헤미아의 종교개혁 운동에 있어 매우 중요한 역할을 했는데, 이는 독일의 종교개혁 운동에서 루터의 "95개조 논제"(1517)가 했던 것과 같다.

후스는 일련의 사건을 통해 더 이상 우유부단했던 왕이나 적대적인 교황 혹은 효과 없는 공의회를 신뢰할 수 없게 됐다. 이제 후스는 최고의 재판관이신 예수 그리스도의 권위에 직접 호소함으로써 중세교회의 법과 구조를 넘어서야 한다고 주장했다.

후스는 지이겐부르크(Ziegenburg), 세지모포 우스티(Sezimovo Usti), 크라코베치(Krakovec) 등에 머물며 체코어로 설교했다. 또한, 이 시기에 주로 라틴어에 대한 지식이 부족한 사제들을 위해 기독교 신앙이나 설교의 기초가 되는 글들을 역시 체코어로 썼다. 후스가 떠난 후에도 프라하에서는 여전히 후스에 대한 기대와 열망이 식지 않았다. 그뿐만 아니라 후스로부터 시작된 새로운 기운이 보헤미아 전역으로 퍼져 나갔다.

1414년 11월 "로마의 왕"(Rex Romanorum)이었던 지기스문트(Sigismund)가 교회의 분열을 종식하고 오랜 숙원이었던 교회 개혁을 완성하기 위해 콘스탄츠(Konstanz)에 공의회를 소집했다. 바츨라프 4세의 형제기도 한 지기스문트는 당시 신성로마제국의 수장이었지만, 교황이 정식으로 추대하고 대관식을 하지 않았다는 이유로 황제가 아닌 "로마의 왕"이라 불렸다. 공의회는 1418년까지 계속됐다. 지기스문트는 후스에게 안전을 보장하며 콘스탄츠로 소환했다. → (콘스탄츠) 소환된 후스의 죄목은 처음에는 72가지였다가 이후 몇 차례에 걸쳐 줄어들어 공의회에서는 30가지 죄목으로 고발됐다.

이를 요약해 보면 후스가 주장한 것은 여섯 가지다.

① 성찬 가운데 그리스도의 몸이 임재하는 교회의 믿음, 즉 화체설을 부정한다는 것.
② 교황 무오설을 받아들이지 않는다는 것.
③ 고해를 성사로 인정하지 않는다는 것.
④ 상급자에 대한 무조건적 순종을 거부한다는 것.

⑤ 성직자 독신 제도를 인정하지 않는다는 것.
⑥ 면죄부를 공격한다는 것.

후스 화형식

후스는 자신의 주장과 자신이 쓴 저서를 철회하라는 요구를 받아들이지 않았고, 결국 이단으로 정죄돼 "죄인의 육체는 파괴돼야 한다!"라며 화형을 선고받았다.

1415년 7월 6일 후스는 처형됐다. 처형되기 전 그의 머리는 십자가 모양으로 삭발한 후, 머리에 "Haeresiarcha"(이단의 지도자)라는 글귀가 쓰인 종이 모자가 씌워졌다. 화형대가 세워진 처형장에 도착해 후스는 무릎을 꿇고 큰 소리로 기도했고, 그 후 사형 집행인이 후스의 옷을 벗기고 밧줄로 그의 손을 뒤로 묶은 채 목을 쇠사슬로 기둥에 묶었다. 마지막 순간까지 후스는 자신의 주장을 철회하기를 거절했고, 후스의 몸을 태우기 위해 나무와 짚에 불이 붙여졌다.

일설에 의하면 사형 집행인들이 나무에 불을 붙이는 데 애를 먹었다. 그러자 한 노파가 마른 나뭇가지들을 가져와 불을 붙이는 일을 도왔고, 그녀의 행동을 보고 후스는 라틴어로 "오 거룩한 단순함"(O Sancta Simplicitas)!이라고 외쳤다. 이 말은 체코어로 "Svatá prostota!"라고 하며, 오늘날 자신이 의로운 일을 하고 있다는 신념에서 어리석은 행동을 하는 것을 언급할 때 사용된다.

후스의 유골은 사람들이 숭배하지 못하도록 라인강에 버려졌다. 그렇게 후스는 마흔 두 살의 나이로 생을 마감했다. 그가 순교한 날인 7월 6일은 오늘날 체코의 국경일로 지켜지며, 후스는 체코인들에게 국민적 영웅으로 추앙 받는다.

후스가 외쳤던 개혁 운동은 그의 죽음과 함께 끝나지 않았다. 후스가 콘스탄츠에서 처형된 후 보헤미아 지역에서는 그를 따르는 후스파가 이에 항의하며 민족적으로 단결했다. 보헤미아의 귀족과 평민들은 바츨라프 왕의 묵인하에 로마 가톨릭교회를 민족교회로 대체하는 대개혁을 단행했다. 그들의 종교개혁의 핵심은 성만찬에서 평신도에게도 성직자와 마찬가지로 빵뿐 아니라 포도주도 주는 이종성찬을 행해야 한다는 것이었다. 이러한 후스파들의 개혁은 보헤미아 전역에 급속히 확산돼 갔다.

● 타보르파(Taborites)

바츨라프 왕이 사망하자 후스파는 이종성찬을 허락한다는 조건 아래서 로마 가톨릭교회와 제휴하려고 하는 보수파와 로마 가톨릭교회와 완전한 단절을 고수하는 급진파로 나뉘었다. 공석이 된 보헤미아의 왕위에 보수파는 지기스문트를 기꺼이 추대하려 했던 반면에, 급진파는 지기스문트를 적으로 간주했다. 이로 인해 후스파는 보수파와 급진파가 서로 대립하게 됐다.

보수파는 대체로 온건한 대학 교수들, 부유한 시민, 그리고 귀족들이 중심이 됐다. 이들은 성찬식에서 평신도에게도 잔을 줄 것을 주장한다 해 성배파(聖杯派, the Utraquist 혹은 the Calixtines)로 불렸다. 이와는 반대로 급진파에는 소수의 직물직공과 하급 귀족들도 가담해 있었지만, 그 대부분은 도시 하층민과 농민들이었다.

이 급진파는 보헤미아 남부 지역에 있는 루지니체(Lužnice)강변의 베히네(Bechyne) 근처 언덕을 예수가 재림할 타보르(Tabor)산이라 명명하고 그곳을 근거지로 삼았다. 타보르 산은 한국어 개역개정성서에서는 "다볼

산"이라는 이름으로 나온다. 타보르에 모였기 때문에 그 급진파는 "타보르파"(Taborites)라는 명칭을 얻었다. →(타보르)

타보르파는 자신들의 노선과는 다른 성배파와 완전히 결별하고 독자적인 노선을 택함으로써 타보르 공동체를 탄생시켰다. 그들은 세상의 종말이 가까이 왔다고 느끼며 호전적인 태도로 타보르에 새로운 신의 왕국을 건설했다. 거기에 그들이 세운 사회 질서는 기존의 봉건 질서와는 전혀 다른 것이었다.

타보르파 사회는 신분의 차별 없이 모두가 똑같은 형제자매로 불리는 평등주의 사회이자 내 것 네 것 따로 없는 공유제 사회였다. 그 때문에 칼 마르크스(Karl Marx)와 함께 공산주의 이론을 창시한 프리드리히 엥겔스(Friedrich Engels)는 이 타보르파를 공산주의의 원형으로 봤다.

이와 같은 혁명적 사회를 건설하게 된 원동력은 그들의 천년왕국 사상에서 왔다. 이 사상에 따르면 현재 최후의 심판 날이 다가왔기에 하나님께서는 자신이 뽑은 선민들과 직접 소통하신다. 최후의 심판 날이 오면 적그리스도가 이 세상을 다스리지만, 하나님이 뽑은 선민들이 일어나 모든 믿지 않는 자를 쳐부수고 그리스도의 재림을 준비하신다. 그리고 이 준비가 끝나면 천년왕국이 시작된다는 것이다.

타보르파는 전설적 군사지도자 얀 지슈카(Jan Žižka)의 지휘하에 지기스문트가 이끄는 신성로마제국 군대를 격파하고 난 후 더욱 천년왕국 사상에 빠져들었다. 그러나 전쟁에 승리한 후스파는 곧 내분에 빠졌고, 얀 지슈카가 사망하고 10년 뒤인 1434년 5월 성배파와 로마 가톨릭교회 연합군에게 패배했다. 이 전투에서 타보르파는 18,000여 명 중에 13,000여 명이 죽었다. 1437년 타보르파 잔당들은 지기스문트에게 항복했다. 이후 타보르파는 정치적으로 그 힘을 잃었다.

한편 성배파 가운데서 1457년 "보헤미아 형제단" 혹은 "연합형제단"(Unitas Fratrum)이라 불리는 이들이 등장했다. 이들은 왈도파의 후예들이기도 했으며 보헤미아와 모라비아 지방을 중심으로 활동했다. 16세기 중반 연합형제단원들은 폴란드로 이주해 약 2백 년간 정착했는데, 30년 전쟁 중 이들의 군대가 로마 가톨릭교회 연합군에 패한 이후 몰락하게 됐다.

그들은 신성로마제국의 황제 페르디난트 2세(Ferdinand II)의 복구령을 통해 강제로 로마 가톨릭교회로 개종 당하거나 추방 당해 멸절될 위험에 처하자, 어떤 이들은 망명하거나 지하로 숨고, 어떤 이들은 로마 가톨릭교회에 복종하는 체했다. 그 가운데 일부는 작센 지방으로 피신했다.

1722년 작센의 니콜라스 진젠도르프(Nikolas Ludwig Zinzendorf) 백작이 그들에게 자신의 영지였던 헤른후트(Herrnhut)를 내어 주어 정착할 수 있도록 해 줬다. 이를 통해 헤른후트 형제단(Herrnhuter Brüdergemeine)이 구성됐으며, 이들은 옛 모라비안 형제단의 재건을 시도했다. "헤른후트 형제단" 혹은 "모라비안 형제단"이라 불렸던 이들이 18세기 감리교 창시자 존 웨슬리(John Wesley)에게 미친 영향은 널리 알려져 있다. 이들은 오늘날 모라비아교회로 계속 명맥을 이어 오고 있다.

4. 지롤라모 사보나롤라(Girolamo Savonarola, 1452-1498)

사보나롤라는 이탈리아 북부 페라라(Ferrara)의 상인 가문 출신으로 어린 시절 의사이자 파도바 대학의 교수였던 할아버지 아래에서 컸다. 그는 페라라 공국의 궁정의사로 봉직했던 할아버지의 주변에서 참주의 행태와 타락한 로마 가톨릭교회의 실상을 보고 큰 반감을 가지게 됐으며, 1475년 구원을 열망하며 볼로냐의 도미니크회 수도원에 들어갔다. 그곳에서 그는 토마스 아퀴나스를 체계적으로 학습하고, 1479년 고향으로 돌아와 성서와 아퀴나스 신학을 가르치다가, 1482년 종단의 명령으로 피렌체의 산 마

지롤라모 사보나롤라

르코(San Marco) 수도원의 강사로 자리를 옮겼다. 이후 사보나롤라는 피렌체에서 종교개혁을 주창했다. 그는 날카로운 눈매와 고집스럽게 보이는 인상, 거기에 강하고 신념에 찬 목소리로 심판의 날이 다가왔다며 회개하라고 외쳤다. → (피렌체)

사보나롤라는 당시 새롭게 교황이 된 알렉산더 6세(Alexander VI)를 공격했는데, 알렉산더 6세는 역사상 가장 부패한 교황 중 하나로 정부가 6명이나 됐고 슬하에 자녀도 여럿 두고 있었다.

또한, 사보나롤라는 피렌체를 지배했던 로렌체 데 메디치(Lorenzo de' Medici)를 비롯한 메디치 가문이 피렌체를 하나님의 말씀에서 벗어난 향락과 사치의 도시로 만들었다고 신랄하게 비판했다. 교회와 권력자의 부패를 비판하며, 깨끗하고 정직한 삶을 주장하는 그의 설교는 하층민을 시작으로 점차 사람들의 마음을 움직였다. 급기야 그는 스스로 신이 보낸 예언자라고 주장했고, 그를 추종하는 사람들이 빠르게 늘어 갔다.

그중에는 미켈란젤로(Michelangelo Buonarroti), 보티첼리(Sandro Botticelli)와 같은 동시대인으로 르네상스 시대를 대표하는 예술가들과 지식인들도 상당수 포함돼 있었다.

1494년 메디치 가문이 몰락 후 망명하자 사보나롤라는 피렌체에서 정권을 잡았다. 그는 귀족 정치를 배격하고 신정 정치적 민주정을 도입했으며, 종교개혁을 실현하려는 법률들을 제정했다. 그는 도시 안의 모든 귀금속이나 그림 혹은 책 등 사치품을 모아 시뇨리아 광장(Piazza Della Signoria)에 쌓아놓고 불태워 버리는 "허영의 화형식"을 거행했다.

시민들은 솟구치는 불길을 보며 성가를 부르고 큰 소리로 자신의 죄를 뉘우쳤다. 당시 많은 예술 작품이 불 속에 던져졌는데, 이 때문에 사보나롤라는 후대에 비판을 받기도 한다. 사보나롤라에게 감명받은 보티첼리도 자신의 작품을 이 화형식에 집어넣으려고 했으나 친구들이 간신히 말렸다고 한다.

1497년 5월 5일 교황은 사보나롤라에게 출교를 선언했지만, 사보나롤라는 꿈쩍도 하지 않았다. 이전에 교황청은 사보나롤라를 회유하기 위해 극단적인 설교를 그만두는 조건으로 추기경 자리를 제안한 적이 있었다. 하지만 사보나롤라는 "추기경의 붉은 모자가 아니라, 주님께서 주시는 순교의 피로 물든 붉은 모자를 원한다"라는 후대에도 널리 알려진 말로 거절했다. 하지만 사보나롤라의 지나친 금욕주의와 심판의 날이 가까웠다는 공포스러운 설교에 사람들은 조금씩 지쳐 갔다. "아라비아티"(Arrabbiati)라고 불리는 사보나롤라의 반대 세력도 생겼다.

결국, 교황의 하수인들은 피렌체 정부를 설득하는 데 성공해 사보나롤라를 거짓 예언자와 이단으로 몰아세웠다. 평소 그의 영향력이 커지는 것을 경계하던 프란체스코회의 한 수도사가 자신과 함께 "불의 시죄"를 해 보자고 제안했다. '시죄'(試罪, ordeal)는 "죄가 있는지 시험해 본다"라는 의미로, 그 결과에 따라 죄의 유무를 가리는 것이다.

예를 들면 이단 혐의를 받는 사람의 몸에 무거운 바위를 묶은 후 강에 던져 그가 죄가 있는지 없는지를 시험해 보는 것이다. 만약 그가 죄가 없다면 하나님의 보호 아래 물속에서도 숨을 쉴 수 있거나, 천사가 내려와 수면 위로 끌어올려 줄 것이다. 그런데 그대로 익사하면 그가 죄가 있기 때문이라는 것이다. 이는 "물의 시죄"라고 불렸다.

이 허무맹랑해 보이는 물의 시죄는 나중에 더 이상하게 발전했는데, 마녀는 하늘을 날아다닌다는 생각 때문에 물에서 떠오르면 마녀라는 증거로 보고 죽였다. 그러니 떠올라도 마녀이기에 죽여야 하고, 안 떠오르면 그냥 죽는 것이다. 사보나롤라에게는 불 속에서도 무사히 걸어 나올 수 있는지를 보는 "불의 시죄"를 제안했다. 중세 암흑기를 벗어나 르네상스의 진원지로 이성적 사고를 발전시켜 온 피렌체 시민들이었지만, 이 야만적인 시죄 제안에 흥분했다.

1498년 4월 9일, 시죄 당일 프란체스코회의 수도사는 나오지 않았고, 폭풍우 때문에 시죄는 무산됐다. 하나님의 예언자가 기적을 행하려는 날에 폭풍우가 불다니, 시민들은 사보나롤라에게 속았다며 분노했다. 다음 날 산 마르코 수도원에 들이닥친 시민들은 사보나롤라와 그의 제자들을 붙잡았다. 이단 행위, 신성한 교황에 대한 모독, 그리고 분열을 조장한 죄 등의 혐의를 들어 종교 재판이 열렸다. 이미 사형이라는 결론을 정해 놓고 과정을 끼워 맞추는 재판이었기에 온갖 고문을 했지만, 혐의를 입증하기는 쉽지 않았다.

각본대로 진행되는 재판이라는 것을 알게 된 바르톨로 자티(Barolo Zati)라는 재판관은 "살인에 가담하지 않겠다"라고 선언하며 사임하기도 했다. 시간을 더 끌면 여론이 나빠질 것을 우려한 정부는 세르 체코네(Ser Ceccone)라는 공증인을 불렀다. 그는 쉽게 말하면 고문을 통해 자백을 받아 내는 기술자였다.

사보나롤라는 16일 이상 고문을 당했고, 어떤 때는 하루에 열네 번이나 고문대에 올라가야만 했다. 마침내 교황이 원하던 결과가 나왔다. 사보나롤라는 자신의 죄를 인정하고 서명했다. 1498년 5월 19일 피렌체에 도착한 교황청의 재판관들이 3일간의 최종 재판을 진행했고, 5월 22일 정해진 대로 사형을 선고했다.

1498년 5월 23일, 시뇨리아 광장 한가운데서 사보나롤라가 화형으로 처형됐다. 당국은 사보나롤라의 추종자들이 그를 추모하지 못하도록 그의 유골을 갈아 아르노(Arno)강에 뿌려 버렸다.

오늘날 시뇨리아 광장의 사보나롤라가 화형 했던 지점 바닥에 청동 기념판이 설치돼 있다. 사보나롤라의 동시대인으로 피렌체에서 활동했던 마키아벨리(Niccolò Machiavelli)는 그의 저서 『군주론』에서 사보나롤라의 처형에 대해 이렇게 논평했다.

> 개혁자가 자신의 힘으로 일을 추진하고 있는가를 살펴봐야 합니다. 인간의 본성은 바꾸기 쉬운 것이어서 그들에게 무엇을 설득하기는 쉽지만, 그 설득된 상태를 계속 유지하기란 어렵습니다. 따라서 그들이 더 이상 믿으려 하지 않을 경우에는 무력으로라도 믿도록 만들 수 있는 방법에 관해 충분히 준비해 두어야 합니다. 모세가 무력을 갖추고 있지 않았다면 그의 제도가 그토록 오랫동안 준수되도록 만들 수는 없었을 것입니다. 오늘날 이와 같은 사례는 사보나롤라에게서 찾아볼 수 있습니다.⁵

사보나롤라의 시뇨리아 광장에서의 화형식 (Francesco Rosselli)

마키아벨리는 사보나롤라가 힘이 없어 개혁에 실패했다고 비판한 것이다. 하지만, 사보나롤라가 처형된 이후에도 그를 계속 추종하는 사람들이 있었는데, 이들은 피아뇨니(Piagnoni, "흐느끼는 사람들")이라고 불렸다. 이들은 훗날 메디치 가문이 피렌체로 돌아와 군주가 됐을 때 공화정 회복을 주장하며 지하로 숨어들어 메디치의 반대파가 됐다.

사보나롤라가 만들어 낸 인쇄물들은 후에 종교개혁의 교재가 됐으며, "하나님 당신만이 나의 피난처입니다"(Solus igitur Deus refugium meum)라는 그의 고백은 루터가 따르고자 했던 본보기가 됐다. 루터는 사보나롤라를 가리켜 "종교개혁의 선구자"라고 했다. 종교개혁이 성공할 수 있었던 데는 이처럼 위대한 종교개혁 선구자들의 희생과 순교가 있었기에 가능했다.

제2장
루터의 출생과 성장

1. 부모와 가정

루터의 부모, 한스 루더와 마가레터 린데만

루터의 아버지 한스 루더(Hans Luder)는 튀링엔(Thüringen) 지방의 뫼라 (Möhra)에서 여러 세대를 살아왔던 농부 가문의 장자였다. → (**뫼라**) 당시에 면역지대(免役地代) 농부들은 막내아들에게 집안의 농장을 물려주는 것이 관습이었다. 따라서 장자였던 한스는 생계를 유지하기 위해 다른 일을 찾아야 했었다. 그가 찾은 일은 광부의 일이었다. 한스는 먼저 뫼라의 구리 광산에서 일했다.

1479년이나 1480년에 한스는 동갑인 마가레터 린데만(Margarethe Lindemann)과 결혼했다. 마가레터는 바트 노이슈타트(Bad Neustadt) 출신이었다. 결혼 후 그 둘은 바트 노이슈타트의 마가레터가 태어나고 자란 집에서 신혼 3년간을 살았다. → (바트 노이슈타트)

그 후 1483년 가을 한스는 보다 큰 꿈을 품고 튀링엔 지역 구리 광산업의 중심지였던 아이스레벤(Eisleben)으로 가족과 함께 이사했다. 독일 중동부에 위치하고 있으며 오늘날 작센-안할트(Sachsen-Anhalt) 주(州) 내에 있는 아이스레벤은 당시에는 광업과 공업의 도시였다. → (루터의 도시 아이스레벤) 하지만 그곳에서 한스는 크게 성공을 거두지 못했다. 당시 한스와 같은 생각을 하는 많은 사람이 그 도시로 몰려들어 경쟁이 치열했다.

아이스레벤에서 한스는 기대한 것처럼 성공하지 못했으나, 그곳에서 훗날 위대한 종교개혁자가 될 둘째 아들 마틴(Martin) 루터를 얻었다. → (루터의 도시 아이스레벤 - 루터의 생가) 그때가 그들이 아이스레벤에 도착한 지 얼마 되지 않은 11월 10일이었다. 후에 루터가 자신이 1484년에 출생했다고 말한 적도 있기에 그의 출생 년도에 관한 주장은 1483년이라는 설과 1484년이라는 설로 나뉜다. 출생 년도에 대해서는 이견이 있으나, 확실한 것은 그가 태어난 지 하루 만인 11월 11일에 성 베드로와 바울교회(St. Petri-Pauli-Kirche)에서 세례를 받았다는 것이다. → (루터의 도시 아이스레벤 - 성 베드로와 바울교회) 아이가 세례를 받은 날이 투르의 성 마틴(St. Martin of Tours) 축일이었기에, 그 젊은 부모는 그 성인의 이름을 따 아이의 이름을 "마틴"으로 지었다.

마틴이 태어난 지 6개월 만인 1484년 5월, 한스 루더 가족은 짧은 아이스레벤에서의 생활을 정리하고 만스펠트(Mansfeld)로 이주했다. → (루터의 도시 만스펠트) 그 가족은 처음에는 형편이 어려워서 거리 구석의 좁은 집에서 세 들어 살았다. 그러나 한스는 근면 검소하고 성공을 향한 목표가 분명한 목표지향적인 인물이었다. 그는 만스펠트에서 빠르게 출세했다. 그는 우선 당시 그 지역의 채굴권과 제련권을 모두 가지고 있었던 만스펠트 백작들에게서 제련 시설을 임대했다. 그 첫 사업이 성공하자, 한스는 또 다른 시설들을 임대해 상당한 규모의 사업을 할 수 있었다. 한스는 한때 만스펠트와 아이스레벤 지역에서 온 구리판들을 제련하는 5개 공장의 임차인이었다.

한스는 제련 작업의 장인으로 부르조아 계급의 일원이 됐다. 1491년에 이르러서는 한스는 지역 대표와 시 의회 의원이 돼 있었다. 최근의 고고학적인 발견과 고문서 연구를 따르면 1491년 한스가 산 루터 가족의 집은 거리 쪽에 거의 25m에 달하는 건물 정면을 가지고 있었다. 따라서 그 집은 상당한 재산 가치를 지니고 있었을 것이다. → **(루터의 도시 만스펠트 – 루터의 부모님 집)** 그것에 근거해 추측해 보면 루터가 어렸을 때 그 가족은 그렇게 물질적으로 가난하지는 않았을 것이다.

루터 자신은 자신의 어린 시절을 기억하며 가난하고 궁핍했다고 말한다.

> 제 부친은 가난한 광부였습니다. 제 모친은 등에 땔감을 짊어지고 집으로 오시곤 했습니다. 이것이 우리가 자랄 때의 모습입니다. 부모님은 오늘날의 사람들이 결코 더 이상 원하지 않을 많은 어려움을 견뎌 내셨습니다.[1]

하지만, 이는 과장된 부분이 없지 않다. 그들이 살았던 집이나 아버지 한스가 지역에서 가지고 있었던 신분과 지위는 루터가 말한 것처럼 루터의 가족이 그렇게 어렵게 살았던 것은 아니었음을 말해 준다.

루터가 어린 시절을 보내던 시기에, 당시 또래의 많은 아이가 무수히 많은 시간을 광산에서 일하며 보내야 했다. 그러나 아버지의 사회적 신분 상승으로 마틴은 자신의 또래들이 겪었던 힘든 생활을 하지 않아도 됐다. 그렇다고는 해도 그의 어린 시절은 절약과 검소함이 점철돼 있었다.

더군다나 루터의 부모의 자녀 양육 방법은 온화하거나 사랑을 베푸는 유형이 아니었다. 그들이 아이들에게 무엇보다 먼저 요구한 것은 규율과 절대적인 순종이었다. 아이들은 지극히 사소한 잘못이라도 하면 매를 맞고 가혹한 벌을 받았다. 나중에 루터는 『탁상담화』(Tischreden)에서 자신의 부모 교육 방법을 비판한 적이 있다. 그는 자신이 피가 날 때까지 매를 맞았다는 사실보다도 자신을 때릴 때 부모가 자신들을 올바르게 조절할 능력이 없었다는 점이 문제였다고 비판한다.

> 제 부모님이 너무 엄격하셔서 저는 무척 낯을 가리는 아이가 됐습니다. 한 번은 제 어머니가 제가 작은 호두를 하나 훔쳤다고 피가 날 때까지 때리셨습니다. 두 분의 가혹함과 제게 하셨던 엄격한 양육으로 인해 저는 나중에 수도원에 들어가 수도사가 됐습니다. 그분들은 진지하게 좋은 뜻으로 그리하셨을 것입니다. 그러나 벌은 채찍과 함께 당근을 주어야 합니다.[2]

루터의 부모뿐 아니라 당시 사람들은 아이들을 거칠게 다뤘다. 그러나 이러한 엄격한 규율과 양육이 마틴에게 단순히 원망스럽기만 했던 것은 아니다. 그는 집안에서 아주 귀여움을 받는 똑똑한 아이였다. 그 어린 시절의 경험은 마틴에게 지속적인 인상을 남겼으며, 그는 부모의 엄격한 양육을 통해 전 생애 동안 근면하고 훈련된 일꾼이 될 수 있었다.

● 루터의 성(姓)

루터(Luther)는 왜 아버지 한스 루더(Luder)와 성(姓)이 다를까?
이는 루터가 후에 자신의 성의 철자를 Luder에서 Luther로 바꿨기 때문이다. 바꾼 이유에 대해서는 발음의 편리함을 위해 바꿨다고도 하고,

이름의 뜻과 관련돼 있다고도 하는 등 여러 가지 설이 있다.

루터 당시만 해도 아직 독일어 철자법이 완전히 자리 잡힌 시기가 아니었기 때문에 한 단어의 발음과 철자는 여러 가지가 통용됐다. 그래서 Luder 이외에도 Lüder, Ludher, Luther도 사용됐다. 루터 역시 여러 종류의 철자법을 사용했다. 문헌적으로 이 성은 1302년 뫼라 지역에서 기사 작위를 가지고 살던 Wigand von Lüder에게 까지 소급된다. 루터의 가계도를 보면 마틴 루터와 동생 야콥(Jacob) 루터만이 Luther라는 성을 썼고, 부모를 비롯해 나머지 다른 형제나 누이들은 모두 Luder라는 성을 썼음을 알 수 있다.

루터가 자신의 성의 철자를 Luder에서 Luther로 바꾼 이유에 대한 해석 가운데 주목할 만한 것은 그 이름에 담긴 뜻과 관련이 있다. 어원적으로 Luder는 사냥꾼이 맹수를 잡기 위해 미끼로 이용하는 "죽은 짐승"을 가리킨다. 반면에 Luder와 철자와 발음이 유사하지만, Luther는 라틴어 "엘레우테리우스"(Eleutherius)에서 앞뒤 철자들을 빼고 가운데 부분을 취한 것으로 보인다. Eleutherius는 "자유로운"이라는 뜻을 가진 그리스어 "엘레우테로스"(ἐλεύθερος)에서 왔다.

1517년 10월 31일 95개조 논제를 비텐베르크교회 문에 게시한 이후부터 루터는 이따금 자신의 서신들에 "엘레우테리우스"(Eleutherius)라고 서명했다. 당시 인문주의자들 사이에서는 자신의 이름을 의미나 발음에 기초해 라틴어나 그리스어로 바꾸는 관습이 만연해 있었다. 아마도 루터는 자신이 95개조 논제를 걸고 난 후 이제 자유로운 사람이라는 것을 증명하고 싶었을 것이다.

그는 로마 가톨릭교회가 가르치는 비성서적인 것들에서 자유로워졌으며, 그리스도 안에서 자유로운 사람이 됐다. 더 이상 면죄부 같은 인간의 제도들에 노예가 돼 있지 않고, 그리스도에게만 복종하게 됐다. 이러한 가정은 루터가 1517년 11월 11일에 보낸 95개조 논제를 다루는 서신에서 "노예이며 매우 많이 사로잡혀 있던 자, 수사 마틴 엘레우테리우스"라고 서명했던 사실로 더욱 설득력이 있다.

그러나 루터가 그 이후로 항상 Luther라는 철자만을 사용한 것은 아니다. 1517년 이후에도 간혹 루터는 그가 쓴 서신들에서 자신의 성을 표기하며 Luder라는 철자를 사용했다.

2. 만스펠트(Mansfeld) 시기

루터의 아버지는 1488년 3월 아들이 네 살 반이 되자 그를 만스펠트시립학교에 보냈다. 이는 분명히 한편으론 아버지가 자신의 가족의 사회적 신분 상승을 얻고자 하는 바람으로 한 일이었다. 아버지는 농부 집안 출신으로 신분 상승 욕구가 강했다. 그래서 가정에서도 자식들을 엄격하게 가르쳤지만, 학교 교육에 관계된 것도 아끼지 않고 뒤를 밀어줬다. → (루터의 도시 만스펠트 - 루터학교)

루터는 그 학교에 방학도 쉬는 날도 없이 거의 9년을 매일 출석했다. 여기서 그는 라틴어 읽기와 쓰기, 산수, 그리고 노래하기 등을 배웠다. 이 학교에서는 아베 마리아, 주기도문, 십계명, 그리고 사도신경 등을 라틴어로 외워서 쓰도록 교육했다. 당시 라틴어는 어떤 공부를 하든 선행 기초요 필수였다. 라틴어는 학자, 공직, 교회의 공식어로 높은 자리를 얻기 위해서는 반드시 배워야 했다. 학교에서는 라틴어 책을 사용했으며, 독일어 사용을 금지했다.

루터는 라틴어를 열심히 공부했으며, 모국어만큼 아주 유창하게 구사할 수 있었다. 나중에 나이가 상당히 든 후에도 루터는 이 시절 만스펠트 학교에서 배웠던 문장들 가운데 몇 개를 인용하곤 했다.

만스펠트에서의 학창 시절 그의 성적이 어떠했는지는 알려지지 않았다. 그러나 그 당시 학교 교육은 매우 엄격했으며, 학생들은 좋지 않은 성적을 받을까 봐 노심초사했다. 학교에서도 회초리는 가장 중요한 교육 수단이었다. 자신의 회고록에서 루터는 자신의 선생님들을 잔인한 악당의 심복들로 그리고 학교를 지옥으로 표현한 적이 있다. 지식을 주입하고 매질하기, 매질 당하고 지식 주입 받기. 이것이 학교에서의 일상이었다. 학생들은 생각하는 것이 아니라 암기하도록 교육받았다.

루터는 죽기 3년 전에 만스펠트에서 학교 다니던 시절을 회고하면서, 자신이 동사 인칭 변화와 명사의 격 변화를 제대로 외우지 못해 회초리로 15대를 맞았다고 말했다. 이 일을 그는 굉장히 부당하고 억울하다고 생각했다. 왜냐하면, 그때까지 그는 학교에서 그것을 배운 적이 없기 때문이다.

> 어디서나 선하고 바르게 가르치는 법을 따르지 않는, 그리고 가장 올바르게 가르치고 배우는 방식을 모르는 그런 선생님과 스승이 있다는 것을 우리는 알고 있다. 어린 소년이 배우지도 않은 것을 어떻게 해낼 수 있단 말인가!³

이런 경험에 기초해 그는 나중에 학교 제도를 매우 합리적으로 바꾸는 개혁안을 제시하기도 했다.

만스펠트에서의 어린 시절 루터는 게오르크교회(Georgenkirche)에 출석하며 성가대에서 노래했다. 루터는 어릴 때부터 노래를 잘했던 것으로 알려진다. → (루터의 도시 만스펠트 - 성 게오르크교회)

3. 마그데부르크(Magdeburg) 시기

1497년 봄 한스 루더 가족의 친구였던 금속 세공 장인이 자기의 아들 한스 라인엑케(Hans Reinecke)를 만스펠트에서 마그데부르크에 있는 학교로 진학시켰다. 한스 루더는 친구의 아들과 함께 자신의 재능 있는 아들 마틴 루터를 마그데부르크로 보냈다. 마그데부르크는 당시 인구 12,000여 명이 살고 있던 큰 도시였다. → (마그데부르크) 그렇게 해서 13살의 루터가 처음으로 대도시에서 살게 됐다.

루터는 한스 라인엑케와 함께 당시 '트로이루스'(Troilus) 혹은 '제로 형제회'(Nullbrüdern)라고도 알려진 '공동 생활 형제회'(Brüder vom gemeinsamen Leben)가 운영하는 유명한 학교에 다녔다. '공동 생활 형제회'는 마이스터 엑크하르트(Meister Eckhart, 1260~1327)나 요한네스 타울러(Johannes Tauler, 1300-1361)와 같은 독일 신비주의자들의 영향을 받은 네덜란드 신비주의를 따르는 비수도원 형제회였다. 평신도와 성직자로 구성된 그 형제회는 마음의 경건을 설교하고 단순한 기독교를 표명했다. 그들은 수작업 노동과 학교를 운영해 생활했다.

이 학교는 교수법에 있어 교육에 상당한 기여를 했는데, 회초리보다는 좋은 본보기와 격려를 중요하게 생각했다. 비록 루터가 이 학교에 다닌 기간은 1년에 지나지 않지만, 이곳에서 그는 수사학과 윤리학은 물론 당대 가장 차원 높은 영성 훈련을 접했을 것이다.

이곳에서 루터는 얀 반 로이스부뢰크(Jan van Ruysbroeck, 1293-1381), 게르하르트 그루테(Gerhard Groote, 1340-1384), 토마스 아 켐피스(Thomas a Kempis, 1380-1471) 등 네덜란드 신비주의자들의 신앙 경건 운동인 '신경건'(Devotio Moderna) 훈련을 접했을 것으로 추정된다. 신경건 운동은 그리스도를 중심으로 하는 내적인 신앙심과 경건의 훈련을 무엇보다도 중요하게 여겼다. 따라서 신학적 사변이나 외면적 경건 형식보다는 영적 내면성의 충실을 주장했다.

또한, 루터는 마그데부르크에 있는 동안 프란치스코회 탁발 수도사인 안할트의 빌헬름(Wilhelm von Anhalt)을 봤다. 빌헬름은 귀족의 호화스러운 궁정 생활을 버리고 탁발 수도사가 된 이였다. 35년여가 지난 1533년에 루터는 당시 그 수도사를 만났던 경험을 회상하며 다음과 같이 말했다.

> 내 눈으로 그를 직접 봤습니다. 그건 내가 마그데부르크에 있었던 14살 때였습니다. 그때 그를 봤을 때 그는 마치 당나귀처럼 자루를 등에 지고 가고 있었습니다. 금식, 철야, 고행으로 어쩌나 말랐던지 뼈와 가죽밖에 없는 해골 같은 모습은 차마 그냥 눈 뜨고 볼 수가 없었습니다. 그 모습을 보고서 자신의 생활을 부끄럽게 여기지 않을 사람은 없었을 것입니다.[4]

마그데부르크에서의 1년간의 학창 시절 동안 루터는 또한, 베르니게로데(Wernigerode) 인근에 있던 힘멜호르테수도원(Himmelpforte Monastery)의 수도원장 안드레아스 프로레스(Andreas Proles)와 많은 다른 중요한 사람을 만났다. 프로레스는 소년 루터와 교회개혁이라는 주제를 가지고 토론했다고 한다. 그는 개혁이 긴급히 필요하고, 교황의 교회가 더 이상 지금과 같이 남아 있을 수 없을 것이며, "이 일을 완성하기 위해 지성과 용기를 가진 하나님께서 축복하신 영웅이 이미 태어났다"라고 말했다고 한다. 이 일화가 사실인지는 분명치 않다.

마그데부르크에서의 학창 시절 루터는 만스펠트 출신의 성직 관료 파울 모쓰하우어(Paul Mosshauer)나 제로 형제회와 함께 살았을 것이다. 루터는 노래하고 구걸함으로 용돈을 벌었는데, 이는 당시 아주 흔한 일이었고 부끄러운 일이 아니었다.

4. 아이제나흐(Eisenach) 시기

마그데부르크에 온 다음 해인 1498년 부활절에 루터는 다시 아이제나흐에 있는 성 게오르크라틴어학교(Georgenschule)로 전학을 했다. → (아이제나흐 – 성 게오르크라틴어학교) 왜 그의 아버지가 그를 마그데부르크에서 데려와 아이제나흐의 라틴어학교로 보냈는지는 정확히 알 수 없다. 아마도 아이제나흐에는 마틴의 친척 다수가 살고 있었기에 아이를 그곳에서 하숙시킬 수 있으리라 생각했던 것 같다. 루터의 삼촌 콘라트 후터(Konrad Hutter)가 조카를 받아들일 수 없었는지 아니면 받아들이기를 원치 않았는지는 확실치 않다. 어쨌든 친척들은 마틴을 따뜻하게 맞아 줬지만, 루터의 아버지가 희망했던 것처럼 그에게 무료 숙식을 제공하지는 못했다. 그 때문에 아이제나흐에서 처음에 한동안 루터는 성 게오르크교회(St. Georgkirche) 기숙사에서 지내야만 했다.

성 게오르크학교에서 루터는 자신의 장래에 큰 영향을 미칠 요한네스 트레보니우스(Johannes Trebonius) 교장과 비간트 굴덴납프(Wigand Guldennapf) 선생을 만났다. 특히 굴덴납프 선생과는 평생 계속되는 친교를 맺었다. 이 두 스승은 루터의 재능을 일찍부터 알아봤다. 그들은 루터의 졸업이 다가오자 그에게 대학에 가서 계속 공부하라고 추천했다.

루터는 아이제나흐에 있는 동안 도심에 있는 성 게오르크교회의 소년 성가대원으로 활동했다. → (아이제나흐 – 성 게오르크교회) 그리고 장례식과 어떤 특별 행사들에서 노래하면서 용돈을 벌었다. 때로는 거리에서 노래하며 구걸을 하기도 했다. 이는 당시에는 부끄럽지 않은 흔한 풍습이었다.

이후 귀족 가문의 일원이자 미망인이었던 우르술라 코타(Ursula Cotta) 부인과 그 가정에서 루터를 받아 줬다. 전설에 의하면 그들은 그가 아름답게 노래하는 것을 보고 데려갔다고 한다. 루터는 코타 가문의 사위였던 하인리히 샬베(Heinrich Schalbe) 가정에서 도움을 받았다. 그는 샬베의 아들의 숙제를 도와주며 그 가족들과 저녁 식사를 하곤 했다. 코타와 샬베 두 가정은 아이제나흐에서 가장 부유하고 교육을 잘 받은 가정이었다. 코타 가정에서 살면서 루터는 작은 방 두 개를 사용했다. → **(아이제나흐 – 루터하우스)** 그 집에서 그는 고향 집에서 경험했던 것과는 아주 다른 경건을 소개받았다.

그 가정의 독실한 경건은 단순히 기독교 의식을 지키는 것을 넘어섰으며, 이는 루터에게는 새로운 경험이었다. 그가 이곳에 살면서 경험한 것은 사람들이 서로에게 친절하고 배려하는 환경이었다. 그 안에서 아버지는 지극히 사소한 위반에도 가혹하게 매질로 처벌하는 복수심에 불타는 신이 아니었다. 샬베 가족은 마을에서도 가장 종교적인 가족 가운데 하나로 평판이 나 있었다. 그들은 프란치스코회에 넉넉하게 기부함으로 샬베신학교를 설립하기도 했던 이들이다.

코타 부인 앞에서 동료 학생들과 노래하는 루터 (Ernst Wilhelm Hildebrand)

루터는 그들에게서 프란치스코회 수사 요한네스 힐텐(Johannes Hilten)에 대해 배웠다. 힐텐은 교회의 남용에 반대해 설득력 있게 설교한 것으로 인해 프란치스코회 형제단에 죄수로 붙잡혀 있었던 이로 교회개혁을 주장했던 인물이다. 힐텐은 예언서의 말씀들을 해석하며 1516년 교황직이 무너질 것이라 예언했었다. 루터가 95개조 논제를 통해 종교개혁의 불을 지핀 때가 1517년이니 힐텐의 예언이 매우 흥미롭다.

회고록 가운데 루터는 아이제나흐에서 보낸 4년간을 가장 행복했던 시간으로 꼽는다. 시간이 지나며 이 시기에 대해 왠지 장밋빛으로 좋은 추억이 더해진 것 같기는 하지만, 그는 아이제나흐를 "내 좋은 도시" 혹은 "내 사랑하는 아이제나흐"로 언급하곤 했다. 다른 곳을 루터가 그처럼 칭송한 적이 없다. 그는 아이제나흐에서 학교 다니는 것을 좋아했다. 그곳에서는 사고하는 것이 허용됐다. 곧 그는 학급에서 가장 좋은 학생이 됐다. 그는 라틴어 지식이 빠르게 늘어 라틴어로 시를 쓸 수도 있게 됐다.

5. 에어푸르트대학(Erfurt College) 시기

학업에 두각을 나타낸 아들의 장래성을 보고 루터의 아버지는 그 아들을 대학에 보내 법을 공부하게 하기로 했다. 그 결과 루터는 18살 되던 해인 1501년 4월 에어푸르트대학에 진학했다. 에어푸르트는 독일에서 여섯 번째로 큰 도시다. → (에어푸르트) 그 도시는 당시 최고의 명성을 가진 가장 오래된 대학 가운데 하나를 가지고 있었으며, 이에 대한 자부심이 대단했다. 이곳에서는 초기 인문주의의 가장 근대적 사상이 가르쳐지고 있었다. 학교의 유일한 입학 조건은 라틴어를 잘 하는 것이었는데, 이는 라틴어가 유일한 교수 언어였기 때문이다.

1501년 4월 말 에어푸르트대학 학생 등록 서류에 루터의 이름이 다음과 같이 기록돼 있다.

"만스펠트에서 온 마틴 루더"(Martinus Ludher ex Mansfeldt) → (에어푸르트 - 옛 에어푸르트대학).

루터는 그 대학의 많은 학생호스텔 가운데 하나인 게오르크 기숙사(Georgenburse)에서 살았다. 호스텔, 즉 기숙사에서 학생들은 바르게 행동하도록 그리고 부지런히 공부하도록 엄격하게 감독을 받았다. → (에어푸르트 – 게오르크 기숙사)

에어푸르트대학에서 루터는 다른 입학생과 같이 "7개의 교양 과목"(Seven Free Arts)으로 기초 과정 공부를 시작했다. 이는 삼학(三學, trivium)이라 불리는 문법, 수사학, 수학/논리학과 사학(四學, quadrivium)이라 불리는 산술, 기하학, 음악, 천문학이었다. 이러한 교양 교육은 3개의 상급 학과인 신학, 법학, 의학을 공부하기 위해서는 선행 필수 과정이었다.

에어푸르트대학에서 루터는 당시 새로운 학문 사조로 등장한 윌리엄 오캄(William of Ockham)과 가브리엘 비엘(Gabriel Biel)의 유명론을 접했다. 유명론자들은 참으로 존재하는 것은 개체일 뿐이며, 보편이란 단지 개체들에 붙여진 일반적인 이름에 불과한 것이며 따라서 실재하지 않는다고 주장한다. 그들은 인간의 이성은 보고 만질 수 있는 것을 넘어서는 실재를 입증하거나 이해할 만큼 충분하지 않으며, 이러한 것들은 하나님이 그들에게 계시하려고 정하실 경우에만 알 수 있다고 생각했다.

에어푸르트대학에서 루터에게 유명론이라는 '새로운 방법론'(*via moderna*)을 소개한 두 명의 인문대학 교수는 요도쿠스 투르트페터(Jodokus Trutvetter)와 바르톨로메우스 아르놀디(Bartholomaeus Arnoldi)였다. 루터는 이들에게 성서적인 진리와 자연적인 이성을 구별하는 방법을 배웠다. 훗날 1518년 5월 자신의 대학 시절 스승인 투르트페터에게 보낸 편지에서 루터는 다음과 같이 말했다.

> 무엇보다도 저는 선생님으로부터 성서에는 신앙이 가장 중요하며, 그밖에 모든 것은 이성적인 판단이라고 배웠습니다.[5]

루터는 처음에는 대학에서 그리 뛰어난 학생이 아니었다. 입학 후 첫해 말 루터는 학사 학위 시험에서 57명 중 30등을 했다. 그러나 그는 근면한 학생으로 자신이 받았던 모든 지식을 빠르게 흡수했다. 점차 대학 동료들 가운데서 그는 예리하고 치밀한 논쟁 능력을 보여 줌으로, 그리고 개념, 논리, 변증에 있어서 압도적인 능력을 보여 줌으로 "학식 있는 철학자"로 유명해졌다.

루터는 교수들에게 모범 학생으로 인정받아 일정 부분 자유롭게 공부할 수 있는 허락을 받기도 했다. 그는 고대 저자들인 호라티우스(Quintus Horatius Flaccus), 베르길리우스(Publius Vergilius Maro), 플라우투스(Titus Maccius Plautus), 오비디우스(Publius Ovidius Naso), 유베날리스(Decimus Junius Juvenalis)를 읽어도 좋다는 허락을 받았다. 이들은 수업 시간에는 다뤄지지 않던 이들이었다. 또한, 루터는 인문주의자 히에로니무스 엠저(Hieronymus Emser) 세미나에 참석해 인문주의 사상 체계에도 친숙하게 됐다.

더 나아가 루터는 당시 대학 도서관에서 매우 중요한 한 가지를 발견했다. 바로 대학 도서관에서 그가 태어나서 처음으로 성서책을 본 것이다. 당시에 이미 인쇄술이 발견돼 있었음에도 사제들조차 대개 성서 전권을 가지고 있지 않았으며, 일부 발췌한 것만을 알고 있었다.

1502년 가을, 그 당시 허용된 최단 기간인 18개월 만에 루터는 첫 번째 학위인 문학사 학위를 받았다. 이후 곧바로 석사 학위 공부를 시작해 1505년 초 문학 석사 학위 과정을 끝냈다. 석사 학위 시험에서 그는 17명의 응시자 가운데 두 번째로 높은 점수를 받았다.

제3장

루터의 영적 싸움

1. 수도사가 되다

아버지 한스 루터는 아들 마틴이 법학을 공부해서 사회적으로 영향력 있는 직업을 얻기를 원했다. 그런 아들에게 그는 법전을 한 권 선물하면서 존경을 표하며 아들을 존칭형 "Sie"("당신," 독일어 du[너]의 존칭 형)로 불렀다. 아버지의 바람대로 마틴은 1505년 5월부터 법과대에 등록해 당시 이미 유명한 교수였던 헨닝 괴데(Henning Goede)의 첫 강의들에 출석했다.

그리고 법을 공부한 지 한 달 후 방학을 맞이해 루터는 부모님 댁을 방문했다. 부모님이 계신 만스펠트에서 에어푸르트로 돌아오는 길에 루터는 그의 인생을 극적으로 바꾸게 될 사건을 경험했다. 여행 중이었던 루터는 에어푸르트에서 단지 몇 킬로미터 떨어진 슈토테른하임(Stotternheim)의 들판에서 심한 여름 폭풍우를 만나게 됐다.

무시무시한 검은 구름이 몰려오더니 비가 억수같이 쏟아지고 하늘에 번개가 번쩍였다. 피할 곳이 없었다. 갑자기 큰 굉음과 엄청난 힘을 가진 번개가 루터 옆에 내리쳤고, 그는 땅바닥에 나동그라졌다. 죽음의 두려움 앞에 루터는 살려 달라 애원하며 수도사가 되겠다고 맹세했다. 전해지는 바로는 그는 다음과 같이 외쳤다.

도와주소서, 성 안나여!
제가 수도사가 되겠습니다!

(Hilf du, heilige Anna, ich will ein Monch werden!)

번개 속의 루터 (원제목: "Luthers Freund vom Blitz erschlagen" by Ferdinand Pauwels)

성 안나는 루터가 자란 광산 촌에서 광부들이 기도하곤 하던 수호성인이었다. → **(슈토테른하임 - 루터의 돌)**

슈토테른하임에서 체험은 사실 그가 봉착한 한계 상황에서 마지막 결정타가 됐다. 젊은 루터는 이미 오랫동안 내적 싸움을 해오고 있었다.

자신이 거짓된 삶을 살고 있는 것은 아닌가?

영원한 것에 관심을 가지지 않고 헛된 명예를 추구하며 사는 것은 아닌가?

최후의 심판 때 자신은 하나님 앞에 무엇을 보여 줄 수 있을 것인가?

그가 받은 석사 학위로 충분치 않을 것이다. 자라면서 받았던 교육으로 인해, 그는 심판 때 높으신 하나님 앞에 무언가 응답해야만 한다고 느끼고 있었다. 그리고 그 높으신 분 앞에 설 때 자신은 정죄 받을 것이라는 생각이 너무나 생생해 두려웠다. 훗날 루터는 『탁상담화』에서 "내가 수도원에 들어가려 서약한 것은 배(욕망)를 위해서가 아니라, 구원을 얻기 위해서였다"라고 말했다.[1]

또한, "수도원 서약에 관해"라는 글에서는 "나는 하늘의 공포에 사로잡혀 이 소명에 응답했다"라고 밝힌 바 있다.[2]

사실 당시 루터가 살고 있던 사회 전체가 근본적인 변화를 겪고 있었다. 많은 이들이 오랫동안 고수해 왔던 여러 가지 것에 이의를 제기하고 있었다. 루터가 갑자기 수도사가 되겠다고 선택한 것이 오늘날 어떤 이들에게는 이상해 보일지 모른다. 그러나 그 시절 그와 같이 마지막 때 '하나님 앞에서'(Coram Deo) 해야 할 답변을 찾았던, 그리고 선하고 옳은 것을 추구했던 사람이 그만은 아니었을 것이다.

1505년 7월 17일 오전 그는 최종적으로 결심했다. 친구들은 그가 스스로를 수도원에서 "산 채로 매장하지" 않도록 설득하려 했다. 그러나 루터는 에어푸르트의 콤투어 골목(Comthur Alley)에 있는 '검은 수도원'(Schwarzes Kloster) 문을 두드리며 입회를 요청했다. 이 수도원은 아우구스티누스 은수사회(Augustinereremiten) 소속으로, 그들은 서방의 라틴교회가 도덕적 측면이 일반적으로 쇠퇴해 가던 시대에 가장 엄격한 규칙을 지키려 한 수도 형제단 가운데 하나였다. 그들은 또한, 탁월한 신학자들이기도 했다. 이러한 이유로 루터는 이 독특한 종단에서 자신의 영적 구원을 찾기로 했다. → (에어푸르트 - 아우구스티누스 은수사회 수도원)

아버지 한스는 아들 마틴의 결정을 도무지 이해할 수 없었다. 당시 아버지의 반응에 대해 마틴 루터는 이렇게 말했다.

> 내가 수도사가 되겠다고 말씀드렸을 때 아버지는 거의 미친 사람처럼 분노했습니다.[3]

수도사가 되겠다는 아들의 편지에 한스는 더 이상 아들에게 "Sie"(당신)라는 호칭을 사용하지 않고 "Du"(너)라고 부르며 답장을 보냈다. 아버지는 아들과 연을 끊겠다고 선언했다. 하지만 몇 주 후 한스는 마틴의 행동을 용납했는데, 그 시점에서는 여하튼 그러지 않을 수가 없었다. 이미 다른 두 아들을 전염병으로 잃었던 아버지는 루터가 죽었다는 잘못된 소식을 듣고는 분을 가라앉혔다.

죽는 것보다야 수도사가 되는 것이 나을 테니까. 결국, 마지못해 아버지는 아들의 결정을 받아들였다. 아들 마틴이 첫 미사를 집전하는 날 아버지는 20명의 마부와 함께 마차들에 선물을 가득 싣고 와 루터가 입회한 수도원에 바쳤다.

그러나 아버지가 아들을 진심으로 용서하기까지는 여러 해가 걸렸다. 첫 미사를 끝내고 다른 손님들과 동료 수도사들과 함께 앉은 식탁에서 루터와 아버지가 나눴던 대화는 당시 부자간의 관계를 잘 보여 준다. 아버지에게서 축하한다는 말을 기대했던 마틴이 이렇게 말했다.

> 아버지, 제가 수도사가 되는 걸 왜 그렇게 말리셨습니까?
> 아직도 마음이 누그러지신 것 같지 않습니다.
> 이 생활은 참으로 평안하고 경건하답니다.

그러자 안 그래도 부글거리는 마음을 가라앉히느라 안간힘을 쓰고 있던 아버지 한스는 여러 사람이 있는 곳에서 버럭 화를 내며 말했다.

> 너, 배웠다고 하는 학자 놈아! 그래, 너는 네 부모를 공경하라는 성서의 말씀은 읽어 보지 못했냐? 네 애미, 애비가 이렇게 늙도록 밥벌이에 시달리는 것이 누구 때문이야?

이에 마틴은 대답했다.

> 그러나 아버지! 제가 세상에 머물러 있는 것보다 기도를 통해 더 많은 혜택을 아버지께 드릴 수 있습니다.

그러자 "제발 그게 사탄이 속이는 게 아니기를 바란다"라고 한스는 한숨을 쉬며 말했다.[4]

루터는 수도원에서 약간의 수습 기간과 1년 반 동안의 수련 기간을 거쳤다. 수도원에서 루터는 아우구스티누스회 수사들이 입는 복장을 하고서 엄격한 규칙 속에서 훈련을 받았다. 루터에게 그것은 경건과 학문을 동시에 철저하게 훈련하는 것으로 보였다. 수도원은 전통적으로 엄격한 규칙을 내세우고 있었다. 청빈, 순결, 순명의 맹세를 하는 것 외에도 복장, 매일의 성무일과, 음식을 조달하는 방법, 특별히 기도와 명상 등에 관한 상세한 규칙을 가지고 있었다.

이에 따라 수도자들은 웃음을 지어서는 안 되며, 고개를 숙이고 걸어야 했으며, 두리번거리지 말고 앞만 봐야 했고, 걸음 간격도 일정해야 했다. 그리고 그룹 리더 앞에서만 동료에게 말을 건넬 수 있었다. 수도자들은 날마다 기도와 시편 묵상, 성가, 독서로 일과를 보냈다.

루터는 수도원에서 자신이 구원받는 데 할 수 있는 일이라면 어떠한 고행이라도 실천하기로 했다. 그래서 수련 기간 동안 그는 수행에 전력했다. 지나친 고행의 실천으로 만성위장병에 걸리기도 했던 루터는 후에 이 시절을 회상하며 이렇게 말했다.

> 저는 신실한 수도사였습니다. 제 종단의 규칙을 어쩌나 꼼꼼하게 지켰던지 그와 같은 수도원 생활로 수도사가 천국에 갈 수 있다면 그건 바로 저라고 자화자찬할 정도였습니다. 그 시절 저와 함께 수도원에 있었던 형제들이 이것이 사

수도사 루터 (Lucas Cranach)

실이라고 증언해 줄 것입니다. 아마도 그 일을 더 계속했더라면 철야, 기도, 독서, 그리고 다른 일로 저는 죽고 말았을 것입니다.[5]

1506년 9월에 루터는 수도사 서원을 하고 정식 수도자가 됐다. 그리고 1507년 4월 3일 루터는 에어푸르트대성당에서 사제 서품을 받았다. → (에어푸르트 - 성 마리아대성당) 얼마 후 그는 에어푸르트대학에 들어가 본격적으로 신학을 공부하기 시작했다. 대학에서 신학을 공부하는 한편 그는 시간을 내어 수도원 도서관으로 가 성서를 읽었다. 그러나 성서를 읽을수록 그의 고민은 커졌다. 그 당시 교회의 가르침이 성서의 가르침과는 다른 것들이 있음을 알게 됐기 때문이다.

1508년 10월 그의 종단에서 그를 비텐베르크(Wittenberg)로 보내 로이코레아대학(Leucorea University)에서 도덕 철학 강의를 맡도록 했다. → (루터의 도시 비텐베르크) 그 대학은 1502년에 세워진 학교였다. 그와 동시에 그는 공부를 계속해 1509년 3월 9일 성서 학사(Baccalaureus Biblicus) 학위를 받았으며, 이어서 같은 해 가을 명제집 연구자(Sententiarius)라고 하는 두 번째 신학 학위를 받았다. 이로써 그는 당시 가장 중요한 중세신학 교재였던 페트루스 롬바르두스(Petrus Lombardus)의 『네 권의 명제집』(*Four Books of Sentences*)을 강의할 수 있게 됐다.

곧이어 그의 종단에서 그를 다시 에어푸르트로 불렀다. 에어푸르트대학 관리자들은 루터가 비텐베르크에서 받은 학위를 인정하려 들지 않았다. 결국 종단 지도자들의 도움을 받고서야 그는 취임 강연을 하도록 허락 받았으며, 1510년 10월에 비로소 신학생들에게 주요 과목 강의를 할 수 있었다. 같은 달 그는 세 번째 시험을 통과하고 신학 석사 자격을 얻었다.

2. 로마 순례

1510년 11월 아우구스티누스 은수사회 종단에서 루터를 다른 형제와 함께 로마로 보냈다. 당시 그의 종단은 수도원이 엄격한 수도원 규칙을 계속 고수해야 하는가 아니면 규칙들을 완화하는 개혁을 해야 하는가를 놓고 논쟁을 벌이고 있었다. 에어푸르트 수도원에 있던 루터의 상급자들은 규칙을 계속 고수해야 한다고 주장하던 이들이었다. 그들은 두 수도사를 로마로 보내 아우구스티누스 은수사회가 수도원 개혁을 실행하지 못하게 해 달라고 요청하기로 했다.

그 두 수도사는 걸어서 길고 힘든 여행을 했다. 여러 도시를 거쳐 마침내 루터는 그 성스러운 도시에 도착했다.

> 처음으로 그곳을 봤기에 저는 바닥에 주저앉아 손을 들고 말했습니다.
> '오 거룩한 로마여, 거룩한 순교자의 피가 흐르는 도시여!'

루터는 후에 『탁상담화』에서 당시를 그렇게 회고했다.[6]

로마에 도착해 그 두 수도사는 1511년 2월까지 답변을 기다려야 했다. 루터는 그 기회를 이용해 관광객이 아닌 경건한 순례자로 그 교황의 도시를 둘러봤다. 그는 여러 교회와 예배당에서 열심히 기도하고, 순교자들과 교황들의 무덤을 찾아 자신과 동료들을 위해 그 장소들이 지닌 축복을 얻고자 했다. 그는 여전히 독실한 로마 가톨릭교회의 아들이었다. 그러나 이곳에서 그는 라틴교회가 점차 세속화돼 가는 것을 목격했다. 성직자들은 게으르고 경솔하게 행동하곤 했고, 직책을 가지고 있던 동료 수도사들은 사치스럽고 편안하게 살고 있었다.

게다가 로마는 성물 숭배로 가득 찬 곳이었다. 그곳에는 모세가 본 가시떨기 나무의 가지 하나가 보존돼 있다는 교회가 있는가 하면 헤롯 왕 시절

베들레헴에서 학살 된 갓난아기들의 뼈 300개가 보관돼 있다는 교회, 도미티안 황제가 사도 요한을 참수토록 했을 때 목을 자르는 데 사용됐다는 가위를 보관하고 있다는 교회, 심지어 가롯 유다가 예수를 팔고서 받은 동전 가운데 하나를 가지고 있다는 교회도 있었다. 사람들은 그 성물들을 보고 기도하기 위해 몰려들었다.

특히 로마에는 예수께서 빌라도의 관저로 재판을 받으러 올라가실 때 오르셨던 계단으로 콘스탄티누스(Constantinus) 황제의 어머니 헬레나(Helena)가 가져왔다고 알려진 28개의 거룩한 계단(Scala Santa)이 있는 교회도 있었다. 순례자가 대리석으로 만들어진 그 계단을 주기도문을 외우며 무릎으로 올라가면 그 공로로 연옥에 있는 사람 하나를 구원할 수 있다고 알려져 있었다.

루터도 그 계단을 무릎으로 기어 올라가며 한 계단 한 계단 계단에 입을 맞추며 기도했다. 아직 부모님이 살아계셨던 루터는 자신의 할아버지 하이네(Heine)를 위해 기도했다.

그러나 맨 윗 계단에 올라선 루터는 몸을 일으키며 의심했다.

"그게 사실이란 것을 누가 알겠는가?"[7]

루터는 미사를 집전하는 이탈리아 신부들의 무지와 경박함에도 환멸을 느꼈다. 자신은 겨우 미사의 첫 부분을 낭송하고 있는데 그들은 이미 여섯 일곱째 부분을 하는 것을 보며 아연실색했다. "무슨 축제 쇼같이 미사를 줄줄 말하며 후딱 해치우는 것에 질려 버렸습니다"라고 후에 루터는 당시를 상기하며 말했다.[8] 우울한 감성의 독일인에게는 유럽 남부 사람들의 경박함이 몹시 거슬렸다.

더군다나 로마 성직자들의 나쁜 품행과 교황들의 불미스러운 사건들에 대한 소문은 루터를 괴롭혔다. "만약 지옥이 있다면 로마야말로 바로 그 위에 세워져 있다"라는 이야기를 들었을 때는 그는 큰 충격을 받기도 했다. 루터는 후에 당시를 상기하며 이렇게 말했다.

나는 100,000길더(gulden)가 들더라도 로마를 볼 기회를 놓치지 않을 것입니다. 그렇지 않았다면 내가 교황에게 해를 끼치고 불의한 일을 하는 것은 아닌가 늘 걱정해야 했을 것입니다.[9]

로마 가톨릭교회와 교황의 타락 실상을 봤던 루터는 후에 교회에게 맞서는 자신의 행동들이 부당한 것은 아닌가 하는 우려에서 벗어날 수 있었던 것이다.

- 길더

루터 당시 사용되던 금화다. 여러 가지 이유로 길더가 오늘날의 가치로는 정확히 얼마인지 말하기 어렵다. 루터는 "레니쉬 길더"(Rhenish gulden)라 불리던 것을 사용했을 것으로 보이는데, 이는 선제후 령 작센뿐 아니라 비텐베르크대학에서도 통용되던 화폐였다.

3. 하나님을 사랑하라고?

종단의 파송을 받아 로마에 왔던 루터와 동료 수도사는 교황청에 그들이 한 요청에 법적 구속력이 있는 답변을 듣지 못한 채, 로마의 타락상만을 목격하고 집으로 돌아왔다. 루터는 후에 자신이 "로마에 갈 때는 오이를 들고 갔지만 돌아올 때는 마늘을 가지고 되돌아왔노라"라고 그 때의 안 좋은 기억에 대해 말했다.

1511년 봄 루터는 에어푸르트에서 종단을 위한 교육 활동을 재개했다. 그동안 그는 행위로는 자신을 구원할 수 없다는 것을 발견하게 됐다. 성인들의 공로를 통해 덕을 볼까 했지만 결국엔 그것에 의심을 가지게 됐다.

그는 고해성사를 통해 위로를 받아 볼까도 생각했다. 그래서 시간을 가리지 않고 하루에도 몇 차례씩, 어떤 때는 내리 여섯 시간을 고해하기도 했다. 자신의 일생을 하나하나 되돌아보며 기억나는 모든 죄를 샅샅이 찾아 몇 시간씩 고해하는 루터에게 그 담당 사제가 너무 지겨운 나머지 소리쳤다.

이것 보시게. 하나님이 당신에게 화를 내고 계신 게 아니라, 당신이 하나님께 화가 나 있네 그려.

다른 이들에게는 죄로 보이지도 않는 것까지 시시콜콜히 고해하는 루터에게 수도원장이었던 요한 폰 슈타우피츠(Johann von Staupitz)는 이렇게 말하기도 했다.

이보게. 그리스도께 죄를 용서받고 싶거든 용서할 만한 것을 가지고 오게나. 이런 시시하고 자질구레한 죄가 아니라, 살인이나 신성모독이나 간음이나 하는걸로 말이지.

그런 이야기를 들을 때 루터는 자신의 고해신부들이 자신이 고백하는 바를 이해하지 못하고 있으며, 따라서 그들이 주는 사면의 위로 역시 쓸모없다는 결론을 내렸다. 그는 더욱 큰 불안과 고통으로 떨었다. 기도해도 두려움은 사라지지 않았다. 무릎을 꿇고 기도하려고 하면 마음속에서 유혹자가 말한다.

"기도는 무슨 기도야? 네 주위는 조용하기만 하지 않은가? 하나님이 네 기도를 들으시거나 관심을 가지시기는 할 것 같아?"

이렇게 속삭였다. 루터는 21명이나 되는 수호성인을 정해 놓고 매일 3명씩 부르며 일주일을 정해 기도했으나 모든 게 허사였다.

하나님께서 진노하고 계신 데 성인들을 통한 중재가 무슨 소용이 있겠는가?

슈타우피츠는 고뇌하고 괴로워하는 루터에게 신비주의 저서들을 권해 봤다. 그리고 종교를 너무 어렵게 만들지 말고, 정작 필요한 한 가지는 하나님을 사랑하는 것이라 충고했다.

그러나 진노하며 심판하고 정죄하시는 하나님을 누가 사랑할 수 있단 말인가?

절망하며, 루터는 절규했다

> 나는 몇 번이나 차라리 태어나지 않았더라면
> 좋았을 걸 하고 탄식했는지 모른다.
> 하나님을 사랑하라고?
> 나는 그분을 미워했던 사람이다![10]

그 와중에 1511년 여름 그는 수도원을 떠나야만 했다. 아우구스티누스회 개혁에 대한 논쟁에서 루터는 온건파 편에 섰다. 그들은 관구장 총대리인 슈타우피츠의 지도하에 타협안을 만들고자 하고 있었다. 루터는 수도원의 다수와 반대로 투표했다. 이때문에 그들은 오랫동안 루터를 용서하지 않으려 했다. 그들은 심지어 그를 종단에서 쫓아내고 싶어 했다.

제4장

종교개혁의 시작

1. 신학박사 루터, 이신칭의를 깨닫다

루터를 높이 평가했던 슈타우피츠는 1511년 여름 루터를 다시 비텐베르크로 소환했다. 이후로 루터는 비텐베르크에서 계속 살았다. 이 무렵 슈타우피츠가 영적으로 방황하던 루터에게 하나님께서는 많은 젊고 근면한 신학박사를 필요로 하신다며 박사 학위 과정을 밟아 보라고 제안했다. 그러면서 학위를 얻은 후 그가 대학에서 설교도 하고 성서 강의도 해 보면 나아질 수도 있을 것이라고 조언했다.

그러나 그 젊은 수도사는 박사 과정을 할 기력이 없었다. 게다가 박사 학위를 받는데 들어가는 비용도 만만치 않았다. 할인을 받았을 때 17길더요 보통은 50길더나 하는 비용은 탁발수도사의 수입으로는 감당할 수 있는 것이 아니었다. 그때 슈타우피츠가 루터에게 수도사의 서약을 상기시키며 수도원의 결정에 순종하라고 말했다. 그리고 슈타우피츠는 작센의 선제후 프리드리히 현공(Friedrich dem Weisen)을 설득해 선제후에게서 루터의 학비 전액을 감당하겠노라는 대답을 얻어냈다.

그 조건으로 슈타우피츠가 대학을 떠나며 비어 있던 성서학 학과장직을 루터가 평생 동안 맡기로 합의했다. 그렇게 해서 루터는 비텐베르크 내의

박사 루터(Lucas Cranach)

수도원에서 가르치며, 박사 학위 과정을 마칠 수 있었다. 1512년 10월 18일과 19일 비텐베르크 성 교회(Schlosskirche)에서 학위 수여식이 있었다. 이후 루터는 남은 일생 동안 비텐베르크대학에서 성서학 교수로 재직했다.

비텐베르크대학에서 루터는 1513년 8월에 시편 강의를 시작으로, 이어서 1515년에 로마서를 그리고 1516년에서 1517년까지 갈라디아서를 강의했다. 그러는 동안 그는 이신칭의(Justification by faith)의 진리를 깨달았다. 그 깨달음의 순간에 대해 루터는 다음과 같이 말했다.

바울의 로마서를 이해하려고 몹시 애쓰던 제게는 커다란 장애물이 있었습니다. 이는 '하나님의 의'라는 말을 하나님께서는 의로운 분이요 따라서 불의한 자들을 공의롭게 처벌하신다는 뜻으로 받아들이는 제게 하나님의 은총과 구원은 설 자리를 찾지 못하고 있었기 때문입니다. 당시 제 상황을 말하자면 수도사로서는 털끝만큼도 흠 잡을 데가 없었습니다. 하지만 하나님 앞에서는 여전히 마음이 괴로운 죄인이었습니다. 제 공로로는 절대로 그분의 진노를 누그러뜨릴 자신이 없었습니다. 그래서 저는 공의롭고 진노하시는 하나님을 사랑하지 않았으며, 오히려 그분을 증오하고 그분에게 불평했습니다.

그러면서도 여전히 저는 바울을 붙잡고 늘어지면서 그의 말에 무슨 뜻이 담겨 있을까 하고 계속 캐어 봤습니다. 밤낮을 가리지 않고 곰곰이 생각하던 어느 날 저는 하나님의 의와 '의인은 믿음으로 산다'라는 말 사이에 관련이 있다는 것을 깨달았습니다. 그때 저는 하나님의 의란 하나님께서 은혜와 순수한 자비를 베푸셔서 우리의 믿음을 보시고 우리에게 죄가 없는 것으로 취급하는 그런 의라는 사실을 알게 됐습니다.

그 순간! 저는 새로 태어나서 활짝 열린 문을 통해 낙원에 이른 기분이었습니다. 성서 전체가 새로운 의미로 다가왔습니다. 이전에는 '하나님의 정의' 때문에 괴로웠으며, 제 마음속에 증오심이 가득 차 있었습니다. 그러나 이제 그것은 이루 말할 수 없이 제게 소중하게 여겨졌으며, 하나님과 사람을 향한 더 큰 사랑을 불러일으켰습니다. 바울서신의 이 대목이 제게는 하늘로 통하는 하나의 관문이었습니다.

그리스도께서 우리 구세주시라는 사실을 진정으로 믿는 순간, 우리 곁에는 은혜로운 하나님이 서 계십니다. 이 믿음은 우리를 데리고 들어가서, 하나님의 마음과 뜻을 활짝 열어젖히고, 우리에게 순수한 은혜와 넘치는 사랑을 보게 하는 바로 그런 믿음입니다. 믿음 안에서 하나님을 뵙는다는 것은 다름이 아니라 더 이상 노여움이나 불친절을 찾아 볼 수 없는 그분의 아버지 같은 마음, 다정한 마음을 우리가 대하게 된다는 것입니다. 하나님을 성난 분으로 보는 사람은 그분을 제대로 보는 것이 아니라, 마치 그분의 얼굴에 검은 구름이 덮였을 때처럼 (참 하나님을 가리고 있는) 하나의 커튼을 대하고 있을 뿐입니다.[1]

이러한 깨달음은 루터가 1513년부터 1519년에 거치는 긴 기간 동안 복음을 묵상하고 연구한 결실이었다. 이 깨달음을 "탑의 체험"이라고 부른다. 이는 그가 이 진리를 비텐베르크 아우구스티누스회 수도원의 탑 속에 있는 방에서 말씀을 계속해서 연구하고 묵상하며 깨달은 것이기 때문이다. → (루터의 도시 비텐베르크 - 루터하우스)

이렇게 진리를 깨달은 루터는 '신앙으로 말미암는 칭의'(Justification by faith)를 주장하면서, 인간이 구원을 받는 데에는 오직 하나님의 은총(*sola gratia*)만이 작용한다는 사실을 강조하기 시작했다. 물론 이런 깨달음을 루터가 단지 탑 방에서 어느 날 갑자기 깨달은 것이라고만 할 수 없다. 그것은 루터의 스승이며 개인 지도 신부였던 슈타우피츠의 가르침, 성 아우구스티누스의 반(反)펠라기우스적 가르침에 대한 연구, 요하네스 타울러 등 독일 신비주의와 오캄의 유명론 사상에 대한 연구, 그리고 무엇보다도 성서 연구 등 오랫동안 그가 치열하게 진리를 추구하며 연구해 왔던 것의 결과기도 하다.

교수로서 말고도 루터의 경력과 지위는 그의 후견인이었던 슈타우피츠의 도움으로 빠르게 높아져 갔다. 루터는 교회를 위한 공직도 맡게 됐다. 루터는 1512년 비텐베르크 수도원 부원장으로 선출됐다. 1514년에는 비텐베르크 시교회 설교자가 됐고, 1515년에는 튀링엔과 마이센 지역의 아우구스티누스 은수사회 10개 수도원을 감독하는 관구장 대리(Provinzialvikar)로 임명받았다. 이 직책상 루터는 자신의 관할 아래 있는 수도원들을 방문하고 감사하는 일들을 했다. 이로 인해 아직도 그 지역들에는 루터의 방문과 관련된 루터 유적들이 많이 남아 있다.

2. 면죄부 판매를 반대하는 95개조 논제

1517년 초부터 가장 잘 나가는 면죄부 판매상인 도미니크회 수도사 요한 텟첼(Johann Tetzel, 1465-1519)이 브란덴부르크(Brandenburg)와 마그데부르크 교구를 다니며 면죄부를 팔고 있었다.

- 면죄부

면죄부를 주거나 파는 것은 중세 수 세기 동안 로마 가톨릭교회에서는 흔히 있는 일이었다. 우리가 흔히 '면죄부'(독일어 Ablass 혹은 Indulgenz)라 부르는 말은 라틴어 '인둘겐치아'(*indulgentia*)에서 왔다. 그 뜻은 본래 "관대한 용서 또는 은혜"라는 의미로, 교회에서는 "사면"을 뜻하는 말

면죄부

로 사용됐다. '인둘겐치아'는 "죄를 면제해 준다"는 면죄의 뜻보다는, "벌을 용서해 준다"라는 뜻이 더 크다. 그런 점에서 보면 '면죄부'(免罪符)라기보다는 '면벌부'(免罰符)라 부르는 것이 옳을 것이다. 로마 가톨릭교회에서는 교황이 베푸는 이 사면을 '대사'(大赦)라고 부른다.

로마 가톨릭교회는 회개를 우선 마음 깊이 통회하고(contritio cordis), 다음으로는 말로 고백하고(confessio oris), 그리고 마지막으로는 행동으로 보상하는(satisfactio operis) 3단계의 행위를 거쳐야 한다고 가르친다. 행동으로 보상하는 마지막 단계로 성서가 가르치는 어떤 회개의 행동을 함으로 죄의 용서가 주어지는데, 이러한 회개의 행위에는 개인이 회개하는 것과 공동체가 회개하는 것 등 여러 가지 형식이 있다.

중세에 들어와 공동체나 개인이 공개적으로 회개하는 것 말고도, 고해, 즉 성직자에게 은밀하게 고백하는 것이 강조됐다. 일찍이 제1차 니케아 공의회(325년)는 주교가 세례를 받았으나 중죄를 지은 사람에게 일정한 회개의 과정을 밟게 한 다음 그 죄를 사해 줄 수 있다고 결의했다. 1215년 제4차 라테란 공의회는 고해를 성례전으로 받아들였다. 그래서 이를 '고해성사'라 부른다.

이 고해성사는 아직도 로마 가톨릭교회 안에서 행해지고 있다. 신자는 죄를 용서받기 위해 먼저 자기 죄를 신실하게 자복하려는 자세를 지녀야 하고, 사제에게 찾아가서 지은 죄를 실제로 고백해야 하며, 그 다음에는 사제가 "내가 너를 사면한다"(Ego te absolve)라고 사죄 선언을 한다. 이때 사제는 고해성사를 하는 이에게 속죄 행위로 기도, 금식, 시편 낭송, 구제, 예배, 성지순례, 교회 건축을 위한 기부 등을 부과하고, 신자는 그러한 행위를 통해 자신이 받아야 할 죄의 벌을 갚아야 한다. 주목할 만한 점은 고해성사를 통해 성직자의 사죄 선언이 중요한 의미를 가지게 됐다는 것이다.

한편 가난하거나 병든 이들에게는 이런 속죄 행위를 통해 용서받는 일에 이런저런 어려움이 뒤따랐다. 처음에는 이를 위해 교회가 면죄부를 만들어 돈을 조금만 받고 팔아서 가난하고 병든 자가 감당해야 하는 형벌을 완화해 줬다. 그러나 시간이 점점 흘러가면서 누구나 면죄부를 돈 주고 살 수 있게 됐으며, 결국에는 면죄부가 지금까지 지은 죄의 형벌을 모두 보상해 주는 완전 면죄(대사면)의 능력을 지닌다는 사상까지 나타나게 됐다. 또한, 연옥에 있는 사람들 역시 이 면죄부를 통해 모든 형벌을 청산할 수 있으며, 살아서 면죄부를 사면 연옥에 들르지 않고 곧장 천국으로 향할 수 있다는 사상으로까지 발전하게 됐다. 지옥에서 받을 영원한 형벌이 고해성사와 사면(사죄 선언)으로 면제된다는 믿음이 생겨난 것이다.

기록에 따르면 11세기 남프랑스에서 교회당을 지으려고 면죄부를 발행한 것이 면죄부 발행의 최초의 사례다. 교황 우르반 2세(Urban II)는 1095년 제1차 십자군 전쟁 참여자들에게 완전한 사면을 약속했다. 1300년에 보니파츠 8세(Bonaface VIII)는 "희년면죄부"를 공시했다. 이는 그 해에 로마를 방문해 정해진 경건훈련을 받는 사람 모두에게 면죄부를 발행해 준 것이었다. 당시 교황청은 100년에 한 번 이것을 발행하겠다고 했지만, 점차 50년, 25년 마다로 줄어들었다. 1476년에 교황 식스투스 4세(Sixtus IV)는 이미 죽어 연옥에 머무는 사람을 위해 그 가족에게 면죄부를 팔았다. 신학자들은 이런 대사를 신학적, 법적으로 뒷받침 하며 합리화시켰다.

면죄부 판매가 가장 왕성했던 시기는 1514년부터 1517년 사이였다. 율리우스 2세(Julius II)의 뒤를 이어 레오 10세(Leo X, 1513-1521)가 로마에 거대한 성 베드로교회를 건축해 교황의 권위를 높이려 했다. 그 건축에 들어

가는 비용과 터키와의 전쟁에 필요한 자금을 모으기 위해 레오 10세는 면죄부를 이용했다. 레오 10세는 각 나라에서 공식적으로 면죄부를 판매할 수 있게 해 줬다.

루터의 나라인 독일에서는 브란덴부르크 대주교인 알브레히트(Albrecht von Brandenburg, 1490-1545)가 그 일을 담당했다. 그러는 가운데 면죄부가 마치 영수증처럼 통용되는 등 잇따라 과도하게 혹은 그릇되게 쓰이곤 했다. 그래서 "대사"는 영적 회개를 구체적으로 실행하는 것이 아니라, 회개 여부와 관계없이 돈으로 사고 파는 것으로 전락했다.

사실 죄 값을 돈으로 대신 치르는 것은 중세 사회에서 일반적으로 통용됐는데, 그 관습이 교회로 흘러 들어온 것이다. 예를 들어 7세기 영국에서 기록된 회개서에 따르면 신앙적 죄의 대가로 회개의 행위 이외에 교회에 기부금을 내는 것으로 대신할 수 있게 죄의 종류와 금액을 적은 도표가 있다.

이렇게 면죄부를 판 돈은 교황의 금고로 흘러들어 갔다. 로마 가톨릭교회는 이 면죄부 판매를 통해 거둬들인 막대한 돈으로 웅장하고 호화로운 교회나 수도원 혹은 다리 등을 지었다. 십자군에 필요한 경비를 위해 사용하기도 하고, 정교하게 만들어진 교황의 궁정을 유지하는데 쓰기도 했다. 세계 각지의 보물을 수집하며, 성대한 의례를 치르는데도 사용했다.

텟첼을 고용한 이는 브란덴부르크의 알브레히트였다. 알브레히트는 권력욕이 대단했던 사람으로서 마인츠(Mainz)의 주교 자리뿐 아니라 마그데부르크와 할버슈타트(Halberstadt)에서의 자리도 노리고 있었다. 알브레히트는 면죄부 판매를 위해 특별히 도미니크회 수도원 원장이자 탁월한 연설가였던 텟첼을 데려왔다. 그렇게 해서 텟첼이 3년간 "베드로의 동전"(Peter's Pence: 교황에게 바치는 헌금)이라 하던 무조건적인 완전 면죄부(plenary indulgence)를 팔고 다녔다.

브란덴부르크의
알브레히트
(Lucas Cranach)

그 돈은 로마의 성 베드로성당을 건축하는 데 들어갔다. 하지만 이러한 면죄부 판매에서 얻은 수입의 절반은 아우그스부르크(Augsburg)의 푸거(Fugger) 가문 은행가들의 금고 속으로도 흘러 들어갔다. → (아우그스부르크 - 푸거저택, - 푸거라이) 푸거가에 돈이 흘러 들어간 데는 이유가 있다.

1514년 알브레히트가 수단을 발휘해 마인츠의 대주교로 선출됨으로써 그는 일곱 선제후 가운데 하나가 됐고 제국의 대재상이 됐다. 그렇게 해 24살의 그 호헨촐러른(Hohenzollern) 대가문의 후손은 제국의 요직을 얻었다. 그러나 사실 그와 같이 직책이 집중되는 것은 금지돼 있었다. 그럼에도 교황청은 기꺼이 그와 같은 거래를 했다. 마인츠 대주교로 선출되기 위한 값은 14,000길더였으며, 여러 직책을 맡도록 특별히 승인 받는 데 10,000길더의 비용을 즉시 지불해야 했다. 알브레히트는 이 엄청난 돈을 지불하기 위해 융자를 받아야 했다. 푸거가에서 적절한 이자와 함께 그 돈을 빌려줬다. 그렇게 해서 그들은 "베드로의 동전" 판매를 통해 그 돈을 갚기로 합의했던 것이다.

텟첼은 힘들게 번 돈을 기꺼이 바친 자는 죄를 사면 받고 사후에 연옥에서 불에 탈 필요가 없을 것이며, 심지어 죽은 가족의 고통도 상당한 액수의 돈으로 줄여 줄 수 있을 것이라고 선전했다. 당시 텟첼이 마을에 도착하면 고관대작들이 마중 나와 그를 반기며 함께 엄숙한 행렬을 이뤄 마을로 함께 들어섰다. 십자가를 앞세우고 교황의 면죄 교서를 높이 쳐들고 들어와 광장에 세우고는 텟첼이 이렇게 설교하곤 했다.

요한 텟첼

들어보십시오! 하나님과 사도 베드로께서 여러분을 부르고 계십니다.
여러분의 영혼과 여러분 곁을 떠난 사랑하는 이들의 구원에 대해 곰곰이 생각해 보십시오. 여기 계신 신부님! 저기 있는 저 상인! 저기 저 아저씨! 저기 저 노인분! 지금 당장 여러분의 교회로, 성 베드로의 교회로 들어오십시오. 여러분 앞에 세워져 있는, 여러분을 부르고 있는 이 거룩한 십자가를 구하시기 바랍니다. 여러분! 이 세상의 여러 유혹과 위험의 무서운 폭풍에 휩싸여 요동치고 있지 않습니까? 여러분의 육신뿐만 아니라 영원히 죽지 않는 영혼도 항구를 찾지 못하고 있다고 생각하지 않습니까?
뉘우치고 속죄하는 사람은 모두 자신의 죄를 깨끗이 용서받는다는 것을 잊지 마십시오.

종종 텟첼이 "돈궤에 돈이 떨어지며 챙그랑 하는 소리와 함께 영혼이 연옥의 지옥 불에서 천국으로 솟아오를 것이다"라고 가르쳤다고 하는데, 이는 확인되지는 않는다. 그러나 그가 정확히 그와 같이 헌금을 유도하려는 의도를 가지고 일을 했던 것은 분명하다. 텟첼은 청중들에게 이렇게 외쳤다.

여러분은 여러분의 돌아가신 부모와 다른 사람들이 소리치며 말하는 소리가 들리지 않습니까?
'나를 불쌍히 여겨다오. 나를 불쌍히 여겨다오. 네가 하려고만 한다면 잔돈 몇 푼으로 우리가 당하고 있는 이 가혹한 벌과 고통에서 우리를 구원할 수 있단다.'
귀를 열고 아버지가 아들을 부르는, 어머니가 딸을 부르는 그 소리를 들으십시오.

텟첼은 심지어 "어떤 사람이 성모 마리아를 성폭행했다 하더라도, 나의 면죄부들 중에 하나가 속량해 줄 것이다"라고 선전했다.[2]

● 연옥설

면죄부를 정당화하고자 로마 가톨릭교회에서는 연옥을 각인시켰다. 연옥은 사망 직전에 신부의 종부성사를 받지 못한 자들이 거처하는 임시처소다. 연옥설은 지금까지 나와 있는 문서로는 1274년에 로마 가톨릭교회에서 정식으로 채택됐지만, 성도들에게 가르치기 시작한 것은 그보다도 100여 년 전부터다. 어린아이들의 죽음, 전염병의 유행, 전쟁에서 전사한 병사들 등 실재적 이유로 죽은 사람들을 위로하기 위한 필요성에 의해 만들어진 교리다. 로마의 주교 힐데브란드는 이를 목회적 목적으로 사용하기도 했었다.

연옥설의 근거는 마카비후서 12:45, "그가 죽은 자들을 위해서 속죄의 제물을 바친 것은 그 죽은 자들이 죄에서 벗어날 수 있게 하려는 것이었다"라는 구절이다. 또한, 연옥설을 주장하는 이들은 고린도전서 3:12-15을 주로 참고해, "각 사람의 공적이 나타날 것이요, 공적에 따라서 상급이나 형벌을 받는다"라고 하는 성서의 구절을 강조한다.

95개조 논제를 쓸 때까지만 해도 루터는 연옥의 존재 자체에 대해서는 비판하지 않았다. 단지, 연옥에서부터 구출을 보장하는 면죄부에 대해 비판했을 뿐이다. 루터는 1530년에 이르러서야 연옥이 성서에 나오지 않는 허구라는 사실을 깨닫고 연옥설에 대한 반론을 폈다. 그 후로는 루터가 자신의 모든 저술에서 연옥설에 대한 과거 입장을 전부 다 수정했다. 루터는 죽은 자들이 연옥에 있는데 교황이 그들에 대해서 속죄권을 행사할 수 없다는 논리를 폈다. 루터 당시에는 연옥에 머무는 귀족들을 위해서 성지순례를 다녀오게 되면 그들이 사함을 받는다는 매우 왜곡된 가르침도 있었다. 순례 여정에서 말에서 굴러 떨어지거나 다쳤거나 더 이상 갈 수 없다고 한다면 돈으로 면죄부를 구입하면 된다고 가르쳤다. 이런 왜곡에 대해서 루터는 목회적으로 그리고 개인적으로

의문을 제기하게 됐다. 루터는 어느 경우에든지 간에 연옥에 있는 영혼들을 위해서 면죄부를 구매하는 것이 가치가 없다고 주장했다.

비텐베르크의 설교자로서 또한, 신학박사요 교수로서 루터는 면죄부 판매와 관련해 자신이 무언가 대응해야 한다고 생각했다. 일찍이 루터는 비텐베르크에서 성서를 연구하며 이신칭의의 신앙을 가지게 됐다. 루터는 로마서의 "의인은 믿음으로 말미암아 살리라"라는 문장에 감명을 받았다. 그에게 하나님은 더 이상 피고에게 벌을 주는 재판관이 아닌 인간에게 의를 수여하시는 분이셨다. 죄를 용서받기 위한 유일한 조건은 하나님을 향한 흔들리지 않는 믿음뿐이다. 이러한 신학을 가진 이가 면죄부를 받아들이기 어려운 것은 당연했다.

당시 루터의 회중 가운데 많은 이들이 면죄부를 조금이라도 싸게 사고자 가까운 경계를 넘어 마그데부르크 영토로 갔다. 작센의 선제후 프리드리히 현공이 자신의 영토에 당시 열심히 면죄부를 팔던 텟첼이 들어오지 못하도록 금지령을 내려놓았기 때문이었다. 선제후는 이미 비텐베르크 성의 거룩한 성전에 상당한 성물 소장품을 모아 놓았으며, 이 유물들을 보고 헌금하는 사람들에게 연옥 생활을 감해 주는 면죄가 행해지고 있었다. 이를 통해 세입도 늘어나던 참이었으니 선제후에게 텟첼이 반가울 리 없었다. 텟첼이 들어오지 못하게 되자 백성들은 텟첼이 본부로 삼았던 위터보르크(Jüterborg) 시로 몰려갔다. 점점 더 많은 이가 이제 자신들은 모든 죄에서 자유롭게 됐음을 증명하기 위해 자신들의 고해성사 신부였던 루터 앞에 텟첼에게 산 면죄부를 흔들어 댔다.

루터는 이러한 면죄부 판매 사업이 옳다고 생각하지 않았으며, 그와 같은 하나님의 이미지를 받아들일 수 없었다. 루터는 95개조 논제를 작성하기 훨씬 전인 로마 여행 직후부터 면죄부에 대한 불만과 신학적인 이견을 가지고 있었으며, 이미 1516년부터 면죄부를 비판하는 설교를 했었다. 그는 "참된 용서와 구원을 가져오는 진정한 마음의 변화는 오직 그리스도의 고난을 묵상하고, 진정으로 회개하는 자에게 하나님이 거저 주시는 선물 곧 은총에서 비롯된다"라고 설교하며, "면죄부는 죄를 허용케 하며 그리스도의 십자가를 무효화하는 허가증이 된다"라고 비판했다.[3] 오랫동안 그는 과연 면죄부가 영원한 구원을 얻기에 적합한 방법인가 하는 물음과 씨름해 왔던 것이다.

95개조 논제를 붙이는 루터(Julius Hübner)

1517년 10월 말 루터는 자신이 속한 지역의 책임자인 마인츠의 대주교요 브란덴부르크의 주교인 알브레히트에게 라틴어로 쓴 95개 논제를 보내 면죄부에 대한 가르침들을 수정해야 하며, 면죄부를 판매하는 일은 해악을 끼치는 일이므로 중단해야 한다고 청원했다. 하지만 알브레히트 대주교는 답변을 보내지 않고, 마인츠대학 신학교수들에게 이 문제를 떠넘겼다. 그러나 민감한 사안인 이 문제에 그 교수들도 분명한 의견을 제시하는 것을 조심스러워했다. 알브레히트가 자신의 빚을 갚는 데 필요한 돈을 얻는 수단이었던 면죄부 판매를 중지할 리가 없었다. 오히려 그는 루터의 행위를 자신의 권력과 면죄부 판매를 허락한 교황의 권위에 대한 도전으로 생각했다.

교수이자 신학박사인 루터는 비텐베르크에 있는 성 교회와 다른 교회들 문에 이 논제들을 붙여 놓음으로써 면죄부 문제가 학문적인 토론의 쟁점이 되기를 원했다. 그렇게 해서 로마 가톨릭교회에 깊은 상처를 준 95개조 논제가 사람들 앞에 나오게 됐다. → (루터의 도시 비텐베르크 – 성 교회)

3. 95개조 논제

95개조 논제의 원제목은 "면죄부에 있다고 선언된 효력에 대한 반박"(*Disputatio pro declaratione virtutis indulgentiarum*)이다. 이 반박문은 크게 아홉 가지로 그 내용을 나눠 볼 수 있다.

1) 회개의 진정한 의미(1-4조)

(1) 우리 주님이시요 선생이신 예수 그리스도께서 "회개하라"(마 4:17)라고 말씀하셨을 때는 이 세상에 있는 믿는 자의 일생이 계속 회개하는 생활이어야 함을 뜻하신 것이다.
(2) 그리고 "회개"란 말씀은 고해 성사, 즉 죄를 고백하고 사제가 속죄를 집례하는 것으로 이해될 수 없으며 그렇게 이해돼져서도 안 된다.
(3) 그렇다고 주님께서 단지 마음으로만 회개해야 하다고 생각하신 것이 아니다. 오히려 외적으로 다양하게 육의 금욕적 생활이 나타나지 않는다면 내면적인 회개는 아무런 가치가 없다.
(4) 따라서 [육적인] 자신을 미워하기를 계속하는 한, 죄의 형벌은 계속될 것이다. 왜냐하면, 이것이 진정한 내면적인 회개요, 이는 하늘나라에 들어가는 날까지 계속될 것이기 때문이다.

성도들이 진정한 회개를 하고 그 표시로서 돈을 주고 면죄부를 구매해, 자신의 죄가 용서받았다고 생각했다면 문제가 없다. 그러나 전혀 진심 어린 회개를 하지 않은 자가 돈으로 면죄부를 산다는 것은 있을 수 없는 일이다. 하나님의 은총을 돈으로 사거나 팔 수도 없는 것이다. 여기서 루터는 먼저 마음의 변화가 필요하다는 점을 역설한다. 이때까지도 루터는 고해성사를 폐지하자고 주장하지 않았다. 그는 한동안 고해성사를 강조하고, 이를 죄를 고백하는 제3의 성례로 간주했다.

2) 교황 사면권의 한계(5-7조)

(5) 교황은 자신의 권한이나 교회법에 따라 부과한 처벌 말고는 어떤 처벌도 면제하려고 해서도 안 되며 면제할 수도 없다.
(6) 교황은 하나님께서 사면하신다고 스스로 선언하고 동의하는 것 말고는 어떤 죄도 사면할 수 없다. 물론 교황은 자신이 재판을 진행하도록 명확하게 정해진 사건에서는 사면할 수 있다. 이러한 경우에도 그의 사면권이 비웃음을 산다면 그 죄는 용서받지 못한 채 그대로 남는다.
(7) 하나님께서 누구라도 그의 죄를 용서하신다면 그와 동시에 그를 모든 일에 겸손하게 하며 자신의 대리자인 사제에게 순종하도록 만드신다.

95개조 논제

죄의 사면권은 오직 하나님께 속해 있는 것이다. 교황이나 교회의 성직자들은 단순히 자신에게 주어진 권한과 규정 내에서만 처벌의 면제를 선포할 뿐이다. 루터는 교황 사면권의 한계에 대해 지적한다.

3) 연옥에 있는 영혼의 사면 문제(8-29조)

(8) 참회에 관한 교회법은 살아 있는 자에게만 적용되는 것이지, 교회법에 따르면 죽은 자에게는 부과될 수 없다.

(9) 따라서 교황이 자신의 교령에서 임종을 앞둔 자와 궁핍한 자에 대한 항목을 항상 예외로 둔 것은 성령께서 교황 가운데 역사하시어 우리를 위해 좋은 일을 하신 것이다.

(10) 임종을 앞둔 자에게 해야 할 고해성사를 연옥을 위해 하지 않고 미루는 사제들의 행위는 불합리하고 나쁜 짓이다.

(11) 교회법상으로 치러야 할 대가를 연옥에서 치러야 할 대가로 바꾼 것은 분명히 주교들이 잠든 사이에 뿌려진 가라지 가운데 하나일 것이다(마 13:25).

(12) 종전에는 교회법상으로 치러야 할 대가가 진실한 참회의 증거로서 사면 이후가 아니라 사면 이전에 부과됐었다.

(13) 임종을 앞둔 자는 죽음에 의해 모든 벌로부터 자유로워지며, 교회법 규정과 관련해서 이미 죽은 자와 다를 바 없는 상태이며, 교회법 규정에 매이지 않아도 되는 권리를 갖고 있다.

(14) 임종을 앞둔 자는 영적으로 불완전한 건강 상태에 있다. 즉 불완전한 사랑으로 인해 필연적으로 커다란 두려움을 가지기 마련이다. 그 사랑이 작을수록 두려움은 더 커진다.

(15) 다른 것은 차치하고라도 이 두려움과 공포만으로도 연옥에서 치러야 할 대가를 충분히 치르고도 남는 셈이다. 그 두려움이나 공포는 절망적인 공포에 매우 가깝기 때문이다.

(16) 지옥과 연옥과 천국의 차이점은 각각 지옥은 절망, 연옥은 절망에 근접한 상태, 천국은 안전이 보장된 상태로 구분할 수 있다.

(17) 연옥에 있는 영혼들의 경우에 공포는 줄어들고 사랑은 커질 필요가 있는 것으로 보인다.

(18) 게다가 연옥에 있는 영혼들이 공덕을 벗어난 상태, 즉 사랑이 성장할 수 없는 상태에 있다는 것은 이성이나 성서로 증명할 수 없을 것이다.

(19) 또한, 우리는 구원을 꽤 확신하고 있을지 몰라도, 연옥에 있는 영혼들이 모두 최소한이라도 자신들의 구원에 대해 확신하고 자신감을 가지고 있을 것이라 입증할 방법이 없다.

(20) 따라서 교황이 '모든 벌의 완전한 사면'을 말할 때, 그 말의 의미는 사실상 '모든 벌'을 뜻하는 것이 아니라 단지 자신이 부과한 벌만을 뜻하는 것이다.

(21) 그런 까닭에 교황의 면죄부에 의해 인간이 모든 벌을 면제받고 구원받는다고 말하는 면죄부 설교자들은 오류에 빠져 있다.

(22) 사실상 교회는 연옥에 있는 영혼에게 어떤 벌도 면제해 주지 못한다. 교회법에 따라 그들은 현생에서 그 벌을 받아야 했을 것이다.

(23) 만일 모든 벌에 대한 사면을 누군가에게 주는 것이 가능하다면 그것은 틀림없이 가장 완전한 사람, 즉 극소수의 사람에게만 주어질 것이다.

(24) 이런 까닭에 벌로부터 해방된다면서 분별없이 허풍을 떨어 대는 그런 약속에 의해 상당수의 사람이 속는 일이 있을 것이다.

(25) 교황이 일반적으로 연옥에 대해 행사하는 힘이라고 하는 것은 모든 주교나 사제가 자신이 관할하고 있는 주교 관구나 교구 내에서 특정한 방식으로 행사하는 권한과 똑같은 것일 뿐이다.

(26) 교황이 연옥에 있는 영혼들에게 부과하는 사면은 (그가 가지고 있지 않은) 천국 열쇠의 힘으로 하는 것이 아니라, 중보기도의 방법으로 하는 것이 맞다.

(27) 그들은 헌금 상자에 던져 넣은 동전이 챙그랑 소리를 내자마자 영혼이 연옥에서 벗어난다고 헛되이 설교한다.

(28) 돈이 헌금 상자 안에서 챙그랑 소리를 낼 때 탐욕과 허욕이 느는 것은 분명하지만, 교회가 올린 그 중보기도의 응답은 오직 하나님의 권한 안에 있다.

(29) 성 세베리누스(St. Severinus)와 성 파스칼리스(St. Paschalis)의 전설에서 보듯이 연옥에 있는 영혼들이 모두 구원받기를 원하는지 누가 아는가?

루터는 면죄부가 연옥에 있는 영혼을 사면할 수 있다는 가르침의 문제점들을 지적한다. 이 부분에 나오는 지적들은 당시 면죄부 판매와 관련된 행태들에 대한 비판이라고 할 수 있다. 루터는 누구든지 돈을 내고 면죄부를 사기만 하면 하나님의 용서를 얻을 수 있다는 주장을 도저히 받아들일 수 없었다. 그는 이미 오랫동안 죄에 대해서 깊이 생각해 보고 죄의 문제를 해결해 보려 부단히 노력해 왔다. 죄는 돈으로 해결될 문제는 분명히 아니었다. 루터는 면죄부가 연옥에 있는 영혼을 사면할 수 있다고 현혹하며 이를 판매하는 면죄부 설교자들과 교황의 잘못된 점을 조목조목 지적한다. 교황이 연옥에 대한 권세를 쥐고 있지 않으며, 더군다나 연옥에 있는 영혼의 죄나 형벌을 사면할 수 있는 것은 더더욱 아니다. 헌금이나 기부금이 늘수록 허욕과 탐욕이 증가하며, 연옥에 있는 영혼을 위한 성직자의 중보기도의 응답 여부는 하나님의 선한 뜻에만 달려 있는 것이 분명하다.

4) 면죄부의 문제점들(30-40조)

- (30) 아무도 자신의 회개가 충분히 진실한지 확신하지 못하며, 더구나 자신이 완전한 사면을 받았는지에 대해서는 더더욱 확신하지 못한다.
- (31) 진정으로 회개하는 사람이 드물고, 진실 된 마음으로 면죄부를 사는 사람도 드물다. 사실상 그런 사람은 거의 없다.
- (32) 면죄부를 가지고 있기 때문에 자신은 확실하게 구원받는다고 믿는 사람은 그런 내용을 가르치는 사람과 함께 영원히 저주받을 것이다.
- (33) 교황에 의한 사면을 가리켜서 인간을 하나님과 화해시키는 측량할 수 없는 하나님의 선물이라고 말하는 사람들을 경계하라.
- (34) 이러한 '사면의 은총'이란 것은 단지 성례전적인 보속을 위한 처벌하고만 관련돼 있으며, 이는 인간이 정한 것이다.

(35) 금전으로 연옥에서 영혼을 구원하려고 하거나 고해 특권을 사려고 하는 사람에게 참회는 필요 없다고 가르치는 사람은 비기독교적인 교리를 설교하는 자다.

(36) 진심으로 회개하는 기독교도는 누구나 면죄부가 없더라도 죄와 벌에서 완전히 면제받을 수 있는 권리를 가지고 있다.

(37) 진정한 기독교도는 죽었든 살아 있든 관계없이 누구나 그리스도와 교회의 모든 축복에 참여하며, 이는 면죄부 없이도 하나님께서 그에게 주신다.

(38) 그럼에도 불구하고 교황이 주는 사면과 [교회의 축복에] 참여하는 것을 결코 무시해서는 안 된다. 왜냐하면, 내가 이미 언급했듯이 그것은 신성한 사면에 대한 선언이기 때문이다.

(39) 면죄부의 혜택과 참다운 참회의 필요성을 동시에 사람들에게 권장하기는 가장 예리한 통찰력을 가진 신학자에게도 매우 어려운 일이다.

(40) 진정으로 참회하는 자는 처벌을 사모하고 달게 받을 것이다. 하지만 면죄부라는 진보적인 생각이 처벌을 느슨하게 만들어 벌을 싫어하도록 만든다. 설사 그렇지 않다고 해도 최소한 [벌을 싫어할] 빌미를 제공한다.

이 부분에서는 루터의 면죄부에 대한 상세한 분석들이 돋보인다. 먼저 루터는 면죄부 설교자들이 기독교도들에게 제공하는 거짓된 확신을 지적한다. 그리고 면죄부가 회개를 불필요하게 만든다고 비판한다. 죄에 대한 용서는 오직 하나님께서 진심으로 회개하는 자에게 내리시는 일이며, 면죄부를 신뢰하는 것은 미신적 행동이다. 면죄부 판매에 반대 이론을 펴내게 된 것은 루터가 성서의 가르침에 근거해 죄의 문제를 가지고 깊이 고민했기 때문이다.

비텐베르크에서 교수로 재직하면서 루터는 집중적으로 시편, 로마서, 갈라디아서 등을 연구했다. 1513년에서 1515년까지 루터는 비텐베르크대학에서 시편을 강의했다. 1516년부터 그 다음 해까지는 갈라디아서를 강의했고, 10월경에 루터는 이미 면죄부를 반대하는 설교를 한 바가 있었다. 종교개혁의 불꽃을 지핀 95개조 논제는 이런 깊은 성서연구에서 비롯된 것이다.

5) 면죄부 판매가 야기하는 문제들(41-55조)

(41) 사도적 사면 즉 면죄부가 다른 사랑의 선행보다 더 좋은 것으로 사람들이 잘못 생각하지 않도록 신중하게 설교해야 한다.

(42) 면죄부를 사는 행위가 어떤 식으로든 자선 행위와 비교할 만하다는 견해는 교황의 생각이 아님을 기독교도들이 배워야 한다.

(43) 가난한 자를 도와주고 필요한 자에게 빌려 주는 행위가 면죄부를 사는 행위보다 훨씬 선한 일이라는 점을 기독교도들이 배워야 한다.

(44) 사랑은 그것을 실천하는 과정에서 성장하고, 인간은 그것에 의해 보다 더 선량해지기 때문이다. 반면에 면죄부를 통해 인간은 더 선량해지는 것이 아니라 단지 처벌로부터 더 자유로워질 따름이다.

(45) 도움을 필요로 하는 자를 보고도 못 본 체 지나가 버리면서 면죄부를 사려고 돈을 바치는 사람은, 교황의 면죄부를 사는 것이 아니라 오히려 하나님의 노여움을 사는 것이라는 것을 기독교도들이 배워야 한다.

(46) 필요 이상으로 가지지 못한 자라면 자신의 가족을 위해 필요한 것을 저축해야 하고, 결코 면죄부에 그것을 낭비해서는 안 된다는 것을 기독교도들이 배워야 한다.

(47) 면죄부를 사는 것은 자신의 자유로운 의사에 따라 선택할 사안이지 결코 명령의 문제가 아님을 기독교도들이 배워야 한다.

(48) 면죄부를 교부할 때 교황은 신자들이 가져오는 돈보다 그들의 경건한 기도가 그에게 더 필요하다는 것을, 그리고 따라서 교황이 그 기도를 원한다는 것을 기독교도들이 배워야 한다.

(49) 교황의 면죄부는 사람들이 그것에 신뢰를 두지 않는다면 유익하지만, 그것으로 인해 사람들이 하나님에 대한 경외심을 상실한다면 매우 해롭다는 것을 기독교도들이 배워야 한다.

(50) 만일 교황이 면죄부 설교자들이 하는 일을 정확히 안다면 그는 자신의 양들의 가죽과 살과 뼈로 성 베드로교회가 세워지기보다는 차라리 그것이 불태워져서 재로 변해 버리는 편을 선택할 것이라는 것을 기독교도들이 배워야 한다.

(51) 면죄부를 파는 행상인들의 감언이설에 속아 넘어가 돈을 빼앗긴 수많은 사람에게, 교황은 성 베드로교회를 팔아서라도 자신의 돈으로 갚아 주는 것이 의무이기에, 그가 그러고 싶어 할 것이라는 것을 기독교도들이 배워야 한다.

(52) 면죄부 판매 대리인이, 아니 심지어 교황이 직접 나서서 자신의 영혼을 걸고 보증한다고 하더라도 면죄부로 구원받을 것이라 확신하는 것은 헛된 일이다.

(53) 면죄부에 대해 설교하려고 하나님의 말씀에 대한 설교를 교회에서 아예 금지시킨 자들은 그리스도와 교황의 적들이다.

(54) 그 같은 설교에서 하나님의 말씀보다 면죄부에 동일한 시간이나 훨씬 긴 시간을 할애한다면 이는 하나님의 말씀에 해를 끼치는 것이다.

(55) 매우 작은 가치를 지닌 면죄부를 한 차례의 종소리나 행렬이나 의식으로 경축한다면 가장 큰 가치를 지닌 복음은 백 차례의 종소리이나 행렬이나 의식과 함께 설교돼야 한다는 것이야말로 교황의 뜻임이 틀림없다.

이 부분에서 루터는 면죄부 판매가 가져온 폐단들을 지적한다. 먼저 그는 면죄부가 그것을 구입하는 자들에게서 자선 행위에 대한 관심을 약화시킬 수 있다고 지적한다. 그리고 면죄부 설교자들이 면죄부 판매로 신자들을 착취하고 있다고 비난한다. 여기서 흥미로운 것은 교황이 이들이 하는 일을 제대로 안다면 그들이 착취하도록 두지 않고, 오히려 성 베드로교회를 팔아서라도 그들의 돈을 갚아 줄 것이라고 말하고 있는 점이다. 이는 면죄부 판매를 허용하고 있는 교황에 대한 비판이기도 하지만, 한편으로는 이 논제를 쓸 때까지만 해도 루터가 아직 교회에 대해 희망을 가지고 있었음을 보여 준다. 마지막 항목들은 면죄부가 판매됨으로 하나님의 말씀을 설교하는 데 방해가 되고 있음을 지적하고 있다.

6) 면죄부와 교회의 보배(56-66조)

(56) 교황이 거기서부터 면죄부를 꺼내 교부하는 "교회의 보배"는 그리스도의 백성들 가운데서 충분히 거론되지도 알려져 있지도 않다.

(57) 면죄부가 현세의 보배가 아니라는 것은 매우 분명하다. 왜냐하면, 수많은 면죄부 판매상이 그와 같은 보배를 쉽게 쏟아 내려 하지 않고 오히려 모으려고만 하기 때문이다.

(58) 또한, 그 보배가 그리스도나 성인들의 공덕도 아니다. 왜냐하면, 교황의 도움 없이도 그리스도나 성인들은 항상 영적인 사람에게는 은혜를 주고 육적인 사람에게는 십자가와 죽음과 지옥을 주기 때문이다.

(59) 성 로렌스는 교회 안에 있는 가난한 자들이 교회의 보배라고 말했지만, 그는 자신이 살고 있는 시대에 맞는 어법에 따라 그렇게 표현했다.

(60) 그리스도의 공덕으로 주어진 교회의 열쇠가 바로 그 보배라고 말해도 무리가 없을 것이다.

(61) 교황에게 처벌을 면제하고 자신의 권한 안에 있는 사건들에 사면을 행사할 충분한 힘이 있다는 것은 분명하다.

(62) 교회의 참된 보배는 하나님의 영광과 은총으로 가득 찬 가장 거룩한 복음이다.

(63) 그런데 이 보배가 사람들이 가장 싫어할 만한 것이 됐다. 이는 먼저 된 것을 나중 된 것으로 만들었기 때문이다(마 20:16).

(64) 반면에 면죄부라는 보배는 사람들이 매우 좋아할 만한 것이 됐다. 이는 나중 된 것을 먼저 된 것으로 만들었기 때문이다.
(65) 따라서 복음이라는 보배가 이전에는 부유한 이들을 낚았던 그물이었다.
(66) 면죄부라는 보배가 오늘날에는 사람들이 소유한 재산을 낚는 그물이다.

여기서 루터는 면죄부 교리의 기초가 되고 있는 '교회의 보배'(Treasury of the Church)교리에 대해 다룬다. 로마 가톨릭교회에서는 그리스도와 신자들의 공덕이 성도의 교제(Communion of Saints)를 통해 다른 이들을 이롭게 할 수 있다고 믿는데, 이를 '교회의 보배' 혹은 '공덕의 보배'(Treasury of Merit) 교리라 한다. 그리스도나 신자들이 행한 선행이 다른 이들에게 유익을 끼칠 수 있다는 것이다. 그런데 이러한 교리가 면죄부 판매를 통해 오용되고 있다고 루터는 봤다. 루터는 교회의 보배는 면죄부가 아니라 복음, 즉 그리스도라고 주장한다.

7) 면죄부 설교의 문제점들(67-80조)

(67) 그 설교자들이 가장 큰 은총이라고 목청을 높이는 면죄부는 교회의 부를 늘리는 경우에만 실제로 그런 것으로 알려져 있다.
(68) 하지만 하나님의 은총과 십자가의 경건함에 비하면 면죄부는 참으로 가장 사소한 은총에 불과하다.
(69) 주교와 사제는 존경심을 지니고서 사도적[즉, 교황의] 면죄부 판매 대리인을 인정해야만 한다.
(70) 하지만 더욱 더 주교와 사제는 그 대리인이 교황의 위임 사항 대신에 자신들의 꿈을 설교하지 않도록 눈을 크게 뜨고 귀를 바짝 기울여야 한다.
(71) 사도적 면죄부의 진실과는 반대로 말하는 자는 파문 당하고 저주 받을지어다!

(72) 그러나 면죄부 설교자들의 욕망과 방종을 경계하는 자에게는 축복이 있을 지어다!
(73) 교황은 면죄부 거래를 어떻게든 방해하는 이들에 대해 정당하게 호통을 치고 있다.
(74) 그러나 면죄부를 구실 삼아 거룩한 사랑과 진리가 손상되도록 획책하는 자들에게는 훨씬 더 많이 호통을 치고자 할 것이다.
(75) 교황의 면죄부가 불가능한 죄를 저지르고 하나님의 어머니를 능욕한 인간까지도 사면할 수 있을 정도로 대단하다고 생각하는 것은 미친 짓이다.
(76) 반대로, 우리는 교황의 면죄부가 죄에 관한한 소소한 죄 가운데서도 가장 적은 죄조차도 제거할 수 없다고 말하는 바다.
(77) 지금은 설사 성 베드로가 교황이라고 해도 그가 더 큰 은혜를 주지는 못할 것이라고들 한다. 이는 성 베드로나 교황에 대한 모독이다.
(78) 반대로, 우리는 현재의 교황이나 다른 어떤 교황이라도 그가 마음대로 할 수 있는 큰 은혜를 가지고 있다고, 더 정확히 말하면 고린도전서 12장에 기록된 바대로 복음, 영적 능력, 치유 은사 등을 가지고 있다고 말하는 바다.
(79) [면죄부 설교자들이] 높이 쳐들고 다니는 교황의 문장이 장식된 십자가가 그리스도의 십자가와 똑같은 가치가 있다고 말하는 것은 신성모독이다.
(80) 그와 같은 이야기가 사람들 사이에 유포되도록 허용한 주교와 교구 사제와 신학자는 이에 대해 해명해야 할 것이다.

 루터도 사도 시대부터 전해 내려오는 사죄의 직무를 부정하지는 않았다. 그래서 그는 사도들이 전하는 면죄의 진리에 반대되는 말을 하는 자를 정죄한다(71조). 그러나 루터는 면죄부 설교자들이 면죄부야말로 교회에서 받을 수 있는 가장 큰 은혜라고 선전하면서, 실상은 탐욕만을 조장해 왔다고 지적한다. 주교와 사제들은 면죄부 설교자들을 존경하라고 명령하면서도 교황의 의도와는 달리 설교하는 그들에게서 사람들을 지켜 주지 못했다. 면죄부 설교는 하나님께 대한 모독이요, 가장 소중한 보배가 되는 예수 그리스도를 무시하는 행동이다. 그는 텟첼과 같은 면죄부 설교자들이 면죄부를 팔며 떠드는 신성모독적인 말들에 경악하며, 교회 지도자들이 이를 통제하지 못하는 것을 비판한다.

8) 면죄부 남용으로 인해 교황을 향해 갖게 되는 의구심들(81-91조)

(81) 이러한 무분별한 면죄부 설교 때문에 배운 사람들조차 비방이나 평신도의 신랄한 의구심으로부터 교회에 대한 존경심을 지켜 내기가 쉽지 않다.

(82) 예를 들어, "만일 교회를 건축하기 위해 드는 그 참담한 돈을 목적으로 교황이 수많은 영혼을 구원하는 것이라면 어찌해 교황이 거룩한 사랑으로 그리고 그 곳에 있는 영혼들의 절박한 필요를 위해 연옥을 비우지 않는가? 영혼을 구원하는 것은 매우 올바른 일이지만, 돈을 목적으로 하는 것은 매우 하찮은 일이다."

(83) 또한, "이미 구원받은 자를 위한 기도는 잘못된 것인데, 죽은 자의 장례 미사나 추도 미사가 계속되는 이유는 무엇이고, 교황은 그런 목적으로 조성된 기부금을 돌려주지 않고 기부금 모집을 취소하도록 허락하지 않는 이유가 무엇인가?"

(84) 또한, "불경건한 자와 하나님의 원수조차도 돈으로 하나님께 신실한 경건한 영혼을 연옥으로부터 구원할 수 있다고 하면서도, 오히려 경건하고 사랑받는 영혼이 궁핍하다는 이유로 순수한 사랑으로는 자유롭게 될 수 없다니, 이 하나님과 교황의 새로운 경건함이란 것이 도대체 무엇인가?"

(85) 또한, '회개에 관한 교회법은 사용되지 않아 사실상 폐지되고 사문화된지 오래인데, 이제 와서 마치 그 교회법이 여전히 살아있고 효력을 발휘하고 있는 것처럼 면죄부를 교부함으로 보속하겠다는 이유가 무엇인가?'

(86) 또한, "오늘날 최고 부자보다도 더 많은 재산을 보유한 교회가 가난한 신자

들의 돈 대신에 자신의 돈을 들여서 성 베드로교회를 건축하지 않는 이유는 무엇인가?"

(87) 또한, "완전한 참회를 통해 충분한 사면을 가지고 있으며 하나님의 은혜에 충분히 참여하고 있는 사람들에게 교황은 무엇을 사면한다는 것이고 무슨 영적 은혜에 참여시킨다는 말인가?"

(88) 또한, "교황이 이러한 사면과 은혜에의 참여를 모든 신자들에게 주는 일을 여태껏 하루에 한 번 하던 것을 하루에 백 번 하겠다고 한다면 교회에 그보다 더 큰 복이 무엇이겠는가?"

(89) 또한, "교황이 면죄부에 의해 돈보다도 영혼 구원을 추구한다면 여지껏 교부됐던 면죄부와 사면이 똑같은 효력을 가지고 있는데, 이들의 효력을 일시 중지시키는 이유가 무엇인가?"

(90) 평신도들이 제기한 이러한 주장들과 거리낌을 힘으로만 누르려 하고 타당한 이유를 들어 해결해 나가지 않는다면 교회와 교황은 적들의 조롱거리가 되고, 기독교도들은 불행하게 될 것이다.

(91) 따라서 [면죄부 설교자들이] 교황의 정신과 의도대로만 면죄부에 대해 설교했더라도, 이러한 모든 의심들은 수월하게 해결됐을 것이다. 아니, 그러한 의심들은 존재하지도 않았을 것이다.

여기서 루터는 학식 있는 자들과 평신도들이 면죄부 남용을 묵인하고 있는 교황에게 가지는 의구심들을 열거한다. 사실 이는 루터 자신이 교황을 향해 하는 말이라 해야 할 것이다. 어찌해 교황은 돈을 받아야만 사면권을 행한단 말인가. 하나님을 전혀 공경하지도 않는 자들이라 하더라도, 무조건 면죄부만 구입하면 죄 사함을 얻을 수 있다는 교황권의 행사는 조롱거리가 될 만하다. 이런 내용은 교황이 루터를 출교시키는 빌미를 제공했다.

9) 기독교도들을 향한 권면들(92-95조)

(92) 그렇다면 전혀 평화롭지 못한데도 그리스도의 백성에게 "평화, 평화!"라고 외치는 예언자들은 모두 다 물러가라!(렘 6: 14)

(93) 하지만 십자가가 없음에도, 그리스도의 백성에게 "십자가, 십자가"라고 외치는 예언자들은 모두 복이 있으리라!

(94) 기독교도들은 벌이나 죽음이나 지옥을 겪는다 해도 머리 되신 그리스도를 부지런히 따라야 함이 마땅하다.

(95) 그러니 평화에 대한 보증보다 오히려 많은 시련을 겪음으로 천국에 들어갈 수 있다고 확신하라(행 14:22).

마지막 논제들은 기독교도들에게 고난과 시련이 따르더라도 그리스도를 본 받으라 권면한다. 차라리 벌을 받고 대가를 치르고 천국에 가는 것이 면죄부의 거짓된 보증보다 더 낫다. 그 안에는 루터의 초기 개혁 사상의 핵심이라고 할 수 있는 그리스도의 십자가 신학이 나타나 있다.

루터가 이 95개조 논제를 교회 문에 붙일 때까지만 해도 그는 아직 자신의 교회 상관들이 자신이 하는 말을 이해해 줄 것이라는 기대를 가지고 있었다. 그는 "위로부터의," 즉 교황으로부터의 종교개혁을 희망하고 있었다. 그는 혁명을 일으킬 의도가 없었으며, 오히려 로마 가톨릭교회 안에서 당면한 문제들에 대해 학적으로 논의하도록 자극을 주고자 했다.

그가 95개조 논제를 교회 문들에 붙인 것도 당시에 통용된 전통적인 관례대로 다른 이들과 이 문제를 토론하기 위함이었지, 어떤 개혁을 일으키려고 의도했던 것은 아니었다. 더구나 그는 단지 면죄부의 오용을 반대했을 뿐, 면죄부를 없애야 한다고 하지도 않았다. 교황이 면죄부의 폐습을 바로잡았더라면 루터는 거기서 멈췄을지도 모른다.

그러나 루터의 생각과는 전혀 다르게 이 95개조 논제는 일반 대중들 사이에서 엄청난 반향을 불러 일으켰다. 루터는 학자들 사이의 학문적인 토론을 제안했으므로, 당연히 문서를 학자들의 언어인 라틴어로 작성했다. 일반 대중은 라틴어를 읽지 못하는 당시 사회 환경을 고려하면 루터에게는 이 문제를 일반 사람들에게 호소할 생각이 없었다고 할 수 있다.

그러나 반박문을 읽어 본 어떤 이가 재빨리 독일어로 번역해 사람들에게 배포하기 시작했다. 때마침 발명된 인쇄술은 그 문서가 사람들 사이에서 아주 빠른 속도로 퍼져 나가게 도와줬다. 95개조 논제는 2주도 안 돼 독일 전역으로 퍼져 나갔다.

루터는 여전히 이 문제를 비텐베르크에서 그의 동료들과 함께 토론하는 기회를 갖기 원했지만, 그러한 일은 일어나지 않았다. 대신에 독일어 번역판을 포함해 그 논제를 인쇄한 것이 독일 전역에 산불처럼 퍼져 갔고, 그 논제는 보통 사람들 가운데서도 대화의 주제가 됐다. 그 결과, 루터의 지극히 학문적이고 부분적인 개혁 제안에 온 유럽 시민들이 호응해, 면죄부뿐만 아닌 교회 전체를 개혁하자는 움직임이 일어나게 됐다.

제5장

진리를 향한 싸움

1. 로마의 대응

95개조 논제 사건을 통해 루터의 이름이 널리 알려지게 됐다. 루터는 사실 평신도들을 향해 그 논제를 쓴 적이 없었으나 이제 현실을 피할 수 없게 됐다. 일을 되돌리기에는 너무 늦어 버렸다. 이미 많은 이가 그에게 열광하고 그를 지지했으며, 그의 논제는 유럽으로 퍼져 나갔다.

루터의 95개조 논제가 각 나라말로 번역돼 "콘스탄티노플에서 케임브리지까지" 유럽 여러 나라로 그렇게 빠르게 전파될 수 있었던 데는 구텐베르크의 금속 활자 발명이 큰 공헌을 했다. → (슈트라스부르크 - 구텐베르크 광장) 루터는 금속 활자야말로 하나님께서 그 시대에 주신 가장 큰 선물이라고 극찬한 바 있다.

1518년 3월 루터는 독일어로 『사면과 은총에 관한 설교』(*Sermon von dem Ablass und Gnade*)라는 책을 냈다. 이는 일반 대중이 95개조 논제를 잘 이해할 수 있도록 그 내용에 대해 상세하게 주석하며 해설을 덧붙인 것이다.

그 사이 마인츠의 대주교가 그 문제를 로마에 넘겼다. 교황은 우선 아우구스티누스 수도회의 총회장을 새로 임명함으로써 루터가 일으킨 불이 번지지 않도록 하고자 했다. 1518년 5월에 아우구스티누스 수도회의 3년 주기로 열리는 분회 회의가 하이델베르크(Heidelberg)에서 열리게 됐다. 교황청으로부터 루터를 잠잠하게 만들라는 요청을 받은 아우구스티누스 수도회는 하이델베르크에서 열리는 회의에 루터를 소환했다. 사실 소환 이전에도 관구장 대리의 임기를 만료하는 루터는 그 회의에 참석해 보고하도록 돼 있었다. → (하이델베르크 - 하이델베르크대학)

하이델베르크로 가는 길에 루터가 암살 당할 것이라거나 루터가 조만간 화형을 당하게 될 것이라는 소문들이 떠돌았다. 루터는 자신의 신분을 숨기고 여행해 하이델베르크에 도착했다. 그런데 우려와는 달리 하이델베르크에서 그는 뜻밖에 큰 환대를 받았다. 하이델베르크 회의에서 루터는 종단의 관구장 총대리이자 자신의 멘토이기도 했던 슈타우피츠의 허락을 얻어 자신의 신학을 설명할 기회를 얻었다.

후에 "하이델베르크 신학 논쟁"이라 불리게 되는 이 자리에서 루터는 당시 신학이 아리스토텔레스의 철학에 노예가 돼 있음을 비판하면서, 인간의 자유의지에 대해 설득력 있는 논리를 폈다. 이를 통해 젊은 수도사들이 대거 루터를 지지하게 됐다.

회의에는 후에 뷔르템베르크(Württemberg)의 종교개혁을 이끈 젊은 요한네스 브렌츠(Johannes Brenz, 1499-1570)도 있었다. 또한, 도미니크회 수도사였으나 방청권을 얻어 참석한 마틴 부처(Martin Bucer, 1491-1551)도 있었다. 부처는 후에 슈트라스부르크(Strassburg)의 종교개혁 지도자가 된다.

그렇게 루터는 하이델베르크에 갈 때는 신분을 숨기고 몰래 걸어갔지만 올 때는 마치 개선장군처럼 돌아왔다. 루터가 게오르크 슈팔라틴(Georg Spalatin)에게 보낸 편지에서의 표현을 빌리면 그는 "걸어서 길을 떠났지만, 돌아올 때는 마차를 타고 왔다."[1]

그러자 레오 10세는 루터를 로마로 송환하기로 했다. 1518년 8월 7일 루터는 교황청으로부터 60일 이내에 로마로 오라는 소환장을 받았다. 하지만 이러한 요구는 실현되지 않았다. 로마가 가장 영향력 있는 선제후로 생각하고 있던 프리드리히 현공이 자신의 관할 내에 있는 이 교수를 살리기 위해 나섰다. 그는 루터가 로마에서 조사 받지 않고 제국의 자유 도시 가운데 하나에서 심리를 받을 기회를 갖도록 로마교구와 합의를 봤다.

때마침 신성로마제국의 제국 의회가 아우크스부르크에서 개최됐다. 로마는 루터를 다룰 인물로 권력과 학식을 지닌 추기경 토마스 카예탄(Thomas Cajetan)을 내세웠다. 제국 의회에 교황대사로 참석한 추기경은 자신이 "사제로서" 루터를 심문하겠다고 했다. 루터는 그 교황대사 앞에 출두해야 했다. 추기경의 소환을 받아 아우크스부르크로 내려가며 루터는 사실상 죽음을 각오했다.

당시 로마가 카예탄 추기경에게 보낸 마지막 명령이 루터가 이단의 오류를 범했음을 증명해 그가 철회하도록 만들라는 것이었기에 상황은 심각했다. 루터는 길을 떠나며 자기 앞에 놓일 화형대를 내다보면서 "이제 죽을 수밖에 없겠구나. 부모에게 이 못할 짓인가" 하고 중얼거렸다. 루터는 가는 도중에 장염에 걸려 거의 죽을 뻔했다.

1518년 10월 7일 루터가 아우크스부르크에 도착했을 때 의회는 이미 끝나 있었다. 루터는 황제의 안전 통행권이 도착하기까지 프리드리히 현공이 명령한 대로 며칠간 아우크스부르크의 성 안나 갈멜수도회 수도원(Karmelitenkloster St. Anna)에서 기다려야 했다. → (아우크스부르크 – 갈멜수도회 수도원과 성 안나교회) 카예탄 추기경이 10월 12일에서 14일까지 푸거가의 시 궁전에서 세 차례에 걸쳐 루터를 심문했다. → (아우크스부르크 – 푸거저택)

루터는 카예탄 추기경에게 자신의 잘못이 무엇인지 지적해 달라고 청했다. 누구라도 자신의 "새 가르침"이 성서에 모순된다는 것을 증명한다면 철회하겠지만, 아무도 그러지 못했기에 이를 철회하지 않겠다고 했다. 추기경은 교황이 성서의 해석자요 어떠한 권위나 회의나 교회 안의 무엇보다도 위에 있음을 주장했다.

그러나 루터는 자신은 교황이 성서보다 위라는 것에 반대한다는 입장을 분명히 피력했다. 그러자 카예탄은 화를 내며, 루터에게 "제가 철회합니다"(Revoco)라는 말을 하러 올 게 아니면 다시 나타나지 말라고 고래고래 소리쳤다. 이 대화를 통해 루터는 자신과 로마 가톨릭교회 사이에 얼마나 깊고 화해할 수 없는 간극이 있는지를 깨달았다.

이후 카예탄 추기경은 루터와 함께 온 루터의 상관이자 멘토인 슈타우피츠를 압박하기 시작했다. 루터가 고집을 부리면 자신이 루터와 동료들에게 조치를 취할 수박에 없다고 최후통첩을 했다. 슈타우피츠는 카예탄에게 자신도 노력해 봤지만 루터의 성서 실력이 자신보다 더 나으며, 교황의 대변자인 추기경이야말로 루터가 말을 듣도록 해야 할 책임이 있는 사람임을 상기시켰다.

그러나 추기경은 더 이상 루터와 만나기를 원치 않았다. 결국 체포될 것이 분명해지자 루터는 10월 20일 아우그스부르크의 친구들의 도움으로 그 도시를 떠나 피신했다. 밤새 말을 달려 도망 나온 루터는 뉘른베르크(Nürnberg)에서 잠시 원기를 회복한 후 비텐베르크로 돌아왔다. 그가 비텐베르크에 다시 들어선 날은 95개조 논제를 내 건지 꼭 1년만인 1518년 10월 31일이었다.

이제 로마는 작센 선제후들에게서 이단 루터를 항구적으로 소환하겠다고 요구했다. 선제후 프리드리히 현공의 입장이 난처해졌다. 프리드리히는 신실한 신자였다. 그는 자신의 영토를 늘리거나 권력을 키우는 것 보다는 신자로서 제후인 자신의 임무를 진지하게 고민한 인물이었다. 번민 끝에 프리드리히는 1518년 12월 교황의 루터 소환 요청을 거절하기로 결정했다. 당시 루터는 이미 비텐베르크를 떠나기로 마음먹고 오스트리아의 잘츠부르크(Salzburg)로 이주하기 위해 짐을 싸 놨다.

그런데 상황에 변화가 생겼다. 황제 막시밀리안 1세(Maximilian I)가 1519년 1월 12일 후계자를 임명하지 못하고 죽었다. 그러자 후계자 문제가 교

선제후 프리드리히 현공 (Lucas Cranach)

황청에게는 비텐베르크의 골치 거리 수도사 문제보다 더 중요해졌다. 당시 로마 가톨릭교회에게는 합스부르크(Habsburg)가의 스페인 왕 칼 5세(Karl V, 1500-1558)가 제국 왕좌에 오르는 것을 막는 일이 무엇보다 중요한 일이었다. 막시밀리안의 손자인 칼은 이미 스페인 대부분을 통치하고 있던 터라 그가 황제에 오른다면 교황에게는 정치적으로 큰 라이벌이 될 것이었다.

1519년 1월 교황 레오 10세는 자신의 대사로 칼 폰 밀티츠(Karl von Miltitz)를 알텐부르크(Altenburg)에 궁정을 가지고 있는 프리드리히 현공에게 보내어 환심을 사고자 했다. 프리드리히는 황제 선출에 막강한 영향력을 가진 선제후였다. 교황은 칼 5세보다는 프리드리히를 황제로 밀고 있었다. 밀티츠는 교황청의 특별한 호의의 징표인 황금 장미를 가지고 선제후에게 나타났다. 그리고 교황청의 타협안을 제시했다.

루터가 로마 가톨릭교회에 대한 비판을 중지하면 교황청도 침묵하겠다는 것이었다. 또한, 밀티츠는 프리드리히에게 교황청에 협조하기만 하면 추기경을 한 사람 임명할 수 있는 권한을 허락 받을 것이라 암시를 줬다. 그렇게 되면 프리드리히가 루터를 추기경으로 만들 수도 있었다.

밀티츠는 루터를 알텐부르크에 있는 슈팔라틴의 집에서 만나 그가 침묵하도록 설득하려 했으나 실패했다. → (알텐부르크) 루터는 자신의 반대자들이 토론과 출판을 하지 않을 경우 자신도 그렇게 하겠다고만 밀티츠에게 약속했다.

밀티츠는 루터를 달래기 위해 면죄부 판매설교자인 텟첼을 희생양으로 삼았다. 텟첼을 소환해 호사스럽게 말을 두 마리나 가지고 마차를 몰고 다닌다며 질책했고, 사생아를 둘이나 둔 점을 들어 문책했다. 이 일로 텟첼은 한 수도원으로 물러가 원통해 하면서 죽었다. 그러나 루터와 교황청의 관계가 회복되지는 못했다. 루터는 이미 너무 멀리 로마 가톨릭교회에서 벗어나 있었다.

2. 신성로마제국의 황제 칼 5세

그러는 사이에 교황의 반대에도 불구하고 결국 1519년 6월 28일 독일 선제후들이 합스부르크가의 칼 5세를 황제로 선출했다. 프리드리히 현공은 자신이 무자격하다 생각하고 칼 5세에게 표를 던졌다. 황제가 되기 위해 칼 5세는 엄청난 돈을 썼다. 확인된 액수만 850,000길더다. 그 선거 비용의 절반 이상을 푸거가가 현금으로 후원했고, 칼은 그 돈으로 표를 샀다.

- 신성로마제국의 황제와 선제후

신성로마제국의 황제는 세습직이 아니라 선출직이었다. 15세기까지는 대개 오스트리아의 합스부르크가 출신이 황제들로 선출됐으며, 보통 서거한 선대 황제의 장자가 제위를 물려받았다. 따라서 선출은 대개 단지 형식에 불과했다. 그래도 선출을 통과하지 않고서는 제위를 합법적으로 상속받지 못한 것으로 봤기 때문에, 그 절차 없이 계승자는 자신을 '황제'라고 칭할 수가 없었다.

이 황제를 선출하는 선거인단이 선제후(選帝侯; 라틴어 Princeps; 영어 Elector; 독일어 Kurfürst)다. 원래 선제후는 1198년에 교황 인노센트 3세(Innocent III)가 독일 왕권을 둘러싸고 내전이 격화되는 것을 염려해 라인

(Rhein) 강 유역의 네 명의 선제후들, 즉 마인츠 대주교, 쾰른(Köln) 대주교, 트리어(Trier) 대주교, 그리고 라인 궁중백(宮中伯, Pfalzgraf)의 동의 없이는 왕위에 오를 수 없다고 정한 것에서 시작됐다.

1257년부터는 작센 공(公)과 브란덴부르크 변경백(邊境伯)이 추가돼 여섯 명이 선제후 회의에 참석했으며, 1289년에는 보헤미아 국왕까지 더해져 총 일곱 명이 됐다. 선제후는 백작, 공작 그리고 대공과 같이 대단히 높은 직책을 맡고 있었으며, 위계상 신성로마제국의 봉건 제후들 가운데 왕 또는 황제 다음으로 높았다.

형식적으로 선제후들이 지닌 것은 황제 선거권이 아닌 독일왕의 선거권일 뿐이었다. 그 때문에 선제후가 아닌 선정후라고 부르기도 한다. 사실상 독일의 왕이 곧 신성로마제국의 황제나 마찬가지였지만, 그래도 교황의 공식적인 추대가 없으면 신성로마제국의 황제로 불리지 않았으며, 그 전까지는 "로마의 왕"(Rex Romanorum)이라고 불렀다.

황제선출은 원래 7선제후 전원일치제였으나 1356년에 칼 4세가 반포한 금인칙서(Goldene Bulle)에 의해 다수결제가 됐다. 금인칙서는 신성로마제국의 헌법과 같은 것으로 7선제후 제도, 황제 선거 과정, 선제후의 지위 등을 성문화(成文化)해 이후 신성로마제국 황제 선출시 반드시 이를 따르도록 규정했다.

금인칙서

칼 5세는 금인칙서의 규정에 따라 7선제후에 의해 황제로 선출됐으며, 이때 그는 선제후들에게 막대한 돈을 썼다. 칼 5세는 교황이 직접 왕관을 씌어 준 마지막 황제였다. 이후로는 선거에서 당선된 사람이 교황에 의한 대관식 없이도 황제가 됐다.

칼 5세는 이제 그 당시 해가 지지 않는 나라라고 하는 스페인뿐 아니라 신성로마제국의 황제가 됨으로 유럽의 절반을 통치하는 막강한 권력을 소유하게 됐다. 칼 5세는 자신이 세계 지배의 명을 받았고, 자신의 사명은 온 세상을 한 사람의 통치자 아래 합치는 일이라고 생각했던 인물이다. 이러한 기독교 보편제국 사상을 가진 칼 5세에게 루터의 종교개혁은 자신의 정치사상의 가장 큰 걸림돌이었다. 종교개혁의 확산은 기독교 세계의 분열을 뜻했고 보편제국의 붕괴를 의미했기 때문이다. 그 때문에, 교황과 사이가 좋지 않았음에도 불구하고 그는 종교개혁을 저지하는 세력의 가장 선봉에 섰다.

● 칼 5세의 합스부르크 주걱턱

부르군트 공국의 필리프(Philip) 공작과 스페인의 후아나(Juana) 공주 사이에서 장남으로 태어난 칼은 왕가의 다른 통치자들처럼 평생 '합스부르크 주걱턱'으로 인해 고통을 겪었다고 한다. 합스부르크 주걱턱의 기원에 대해서는 여러 학설이 있다. 루돌프 1세(Rudolf I)에서 비롯됐기 때문에 왕가 자체의 유전자 결함이 원인이라는 주장과 14세기 말 '철의 공' 에른스트(Ernst)의 아내인 침바르카(Cymbarka)에서 비롯됐다는 주장 등이 있다. 정확한 원인에 대해서는 논란이 있지만, 칼이 평생 그 턱 때문에 고통을 겪었던 것은 분명하다.

그는 매부리코에 좁고 긴 얼굴을 한 얼빠진 듯한 외모를 가지고 있었다. 그 때문에 그가 처음 어머니의 나라 스페인에 왔을 때도 그곳 사람들에게 그리 호감을 주지 못했으며, 사람들은 그가 자신들의 왕이 되는 것을 탐탐하게 여기지 않았다고 한다. 게다가 이런 유전적 결함 때문에 입을 제대로 다물지 못해 늘 입을 벌리고 잤으며, 자꾸 침을 흘려야 했고, 그리고 불

칼 5세(Lucas Cranach)

명확한 발음으로 남의 시선을 두려워하는 등 평생 후유증에 시달렸다.

칼 5세는 독실한 로마 가톨릭교회 신자였지만, 로마 가톨릭교회 개혁파에 해당하는 아드리안(Adrian) 신부에게 교육을 받았기에 교회 개혁의 필요성은 어느 정도 인정하고 있었다고도 한다. 그 때문에 루터는 황제가 교황과 사이가 안 좋은데다가 개혁적인 성향의 사제에게 교육을 받았다는 소식을 접하고 처음에는 그 신임황제에게 기대를 가지기도 했다. 그러나 루터의 기대는 완전히 빗나갔다. 칼 5세는 루터의 종교개혁을 지속적으로 반대했으며 종교개혁 진영을 힘들게 했다.

3. 라이프치히 논쟁(Leipziger Disputation)

아우그스부르크 제국 의회 청문회에서 카예탄에게 심문받으며 루터가 제기했던 문제들은 교육받은 이들 그룹 가운데 상당한 소동을 일으켰다. 이는 루터를 지지하는 이들과 반대하는 이들 사이에 논쟁으로 번져나갔다. 그 논쟁은 라이프치히 논쟁에서 그 정점에 달했다.

일찍이 잉골슈타트(Ingolstadt) 출신의 교수 요한네스 엑크는 1518년 아우그스부르크에서 루터를 찾아내어 에어푸르트나 라이프치히에서 논쟁을 갖자고 제안했었다. 엑크는 인문주의자로 독일인이며 루터의 옛 친구였다. 12월 말 엑크는 루터에 반대하는 논문들을 출판했다. 이를 가슴 아파하며 루터도 논문들로 맞섰다. 그 후 루터는 엑크를 자신의 최악의 적 중 하나로 봤다. 루터는 학자로서 엑크와 겨뤄 이길 기회가 있기를 희망했다.

엑크는 라이프치히에서 논쟁을 하도록 계책을 꾸몄다. 라이프치히와 그곳 대학은 반종교개혁적 성향이 강한 지역이었다. → (라이프치히) 일찍이 보헤미아의 종교개혁가 얀 후스가 총장을 역임했던 프라하대학에서 보헤미아파에 밀려난 독일파 교수들이 라이프치히로 넘어와 세운 대학이 라이프치히대학이었다. 따라서 그들에게는 후스파에 대한 강력한 적대감이 있었다. 게다가 당시에 라이프치히대학과 비텐베르크대학은 서로 오랜 경쟁 관계에 있었고, 라이프치히의 신학자들은 루터에게 호의적이지 않았다.

그래서 엑크는 논쟁의 장소가 라이프치히대학이기를 원했다. 하지만 라이프치히의 학식 있는 신사들은 루터의 가르침이 자신들의 지역에서 확산되는 것을 두려워했다. 그래서 그들은 그런 일이 생기지 않도록 자신들의 모든 능력을 다해 막고자 했다. 그러나 그들의 노력은 허사였다. 작센의 선제후 프리드리히 현공이 라이프치히에서의 논쟁을 주선했고, 그들은 자신들의 통치자의 뜻에 따라야만 했다.

라이프치히 논쟁의 직접적인 발단은 루터의 동료이자 비텐베르크대학 교수인 칼슈타트(Karlstadt)로 알려진 안드레아스 보덴슈타인(Andreas Bodenstein)이 성서의 권위가 교회보다 우선한다고 주장하자 엑크가 공개토론을 요청하며 시작됐다. 비텐베르크에서 루터, 칼슈타트, 필립 멜란히톤(Philipp Melanchton, 1497-1560) 등의 학자들과 200여 명의 학생들이 라이프치히에 도착했다. 학생들은 손에 큰 도끼를 쥐고 도시에 들어왔다고 하며, 엑크는 76명의 호위병의 보호를 받으며 왔다.

토론은 본래 라이프치히대학 안마당에서 열리기로 돼 있었지만, 너무 많은 사람이 몰리자 작센의 게오르크(Georg von Sachsen, 1471-1539) 공작이 자신의 성인 플라이센부르크성(Pleissenburg Castle)의 강당을 내놓았다. 그렇게 해서 1519년 6월 27일에서 7월 16일까지 라이프치히의 플라이센부르크 성에서 루터와 엑크가 많은 지지자들이 지켜보는 가운데 열띤 논쟁을 벌였다.

양측이 모인 첫째 날에는 6시에 라이프치히의 성 토마스교회(St. Thomaskirche)에서 함께 예배를 드렸다. → **(라이프치히 - 성 토마스교회)** 이 예배에서 그 유명한 토마스교회의 소년 합창단이 찬양을 불렀다. 당시 이미 300년 전통을 가지고 있던 합창단은 모테트(Motet; 보통 목소리만으로 연주하는 짧은 교회 음악)를 열두 명의 목소리로 불렀다. 토마스교회가 루터도 속해 있던 아우구스티누스회 수도원에 속해 있었기 때문에 합창단 소년들은 수도원 부속 학교의 학생들이었다.

이를 지휘했던 게오르크 라우(Georg Rhau)는 나중에 비텐베르크에서 루터의 음악 출판인이 됐다. 예배 후 플라이센부르크 성으로 자리를 옮겼고, 게오르크 공작의 환영 만찬이 있었으며, 이 자리에서 다시 합창단이 "오소서, 창조주의 영이시여"라는 찬양을 불렀다. 오후부터 양측은 한 치의 양보 없이 논쟁하며 결투를 벌였다. 에어푸르트와 파리대학의 신학자들과 교회 법률가들로 재판관들이 구성됐다. 청중 가운데는 토마스 뮌처(Thomas Müntzer, 1488-1525)도 있었다. 사실상 엑크를 지지하고 있던 게오르크 공작도 논쟁을 지켜보며, 중간 중간 간섭했다.

처음에는 칼슈타트가 엑크와 논쟁했다. 그러나 칼슈타트는 엑크의 상대가 되지 못했으며, 결국 루터가 논쟁에 나섰다. 논쟁 가운데 루터와 엑크는 몇 가지 점에서 첨예하게 대립했다.

첫째, 교황과 교황의 수위권 문제와 관련해 엑크는 교황의 수위권의 출처가 그리스도에게서 온 것이라 주장했다. 그러나 루터는 이러한 주장이 위조문서인 '이시도리안 교령집'(Isidorian Decretals)에 기초해 세워졌음을 지적하며, 자신은 "이 교령들을 배격한다"라고 반박했다.

둘째, 루터는 교황이나 공의회도 때로 잘못을 저지른 적이 있으며, 때에 따라서 그럴 수도 있다고 지적했다. 따라서 평범한 평신도라도 성서로 무장돼 있다면 자신은 성서 없는 교황이나 공의회보다 그 평신도를 믿겠다고 했다. 그러면서 성서를 위해서라면 교황과 공의회도 배척하는 것이 마땅하다고 주장했다. 이에 엑크는 이단들도 성서에 호소하며 자신들의 해석이 옳다고 한다면서, 그들도 루터처럼 교황과 공의회가 잘못됐다고 주장해 왔다고 반박했다. 그러면서 만일 루터가 얀 후스를 이단으로 정죄했던 콘스탄츠 공의회가 잘못을 저질렀다고 우긴다면 자신은 루터를 이방인과 세리로 대하겠다고 공격했다.

셋째, 연옥의 문제와 관련해 엑크는 연옥사상이 마카비후서 12:45에 나오기 때문에 성서적인 것이라고 주장했다. 하지만 루터는 마카비서가 정경이 아니라 외경에 불과함으로 신적인 권위가 없고, 따라서 연옥교리는 잘못이라고 지적했다.

넷째, 엑크는 면죄부와 고해성사가 교회 전통에 근거한 것이므로 교회가 따라야 한다고 주장했다. 그러나 루터는 교회의 전통이 인간에게서 비롯된 것이기에 잘못될 수 있고, 오직 성서만이 오류가 없으며, 면죄부와 고해성사는 성서의 교훈에 배치되는 것이라고 반박했다. 루터는 엑크와 같은 맹목적인 교황주의자들이 무분별하게 교황권을 신성화하는 행위에 대해 그러한 행위는 바알을 섬기는 우상 숭배와 다름없다고 말하며 신랄하게 비판했다.

논쟁 중에 엑크는 루터가 로마 가톨릭교회에서 볼 때 이단성이 있는 말을 하도록 교묘히 유도했다. 엑크의 거친 공격에 루터는 "이단자인 위클리프와 후스에게서도 다소의 진리를 찾아볼 수 있으며, 교황과 공의회도 잘못을 저지를 수 있다"라고 말하게 된다. 루터는 또한, 천국의 열쇠가 교황에게 주어진 것이 아니라 신자들의 모임인 교회에 주어졌으며, 로마 가톨릭교회의 우위를 믿는 것이 구원에는 아무 소용이 없다고 주장했다.

엑크는 루터가 교회 공의회가 한 결정들에 대해 의심을 제기하도록, 그래서 교황의 권위에 의문을 제기하도록 만드는 데 성공했다. 루터는 이단이었던 얀 후스가 쓴 일부 글들이 기독교적이라 말하기도 했는데, 이러한 언급 때문에 게오르크 공작이 루터에게 저주를 퍼부었다. 이는 라이프치히가 속해있는 작센 땅에 보헤미아 후스파가 침입해 와 약탈해 간 기억이 아직 생생했기 때문이었다. 라이프치히는 얀 후스의 추종자들이 있던 보헤미아와 가까운 곳에 위치해 있었다.

이로써 루터는 엑크의 눈에 "보헤미아 이단," 즉 후스파로 보였다. 게오르크 공작, 라이프치히 도시, 그리고 대학은 엑크가 승리했다고 축하했다. 그러나 루터는 사람들 가운데서 더 많은 새로운 추종자들을 얻었다. 이는 낮은 계층의 사람들만이 아니었다. 1520년 2월쯤에 가서는 루터가 "우리는 자신도 모르게 모두 후스파 사람들이다"라는 말을 서슴없이 할 수 있었다.[2]

게오르크 공작은 그 후 계속해서 루터의 확고한 반대자였으며, 압제로 라이프치히 사람들을 옛 신앙에 가둬 뒀다. 새로운 신앙을 공개적으로 증언하는 자는 누구를 막론하고 가혹하게 다뤘다. 예를 들어 미카엘 럼프(Michael Rumpf) 같은 사람은 1525년 시장 광장에서 참수되기도 했다. 법정의 선고는 그가 소요와 반란을 일으켰으며, 시 의회 의원들을 살해해 도시의 통제권을 반란 농민들에게 넘겨주려 했다는 죄목이었다. 공작은 출판사를 엄격히 검열하기도 했다. 1522년 그는 루터가 쓴 모든 저서를 제출하라 명령했으나, 그 도시에서 인쇄됐던 3,000권의 신약성서 가운데 네 권만이 제출됐다.

라이프치히 논쟁 이후 사실상 루터는 공식적인 교회 가르침과 완전히 결별하는 길로 나섰다. 루터는 그때까지의 온건한 태도를 버리고 본격적으로 로마 가톨릭교회와 대결하기 시작했다. 라이프치히 논쟁은 결국 루터 종교개혁의 도화선이 됐다.

4. 교황 교서의 위협

엑크는 로마로 가서 루터를 또 다른 작센의 후스라고 교황에게 보고했다. 루터는 라이프치히 논쟁을 통해 반로마교황주의자로 알려지게 됐으며, 독일의 국가적 영웅으로 떠올랐다. 반면 라이프치히 논쟁을 통해 루터의 이단성이 증명됐다고 생각한 엑크는 교황에게 루터를 출교하도록 촉구했다. 교황은 복잡한 정치적 이유로 바로 조치를 취하지 않다가 1520년 1월 루터에 대한 이단 재판을 재개했다.

그 결과 라이프치히 논쟁이 벌어진 지 1년 후인 1520년 6월 15일 루터의 출교를 경고하는 교황 레오 10세의 교서 "일어나소서, 주여"(Exsurge Domine)가 작성돼 7월 24일 공표됐다. 이 교서의 초안은 그 해 5월에 나왔는데, 루터의 라이프치히 논쟁 상대자인 엑크와 이탈리아 추기경들이 작업에 참여했다.

이 교서는 루터를 교황이 즐겨 사냥하는 '멧돼지'에 비유하며, 이렇게 시작된다.

> 일어나소서, 주여!
> 당신의 소송 사건을 심판하소서!
> 숲에서 뛰쳐나온 멧돼지 한 마리가
> 당신의 포도원을 파괴하고 있고
> 온갖 들짐승이 먹어 치우고 있나이다.

이는 시편 7:7의 "주여, 일어나사 내 적들의 노를 막으소서"라는 구절과 80:14의 "멧돼지들이 (주가 가꾼 포도나무를) 파헤치며 들짐승들이 먹어 치우나이다"를 변용한 것이다. 이어서 교황의 교서는 41개조에 걸쳐 루터를 이단으로 규정하면서 그의 저작을 불태우도록 하고 루터에게 60일 이

내에 그의 주장을 철회하지 않으면 출교될 것이라고 경고하고 있다.

이제 루터는 로마 가톨릭교회와 완전히 단절됐다. 그리고 생사를 건 투쟁이 시작됐다. 루터는 논쟁 이후 6개월 동안 무려 400쪽에 이르는 16개의 소논문을 써서 자신의 종교개혁 사상을 완성시켰다. 특히 1520년 8월, 9월, 11월 루터는 종교개혁 3대 논문을 출판했다.

① 「기독교 영지 개혁에 관해 독일 기독교인 귀족에게 고함」
　　An den Christlichen Adel deutscher Nation: von des Christlichen standes besserung
② 「교회의 바빌론 포로에 대해」
　　Von der babylonischen Gefangenschaft der Kirche
③ 「기독교인의 자유에 대해」
　　Von der Freiheit eines Christenmenschen

이 논문들은 루터가 면죄부에 대해 초기에 썼던 글이 가지고 있는 저널리스트적 영향을 넘어서는 것으로, 미신적이며 비성서적인 로마 가톨릭교회의 공로사상과 성찬관을 비판하고, 복음적인 정부관, 교회관, 성례관을 제시했다.

「기독교 영지 개혁에 관해 독일 기독교인 귀족에게 고함」에서 루터는 교회의 제도적 개혁을 언급했다. 그는 세속정부가 교회와 사회의 개혁에 주도권을 행사하기를 권유했다. 여기서 그는 세례 받은 자는 누구나 다 제사장이라는 소위 '만인 제사장설'을 주장했다. 세례 받은 이는 모두가 제사장(sacerdotes)이고, 성직자는 단지 교역자(ministeri)라는 점이 평신도와 다르다는 것이다.

교황주의자들은 영적 권위자들이 세속 권위자들보다 우월하며 교황만이 성서의 최종적 해석자며 교회가 교회공의회보다 우월하다고 주장한다. 루터는 이러한 잘못된 주장들이 개혁을 막는 장벽이 되고 있으며, 기독교

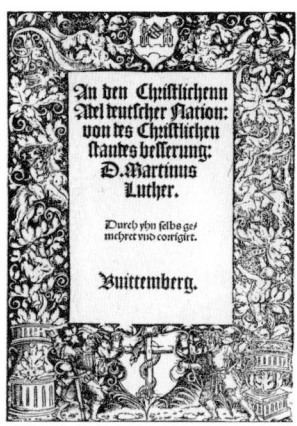
「기독교 영지 개혁에 관해
독일 기독교인 귀족에게 고함」 표지

인 귀족들이 이 벽들을 허무는 일을 해야 함을 역설했다.

「교회의 바벨론 포로에 대해」에서 루터는 신학적 개혁, 특히 로마 가톨릭교회가 가르치고 있는 성례전 교리의 문제점을 지적한다. 루터는 로마 가톨릭교회의 일곱 가지 성례전 가운데 세례와 성만찬, 두 가지만 성례전으로 인정했다. 또한, 루터는 로마 가톨릭교회의 성찬식은 평신도에게 포도주를 금하고, 화체설을 주장하며, 미사를 희생 제물로 여김으로 포로 상태에 있다고 비판했다.

「기독교인의 자유에 대해」는 종교개혁가의 글 가운데 여전히 가장 많이 읽히고 있는 논문으로 첫 출판 이후 15년 동안만도 몇 개의 언어로 36판에 걸쳐 배포됐다. 이 논문에서 루터는 기독교인의 자유에 대해 말하며, 먼저 기독교인은 전적으로 자유로운 만물의 주인이며 주님 이외에 그 누구에게도 종속돼 있지 않다고 주장한다.

그러나 동시에 기독교인은 전적으로 충실한 만물의 종이며, 자발적으로 모든 사람의 종이 되기로 한 사람이다. 이는 그리스도인의 삶 전체를 간략하게 요약한 것으로, 사도 바울의 자유에 대한 이해와 같다. 이러한 이해에서는 복음이 주는 절대적인 자유와 이웃을 향한 절대적인 섬김의 모습 사이에 모순이나 갈등이 없다. 루터는 이 논문 안에서 자신은 "교황을 향해서는 그 왕관을, 수도사들을 향해서는 그 기름진 배를 공격했다"라고 밝혔다.

1520년 12월 10일 비텐베르크 시의 엘스터 문(Elstertor) 앞에서 전대미문의 사건이 일어났다. → (루터의 도시 비텐베르크 – 루터의 참나무) 루터가 공

교황 교서를 불태우는 루터

개적으로 로마 가톨릭교회의 교회법, 자신의 정적들의 저서들, 그리고 자신을 출교시키겠다고 위협하는 교황 교서를 불태운 것이다.

다음 날 루터는 자신의 학생들에게 규정된 라틴어가 아닌 독일어로 자신의 행동에 대해 설명했다. 그 자리에서 그는 자신이 한 일이 학생들이 하는 어떤 바보 같은 짓이 아니라 순교와 지옥의 문제였다고 말했다. 적그리스도인 교황의 편에 서는 자는 누구든 지옥에 가게 될 것이며, 교황의 의자는 불살라져야 한다고 했다. 하룻밤 사이에 비텐베르크대학은 종교개혁의 중심지가 됐으며, 그 학식 있는 수도사는 교황청과의 싸움에서 민족적인 영웅이 됐다.

마치 온 독일이 로마에 도전장을 던질 자를 기다리고 있었던 듯했다. 독일에서 교황의 대변인 역할을 하던 눈티우스 알레안더(Nuntius Aleander)의 보고에 따르면 독일인들 열 명 중 아홉은 "루터"를 외치고 나머지 열 명 중 하나는 "교황을 죽여라" 하고 소리쳤다. 이는 상당히 과장된 것이기는 하지만 루터를 따르는 세력을 얕잡아 볼 수 없게 된 것은 분명했다.

루터를 지지하는 세력은 강력해져 갔다. 전우들이 그 아우구스티누스회의 반란적인 수도사 대열에 합류했다. 그 가운데는 유스투스 요나스(Justus Jonas, 1493-1555), 요한네스 부겐하겐(Johannes Bugenhagen, 1485-1558), 니콜라우스 폰 암스도르프(Nicholaus von Amsdorf)도 있었다.

로마는 즉시 반응했다. 1521년 1월 3일 교황 레오 10세가 "로마 교황은 이렇게 말한다"(Decet Romanum Pontificem)라는 교서를 발령해 루터의 출교를 공표했다. 앞서 언급한 바와 같이 이미 엑크가 뒤에서 이러한 조치의 근거를 준비해 오고 있었다. 라이프치히 논쟁 후 바로 엑크는 로마에 루터를 어떻게 다뤄야 할 것인지를 조언하며 상황에 대한 광범위한 평가서를 보낸 바가 있다. 이로써 루터와 로마 가톨릭교회는 서로 다시 돌아갈 수 없는 강을 건너게 됐다.

5. 보름스(Worms) 제국 의회

1521년 초 황제 칼 5세가 보름스에서 제국 의회를 소집했다. 관례에 따르면 새 황제의 첫 제국 의회는 왕관 보석들이 보관돼 있는 뉘른베르크에서 열려야 했었다. 뉘른베르크는 황제의 궁전(Pfalz)이 있던 곳으로 역사적으로 신성로마제국의 중심지였다. → (뉘른베르크)

- 신성로마제국의 궁전(Pfalz)

중세 신성로마제국에서는 황제가 한 곳에 머물며 통치한 것이 아니라 제국을 돌아다니며 통치했다. 그 때문에 제국 내에 황제가 머물며 다스리는 수도가 있지 않았다. 대신에 황제가 이동해 다니는 중요한 도시들에 궁전들이 지어져 있었다. 이 궁전들을 팔츠(Pfalz)라 한다. 팔츠는 제국 도처에 지어져 있었으며, 팔츠가 없는 지역에서는 황제가 그 도시의 주교의 궁(Bischofshof)이나 수도원에 머물기도 했다.

뉘른베르크의 팔츠인 카이저부르크(Kaiserburg)는 팔츠 가운데 규모도 컸지만 제국의 헌법이라 할 수 있는 칼 4세의 금인칙서가 공포된 역사적인 장소다. 이곳에는 황제 대관식 때 쓰는 왕관의 보석들이 보관돼 있었다.

칼 5세가 제국 의회를 소집했을 당시 뉘른베르크에 전염병이 창궐하고 있었다. 그로 인해 제국 의회 개최지가 황제의 별장이 있는 보름스로 옮겨졌다. → (보름스) 16세기 초에 보름스는 길고 특별한 역사를 지닌 부유한 도시였다. 보름스는 황제에게 충성하던 전통을 가지고 있었다. 제국 회합과 의회가 칼 대제(Karl der Grosse, 불어명 샤를망뉴[Charlemagne], 746-814) 시대 이후 종종 여기서 개최되곤 했다.

1519년 칼 5세가 황제의 자리에 올랐을 때 그의 나이는 불과 19세밖에 되지 않았고, 독일어도 할 줄 몰랐다. 독일의 내부 사정에 관해 아는 바가 거의 없던 칼 5세는 독일의 내부 사정을 파악할 필요도 있었다. 특히 당시 팽창일로에 있었던 오스만 튀르크 제국과 프랑스의 위협에 맞서기 위해 그는 독일인들로부터 군대와 돈을 얻고 싶어 했다. 제국 대법원과 제국 군대도 논의의 주제였다. 제국 내 산적한 문제들을 다뤄야 할 황제 칼 5세에게 있어 루터는 사실 가장 중요한 문제는 아니었다. 그러나 그냥 두고만 볼 수도 없었다.

로마 교황청은 루터를 출교시킨 것으로는 만족하지 않고, 황제에게 루터를 제국의 "범법자"로 선언하라고 압력을 가했다. 종교법으로는 출교시키고 세속법으로는 법적 보호를 받을 수 없는 범죄자로 낙인찍어 루터가 더 이상 문제를 일으킬 수 없도록 만들려는 것이었다.

독실한 로마 가톨릭교회 신자였고 독일 내부 사정에 어두웠던 칼 5세는 루터 문제로 교황청과 마찰을 빚고 싶은 생각은 조금도 없었기에, 교황청의 요구를 들어주며 루터 문제를 일단락 지으려 했다. 황제는 그 이단에 대해 간단히 처리하고, 자신의 권위로 루터를 금지령 아래 두고자 했다.

하지만 보름스에서 열린 제국 의회에서 황제의 뜻과는 달리 루터 문제가 의회 전체를 뒤덮어 버렸고, 제국 제후들과 황제 서로 간에 힘을 시험해 보는 미묘한 기류가 흘렀다. 특히 작센 선제후 프리드리히가 제국 의회 전에 영주들이 모인 제국 의회원 회의에서 칼 5세에게 1519년 선출될 당시 합의했던 선출 협정(Wahlkapitulation)을 지킬 것을 강력히 요구했다.

이 협정에 따르면 "독일 백성은 어느 누구나 외국인의 재판정에 세우지 않을 것이며, 자국 안에서도 미리 정확하게 조사한 후에 판결을 내려야 한다." 프리드리히는 루터에게 자기 주장을 밝힐 소명의 기회조차 주지 않고 그를 범법자로 정죄하는 것은 옳지 않다고 주장했다. 칼 5세는 자신이 황제로 선출될 때 선제후 프리드리히의 도움을 받았기 때문에 그 의견을 무시할 수 없는 입장이었다. 나아가 황제는 외교 문제에 있어 자신의 야망을 위해 독일 제후들의 지지를 얻어 내고 싶어 했기에 그들을 배려한다는 것을 보여 줘야만 했다.

몇 주간의 힘든 협상 후 황제는 루터에게 보름스까지 안전하게 올 수 있도록 길을 내어주고, 의회 앞에서 심문을 받을 기회를 주는데 동의했다. 그러나 루터가 하기를 원했던 논쟁은 할 수 없었고, 그는 단지 철회할 것인지 아닌지를 진술하도록 돼 있었다. 도이치란트(Deutschland)로 알려진 황제 전령관 카스파 슈투름(Kaspar Sturm)이 1521년 3월 26일 비텐베르크에 있는 루터에게 소환장을 배달했다. 루터는 21일 안에 보름스에 출두하도록 돼 있었고, 오가는 여행 동안 자유 통행이 보장됐다.

황제는 소환장에서 루터를 "존경하고, 친애하며, 경건한 마틴 루터 박사"라고 불렀다. 하지만 루터는 그 소환이 자신의 죽음을 의미할 수도 있었기에 두려움이 없지 않았다. 이 사실이 알려지자 루터의 친구들은 100여 년 전 현재 체코 지역의 일부분인 보헤미아에서 교회 개혁의 기치를 내걸었던 후스가 끝내 화형 당했던 사건을 떠올리며 보름스로 가지 말라고 권했다.

그러나 루터 뒤에는 그를 지지하는 수많은 독일인이 있었다. 이처럼 독일 국민이 루터의 지지자가 된 데에는 인쇄술의 발달도 역할이 컸다. 당시 기록에 따르면 루터가 살았던 대학 도시 비텐베르크에는 인쇄소가 무려 30곳이나 있어서 루터의 글을 경쟁적으로 인쇄했다. 루터의 사상과 주장은 빠른 속도로 전파됐고, 그의 글을 읽은 사람들이 그의 생각에 동조하고 지지자가 됐다.

    1521년 4월 2일 루터는 황제 전령관 도이치란트와 제국 문장(coat of arms)의 보호 하에 보름스로 출발했다. 루터는 접근 금지령 아래 있었고, 로마 가톨릭교회는 그가 과오를 뉘우치고, 회개하며 여행하기를 기대했다. 그러나 여행 일정이 더해 갈수록 그는 죄인이 아니라, 영웅이 돼 갔다. 루터가 도시를 지날 때마다 사람들은 길거리에 쏟아져 나와 그를 격려해 줬고, 가는 곳마다 큰 존경과 환호를 받았다.

    에르푸르트를 지날 때는 그곳 대학의 총장을 비롯해 교수들이 나와 그 대학이 배출한 자랑스러운 졸업생 루터를 열렬히 환영하며, 축하행렬 가운데 루터가 그 도시에 들어올 때 그를 수행하기도 했다. 로마 가톨릭교회에서 출교됐음에도 루터는 에어푸르트에서 설교했다. 그뿐 아니라 라이프찌히, 아이제나흐 등 루터가 거쳐 가는 곳곳에서 그에게 설교 요청이 들어왔고, 그는 보름스로 가는 도중 여러 차례 설교했다.

    보름스에 도착하기 전날, 그는 반나절 거리 정도 떨어진 옵펜하임(Oppenheim)에 머물게 됐다. → (옵펜하임) 그곳에 슈트라스부르크의 종교개혁가 부처가 찾아왔다. 부처는 루터에게 닥칠 위험을 염려하면서 보름스로 가는 대신에, 지킹엔의 프란츠(Franz von Sickingen)가 제안하는 대로, 에버른부르크(Ebernburg)로 피신하라고 권유했다. 그곳에는 루터를 추종하는 이들이 많고, 황제의 고해신부인 장 글라피옹(Jean Glapion)이 그에게 조언을 해주기 위해 기다리고 있었다.

    그러나 루터는 "저는 제 길을 계속 갈 것입니다. 만일 황제의 고해신부께서 제게 할 말이 있으시다면 보름스에서도 얼마든지 하실 수 있습니다"라고 하며 부처의 제안을 거절했다. 이미 그는 전에 슈팔라틴에게 보낸 편지에서도 이렇게 말한 바 있다.

황제께서 저를 소환하신다면 이를 저는 주님께로 소환 받는 것으로 생각할 것입니다. 그들이 강압적인 힘을 사용한다 하더라도 이 문제는 주님께만 달려 있습니다. 저는 도망가고 싶지 않습니다.³

일개 수도사가 교황과 고위 성직자들, 그리고 이제 황제의 절대권력 앞에 맞서고자 했던 것이다.

• 찬송가 "내 주는 강한 성이요"

전설에 의하면 루터는 그 당시 옵펜하임에서 "내 주는 강한 성이요"라는 곡을 썼다고 한다. 그 찬송은 1529년에 처음 인쇄됐지만, 이미 보름스로 가는 길에 옵펜하임에서 작성했다는 것이다. 기념비적인 카타리나 교회(Katharinenkirche)와 '란츠크론'(Landskron) 성이 있는 옵펜하임의 전경이 이 성스로운 곡에 분명히 영감을 줬을 것이다. 이 찬송가는 개신교인들에게 오래 동안 사랑받아 왔으며, 현재 새찬송 585장에 실려 있다. 그 가사는 다음과 같다.

내 주는 강한 성이요 방패와 병기되시니
큰 환난에서 우리를 구해 내시리로다
옛 원수 마귀는 이때도 힘을 써 모략과 권세로
무기를 삼으니 천하에 누가 당하랴
내 힘만 의지할 때는 패할 수밖에 없도다
힘 있는 장수 나와서 날 대신해 싸우네
이 장수 누군가 주 예수 그리스도 만군의 주로다
당할 자 누구랴 반드시 이기리로다

이 땅에 마귀 들끓어 우리를 삼키려하나
겁내지 말고 섰거라 진리로 이기리로다
친척과 재물과 명예와 생명을 다 빼앗긴대도
진리는 살아서 그 나라 영원하리라

이 가사는 루터의 신앙과 신학을 반영할 뿐만 아니라, 거대한 교회권력과 죄악의 세력에 흔들림 없이 맞섰던 그의 용기 있는 태도를 잘 반영하고 있다.

보름스에 들어서는 루터

비텐베르크를 떠난 지 꼭 두 주 만인 4월 16일 오전 10시 루터와 그의 일행은 이륜마차를 타고 마틴의 문(Martinstor)을 통해 보름스에 들어섰다. 이단이 아닌 마치 개선 행렬의 영주와 같이, 루터는 말을 탄 프란츠 휘하의 기사 100여 명의 호위를 받으며 도시로 들어섰다. 거리는 사람들로 가득 찼고, 온 도시가 사람이 넘쳐났다. 2,000여 명의 군중이 캠머러가세(Kämmerergasse)에 있는 그의 숙소 요한니터호프(Johanniterhof)까지 그를 따라왔으며, 많은 사람이 지붕에 올라가 루터를 지켜봤다.

루터가 머문 숙소는 밤늦게까지 방문객들로 북적였다. 루터는 한 친지에게 보낸 서신에서 보름스 입성에 관해서 이렇게 말했다.

이 날이 제게는 종려주일이었습니다.

예수님께서 종려주일에 많은 사람의 환영을 받으며 예루살렘에 입성하셨지만 곧 십자가 고난을 당하셨던 것처럼, 시끌벅적하게 사람들의 환영을 받으며 보름스에 들어섰으나 이후 그를 기다리고 있던 고난을 상기시킨 것이다.

다음날 루터는 황제가 머물고 있던 주교의 궁에 오후 4시에 출두하라는 명령을 받았다. 루터는 정각에 도착했으나, 두 시간 이상이 지나서야 들어오도록 허락 받았다. 그 자리에는 황제 칼 5세와 그의 동생 페르디난트 왕, 6명의 선제후, 왕들과 대주교 등으로 구성된 제후 80명, 각 자치 도시의 수장 200명, 그 외에도 100여 명의 사람들이 있었다. → (**보름스 – 보름스 대성당**)

그들이 지켜보는 가운데 트리어의 대주교를 대표하는 교회 관리이자 황제 대변인인 요한 폰 데어 엑켄(Johann von der Ecken)이 약 20여 권의 책을 들고 나와 루터에게 라틴어와 독일어로 물었다.

> 마틴 루터, 황제의 권위를 빌어 두 가지 사실을 확인하러 그대를 불렀습니다. 첫째, 그대 이름으로 퍼져 나가는 여기 이 책들이 그대가 출판한 것이 맞습니까? 둘째, 만일 그대가 이 책들을 썼다면 그대는 아직도 그 내용이 정당하다고 생각하는지, 아니면 그대 입장을 바꿀 뜻이 있는지를 말해 주시오.

첫 번째 물음에 루터는 힘 빠진 목소리로 "그 책들을 제가 쓴 것이 틀림없으며, 저는 그 사실을 결코 부인하지 않겠습니다"라고 대답했다. 그러나 두 번째 물음에는 곧바로 대답하는 대신에 이렇게 말했다.

> 저는 준비 없이 무엇인가를 주장할 때 생기는, 제 자신이나 진리를 훼손시킬 위험을 감수할 만큼 뻔뻔스럽지 못합니다. 그러므로 저는 황제폐하의 권위로 생각할 시간을 더 주시기를 간곡히 부탁드립니다. 이는 하나님 말씀과 제 자

> 신의 영혼에 상처를 입히지 않으면서, 주어진 물음에 올바르게 대답하기 위함입니다.⁴

　심문관은 지난 몇 달 동안 이미 루터가 생각할 시간을 충분히 가졌기에 그에게 더 이상 시간이 필요하다고 생각하지 않았다. 하지만, "황제께서 은혜를 베풀어 내일까지 시간을 더 주시기로 허락하셨다"라고 말하며 루터에게 내일 오후 4시에 다시 오라고 했다.

　이날 루터가 보여 준 맥빠진 모습은 그를 반대하는 사람들에게는 물론 지지하는 사람들에게도 실망을 안겨줬다. 이날 루터의 모습을 본 칼 5세도 "그가 나를 이단 심판자로 만들지는 않을 것이다"라고 말했다. 그러나 바로 그날 저녁 루터는 비엔나의 인문주의자 쿠스피니안(Cuspinian)에게 보낸 편지에서 자신이 철회하지 않을 것이라 밝히고 있다.⁵

　그 다음날인 4월 18일 4시에 루터는 주교의 궁에 도착해 다시 두 시간을 기다려야 했다. 이번에는 그는 더 큰 홀로 인도됐는데, 여전히 사람들로 가득 차서 몇몇 군주들조차 서 있어야 했다. 다시 한 번 엑켄은 전날 했던 질문을 했다. 루터는 전날과는 딴판으로 맨 뒷자리에서도 잘 들릴 정도로 우렁차게 먼저 라틴어로 대답하고, 그리고 나서 독일어로 그 대답을 반복했다.

　루터는 자신의 저서들을 경건 서적들, 교황에 반대하는 글들, 그리고 교황의 옹호자들에 반대하는 논쟁들로 세 그룹으로 조직화해 설명했다. 그는 자신의 적들조차도 인정하는 첫 번째 그룹의 글들은 철회하지 않을 것이라 했다. 마찬가지로 두 번째 그룹의 글들에게서 자신을 분리시키기는 불가능하다 했다. 이는 그렇게 하면 교황의 폭정이 독일 국민들에게 훨씬 가중되도록 허용케 할 것이며, 자신은 그 폭정의 도구가 되도록 하지 않을 것이기 때문이라 했다. 그는 세 번째 그룹의 글도 비록 일부 그의 저서들이 다소 너무 신랄하다는 것을 인정해야 하기는 하지만 철회하지 않을 것이라 했다.

하지만, 만일 누군가 성서에 기초해 그에게 오류가 있음을 보여 준다면 자신은 그 저서들을 불 속에 던져 버릴 준비가 돼 있다고 했다.

당국자들은 논쟁을 원치 않았다. 그들은 퉁명스럽게 루터에게 철회할 것인지 예 아니오로만 대답하라고 했다. 그에 대해 루터는 이후 유명해진 다음과 같은 대답을 했다.

> 저는 교황이나 공의회만을 믿지 않습니다. 이는 그들이 종종 오류를 범했고 자기모순일 때가 있었기 때문입니다. 제가 성서의 증거나 분명한 합리적 근거에서 잘못됐다고 증명되지 않는다면 저는 제가 인용했던 글들로 확신하고 있습니다. 제 양심은 하나님의 말씀에 사로잡혀 있습니다. 자신의 양심에 거슬려 가는 것은 안전하지도 옳지도 않기에 저는 아무것도 철회할 수도 없고 철회하지도 않을 것입니다. 하나님 저를 도우소서! 아멘.[6]

흔히 "제가 여기에 섰습니다. 저는 달리 할 수 없습니다"(Hier stehe ich und kann nicht anders)라고 루터가 보름스 제국 의회 앞에서 말한 것으로 알려져 있다. 하지만 사실 이 말은 그가 보름스를 떠난 후 일주일이 지난 뒤 5월 초 비텐베르크에서 배포된 연설 인쇄본에 처음 등장한다. 제국 의회에서 루터가 심문받던 자리에 있던 사람들이나 그 회의록에서는 루터가 이렇게 말했다는 근거를 찾을 수 없다. 그러나 이 말은 곧 널리 인용돼 유명해졌다.

루터가 연설을 끝낸 후 루터와 엑켄 사이에 공의회의 무오류성에 관해 짧은 이야기의 교환이 있었으나, 황제는 이미 떠날 준비를 하고 있었다. 황제는 자신을 위해 프랑스어로 간략히 통역된 이 충격적인 주장들을 충분히 들었다고 생각했다. 황제에게 있어 그 사건은 종결됐다. 엄청나게 시끄러운 소리들이 홀 안에서 터져 나왔다. 아군과 적군이 모두 서로를 행해 소리를 질렀고, 루터는 경호원의 보호 하에 간신히 홀에서 빠져나올 수 있었다. 스페인인들이 그의 뒤에서 "그를 화형시켜라!"(Al fuego!)라고 소리쳤다.

보름스 제국 의회에서의 루터 (Hermann Freihold Plüddemann)

회의장을 빠져나온 루터는 숙소인 요한니터호프로 돌아왔다. 긴장이 풀리며 해방감을 느낀 루터는 하늘을 향해 손을 번쩍 들고 "이제 끝났다"(ich bin hin durch)라고 외쳤다. 그러나 사실 싸움은 이제 시작이었다. 다음 며칠 간 몇몇 제후들이 황제의 허락을 받아 루터에게 타협을 받아들이도록 설득하고자 했다. 루터는 흔들리지 않고 자신의 말과 자신의 신앙을 고수했다. 4월 26일 아침 루터는 보름스를 떠났다.

이때 황제는 21일 간 루터의 안전한 통행을 보장해 주며, 황제 전령관 도이치란트가 다시 한 번 루터를 수행하도록 했다. 후에 종교개혁에 의해 제국의 일치가 어렵게 되자 황제는 루터의 안전을 약속했던 것을 후회했다.

황제 칼 5세는 1521년 5월 8일 눈티우스 알레안더에게 루터를 금지하는 칙령을 작성하도록 했다. 그리고 제국 의회 마지막 날인 5월 26일 이것을 자신이 프랑스어로 직접 써서 발표했다. 이를 보름스 칙령(das Wormser Edikt)이라 한다.

● 보름스 칙령

보름스 칙령은 이렇게 시작한다.

그대들은 짐이 고귀한 독일 국가의 황제들, 스페인의 로마 가톨릭교회 군주들, 오스트리아의 대왕들, 부르군드 왕들의 후손으로 태어났음을 알고 있다. 그들은 죽을 때까지 모두 로마 가톨릭교회의 신실한 후손들이었다. 그들은 언제나 로마 가톨릭교회 신앙의 수호자였으며, 거룩한 관습과 칙령들, 예배드리는 습관을 지킨 사람들이다. 그리고 이 모든 것과 권력을 짐에게 유산으로 물려준 사람들이며, 짐 또한 여태까지 그들의 모범을 따라 살아왔다. 그래서 짐은 선조들과 콘스탄츠 공의회 및 그 이후의 모든 결정에 확실히 따르기로 했다. 왜냐하면, 기독교 세계 전체의 공통된 견해에 반대하는 입장이라고 한다면 어떤 형제(수사) 한 사람이 오류를 범한 것이 틀림없기 때문이다. 그리고 만일 이 형제가 옳다면 기독교는 천년이 넘도록 오류를 범해 왔다는 말이 되는 것이다. 그러므로 짐은 여러 왕국들과 그 영역들, 친구들, 짐의 몸과 피, 생명과 영혼을 기독교 전체의 공통된 견해에 따르고자 한다. 만약 이 시대에 우리의 무관심 때문에 이단의 출현을 허용하고, 사람들의 마음에 담긴 참다운 기독교 신앙을 훼손시키는 일이 생기도록 허락한다면 우리 자신과 그대들, 명문 귀족들, 고귀한 나라 독일 모두에게 크나큰 재앙이 되고 우리와 우리 후손들에게 영원히 불명예가 될 것이다. 그대들 모두는 어제 여기서 루터의 고집스러운 대답을 들었다. 짐은 이제 그와 그 잘못된 가르침에 대해 진작 조처를 취하지 않은 것을 후회하노라. 짐은 다시는 그의 말을 듣지 않을 것이다. 그는 자기 길로 안전하게 되돌아 갈 것을 보장받았다. 그러지만 이제 그는 설교를 할 수 없으며, 그 좋지 않은 가르침을 다른 이에게 전하거나 펴낼 수 없으며, 대중 집회를 열 수 없다. 그리고 짐은 지금부터 그를 악명 높은 이단자로 여길 것이며, 그를 반대하게 될 것이다. 나는 이 일에서 이제까지 그대들이 지켜왔던 신앙대로, 그대들이 약속한 대로 그대들이 선량한 기독교인임을 드러내기를 그대들에게 권하노라.

이미 이때는 제국 의회 참석자 대부분이 떠나고 난 후였다. 마치 황제는 그 칙령이 제국 제후들의 다수결 결정인 것처럼 대중에게 인상을 주기 위해 보름스 칙령의 공표 날짜를 5월 8일자로 소급 적용했다.

이 보름스 칙령에 따르면 루터는 이단자기에 아무도 그를 자기 집에 들이거나 음식물을 주지 말고, 이야기도 나누지 말며, 그 어떤 도움도 베풀어서는 안 됐다. 그리고 만일 루터를 보거든 잡아서 재판정에 넘길 것이며, 그에 대한 보상금을 내걸었다. 그리고 루터를 따르는 자도 벌을 받음은 물론, 누구든지 루터의 말을 전하거나 그의 저작을 가지고 있거나, 팔거나, 베껴 쓰거나 인쇄하는 자도 벌을 받을 것이라 했다.

5월 30일 시장 광장에 모닥불이 타올랐고 금지되고 범법자가 된 수사 루터의 저서들이 불 속에 던져졌다. 이러한 행위는 황제의 칙령이 매우 진지하게 받아들여져야 함을 보여 주고자 함이었다.

그러나 보름스 칙령에도 불구하고 종교개혁은 더 이상 중단될 수 없었다. 루터의 소식이 제국 전역에 산불처럼 퍼져 나갔다. 출교당한 이단이 물러서지 않은 것이다. 이 사실이 널리 알려지자, 독일 안에서는 루터를 옹호하거나 동정하는 목소리가 더 높아져, 오히려 이 칙령이 루터를 돕는 결과를 가져왔다. 제국 의회의 법령은 제국의 많은 지역에서, 특히 제국의 자유 도시들 가운데서 무시됐다.

6. "밧모섬"에서 게오르크 기사의 은둔 생활

보름스 제국 의회와 황제 앞에서 자신의 주장을 철회하기를 거절했던 루터는 1521년 4월 26일 보름스를 떠나 비텐베르크로 돌아가기 위해 여행을 시작했다. 5월 3일 루터는 암스도르프와 요한네스 펫첸슈타이너(Johannes Petzensteiner)와 함께 고타(Gotha)로 가는 중에 자신의 아버지의 고향인 뫼라에 들렀다. 그는 그곳에서 다음날인 5월 4일 마을 광장의 보리수나무 아래에서 설교했다. → (뫼라)

교황의 출교로 교회의 보호가 사라지고 이단으로 정죄된 루터가 이제 황제에게서도 정죄받아 생명을 부지하기 어렵게 됐다. 제국 내에 루터가 안전하게 지낼 곳은 더 이상 없었다. 이에 루터를 지지했던 프리드리히 선제후는 자신의 신하들에게 아무도 모르게 심지어 자신에게도 알리지 말고 루터를 납치해 은밀한 곳에 숨겨 주라고 명령했다. 5월 3일 루터는 사람들이 덜 다니는 경로로 계속 여행하라고 하는 은밀한 메시지를 받았다.

그리고 5월 4일 길을 가던 중에 루터가 일단의 군인들에게 납치되는 사건이 일어났다. 그날 오후 4시와 5시 사이에 글라스바흐그룬트(Glasbachgrund; 오늘날 루터 땅[Luthergrund]이라고 불리는 곳)에서 루터 일행이 "매복 급습"을 받았다. 기사 훈트 폰 벵크하임(Hundt von Wenkheim)이 이끄는 기마병들이 루터를 납치해 가며, 루터의 다른 일행들은 풀어 줬다. → (슈타인바흐 - 루터 납치 기념 오벨리스크, - 루터 나무, - 루터 샘)

루터는 사전에 프리드리히 현공에게서 그 계획에 대해 들어 알고 있었다. 이는 1521년 4월 28일 루터가 루카스 크라나흐 1세(Lucas Cranach der Ältere)에게 보낸 편지를 통해 알 수 있다. 그 편지 가운데 루터는 이렇게 말한다. "나는 저들이 나를 데려가 멀리 숨기도록 할 것입니다. 그곳이 어딘지는 나도 아직 모릅니다."[7] 흔적을 남기지 않기 위해 몇 번을 우회하며 돌아 루터는 아이제나흐 인근의 바르트부르크(Wartburg) 성으로 끌려왔다.

루터가 매복의 습격을 당해 갑자기 사라졌다는 소문이 독일 전역에 퍼졌고, 그의 추종자들은 경악했다. 처음에는 많은 이들이 그가 살해됐을 것이라 믿었다. 이러한 소문은 그 매복을 계획했던 프리드리히 현공이 의도했던 바이기도 했다. 황제 칼 5세가 5월 26일 공표한 칙령에 루터는 더 이상 법의 보호를 받을 권리가 없는 범법자로 선언됐기 때문이다.

당시 안트베르프(Antwerp)에 있던 알브레히트 뒤러(Albrecht Dürer)는 그 사건이 있은 지 13일 만에 소식을 들었다. 뒤러는 1521년 5월 17일자 자신의 일기에서 이렇게 슬픔을 표현했다.

> 루터가 아직 살아있을까요 아니면 그들이 루터를 살해했을까요?
> 저로서는 알 방법이 없습니다.
> 오, 하나님!
> 만일 루터가 진실로 세상을 떠났다면 도대체 누가 거룩한 복음을 그보다 더 밝게 우리에게 선포할 수 있겠습니까?
> 모든 경건한 그리스도인들이여! 하나님의 영에 이끌렸던 루터를 위해 다 함께 진심으로 슬퍼합시다.
> 그리고 또 다른 명석한 사람을 보내 달라고 하나님께 기도합시다.[8]

기사 루터 (Lucas Cranach)

안전을 위해 루터를 납치한 군인들은 그를 바르트부르크로 데리고 갔다. → (**바르트부르크**) 이곳에서 루터는 "융커 외르크"(Junker Jörg: 기사 게오르크)라는 가명으로 1522년 3월까지 머물렀다. 루터는 아무도 자신을 알아보지 못하도록 수염과 머리도 기사처럼 기르고 귀족적인 복장을 하고 옆구리에는 검을 차고 지냈다.

10개월간 바르트부르크에 있는 동안 루터는 딱 한 번 그 성을 빠져나갔다 온 적이 있는데, 이는 1521년 12월 2일 칼슈타트가 제정해 놓은 교회 생활의 변화들을 무효화하기 위해 은밀히 비텐베르크로 여행한 때였다.

바르트부르크의 일상은 무척 평온했고 시간적 여유가 충분했다. 그러나 루터는 바르트부르크에서의 새로운 생활 방식을 좋아하지 않았으며, 마지못해서만 그런 척했다. 부지런한 수사였던 루터가 기사의 무료한 생활에 적응하기가 쉽지 않았기 때문이다. 루터가 당시 쓴 여러 편지를 보면 그가 당시 얼마나 적적한 삶을 살았는지 알 수 있다. 그는 편지 끝에, 자신을 밧모섬에 유배돼 복음서를 쓴 사도 요한에 빗대어 "밧모(Patmos)로부터"라고 쓰기도 하고, "외딴 집에서"와 같은 말로 편지를 맺기도 했다.

마귀에게 잉크병을 던지는 루터

간혹 "새들의 왕국에서"라고 쓰기도 했는데, 이 새들이 바르트부르크의 흰색 비둘기를 말하는 것일 수도 있고, 숲에서 지저귀는 새들을 가리키는 것일 수도 있다. 아니면 자기를 머물게 해 준 성의 기사들의 지휘관이었던 한스 짓티히 폰 베어렙쉬(Hans Sittich von Berlepsch)와 관련된 표현일 수도 있다. 이 베어렙쉬 가문의 문장에는 다섯 마리의 앵무새가 그려져 있었다. 루터를 보호하도록 명을 받았던 베어렙쉬는 루터를 잘 보살폈다. 하지만 그가 대접하는 기름진 기사용 음식을 루터는 그다지 좋아하지 않았다. 또 베어렙쉬는 종종 루터를 사냥터로 같이 데리고 가기도 했는데, 이 역시 루터에게는 즐겁지 않았.

후에 루터는 그곳에서 겪은 여러 가지 일화에 대해 이야기를 하곤 했다. 예를 들어 오래된 벽 속에서 덜커덩거리는 기이한 소리가 났다는 이야기도 했는데, 이 일은 루터에게 악마가 있다는 것을 믿게 해 준 계기가 됐다.

루터는 바르트부르크에서의 갖가지 체험에 대해 이야기했지만, 흔히 사람들 사이에 회자되는 것처럼 루터가 자기를 괴롭히는 악마에게 잉크병을 던졌다는 이야기는 루터가 직접 언급한 적이 없다. 그 끊임없이 지속돼 온 전설은 루터가 『탁상담화』에서 "나는 잉크로 마귀와 싸웠다"라고 말한 것에서 유래됐을 것이다. 사실 여기서 말하는 잉크는 루터가 세상에서의 마귀의 영향력에 맞서 싸우기 위해 썼던 자신의 저서들을 가리키는 것이었다.

여러 달 동안의 감금 생활과 같은 기간 동안 루터는 시간을 잘 활용했다. 바르트부르크의 조용한 성벽 안에서 루터는 12편의 저서를 저술했다. 1521년 11월 1일 바르트부르크에서 슈트라스부르크에 있던 친구 니콜라우스 게어벨(Nikolaus Gerbel)에게 보낸 서신 가운데 루터는 이렇게 말했다.

> 당신에게 제 책들을 보내는 것이 위험한 일일지 모르겠습니다만, 제가 슈팔라틴에게 편지했으니 그에게 물어보면 도와줄 것입니다. 저는 그동안 『카타리누스(Catharinus)에 반대하며』와 『라토무스(Latomus)에 반대하며』를 썼습니다. 그리고 독일어로 『고백에 대해』와 시편 67편과 36편에 대한 주석, 그리고 '마리아 찬가'에 대한 주석도 썼습니다. 또한, 멜란히톤이 파리대학에 보낸 『답변』도 번역했습니다. 지금 시작하고 있는 일은 서신들과 복음서들에 담겨 있는 여러 교훈에 대한 설교집입니다. 이제 마인츠의 추기경을 공개적으로 비판할 준비를 마쳤습니다. 그리고 열 명의 문둥병자들에 대한 주석도 끝냈습니다. 이 모든 것을 독일어로 작성했습니다.[9]

무엇보다도 루터의 가장 빛나는 업적은 신약성서를 독일어로 번역한 일이었다. 이전의 성서 번역자들과 달리 루터는 그리스어성서를 번역 원본으로 삼았는데, 그가 사용한 성서는 로테르담의 에라스무스(Erasmus of Rotterdam, 1469-1536)의 그리스어판이었다. 그리고 루터가 번역에 사용한 독일어는 작센 혹은 마이센 지역 행정 언어였다. 이는 당시 독일 제국의 공식어이자 독일 전역에서 보통 사람들도 알고 있었던 독일어였다.

성 관리인 건물 안의 작고 소박한 방에서 루터는 성탄절이 되기 얼마 전에 시작해 11주 만에 신약성서 번역을 끝냈다. 이는 그가 참고할 만한 작품이나 다른 번역을 사용할 수 없는 상태에서 했기 때문에 더욱 괄목할 만한 것이었다. 심지어 성에는 적당한 서고도 없었다.

바르트부르크 성은 무엇보다도 군사 시설물이었다. 자신의 뛰어난 기억력, 견고한 라틴어와 그리스어 지식, 그리스어로 된 원본, 공식 라틴어 번역본에 의존해 루터는 예외적인 언어학적 감수성을 가지고 새로운 표준을 수립한 평범한 독일어로 번역을 만들어 냈다.

루터는 번역 과정에서 생활 언어(Umgangssprache)와 문어(Literatursprache) 사이에서 어느 쪽을 선택하느냐를 놓고 많이 고심했다. 그리고 독일어의 문장구성에 세심한 주의를 기울였다. 루터는 대중적인 언어이면서도 품위를 해치지 않는 용어들을 골라 성서 번역에 사용했다. "가정에서 어머니와 뒷골목에서 아이들이, 그리고 시장에서 일반 사람이 어떻게 말하는가를 봐야" 한다는 것이 그의 번역 원칙들 가운데 하나였다. 그가 보통 사람들의 언어를 사용하려고 상당한 관심을 기울인 사실은 1522년 3월 30일 슈팔라틴에게 보낸 한 편지에서 잘 나타난다.

> 우리들은 때때로 적합한 단어를 찾기 위해 당신에게 물어볼 것입니다. 그러나 우리들에게 단순한 용어를 알려 주십시오. 궁정이나 성 안에서 쓰는 용어는 사절합니다. 왜냐하면, 이 책은 그 단순성으로 유명해져야 하기 때문입니다.[10]

루터는 글을 아는 사람이라면 누구나 읽을 수 있고 평이하면서도 정확한 독일어성서를 출판하고자 했다. 루터가 성서를 번역하기 이전 1467년에서 1520년 사이에만도 독일어성서는 이미 고·중세 독일어판으로 14개, 지역 방언 독일어판으로 4개가 번역 출판돼 있었다. 그러나 내용적으로 볼 때, 이 번역본들은 진정한 의미에서 독일어 번역이 아닌 라틴어성서 번역인 불가타의 용어들을 그대로 쓴 것이 많았다.

그 당시 독일어 수준이 라틴어의 영향력에서 완전히 벗어날 수 없었기 때문에, 루터의 번역문에도 라틴어의 흔적은 여전히 남아 있지만, 이전의 번역본들과 비교해 보면 확연히 차이가 난다. 루터의 성서 번역을 통해 처음으로 독일어다운 독일어성서가 나왔다고 할 수 있다.

루터가 성서를 번역할 당시만 해도 성서는 누구나 읽을 수 있는 것이 아니었다. 성직자들만 그것에 접근할 수 있었고, 일반인에게는 '닫힌 책'이었다. 1522년 1월 13일 암스도르프에게 보내는 서신 가운데 루터는 성서를 번역하는 일에 대해 이렇게 말했다.

> 이 일은 모두의 재산이요 모두에게 유익한 것이기에 우리 모두가 하고자 애써야 하는 위대하고 가치 있는 일입니다.[11]

정말로 루터가 번역한 독일어성서는 엄청난 가치를 가지게 됐다. 이전에는 성서가 라틴어로 돼 있어 일반 교인들이 성서를 읽지 못하고 사제들이 가르쳐주는 대로 따라야 했지만, 이제는 개개인이 직접 성서를 읽고 하나님의 뜻을 알 수 있게 됐다.

당시에 로마 가톨릭교회는 오해를 불러일으킬 소지가 있다는 이유로 성서를 아무나 읽지 못하게 했다. 교회의 대분열(Schisma, 1378-1417) 이후로 개혁에 대한 요구와 함께 성서를 읽고 싶어 하는 열망도 커져 왔다. 그럼에도 마인츠 대주교 알브레히트는 1480년에 그동안 여러 번 되풀이해 왔던 교회의 명령을 다시 강조하며 평신도들이 성서에 접근하는 것을 엄격히 금지시켰다.

루터 자신도 1503/04 겨울학기 때 에어푸르트대학 도서관에서 처음으로 성서책을 봤다. 나중에 그가 『탁상담화』에서 밝힌 것에 따르면 비텐베르크대학 교수인 칼슈타트도 신학박사 학위를 받은지 8년이 지나서야 비로소 성서책을 처음 봤다. 이런 상황에서 글을 아는 사람이라면 누구나 성서를 읽을 수 있는 길을 터 준 것은 루터의 큰 공헌이다.

 1522년 2월 루터는 독일어로 번역된 4복음서를 멜란히톤에게 보냈다. 3월에는 바르트부르크를 떠나며 그 자신이 직접 남은 원고를 비텐베르크로 가져갔다. 루터는 곧 멜란히톤과 함께 그 초안의 거친 번역을 다듬고 수정하기 시작했다. 그리고 나서 루터와 멜란히톤은 그것을 인쇄물로 만들었다. 1522년 9월 21일 그 신약성서가 크라나흐 작업실에서 만들어진 목판화 삽화와 함께 완성됐다. 그렇게 해서 루터의 신약성서 첫 판이 탄생하게 됐다.

● 루터성서의 역사

 루터가 그리스어성서에서 독일어로 직접 번역한 신약성서(Das Neue Testament Deutsch)는 1522년 9월에 출판됐다. 이것이 9월에 나왔기 때문에, 그것을 가리켜 9월성서(September Testament 1522)라고도 부른다. 그는 이것을 개정해 12월에 다시 출판했는데, 이는 12월성서(Dezember Testament)라 불린다. 그리고 그 최종 개정판은 1530년에 나왔다. 루터의 신약성서는 에라스무스가 펴낸 그리스어 신약성서 제2판(1519)을 원본으로 해 번역한 것이다.

 구약성서까지 완역해 신구약성서 합본으로 처음 출판된 것은 1534년이다. 이 합본은 두 권으로 돼 있으며, 1,824쪽에 달한다. 거기에는 128편의 크라나흐의 목판화 삽화가 삽입돼 있다. 구약성서는 「브레스키아

히브리어 성서(the Brescia Hebrew Bible, 1494)」를 원본으로 해 번역됐다. 루터의 히브리어 실력은 그리스어보다 떨어졌기 때문에, 주변 사람들이 함께 작업을 했다. 요한네스 마테시우스(Johannes Mathesius)에 따르면 멜란히톤이 그리스어 구약성서인 칠십인역을, 카스파 크루시거(Caspar Cruciger)가 랍비성서(die Rabbinerbibel des Jakob Ben Chajim)를, 그리고 부겐하겐 목사가 라틴어성서인 불가타를 번역해 오면 루터와 함께 둘러앉아서 히브리어 성서와 대조하며 작업을 진행했다. 그 이후에도 1534년부터 1546년 사이에 루터는 동료들과 함께 열 한 번이나 그 성서의 개정을 거듭했다. 마지막 개정판은 그가 죽은 후에 나왔다.

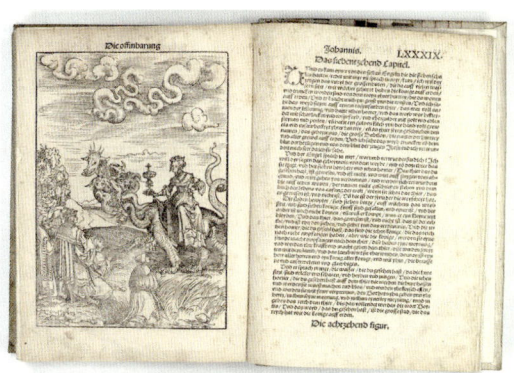

루터 9월성서

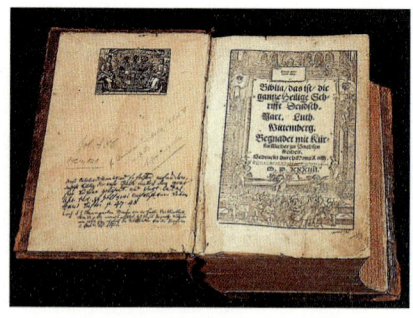

1534년 루터성서 (완역)

제6장
과격한 개혁의 거센 물결

1. 폭동과 과격한 개혁

 루터가 바르트부르크에 있는 동안 비텐베르크에서는 종교개혁을 이끄는 과업이 멜란히톤과 칼슈타트에게 맡겨졌다. 특히 칼슈타트가 루터를 대신해서 비텐베르크교회에서 미사를 집전하고 설교했다. 칼슈타트는 루터가 비텐베르크대학에서 박사 학위를 받을 때 구술시험 담당교수였던 이로 루터보다 연장자였다. 그는 루터의 개혁 사상에 크게 영향을 받아 루터의 동지가 됐다.
 그러나 칼슈타트는 초반에는 루터와 협력관계를 유지했지만, 종교개혁 운동을 전개하는 과정에서 루터와는 확연히 다른 신학적 입장을 보였다. 칼슈타트는 루터보다 훨씬 더 급진적인 개혁을 원했다. 이러한 차이는 루터가 바르트부르크에서 숨어 지내며 비텐베르크를 비운 동안 첨예하게 드러났다.
 칼슈타트는 비텐베르크에서 미사 드리는 일을 중단할 것을 주장했다. 1521년 10월 아우구스티누스회 수사들이 수도원에서 미사 드리는 일을 중단했다. 칼슈타트의 권고를 따라 13명의 수사들이 수도원을 떠났다. 성탄절에는 칼슈타트가 평복을 입고서 시교회에 나타나 성찬을 집례하며 평신도들에게 빵과 포도주 모두를 분급했다.

1522년 1월에는 칼슈타트가 '비텐베르크 조례'를 만들었다. 그 조례에 따르면 성찬식에서 빵과 포도주를 모두 평신도에게 줘야 하며, 빵을 혀에 다 놓지 말고 손에 나눠 줘야 했다. 전례의 주요 부분은 라틴어가 아니라 독일어로 거행돼야 하며, 빵을 들어 올리지 말고, 의식에서 희생의 말은 빼야 했다. 개인 미사와 수도회가 마을에서 금지됐다. 사실 이러한 것들은 루터가 주장하던 것과 크게 다르지 않았다.

그러나 칼슈타트는 성상과 성화를 제거하는 데 있어 루터보다 훨씬 더 과격한 생각을 가지고 있었다. 칼슈타트는 시교회의 그림들과 조각상들을 완전히 제거할 것을 주장했다. 그가 만든 조례에는 "교회 내 성화와 제단화는 우상 숭배를 피하기 위해 제거돼야 한다. 이는 성화 없이 3개의 제단으로 충분하기 때문이다"라고 하는 내용이 들어 있다.

칼슈타트의 가르침에 자극 받은 일단의 무리가 시교회를 두 번이나 습격해 성상들과 제단들을 대부분 파괴하고 교회를 엉망으로 만들어 놓았다. 그 결과 시교회 안에 있던 14세기와 15세기부터 내려오던 16개의 측면 제단들이 파괴됐다. → (루터의 도시 비텐베르크 - 성 마리아시교회)

칼슈타트의 급진적인 사상은 당시 비텐베르크대학의 동료 교수들을 부추기기도 했다. 그 가운데는 가브리엘 츠빌링(Gabriel Zwilling)이 있었다. 츠빌링은 "제2의 루터"라고 불릴 정도로 루터의 개혁 운동에 적극적이었다. 그는 많은 설교를 하고 미사의 형식도 바꿨다. 츠빌링은 불같은 설교로 수도원을 폐쇄해야 한다고 외쳤다. 수도원이 문을 닫아야 할 판이 되자 수도원장은 선제후에게 다음과 같이 보고하기도 했다.

> 수사복을 입은 수도사는 구원받을 수 없다, 수도원들이 마귀의 손아귀에 있다, 수도사들을 내쫓고 수도원들을 철거해야 한다는 설교가 판을 치고 있습니다.[1]

실제로 츠빌링의 설교를 듣고 1521년 11월 30일에는 15명의 아우구스티누스회 수도사들이 수도원을 떠나기도 했다.

바르트부르크에서 루터는 멜란히톤과의 서신 교환으로 비텐베르크의 상황에 대해 알고 있었다. 무거운 책임감에 가만히 있을 수 없었던 루터는 기사로 변장을 하고서 1521년 12월 4일 비텐베르크를 몰래 찾았다. 루터는 암스도르프의 집에 머물며 동료들과 은밀한 만남을 가졌다.

루터가 살아있는 것을 본 그의 친구들은 뛸 듯이 기뻐했다. 루터도 개혁이 비텐베르크에서 잘 진행되고 있는 것을 보고 기뻐했다. 그러나 폭력과 무질서에 대해서 루터는 크게 우려했다.

칼슈타트와 츠빌링이 이끈 과격한 개혁을 통해 비텐베르크는 큰 혼란에 빠졌다. 프리드리히 현공조차도 계속되는 소요에 미칠 지경이었다. 이러한 소식은 비텐베르크 경계선 밖에 까지 퍼졌다. 루터를 반대하는 게오르크 공작도 그 소식을 듣고 자신이 참석 중이었던 뉘른베르크 의회에서 의원들이 프리드리히 현공과 마이센의 주교에게 다음과 같은 지시 사항을 전하게 했다.

> 듣자 하니 신부들이 평상복 차림으로 미사를 집전하면서 주요 부분을 생략한다는군요. 그들은 성사를 독일어로 집례하며, 성찬을 받는 이들이 미리 고해할 필요가 없다고 하죠. 빵과 포도주를 둘 다 자기들 손으로 잡고요. 우리 주님의 보혈을 성배가 아닌 머그잔으로 돌린다는군요. 어린 아이들도 성체를 받고요. 신부들을 폭력으로 제단에서 끌어내린다죠. 신부들과 수도사들이 결혼하며, 일반 사람들이 천박한 일과 불쾌한 일을 일삼는다는군요.[2]

1522년 3월 7일 루터는 비텐베르크로 돌아왔다. 비텐베르크로 돌아온 루터는 자신의 회중에게 8일 동안 그 폭동 행위에 반대하는 설교를 했다. 이 설교들은 "탄원 설교들"(Invocavit Sermons)로 유명해졌다. 루터는 사람들이 옛 신앙을 충실히 고수하는 자들에게 배려심을 보여 줄 것을 요구하며, 누구도 법적 폭력이나 물리적 폭력으로 새 복음을 받아들이도록 강요받아서는 안 된다고 했다.

개인 미사는 폐지돼야 하지만, 그 폐지는 강제적으로가 아니라 하나님의 말씀을 따르며 자발적으로 이뤄져야 한다. 진실한 종교는 마음으로부터 나와야 하기 때문이다. 이러한 설교들이 비텐베르크를 변화시켰다. 비텐베르크 조례로 바뀌었던 개혁조치들이 다시 원래대로 되돌려졌다.

칼슈타트 자신은 당시 무장봉기 했던 농민들의 지도자 토마스 뮌처와 거리를 두려했으나 루터는 그 둘 사이를 구분하지 않았다. 그 둘이 세속 권위에 대항해 반란을 일으켰을 때 루터는 이를 용납하지 않았다. 1522년 10월 루터는 바이마르(Weimar)에서 이에 대해 적어도 4번의 설교를 했다. → (바이마르) 그 가운데 1522년 10월 24일에 한 설교는 영적 권위와 세속 권위에 관한 내용이었는데, 튀링엔의 영주이기도 한 작센의 요한 공작이 그 설교 자리에 참석했다.

공작의 권유로 이듬 해 그 설교를 기초로 해서 루터는 「세속 권위에 대해: 어느 정도로 그것에 순종해야 하는가」(Von weltlicher Obrigkeit, wie weit man ihr Gehorsam schuldig sei)라는 논문을 출판했다. 루터는 비록 군주들이라도 하나님을 두려워해야 한다는 것은 인정했지만, 영적 권위를 세속 권위에게서 분명하게 분리시키고 세속 군주들의 독립성을 인정했다. 동시에 루터는 "이 세상의 질서의 통제"를 유지하기 위한 무력 사용을 허용했다. 이는 루터가 세속 권위들을 인정하고 그에 대한 충성심을 가지고 있었음을 보여 준다.

결국, 칼슈타트는 비텐베르크를 떠나 오를라뮌데(Orlamünde)라는 작은 마을로 가 그곳 교구목사가 됐다. 그곳에서도 그는 과격한 종교개혁을 이끌었다. 1524년 8월 21일 루터가 설교여행을 하는 동안 예나(Jena)에 들렀을 때, 그는 칼슈타트에 대해 듣게 됐다. → (예나)

루터는 칼슈타트의 행동에 몹시 화가 났다. 그는 칼슈타트의 추종자들을 뮌처의 사상인 '알슈테트 정신'(Allstedter Geist)과 동일시했다. 루터로서는 이를 달리는 납득할 수 없었다. 그는 칼슈타트가 시 수도원들에 대한 첫 공격에 책임이 있다고 주장했다. 이 공격은 마틴 라인하르트(Martin Reinhart)의 선동적인 설교 후에 일어났었다.

루터는 개혁 운동을 완화시키고 질서 있는 길로 이끌고 싶어 했다. 그래서 과격하고 폭력적인 소요에 화가 난 루터는 예나의 성 미하엘교회(St. Michael)에서 "열심당원" 칼슈타트와 그 추종자들에 맞서 설교했다. 루터는 그들이 교회와 성화 그리고 심지어 제단까지도 파괴하는 것에 맞서 설교했다. → (예나 – 성 미하엘시교회)

칼슈타트는 자신이 부당하게 공격받는다 느끼고 그 상황을 해결하려 루터와 대화를 하기를 원했다. 처음에는 탐탁해 하지 않았으나 루터는 이에 동의하고 예나의 '흑곰 여인숙'(Zum schwarzen Bären)에서 칼슈타트와 만났다. 그들은 열띤 토론을 했으나 서로의 차이만 확인한 채 헤어졌다. → (예나 – 흑곰 여인숙)

루터는 자신의 입장에서 꼼짝도 하지 않으려 했다. 1524년 말이 되기 전 라인하르트와 게라르트 베스터부르크(Gerard Westerburg)뿐만 아니라 칼슈타트도 직위를 박탈 당하고 튀링엔 주에서 추방됐다.

2. 토마스 뮌처와 농민 전쟁(Bauernkrieg)

비텐베르크에서의 소요는 잠잠해졌으나, 루터의 개혁에 만족하지 못하고 급진적인 개혁을 요구하는 이들 가운데 불만의 소리가 점점 커져 갔다. 그 가운데는 뮌처도 있었다.

토마스 뮌처
(Christoph van Sichem)

뮌처는 1488년 12월 20일 혹은 21일에 작센 지방 하르츠(Harz) 산맥에 자리 잡은 작은 마을인 슈톨베르크(Stolberg)에서 태어나 그곳에서 어린 시절을 보냈다.→ (슈톨베르크) 이후 할레(Halle) 인근에 위치한 크베들린부르크(Quedlinburg)에서 중등학교 과정을 공부했으며, 1506년 라이프치히대학에 들어가 1507년까지 인문주의 사상을 익혔다. 1512년부터는 프랑크푸르트(Frankfurt) 대학에서 수학하며 그리스어, 히브리어, 라틴어와 같은 고전어에 상당한 지식을 가지게 됐다. 1513년 뮌처는 사제가 됐다.

1516년 여름부터 1518년 가을까지 뮌처는 마그데부르크 인근의 프로세(Frohse) 수도원에 원장으로 있었다. 이 시기에 그는 루터의 95개조 논제를 처음 접했다. 뮌처는 곧 루터의 종교개혁 사상에 큰 감명을 받았다. 뮌처는 수도원을 떠나 루터를 만나기 위해 비텐베르크로 갔으며, 1519년에는 유명한 라이프치히 신학 논쟁에 참관해 루터의 주장을 듣고 동조하기도 했다. 이후 뮌처는 로마 가톨릭교회에서 떠나 루터를 추종했다.

뮌처는 루터의 추천으로 1519년 5월에 튀링엔 주에 위치한 츠비카우(Zwickau)의 성 마리아교회(Dom St. Marien)의 임시 설교자가 됐다. → (츠비카우 - 성 마리아교회) 하지만 이때부터 뮌처는 종교개혁을 정치화하려는 루터를 못마땅하게 여겨 비판하기 시작했다. 이 시기에 뮌처에게 영향을 준 이들은 직조공 니콜라우스 스토르흐(Nikolaus Storch)가 인도하는 급진적인 개혁파였다. 소위 '츠비카우 예언자들' 가운데 하나였던 스토르흐는 부자들에 대한 증오와 현존 사회에 대한 강한 불만을 가지고 있었다.

그는 하나님은 현재에도 여전히 그의 신자들에게 꿈과 환상 등을 통해 직접적으로 교통하신다고 주장했다. 스토르흐는 또한, 유아세례를 반대하고 성인세례를 주장했다. 츠비카우에서 뮌처는 스토르흐와 함께 광부들과 직물노동자들과 같은 민중들을 중심으로 종교개혁 운동을 전개했다. 스토르흐는 뮌처에게 옛 타보르파의 천년왕국 사상을 전해 줬다. → (타보르)

이 시기에 뮌처는 루터의 신학으로부터 완전히 멀어졌고 유아세례를 거부했다. 1520년 성탄절부터 1521년 부활절 사이에 츠비카우에서 시 정부에 대한 피지배 민중들의 공개적인 저항 운동이 일어나게 됐을 때 뮌처는 주동자로 지목을 받았다. 1521년 4월 16일 그는 시 의회와 행정관 앞에 소환됐으나, 체포 전에 츠비카우를 떠났다.

뮌처는 후스의 종교개혁 현장이었던 프라하로 갔다. 이때 프라하 시민들은 뮌처를 루터주의자로 알고 환영했다. 루터가 1517년 10월 31일 95개조 논제를 발표한 것처럼, 뮌처도 1521년 11월 1일 '모든 성자의 축일'에 프라하의 여러 교회에 자신의 프라하 선언을 붙였다.

이 프라하 선언은 루터보다 더 강력한 종교개혁의 지도자가 되기를 바란 뮌처의 혁명적 종교개혁 사상을 신학적으로 표현한 것이었다. 그는 문자신앙을 비판하고 성령신앙을 주장했다. 그리고 종말론적 역사관을 강조했다. 또한, 그는 가난하고 억눌린 자들을 억압하는 교회 당국과 세속 당국에 반기를 들고 새로운 교회를 건설할 것을 부르짖었다. 그러나 뮌처의 주장이 보헤미아에서 받아들여지지 않았다.

프라하에서 신변의 안전에 위협을 느낀 뮌처는 1521년 12월 그 도시를 떠났다. 이후 2년 동안 독일의 여러 곳을 유랑했다. 그는 빈곤으로 고통을 받았지만 결코 자신의 신념을 포기하지 않았다. 1523년 3월 뮌처는 오랜 방황 후 튀링엔의 알슈테트(Allstedt)에 도착했다. → (알슈테트) 인구 9백 명 밖에 안 되는 조그마한 마을 알슈타트에서 뮌처는 공동체 목회를 시작했다. → (알슈테트 – 성 요한네스 시교회) 그리고 그곳에서 그해 6월 수녀원에서 탈출한 수녀 오틸리에 폰 게르존(Ottilie von Gerson)과 결혼했다. → (알슈테트 – 비그베어티 탑) 그리고 그 다음해 1524년 부활절에 아들을 얻었다.

뮌처는 알슈테트에서 예배의식을 개혁하고자 했다. 그는 모든 신도들의 공동참여 예배를 주장하며 독일어로 된 최초의 전례예식을 만들었고, 라틴어 찬송가를 독일어로 번역하는 활동을 했다. 뮌처는 설교자로서 명성이 높았다. 그의 혁명적인 예배의식 개혁과 열정적인 설교가 널리 입소문을 타면서 2천 명이나 되는 추종자들이 그의 설교를 들으려고 알슈테트로 몰려들었다. 이는 당시 그곳 성 영지주무관(Amtmann)이었던 한스 차이스(Hans Zeiss)가 선제후에게 한 보고 가운데 생생하게 증언되고 있다.

> 매일 많은 사람이 설교를 들으러 우리에게 오고 있습니다. 특히 일요일에는 2,000명 이상이 참석합니다.

특히 인근 광산촌인 만스펠트에서 수백 명의 광부가 정기적으로 방문해 그의 설교를 경청했다. 이들은 후일 알슈테트의 직조공들과 함께 뮌처의 중요한 추종자 그룹이었다. 뮌처는 이들을 주축으로 알슈테트 동맹(Allstedter Bund)을 조직했다. 이를 통해 뮌처는 알슈테트가 비텐베르크를 대신할 것이라고 믿었다.

한편 뮌처는 유아세례를 반대했다. 이때문에 그는 훗날 재세례파로 분류되기도 한다. 그밖에도 뮌처는 알슈테트에 종교청(Deutsches Kirchenamt) 제도를 도입했다.

이러한 뮌처의 개혁을 그 지역 통치자인 백작 에른스트 1세(Graf Ernst I. von Mansfeld)는 허용하려 하지 않았다. 그런 백작을 향해 뮌처는 "기독교에 전혀 유익하지 않은 사람이며, 하나님의 친구들을 쓸어 버릴 해로운 사람"이라고 독설을 퍼부었다.

당시 뮌처의 열성적인 활동은 작센의 선제후 프리드리히와 그의 동생인 요한 공의 주목을 받고 있었다. 요한 공은 루터에게 감화를 받아 로마 가톨릭교회 신앙을 버리고 루터의 추종자가 된 인물이다. 요한 공은 뮌처에게 1524년 7월 알슈테트성에서 위원회 앞에서 자기 입장을 밝힐 기회를 줬다. → (알슈테트 – 알슈테트성)

뮌처는 이를 수락하고 묵시문학의 정수인 다니엘서 2장을 강론하는 설교문을 써서 요한 공과 알슈테트에 있는 자신의 추종자들에게 보냈다. 이는 후에 '제후 설교'(Fürstenpredigt)로 유명해졌다. 이 설교는 뮌처의 종말론적 신앙을 극명하게 보여 주고 있다.

뮌처는 다니엘 강론을 통해 세계제국의 종말이 다가왔음을 설파했다. 지금 세상은 성직자로 대표되는 뱀과 세속의 통치자들인 벌레들이 서로 물고 뜯는 악마의 제국이라고 규정했다. 그러므로 지금은 작센의 제후는 하나님의 종이 될 것인지 아니면 악마의 종이 될 것인지를 선택해야 할 시점이다.

제후가 하나님의 종이 되기를 선택한다면 그리스도의 원수를 살려 두지 말아야 한다. 이를 위해 칼이 필요한데 그 칼은 바로 제후들의 칼이라고 못 박았다. 제후들은 그리스도의 적을 쳐부숴야 하고 그 일을 주저한다면 하나님이 제후들에게 준 칼을 거둬 갈 것이다. 제후들이 이 일을 수행하기 위해서는 하나님의 섭리를 알아야 한다. 하지만 제후들은 하나님과 너무 멀리 떨어져 있어 이를 알 수 없기에 그런 능력을 갖춘 사제를 곁에 두어야 한다. 여기서 뮌처는 자신과 다니엘을 동일시했다. 이 사제는 제후들을 도와 그들이 천년왕국을 위한 준비를 하도록 그들을 지도해야 한다.

뮌처는 영주의 무력(칼)을 필요로 하고 있기에 자신의 추종자들에게 보낸 편지에서 자신들의 영주에게 복종할 것을 권고했다. 그러나 영주가 영적인 행복 문제에 간섭할 경우에는 이 세상이 다 들을 수 있는 큰 소리로 규탄해야 한다. 이런 뮌처의 권고는 알슈테트 동맹에도 그대로 적용됐다.

뮌처는 알슈테트 동맹에 이 동맹을 악용할 목적으로 악마가 들어온다면 그들을 군주에게 넘기라고 하면서 사안에 따라서는 스스로 심판을 내려도 된다고 했다. 뮌처가 이렇게 말한 것은 마지막 날의 대재앙이 닥치기까지

기존 질서는 개선할 수 없는 것으로 봤기 때문이다. 대신 대재앙이 일어나면 본래의 자연 상태가 자동적으로 회복될 것으로 그는 확신했다.

뮌처는 이러한 설교를 통해 작센의 제후들이 자신을 지지할 것으로 생각했다. 하지만 제후들은 오히려 뮌처의 추종자들을 추방했다. 그들이 알슈테트로 도망쳐 오자 뮌처는 알슈테트의 제후에게 그 제후들을 응징해 줄 것을 요청했다. 그러나 그 제후는 이를 거절했다. 이 사건으로 뮌처의 귀족들에 대한 태도가 변화했다. 그는 7월 마지막 주 설교에서 모든 군주가 타도될 것이며 메시아 왕국의 도래가 가까이 왔다고 선포했다.

이 설교 자체는 제후들을 경악하게 만들었다. 루터는 작센의 제후들에게 보내는 편지에서 뮌처의 이런 선동이 얼마나 위험한 것인지를 지적했다. 이로 인해 뮌처는 작센의 요한 공으로부터 소환을 당하게 됐다. 그리고 소환된 자리에서 그는 작센의 선제후인 프리드리히가 그 문제를 심리할 때까지 침묵하도록 강요받았다. 이제 뮌처는 더 이상 뒤로 물러설 곳이 없었다. 제후들은 자신이 구상한 천년왕국을 실현하는데 어떤 역할도 할 수 없음이 명백히 드러난 것이다.

뮌처는 숙고 끝에 가난한 사람들이야 말로 평등주의적 천년왕국의 문을 열 사명을 맡을 수 있는 사람들이라는 결론에 도달했다. 가난한 자들은 탐욕과 사치의 유혹으로부터 자유롭기에 최소한 이 세상의 재물에 대해 무관심할 수 있다고 생각했다. 그리고 바로 이런 점이 가난한 자들이 묵시문학적 메시지를 받아들이게 할 수 있다고 생각했다.

이전에는 뮌처는 자신을 제후들에게 봉사하는 다니엘로 여겼지만, 이제 자신은 민중을 깨우치도록 하나님으로부터 영감을 받은 자라 생각했다. 그리고 뮌처는 글을 써서 루터를 더욱 비판해 이제 둘 사이에는 영원히 건너지 못할 강이 형성됐다.

루터의 충실한 추종자였던 뮌처가 루터에 대해 적대적으로 변한 것은 서로의 생각 차이때문이었다. 루터 자신도 뮌처처럼 종말의 때가 왔다는 확신을 가지고 행동을 했지만 세부적으로 둘 사이는 달랐다.

루터에게 주적은 로마 가톨릭교회의 교황 제도였다. 그는 교황을 적그리스도 혹은 거짓 예언자로 비판했다. 이런 교황 제도를 무너뜨리는 것이 진실 된 복음의 전파라고 생각했다. 이렇게 볼 때 무장봉기는 루터에게 부적절한 것으로 보였다. 그 어떤 것도 하나님이 내리는 저주에 비하면 아무것도 아니기 때문이었다. 게다가 무장봉기는 하나님의 말씀을 전파하는 사회 질서를 파괴하는 것이기에 루터가 주장했던 종교개혁에 대한 신뢰를 떨어트린다고 봤다. 이때문에 루터는 뮌처의 영향력을 저지하기 위해 온갖 노력을 다 했다.

루터가 처음부터 민중들의 요구에 부정적이었던 것은 아니다. 사실 민중 봉기의 사상적 기초를 제공한 사람은 루터라고 해야 할 것이다. 그는 귀족정치의 폐해를 날카롭게 지적했고, 성직자와 평신도의 장벽을 무너뜨렸으며, 모든 사람은 지위나 생활 조건과 무관하게 하나님 앞에 평등하다고 가르쳤다.

1523년 4월 루터는 「평화에의 권면을: 슈바비아 농민들이 채택한 12조항에 대한 대답」이라는 글을 썼다. 당시 농민들은 12개 조항을 내걸었다.

농민들의 멤밍엔
[12개] 조항 표지(1525)

① 성직자를 교구민의 의사에 따라 뽑을 것.
② 십일조를 성서의 가르침대로 쓸 것.
③ 성서의 가르침에 따라 농노제를 폐지할 것.
④ 사냥과 고기잡이의 자유를 보장할 것.
⑤ 자유로운 벌목을 허용할 것.

⑥ 세금 증대를 거부한다는 것.
⑦ 부역 증대를 거부한다는 것.
⑧ 토지세를 적절하게 징수할 것.
⑨ 영주 마음대로 하는 처벌을 금지할 것.
⑩ 목초지를 공동으로 사용할 것.
⑪ 사망세를 폐지할 것.
⑫ 이러한 조항에 대해 자유로운 토론을 가질 것.

루터는 자신의 글에서 농민 혁명의 책임이 제후에게 있다고 밝히고, 혁명적 개혁자의 등장을 하나님의 심판으로 보면서, 독일의 제후들이 옛 자치단체 규범과 관습으로 되돌아가야 한다고 주장했다. 더 나아가 자신은 12조항과 의견을 같이한다고 선언했다. 그러나 한편으로는 무장 반란은 아무에게도 유익을 가져다주지 않는다고 강조하면서, 무장 항쟁에 적극 반대했다. 루터는 사회 불안으로 생기는 혼란에서 기독교인이 고난을 받는 것은 자연스러운 일이라고 했다.

뮌처는 루터가 농부와 수공업자의 현실을 외면하고 있다고 봤다.

> 가난한 사람들을 곤궁에서 구제할 사람이 아무도 없다는 사실이야말로 이 땅에서 가장 혐오스러운 일이다. 모든 고리대금업자, 도둑, 강도 중에서 우리의 국왕과 지배자들은 그야말로 최악이다. 그들은 가난한 농부들과 수공업자들을 억압한다. 이 가난한 사람들은 사소한 법률을 하나만 어겨도 그 대가를 치러야만 한다.

그런데도 이러한 민중들을 배신한 루터야말로 "거짓말 박사" 혹은 "비텐베르크의 새 교황"이라고 뮌처는 비난했다.[3] 뮌처에게 루터는 귀족들의 비위나 맞추려고 아부나 하는 영혼을 소유하지 못한 자로 종말론적 묵시문학에 나오는 짐승이나 바빌론의 음녀와 같은 사람이었다.

그렇게 뮌처는 루터와 완전히 결별했다. 뮌처를 더욱 어렵게 만든 것은 뮌처가 그토록 믿었던 선제후 프리드리히와 그의 동생인 요한 공까지도 그에게 적대적이었다는 점이었다. 당시 독일은 루터에 의해 촉발된 광범위한 사회 혼란의 와중에서 어디로 갈지 모르는 위기에 처해 있었다. 그리고 이런 소요의 중심지가 바로 자신들의 영토였기에 그 통치자들이 뮌처에게 적대적이었던 것은 당연했다. 선제후 프리드리히는 뮌처의 설교를 듣고 "만약 그것이 하나님의 뜻이라면 정부는 민중들의 손에 넘어가는 것이 마땅하다"라고 했다. 동생인 요한 공은 아무런 말을 하지 않고 경청했다. 하지만 이 두 사람은 모두 뮌처의 설교 속에서 어떤 불안감을 느꼈다.

뮌처는 설교 가운데 세상의 종말과 함께 펼쳐질 새 시대에는 성령의 은사가 넘치게 될 것이며, 이 성령의 역사는 인간 역사를 초월하는 것이 아니라 역사 안에 내재한다고 주장했다. 이에 따라 이 세상의 삶도 단순히 초대교회로 되돌아가는 회복이 아니라, 하나님 나라의 삶으로 전환돼야 한다고 여겼다.

뮌처는 세상 종말에 앞서 인간의 정의로운 행동을 두둔했다. 이는 결국 현 사회와 체제를 완전히 거부하고 변혁하려는 의지를 나타내는 것이었다. 이로써 뮌처는 지배 세력 및 기존 교회에게서 완전히 등을 돌려 버렸다.

이어 뮌처로 인해 알슈테트에 다시 혁명적인 분위기가 고조되자 시 의회는 뮌처를 탄압했다. 결국 뮌처는 1524년 8월 7일 밤중에 다시 알슈테트를 떠나 황제령인 자유 도시 뮐하우젠(Mühlhausen)으로 탈출했다.
→ (뮐하우젠)

뮐하우젠에서 뮌처는 재세례파 공동체의 목사가 됐다. → (뮐하우젠 - 성 마리아교회) 이 도시에는 뮌처처럼 과거에 수도사였던 하인리히 파이퍼(Heinrich Pfeiffer)가 민중들을 이끌고 소요를 일으키고 있었다. 당시 뮐하우젠의 인구의 절반은 소요가 일어나면 언제든지 급진적 방향을 지지할 준비가 된 극빈자들이었다. 뮌처는 파이퍼와 함께 유명한 뮐하우젠 11개조항(Eleven Mühlhausen Articles)을 발표해 하나님의 말씀과 정의에 입각한 '영원한 공의회'(eternal council)를 개최할 것을 주장했다.

이 문서는 근교의 농민들에게 널리 읽혀졌다. 뮌처는 일단의 추종자들을 얻었고 소요가 일어났다. 그러나 소요는 곧바로 진압됐으며, 뮌처와 파이퍼는 뮐하우젠에서 쫓겨났다. 1524년의 마지막 날들을 뉘른베르크에서 지낸 뮌처는 1525년 2월 중순 뮐하우젠으로 다시 귀환했다. 이는 그 도시가 그를 추종하는 이들에 의해 장악됨으로 가능하게 됐다. 1525년 3월 기존의 시 의회가 해산되고 시민들이 선출한 새로운 의회가 구성됐다.

뮌처와 파이퍼는 뮐하우젠을 접수하고 급진적인 개혁을 펼쳐 나갔다. 뮌처는 시민들에게 '분노하라'라는 글을 통해 선동했다.

> 하나님께서 모세에게 명하신 것처럼 자비를 베풀지 말라.
> 그는 우리에게 똑같이 말씀하신다.
> 진군하라 진군하라. 때가 이르렀다.
> 너희의 검을 피로 데우라.

뮌처의 메시지는 하부에서 큰 호응을 얻었다. 그것은 종교적 자유는 물론 정치적 자유를 동시에 요구하는 것이었다. 뮌처는 정치적 힘이 종교적 자유를 얻어내는데 필수적이라고 생각했다. 그는 자신의 견해를 따르는 이들을 군대로 조직했다. 그의 추종자들은 자신들의 봉기가 사회를 위한 하나님의 거룩한 계획을 수행하는 것이라고 믿었다.

1525년 4월에 뮌처는 뮐하우젠에 있는 그의 교회에서 하나님과의 계약을 상징하는 무지개를 그려 넣은 백색 깃발을 높이 올렸다. 그리고 뮌처는 2천 명의 추종자들에게 이 깃발을 앞세워 진군할 것이라고 선언했다. 4월 말 뮌처와 파이퍼는 수많은 수도원과 수녀원을 불태우고 약탈하는 데 참

가했다. → (뮐하우젠 - 성 크루시스수도원교회)

　그들은 튀링엔과 하르츠를 지나 두 주 내에 40여 개의 수도원과 수녀원을 점령하고 파괴시켰다. 농민 봉기는 들불처럼 빠르게 번져 나갔다. 검은 숲(Schwarzwald)에서 처음 일어났던 농민 봉기는 이제 남쪽 바이에른과 중부 독일의 헤센 지방을 빼놓고 신성로마제국 거의 모든 지역을 휩쓸었다. 해산된 굶주린 군인들이나 몰락한 기사들이 그들에게 동참해 무리를 이끌었다. 그들은 모든 재산이 공유되는 기독교 나라를 세우자는 단순한 외침에 동조했고, 뮌처와 같은 급진적인 설교가들이 선포하는 종말론적인 예언을 믿었다.

　이러한 투쟁을 통해 농민들은 자신들의 영주로부터 보다 큰 자유권을 부여 받는 양보를 얻어냈다. 그러나 이는 일시적인 승리였다. 당시 독일은 왕권의 점진적 붕괴로 인해 봉건적 권력의 무질서한 집합으로 해체된 상태였다. 이런 준 무정부 상태를 권력자들은 신속히 종식시키려 했다. 실제로 1525년 농민들이 협상을 통해 큰 양보를 얻어낸 시점에서 지방의 영주들은 자신들의 절대권력을 확립했다.

　반란의 주도권을 장악한 농민들은 어느 곳에서나 자신감에 차 있는 신흥계급으로 올라서고 있었다. 이들 농민의 지위는 사회적으로 경제적으로 향상됐고, 농민들 자신은 자신들의 발전을 가로막는 장애물에는 불만을 표출했다. 농민들은 이런 장애물을 제거하기 위해 종말론적 관점과 반대되는 정치적 태도를 취했다. 즉 농민들은 당시 처해있던 현실적 상황과 실현 가능성이라는 관점에서 자신들의 태도를 결정했던 것이다. 농민 귀족들의 지도하에 농민들이 가장 시급히 원했던 것은 지방 자치였다.

　지방 영주들의 권력 확립은 농민들의 전통적 권리를 위협했다. 농민들은 자신들에 대한 중앙의 간섭이 심해지자 분노를 표출했다. 하지만 제후들의 입장에서는 농민들의 요구와 행위가 자신들이 원하는 질서에 걸림돌이 된다는 점을 잘 알고 있었다. 게다가 농민의 반란의 진압을 제후들은 자신들의 숨겨진 힘을 드러내고 강화시키는 절호의 기회로 삼았다.

실제로 10만 명의 사망자를 내고 농민들이 패배한 농민 전쟁으로 인해 수 세기 동안 농민, 하급 귀족, 그리고 교회는 제후들에게 무력한 종속 상태에 빠지게 됐다. 농민 전쟁으로 가장 큰 이득을 본 집단은 군주들이었다. 당시 신성로마제국 아래에서 독일은 지방 세력들, 영주들, 주교들, 시 행정관들, 귀족들이나 기사들에 의해 다스려졌다.

이 지방 세력들은 약한 제국법을 의지하기보다는 그 자신들의 힘을 더 의지했다. 남작들이나 기사들의 사병들에 대항한 싸움과, 농민 난동이나 반란의 진압이 독일에서 유행했다. 그 진압은 독일 통치에 있어서 군주들의 힘을 더 강화시켰다.

뮌처 자신은 농민 봉기와 함께 일종의 민중 신정 정치를 구현하려 했다. 뮌처가 어떤 왕국을 세우려 했는지는 그가 나중에 체포돼 고문 당하며 진술한 기록을 통해 얼마간 알 수 있다. 그가 소요를 일으킨 목적은 모든 기독교인을 평등하게 하는 것과 복음을 거부하는 군주와 지주들을 없애는 것이었다.

그리고 모든 것을 공유하고, 필요한 사람에게 그 필요에 따라 나눌 것을 주장했다(이는 19세기와 20세기에 번창했던 공산주의가 주장하는 바와 같아 보인다. 실제로 뮌처는 통독 이전 동독에서 위인으로 칭송받았다. 1975년 발행된 동독의 5마르크 지폐에 뮌처의 초상화가 실려 있다). → (슈톨베르크 - 옛 동전 박물관) 뮌처는 이를 거부하는 군주, 공작, 지주들에게 처음에는 경고를 하고, 그 다음에는 참수할 것을 주장했다.

뮌처는 천년왕국이 오기 전에 벌어지는 의인과 악인의 전쟁에 특별히 큰 관심을 보였다. 그는 이를 구체화하는 과정에서 광기와 유혈을 유난히 강조함으로 그를 아끼던 사람들을 당혹스럽게 했다. 뮌처는 이 세상에 천년왕국을 세우는 과정에서 칼(무력)을 쓸 수도 있다고 했다. 물론 그 칼은 폭군에게 저항하고, 불신자를 뿌리 뽑는 도구다. 뮌처는 마태복음 10장에서 그리스도께서 "나는 평화를 주러 온 것이 아니라 칼을 주러 왔다"라고 말씀하셨을 때 "그 칼로 무엇을 하겠는가?"라고 물으며, "그 칼은 복음을 가로막는 악한 사람들을 없애는 것"이라고 주장했다.

이 시기에 뮌처의 정신적 스승이라고 할 수 있는 니콜라스 스트로크가 종말론적 구세주를 자처하며 이 전쟁에 가담했다. 뮌처와 스트로크는 천년왕국을 설파했다. 루터는 1525년 5월 농민 전쟁의 불길이 맹렬하게 타오르는 튀링엔 지방을 돌아 본 뒤에, 『살인과 강도짓을 일삼는 농민무리에 반대해』(Wider die Mordischen und Reubischen Rotten der Bawren)를 작성했다. 그 소책자에서 루터는 반란자들을 처형해서라도 농민 봉기를 근절시켜야 한다고 주장했다.

> 그[반란자]를 처음으로 사형에 처하는 자는 정의를 제대로 집행하는 것이므로 아무 거리낄 것이 없다. 불이 났을 때 제일 먼저 그 불을 끄는 사람이 가장 잘한 사람이듯, 만약 어떤 자가 반란에 가담한 것이 공공연하게 드러나면 누구나 그를 정죄하고 형을 집행해도 좋다. 공개적으로든 비공개적으로든 반란의 무리를 철저히 분쇄하고 처형해 뿌리 뽑아야 할 것이다. 이는 미친개를 마땅히 죽여야 하는 것과 같다. 만약 그 미친개를 처치하지 않는다면 그 개가 당신과 온몸을 물어뜯고야 말 것이다.[4]

루터의 『살인과 강도짓을 일삼는 농민무리에 반대해』는 튀링엔 지역 전역에 보급됐다. 루터는 5월 24일 성 미하엘교회 강단에서 이 주제에 대해 신랄한 설교를 했다. 루터는 "이 시기들은 아주 예외적이어서 한 군주가 기도에 의해서보다는 피 흘림에 의해 더 쉽게 천국을 얻을 수 있다"라고까지 했다.

농민 반란을 규탄하는 루터의 글과 설교에 자극 받아 그동안 농민 반란의 진압에 소극적인 자세를 보이고 있던 중부 독일의 제후들이 적극적인 진압으로 돌아섰다. 5월 4일 농민 반란 진압에 가장 소극적이었던 노령의 선제후 프리드리히가 사망했다. 그의 뒤를 그의 동생이자 공동 통치자였던 요한 부동자(Johann der Beständige)가 계승했다.

이 새로운 선제후는 제후들과 연합전선을 형성한 다음 헤센(Hessen)의 필립 대공(Philipp der Grossmütige)에게 도움을 요청했다. 필립은 즉시 군대를 이끌고 튀링엔으로 진격해 소요의 진원지인 뮐하우젠을 공격했다. 농민들 역시 이들 군대를 맞아 프랑켄하우젠(Frankenhausen)에서 8천 명의 군사를 편성했다. → (바트 프랑켄하우젠)

이에 농민들은 뮌처에게 자신들의 왕으로 나서 줄 것을 부탁했다. 뮐하우젠에서 뮌처는 이 소식을 듣고 자신의 추종자 300명으로 구성된 부대를 진두지휘해 출전했다. 하지만 파이퍼는 이를 거부하고 뮐하우젠에 남았다. 5월 11일 농민군 진영에 도착한 뮌처는 즉시 인근 마을로 사람을 보내 자신의 군대에 합세할 것을 명령했다. 그리고 에어푸르트 시에 원군을 요청하는 긴급 호소문을 보냈다. 그러나 용병들로 구성된 진압군은 농민군의 위세에 겁먹지 않았다. 오히려 이를 지휘하는 필립은 농민들의 군사기술을 철저히 무시했다.

5월 15일 제후들의 지원군으로 전력이 더욱 강화된 필립의 군대는 농민 군대를 제압할 수 있는 언덕에 위치한 요새를 점령했다. 당시 농민군은 8천여 명으로 제후군보다 많았지만 보병이 중심이었다. 반면 필립은 6천여 명의 용병을 거느리고 있었지만 이 가운데 2천여 명이 기병이었고 강력한 포병도 보유하고 있었다. 이런 조건 하에서 벌어질 전투의 결과는 자명한 것이었다. → (바트 프랑켄하우젠 - 파노라마관)

제후들은 농민들에게 뮌처와 그의 부하들을 넘겨 준다면 목숨을 살려주겠다는 조건을 제시했다. 이런 조건을 제후들이 제시한 데는 결과를 낙관했기에 가능한 것이었다. 하지만 뮌처가 개입해 제후들의 조건을 거절하게 했다. 당시 뮌처는 농민들에게 하나님이 직접 자신에게 승리를 약속했다고 하면서 제후 군에서 쏘는 대포알을 자신의 소매로 거둬 주겠다고 선언했다. 이 외침의 마지막에 무지개 깃발이 등장함으로써 뮌처의 목소리는 극대화됐다.

무지개는 농민들에게 하나님이 자신들의 편이라는 증거로 해석됐다. 제후들은 자신들이 제시한 조건에 만족스러운 응답을 얻지 못하자 공격을 시작했다. 우선 대포를 발사하기 시작했다. 대포가 발사되는 데도 농민군들은 전투 준비를 하기는커녕 "오소서, 성령이여"만을 부를 뿐이었다. 결과는 너무도 참혹하고 치명적이었다. 대오가 깨진 농민군들이 도주하기 시작하자 제후군의 2천의 기병들이 이들을 추적하며 살육했다. 이 과정에서 5천여 명의 농민군이 살해당했지만 제후군은 오직 6명의 사망자를 내었을 뿐이었다.

프랑켄하우젠이 어이없이 함락된 지 며칠 후에 뮐하우젠도 항복했다. 그리고 이 도시는 반란군의 거점 역할을 했다는 이유로 무거운 벌금과 배상금을 물고 신성로마제국의 자유 도시로서의 자격을 상실했다. 뮌처는 전장에서 극적으로 피신해 프랑켄하우젠의 한 지하실에 숨어 있다 발각돼 체포됐다. 그는 자신의 오랜 적대자인 만스펠트의 에르네스트 백작에게 인도됐다. 뮌처는 극심한 고문을 받으며, 결국 고문에 못 이겨 그 동안의 자신의 주장을 철회했다.

1525년 5월 27일 뮌처는 파이퍼와 함께 괴르마르(Görmar)에서 목 베임을 당해 처형됐다. 그의 시체는 네 토막으로 나뉘어졌다. 그리고 그의 머리와 몸은 뮐하우젠 성문 앞에 효시됐다. → (뮐하우젠) 뮌처의 스승으로 봉기 과정에서 일정 부분 역할을 했던 스트로크는 이 참화에서 피할 수 있었지만 도피 생활을 하던 끝에 같은 해 말에 사망했다.

들불처럼 번져 나가던 농민 봉기는 프랑켄하우젠에서의 대패 후 종말을 맞았다. 뮌처가 고문 당하면서 했다고 알려진 "모든 것은 민중의 것"(omnia sunt communia)이라는 말은 그의 사상을 가장 단정적으로 보여 준다고 하겠다. 뮌처의 정치적이고 물리적인 운동은 이상은 좋았으나 결국 실패했다. 교육과 훈련받지 못한 농민군들은 감정적이고 무차별한 행위를 서슴지 않았고, 그 정당성은 부도덕하고 과격한 양상으로 인해 사라졌다.

뮌처에 대한 역사적 평가는 양극단으로 나뉜다. 한편에서는 그를 사탄으로 묘사하는 이들이 있는가 하면 다른 한편에서는 그를 영웅과 혁명가로 칭송한다. 일찍이 1525년 멜란히톤은 『토마스 뮌처의 역사』(*Die Histori Thome Müntzers*)라는 제목의 글 가운데서 뮌처를 비난했다.

> 마귀가 어떤 사람을 사로잡았는데, 그 사람 이름은 토마스 뮌처다. 그는 성서를 잘 배웠지만, 성서의 가르침에 따르지 않았다. 그는 복음을 설교하지 않고, 어떻게 사람이 경건해지는가를 가르치는 대신에, 성서에 대한 잘못된 인식을 바탕으로 해 그릇되고 반역적인 가르침을 베풀기 시작했다.[5]

심지어 루터는 『탁상담화』에서 "뮌처야말로 마귀가 사람의 모습으로 나타난 대표적인 예"라고 저주를 퍼부었다.[6]

그러나 루터의 개혁이 위로부터 개혁이었다고 한다면 동시대의 뮌처의 개혁은 아래로부터의 개혁이었다. 루터는 로마 가톨릭교회를 옹호하는 제후들의 위협이 상존했기에 그 역시 개혁 성향의 제후와 손을 잡지 않을 수 없었을 것이다. 그러나 뮌처의 농민 봉기는 농민들이 의식화돼 자신들의 요구를 봉기로 표현했다. 그들은 구체적이고 실제적인 변화를 요구했다. 다만 농민 봉기는 점차 과격해짐으로 루터와 다른 개혁자들의 지지를 잃었다.

농민들 편에 선 이들은 루터에게 압제자들을 위한 아첨쟁이라고 비난했다. 그들은 열정적인 루터의 언어가 농민들을 학살하게 했다고 비판했다. 그러나 루터는 이에 대해 철회하기를 거부했다. 그는 이성으로는 반란군을 대처할 수 없으며, 최상의 대처는 그들이 피를 흘릴 때까지 "때리고,

교살하고, 칼로 찌르는 것"이라고 했다.[7]

이 격한 말은 그의 적들에게 쉽게 이용됐다. 루터는 그것을 변호하기 위해 다른 소책자를 썼는데, 사태는 나아지지 않았다. 그것은 그의 논쟁적인 경향의 응보였다.

1520년 초에 한 친구가 루터에게 그렇게 논쟁하기를 좋아하지 말라고 경고한 적이 있었다. 루터는 자신의 펜이 그가 자제심을 잃게 한다는 것을 잘 알고 있었고, 때때로 그것을 후회하기도 했다. 그는 극단주의자는 아니었지만, 가끔 극단주의자처럼 말했다.

그는 손에 칼을 든 탐욕스러운 농민을 대처하는 용감한 시민을 상상하며 말했는데, 그의 언어가 사람들이 무방비한 농민들에게 난폭 행위를 저지르도록 조장한다는 것을 알지 못했다. 종교적인 개혁을 위해 외쳤던 루터 주위에 종교적인 개혁 외에 다른 것들을 원했던 사람들이 모였다. 독일인의 정서라고 하는 물결이 루터를 뒤에서 밀어 그가 앞으로 나가게 만들었다. 그러나 이 모든 정서가 다 순수한 것은 아니었다. 루터가 더 논쟁을 하면 할수록, 그는 더욱 독일을 분열시켰다.

새 선제후 요한은 루터와 종교개혁을 계속 보호해 줬다. 선제후 요한은 루터의 도움을 받아 작센 개신교교회를 세웠다. 1525년 4월 8일에는 종교개혁이 이미 중요한 첫 번째 성공을 증명할 수 있게 됐는데, 독일기사수도회(Deutschritterorden; 영어명 Order of Teutonic Kinghts) 단장인 브란덴부르크의 알브레히트가 루터교 신앙으로 개종한 것이다.

제7장
루터의 결혼과 가정

1524년 10월 16일 루터는 수도복을 벗어던졌다. 그리고 농민 전쟁이 한창이던 1525년 6월 13일 루터는 수녀원에서 도망쳐 나온 카타리나 폰 보라(Katharina von Bora, 1499-1552)와 결혼했다. 결혼 당시 루터의 나이는 42세 그리고 신부는 26세로 나이 차이가 16년이나 됐다. 훗날 루터는 자신이 "다른 일에 몰두하고 있을 때, 주님께서 갑자기 결혼으로 몰아넣으셨다"라고 당시를 회상했다.

카타리나 폰 보라 (Lucas Cranach)

카타리나에 대해서는 루터와 당시 주변 사람들이 남긴 글들에서 단편적으로만 알 수 있다. 카타리나는 1499년 작센의 몰락한 귀족 가문에서 태어나 어머니를 여의고 아버지가 재혼을 하면서 브레나(Brehna)에 있는 수도원에 맡겨졌다. 9세 때 카타리나는 그림마(Grimma) 인근 님브셴(Nimbschen)에 있던 마리엔트론(Marienthron) 수녀원(여자수도원)으로 옮기게 됐다. → **(그림마 - 님브셴수녀원)** 그리고 그 시토회수도원에서 16세 때인 1515년

10월 8일 수도서원식을 했다.

그러나 루터의 종교개혁과 함께 불어 닥친 새로운 개혁 사상은 그녀와 몇몇 다른 동료들이 수녀원을 벗어나고자 열망하도록 했다. 이 소식을 들은 루터는 자신의 지인으로 수도원에 생선과 물품을 공급하던 토어가우(Torgau)출신의 상인 레온하르트 콥페(Leonhard Koppe)에게 그들을 탈출시켜 데려오도록 했다. 1523년 4월 4일 부활주일 밤에 수녀원을 몰래 빠져나온 12명의 수녀들을 콥페는 청어통에 숨겨 안전한 곳으로 옮겼다. 도망쳐 나온 수녀 중 9명은 자신의 연고지가 종교개혁에 적대적인 지역이었기에 루터의 중재로 비텐베르크로 왔다. 그 가운데 카타니라도 있었다.

루터는 수녀원에서 도망 나온 이들을 위해 함께 살아갈 가족을 찾아 주거나 결혼 상대를 찾아 줬다. 루터는 카타리나를 위해 중매를 여러 번 섰다. 비텐베르크에서 수학했던 뉘른베르크 출신의 귀족 자제인 히에로니무스 바움게르트너(Hieronymus Baumgärtner)가 사업차 1523년 비텐베르크에 왔다. 그가 카타리나와 서로 호감을 가지게 됐다는 소식을 들은 루터는 1524년 10월 12일 편지를 보내 두 사람이 이어지기를 적극적으로 권유했다. 하지만 바움게르트너는 전직 수녀와 결혼하는 것을 주저하다 결국 다른 여인과 결혼했다.

그러자 루터는 카타니라에게 오를란뮌데 출신의 카스파 글라츠(Kaspar Glatz) 박사를 소개시켜 줬다. 하지만 이번에는 카타리나가 싫다고 거절하며, 그럴 바에는 차라리 암스도르프나 루터를 택하겠다고 했다. 루터는 암스도르프를 추천했으나 암스도르프는 결혼을 원치 않았다. 그는 오히려 루터와 카타리나 사이에 중매를 섰다.

비텐베르크로 도망 온 수녀 9명 가운데 일부는 함께 살 가족을 찾아 가고 일부는 결혼했다. 그리고 카타리나를 포함해 3명이 남았는데, 이때까지 루터는 카타리나보다는 함께 온 수녀 아베 폰 쇤펠트(Ave von Schönfeld)에게 호감을 가졌다. 또한, 훗날 그는 암스도르프의 추천으로 마그데부르크 출신의 아베 알레만(Ave Alemann)과의 결혼도 고려해 봤다고 말한 바 있다.

수줍게 루터를 소개받는 카타리나
(Gustav Adolf Spangenberg)

루터는 카타리나에게는 매력을 느끼지 못했던 것 같다. 그는 카타리나가 너무 거만하다고 생각했다. 그러나 아베 폰 쉰펠트는 루터가 머뭇거리는 사이 비텐베르크에서 수학 중인 의사를 선택해 결혼해 떠났다. 그런 와중에 루터가 병에 걸려 앓게 됐고 카타리나가 간호해 주며 두 사람 사이가 가까워졌다. 결국 루터는 마지막까지 결혼을 하지 못하고 남아 있던 카타리나와 결혼했다.

1525년 봄 루터가 부모를 방문하게 됐는데 그것이 그가 결혼을 해야 되겠다고 생각하는 계기가 됐다. 루터는 그해 4월과 5월 농민 전쟁으로 혼란스러운 아이스레벤과 그 밖의 튀링엔 지역을 방문하며 소동을 잠재우고자 설교하러 다녔다. 그 기간 동안 그는 만스펠트에 있는 부모를 방문했다. 당시 아버지는 아들 마틴이 결혼을 해 후손을 낳아 줬으면 한다는 소원을 말했다. 이전에 수도사가 됨으로 아버지를 크게 상심케 했던 루터는 대를 이어 주기를 바라는 아버지의 소원을 들어드리고 싶은 마음이 있었다.

또한, 이전부터 루터는 다른 사람들에게 자주 결혼하라고 충고하곤 했다. 그는 1520년대에 독신주의를 비판하는 몇 편의 글을 발표하기도 했다. 결혼은 기독교인의 자유를 보여 주는 것으로 로마 가톨릭교회의 가르침을 정면으로 거부하는 것을 의미했다. 따라서 자신이 결혼함으로 자신의 믿음을 증거 할 수 있을 것이다. 다만 지금까지는 자신이 주도하고 있는 종교개혁 운동의 성공에 대한 책임감과 또한, 언제 어디서 적대자들로부터 공격을 받아 죽을지도 모르는 상황에서 결혼하는 것은 무책임하다고 생각했던 것이다. 그러던 차에 탈출해 온 9명의 수녀들 가운데 이제 카타리나만 남았고, 그녀에게 어떻게 짝을 찾아 줄지 고민하던 중에 아버지의 소원은 그가 그녀와 결혼을 결심하도록 했다.

1525년 6월 13일 화요일 루터는 비텐베르크 시민들의 축하를 받으며 결혼식을 했다. 비텐베르크 시에서는 오늘날까지도 이 날에 맞춰 해마다 루터의 결혼식을 재연하며 축제를 열고 있다. 먼저 5명의 증인들 앞에서 약혼식이 있었다. 증인으로는 신학자요 시교회 목사인 부겐하겐, 신학자이자 법률가로 성 교회 목사인 요나스, 그리고 법률가인 요한네스 아펠(Johannes Apel) 3명의 비텐베르크대학의 동료와 크라나흐와 그의 부인이 섰다.

이후 관습에 따라 부겐하겐의 주례로 증인들과 함께 결혼식이 아우구스티누스 검은 수도원에서 거행됐으며 합방이 이뤄졌다. → (**루터의 도시 비텐베르크 - 루터하우스**) 결혼 피로연은 2주 후로 연기됐는데, 이는 먼 거리에 있는 부모와 친구들을 초청하기 위해서였다.

루터는 친구들에게 초청장을 보냈다. 1725년 6월 21일 슈팔라틴에게 보내는 편지에서 루터는 다음과 같이 썼다.

> 오는 화요일 성 세례 요한 축일에 결혼 만찬이 열릴 것입니다. 당신을 이에 초대하니 참석해 결혼을 축하해 주십시오.[1]

같은 날 또 다른 친구 한스 폰 돌치히(Hans von Dolzig)에게 편지를 썼다.

> 제 결혼 소식이 거기까지 알려졌을 것입니다. 저도 믿을 수 없지만 증거가 너무 확실하군요. 오실 때 사냥한 사슴고기도 좀 가져 오십시오.[2]

카타리나를 포함한 수녀들의 도피를 도왔던 콥페에게도 편지를 보냈다.

> 제가 결혼합니다. 하나님께서는 기적을 행하시어 세상을 우습게 만드시는 게 좋으신가 봅니다. 꼭 결혼식에 참석해 주십시오.

콥페에게 보낸 또 다른 편지에서 루터는 재치 있게 말한다.

> 제가 목요일에 결혼합니다. 제 안주인 케테(Käthe; 카타리나의 애칭)와 저는 당신이 최고급 토어가우 맥주를 한 통 가지고 오시길 바랍니다. 그 술이 맛이 없다면 당신께서 혼자 다 마실 각오를 하셔야 할 겁니다.

그러나 바이마르판 루터 전집 편집자는 이 서신이 정말로 루터가 콥페에게 보낸 것인지 의심스럽다고 지적한다.[3]

역시 같은 날 루터는 암스도르프에게도 편지를 보냈다.

> 제가 갑자기 카타리나와 결혼한다는 소문은 사실입니다. 이는 저에 대한 악의적인 입들을 조용하게 하기 위함입니다. 더불어 제 아버지께서 후손을 보고 싶어 하시는데 거절하기를 원치 않습니다.[4]

루터의 결혼은 당시 사람들 사이에 화제였다. 모두가 농민 전쟁으로 혼란스러운 때에 루터가 결혼하는 것을 반대하는 사람들도 있었다. 특히 멜란히톤이 루터의 결혼 소식에 당황해 하며 화를 냈다. 그는 결혼식에도 참석하지 않았다. 멜란히톤은 1525년 6월 16일 카메라리우스(Camerarius)에게 쓴 편지 가운데, 농민 전쟁으로 복잡하고 혼란스러운 이 시기에 루터의 절대적인 권위가 필요한데, 왜 하필 이때에 결혼하는가 하고 분노를 표출했다. 멜란히톤만 이런 태도를 보인 것이 아니다.

루터의 개혁을 지지하던 이들 가운데 많은 이가 그의 결혼이 종교개혁 운동에 방해가 된다며 반대했다. 그리고 루터의 종교개혁의 의미를 깎아내리려는 사람들은 로마 가톨릭교회의 사제며 수도사였던 루터가 수녀 출신의 여인과 결혼한 것을 비아냥거렸다.

결혼식으로부터 두 주 후인 6월 27일, 농민 전쟁으로 혼란스러운 시기임에도 루터의 부모를 비롯해 원근 각처에서 축하객이 몰려들었다. 부모와 초대받은 손님들이 비텐베르크에 도착해 시교회로 가는 공식적인 축하행렬을 만들고, 수도원 건물로 가서 결혼 축하연을 베풀었다. → (**루터의 도시 비텐베르크 - 성 마리아시교회**)

카타리나에게 홀딱 반해서 한 결혼은 아니었지만, 루터는 아내를 사랑했다. 한 번은 루터가 "나는 프랑스나 베네치아를 준다 해도 케테와 바꾸지 않겠다"라고도 하고, "만일 내가 아내를 잃는다면 비록 여왕이 내게 청혼하더라도 나는 결단코 다른 여자와 다시 결혼하지 않으리라"라고 말하기도 했다.

또 한 번은 이렇게 말하기도 했다.

> 나는 내 케테를 사랑한다. 그리고 그녀가 나를 사랑하는 것보다 내가 그녀를 더 사랑한다는 것을 알고 있다. 아이들과 함께 그녀가 죽는 것보다는 내가 죽는 편이 나을 것이다.[5]

결혼 초기에 루터는 카타리나를 "내 아내"라는 뜻을 지닌 라틴어 "도미나"(*Domina*)로 부르곤 했는데, 시간이 흐르면서 "내 주인"이라는 뜻의 "도미누스"(*Dominus*)라는 호칭으로 부르곤 했다.

루터가 공처가였던 것일까?

루터는 종종 "카타리나라"라는 이름을 줄여 "캐티"라고도 불렀다. 이 애칭이 점차 "케테"(Käthe)로 변했다. 그 발음이 "사슬"이라는 뜻의 "케테"(Kette)와 비슷하다.

카타리나는 당찬 전형적인 독일 여성이었다. 루터는 집안 살림에는 전혀 무관심했기에 살림을 꾸려가는 일은 전적으로 카타리나의 몫이었다. 루터를 찾아오는 방문객들은 끊이지 않았는데, 그 당시에 여행이 쉽지 않았기에 한 번 찾아온 손님들은 금방 떠날 생각을 하지 않았다. 여유 없는 살림에 식솔은 많고 이 모든 뒤치다꺼리를 카타리나가 도맡아 했다.

루터의 명성은 높았지만, 당시 대학 교수의 봉급으로 이 모든 것을 감당하며 생계를 꾸려나가기가 어려웠다. 수도사의 옷을 벗어 버렸기에 수도원의 도움을 받을 수도 없었다. 루터는 책을 출판하고도 아무것도 받고자 하지 않아서 부부는 생활하기 힘들었다. 1526년 루터는 선반을 설치하고 필요한 경우 식구를 먹여 살려 볼 요량으로 목공일을 배우기도 했다.

그런 형편에 게다가 루터는 씀씀이가 헤펐는데, 당시 비텐베르크의 예술가요 은행가이기도 했던 크라나흐가 어음 지불을 거절할 정도였다. 그런데도 루터는 "빚 갚는 건 걱정하지 않아. 케티가 한 가지를 갚고 나면 다른 게 또 오니까"라고 태평스럽게 말했다. 이러한 남편을 뒷바라지하는 것은 결코 쉬운 일이 아니었다. 루터의 결혼을 축하하기 위해 여러 곳에서 선물이 왔는데, 그중 마인츠의 알브레히트가 20길더를 보내 왔다. 이를 루터는 거절했지만, 생활이 어려웠던 카타리나는 그것을 받아 뒀다.

그나마 프리드리히 현공의 계승자 선제후 요한이 그 부부에게 결혼 선물로 100길더를, 그리고 교수 월급을 두 배로 올려 200길더를 줬다. 또한, 사냥한 고기, 의복, 포도주를 자주 보내줬다. 그리고 무엇보다 아우구스티누스 검은 수도원과 그 부속 땅을 루터와 그의 식솔들이 살 수 있도록 양도해 줬다. 그렇게 루터는 시민으로서 가지는 권리를 수여 받았고, 수도원은 부르주아 루터의 집이 됐다. → (루터의 도시 비텐베르크 - 루터하우스)

그 집에서 루터 부부와 6자녀 그리고 다른 많은 아이가 생활했다. 루터는 자신의 아이들 말고도 여동생 마가레테(Margarethe)와 그녀의 네 아이들을 데려왔다. 그리고 병으로 죽은 친구의 자녀들까지 돌봤다. 또한, 살림을 꾸려 나가기 위해 카타리나는 하숙을 쳤다. 그렇게 해서 그 집에서 25명이 살았다. 물론 이를 카타리나 혼자서 감당할 수 없었기에 남녀 하인들이 있었다.

카타리나는 검소하고 근면했다. 그녀는 수도원이었던 집의 일부 방들을 양조장으로 만들었다. 루터가 자주 거닐던 뜰에는 상추, 배추, 콩, 참외, 오이 등을 심어 밭으로 만들어 루터가 책임지도록 했다. 자신은 마을 건너편 과수원에 사과, 포도, 복숭아, 호두, 배 등을 키웠다. 또한, 그녀는 물고기 연못에서 송어, 잉어, 농어 등을 잡았다. 안 뜰에는 닭, 오리, 돼지, 소를 길렀으며, 이를 도살하는 일도 직접 했다.

1535년 친구에게 보낸 한 편지 가운데, 루터는 카타리나의 근면함을 칭찬하기도 했다.

> 내 주인 케테가 자네에게 안부를 전하네. 그녀는 밭을 일구고 목초지를 가꾸며 소를 파는 등 하는 일이 참 많기도 많다네. 그런 중에도 틈틈이 그녀가 성서를 읽기 시작했네. 부활절 때까지 마치면 내가 50길더를 주겠다고 약속했지. 요새 한참 열심이지. 그녀가 지금은 모세의 다섯 번째 책[신명기]의 끝부분을 읽고 있다네.[6]

루터의 식탁은 언제나 붐볐다. 학생들, 방문객, 동료 교수들로 늘 손님이 많았으며, 그 식탁에서는 항상 활발한 대화가 이뤄졌다. 이 식탁에서 오가는 대화를 기록한 것이 유명한 루터의 『탁상담화』다. 이에 따르면 카타리나는 단순히 식사 시중만 드는 주부가 아니었다. 그녀는 신학적인 대화에도 적극적으로 참여했다. 성서를 많이 읽어서 루터로부터 "당신은 로마 교황청의 누구보다도 성서를 많이 알고 있구려"라는 칭찬을 들을 정도였다.

루터는 병도 많았고 자주 아팠다. 그는 번갈아 가며 통풍, 불면증, 감기, 치질, 변비, 현기증, 결석, 이명 등을 앓는 종합병동이었다. 특히 이명으로 고생했는데, 할레, 라이프치히, 에어푸르트 그리고 비텐베르크의 모든 종소리가 울리는 것 같은 귀 울림으로 고생했다. 게다가 심장도 좋지 않았다. 카타리나는 병약한 루터를 뒷바라지했다. 그녀는 약초에 대한 지식이 많았고 찜질과 마사지도 잘했다.

나중에 의사가 된 그녀의 아들 파울(Paul)은 그녀가 반은 의사였다고 말한 적이 있다. 카타리나는 루터에게 포도주는 못 마시게 하고 맥주를 줬다. 맥주가 불면증에 도움이 되고, 결석을 배출시키는 데 도움이 됐기 때문이다. 카타리나가 손수 맥주를 빚었다.

루터는 카타리나와 결혼 후 첫 9년간 3남 3녀의 자녀를 뒀다. 당시 세간에는 과거의 수녀와 수도사가 만나 결혼해 아이를 낳으면 기형아를 낳을 것이라는 미신이 퍼져 있었다. 루터도 내심 이를 두려워했다. 그러나 1526년 6월 7일 그의 첫 아들이 건강하게 태어났다. 루터는 크게 기뻐했으며, 자신의 아버지의 이름을 따라 그 아이를 한스(Hans)라 불렀고, 세례명으로 요한(Johann)이라는 이름을 줬다.

한스가 강보에 싸여 있을 때 루터는 이렇게 말했다.

"애야, 걷어차 봐. 교황이 날 걷어찼어. 하지만 난 자유롭지."[7]

루터는 한스를 특별히 자랑스러워했다. 한 번은 1530년 루터가 아우그스부르크의 제국 의회의 상황을 살피고 대응하기 위해 코부르크(Coburg) 성에 머물고 있을 때, 한스가 잘 성장하고 있다는 편지를 받자 6월 19일 아들에게 편지를 썼다.

사랑하는 아들아!
네가 글도 잘 배우고 기도도 열심이라니 기쁘구나.
애야, 계속 열심히 공부하고 기도하거라.
그럼 내가 집에 가서 아주 좋은 걸 보여 주마.
아빠가 어느 아름다운 정원에 가 봤단다.
많은 아이들이 금으로 만든 작은 외투를 입고 나무 아래서 놀고 있었지.
그 아이들이 빨간 사과, 배, 앵두, 노랗고 파란 자두를 따 먹더구나.
좋다고 깡충깡충 뛰고 노래를 부르면서 말이지.
그리고 그 아이들에게는 멋진 작은 말이 여러 마리 있었지.
황금 고삐와 은빛 안장이 있는 말이었어.
나는 과수원 주인에게 그 아이들이 누구냐고 물어봤단다.
그랬더니 그 사람이 "저들은 기도와 공부와 착한 일을 하기를 좋아하는 아이들이랍니다"라고 대답했어.
그래서 내가 또 물었지. "내게도 아들이 있는데 한스 루터라고 합니다. 우리 아이도 이곳에 와서 저 빨간 사과와 배를 따 먹으면서 예쁜 말을 타고 아이들과 함께 어울려 놀 수 있을까요?"
그랬더니 그가 대답하기를, "한스가 기도와 공부를 좋아하고 착하다면 그 아이뿐만 아니라 리푸스[Lippus; 멜란히톤의 아들]와 요스트[Jost; 요나스의 아들]도 와도 됩니다. 그들이 오면 황금 호루라기와 북과 멋진 은 십자가를 주겠습니다"라고 했단다.
나는 그 과수원지기에게 "당장 가서 내 아들에게 이 소식을 전해야겠군요. 우리 한스는 열심히 공부하고 기도하고 착한 일을 할 거에요.
그래야 이 과수원에 올 수 있을 테니까요"라고 말했단다.
그랬더니 그분이 "그거 좋습니다. 얼른 가서 이 소식을 편지로 알려 주시죠"라고 했단다.
그러니 사랑하는 아들아! 공부 열심히 하고 기도해야 한다.

리푸스와 요스트에게도 이 이야기를 해 주렴.
그래야 모두 이곳에 올 수 있지 않겠니?
하나님께서 너를 보살펴 주시길 기도한다.
레나 숙모에게 안부 전하고 나 대신 뽀뽀해 주렴.
너의 사랑하는 아빠, 마틴 루터.[8]

당시 한스는 일곱 살이었다. 이 이야기는 아들을 향한 평범한 아빠 루터의 모습을 보게 한다. 한스가 16세가 됐을 때 부모는 그를 토어가우에 있는 학교로 보내 1년간 교육을 받게 했다. 후에 한스는 아버지가 돌아가신 이후 쾨니히스베르크(Königsberg)에서 법학을 공부하고 변호사가 됐다.

1527년 12월 10일 첫째 딸 엘리자베스(Elisabeth)가 태어났다. 엘리자베스는 1528년 8월 5일 생후 8개월 만에 세상을 떠났다. 엘리자베스를 잃은 루터는 큰 슬픔에 압도돼 아무 일도 할 수 없었으며, "아버지의 마음이 이렇게나 유약할 수 있을지 몰랐다"라며 슬퍼했다.[9]

1529년 5월 4일에는 둘째 딸 막달레나(Magdalena)가 태어났다. 그런데 막달레나도 1542년 14세의 나이에 질병으로 죽었다. 첫 딸보다는 오래 살았으나, 둘째 딸도 일찍 여의는 아픔을 겪은 루터는 몹시 힘들어했다. 막달레나는 거의 2주 동안 몹시 아팠다. 딸이 마지막에 죽음에 이르러 괴로워하며 죽기를 원하자 아버지 루터는 침대 곁에 무릎을 꿇었다. 루터는 슬프게 울었고 하나님이 그녀를 데려가시기를 기도했다. 그리고 마침내 딸은 아버지 루터의 품에서 눈을 감았다. 루터는 막달레나의 죽음에 대해 1542년 9월 23일에 요나스에게 이렇게 편지를 써 보냈다.

우리의 사랑스러운 딸 막달레나가 그리스도 안에서 영원한 생명으로 다시 태어났습니다. 내 아내와 나는 육신과 세상과 이슬람교와 마귀의 권세에서 해방된 이 놀라운 죽음, 즉 복된 끝마침에 당연히 감사해야 할 것입니다. 그러나 자연적 사랑의 힘이 너무나 강해서 눈물 없이는, 우리의 마음의 고통 없이는, 그리고 사실상 우리의 한 부분이 떨어져 나가는 것 같이 느끼지 않고는 그녀를 보낼 수가 없습니다. 그러나 결국 우리는 마음 깊은 곳에서 이 순종적이며 모범적인 딸이, 그리고 그녀가 한 행동들과 그녀가 한 말들이 어떻게 삶과 죽음을 통해 나타났는지를 기억합니다. 그러니 그리스도의 죽음은 얼마나 더 기억해야 하겠습니까?[10]

1531년 11월 9일에는 둘째 아들 마틴(Martin)이, 1533년 1월 29일에는 셋째 아들 파울(Paul)이, 그리고 1534년 12월 17일에는 막내딸 마가레타(Margaretha)가 태어났다. 막내딸의 이름은 루터가 자신의 어머니의 이름을 따라 지은 것이었다. 아이들의 이름을 자신의 아버지와 어머니의 이름을 따라 지었다는 것은 루터가 자신의 부모를 존경하고 사랑했다는 것을 알려준다. 일곱 번째 아이는 세상에 태어나지 못하고 1540년 1월 22일에 사산했다.

둘째 아들 마틴은 후에 신학자가 됐으며 1565년 비텐베르크에서 사망했다. 셋째 아들 파울은 의사가 됐으며 1593년 라이프치히에서 사망했다. 파울의 후손들은 후에 차이츠에서 유력한 가문을 이뤘다. → (차이츠) 막내딸 마가레타는 프로이센 귀족 게오르크 폰 쿤하임 2세(Georg von Kunheim der Jüngere)와 결혼했다. 게오르크는 비텐베르크대학에서 수학하던 중 마가레타를 만나 멜란히톤의 집에서 약혼을 했으며, 결혼 후 마가레타는 남편을 따라 프로이센으로 가 살다가 1570년 사망했다.

루터는 자신의 결혼 생활과 아버지로서의 의무를 매우 진지하게 받아들였으며, 자녀들 때문에 자신이 세상 어느 군주나 로마 가톨릭교회 주교보다도 더 부자라고 느꼈다.

내게는 사랑하는 자녀들이 있습니다. 이들은 페르디난트가 가진 헝가리와 보헤미아 그리고 로마 제국과 같습니다.[11]

루터는 아버지인 것을 기뻐했고, 아이들을 떠나 다른 곳으로 여행을 가야 하는 것을 슬퍼했다. 그는 자녀들의 영양 상태에도 관심을 가져 그가 코부르크에 있는 동안 카타리나에게 편지를 써서 모유를 가장 잘 짜는 법을 조언하기도 했다. 또한, 크라나흐가 그린 루터의 딸 막달레나의 초상화를 카타리나가 보내 주자 아주 행복해하며 그것을 식당의 식탁 위에 걸어두고 식사 시간 때마다 쳐다보곤 했다. 그는 여느 아버지처럼 아이의 초상화를 보며 걱정거리를 잊어버렸다.

막달레나 초상화 (Lucas Cranach)

루터는 자녀들을 사랑했지만, 자녀 교육에 있어 엄격했다. 자녀들에게 훈육과 징계를 하지 않는다면 자녀들이 사나워질 것이라 하며 부모가 자녀에게 무정해서는 안 되지만 단호해야 한다고 생각했다. 한 번은 아들 한스가 나쁜 행동을 했을 때 3일 동안 그를 보지 않은 적도 있었다. 아버지의 노여움을 풀기 위해 한스가 편지를 쓰고 아내 카타리나가 기분을 바꿔 주려고 애썼지만 루터는 고집을 꺾지 않았다.

아내 카타리나와의 관계가 항상 평탄한 것만은 아니었다. 이때문에 루터는 결혼 생활을 인격을 닦는 하나의 학교로 묘사하기도 했다. 한 번은 "맙소사, 결혼 생활의 고통이 이렇게 수두룩하다니, 참!"하고 분통을 터트리기도 했다. 또 "내 일생은 인내다. 교황, 이단자들, 내 아이들, 그리고 케테를 참지 않으면 안 되는 나다"라고 했다.[12] 특히 빈틈없고 잘 정돈되게 살림을 꾸려 가는 카타리나와 달리 루터는 그렇지 못했는데, 이로 인해 충돌하곤 했다. 한 번은 루터는 "내가 만일 다시 결혼할 수만 있다면 제 아내를 돌로 조각해 순종하는 석상을 만들겠습니다"라고 불평했다.[13]

어느 때는 카타리나가 여분의 채소밭을 사들이기를 원했는데 루터가 이를 반대하자 카타리나가 눈물을 흘리며 사정을 해 자신이 원하는 것을 얻어낸 적이 있었다. 당시 루터는 충분한 돈이 없어서 교회에서 15.7길더를 빌려야 했다. 이에 루터는 "결혼은 하나님의 선물입니다. 결혼은 가장 놀랍고 순전한 삶이며 독신주의보다 훨씬 더 고상한 것입니다. 그러나 결혼생활이 옆길로 새게 되면 바로 지옥으로 변합니다"라고 투덜거렸다.[14]

그러나 카타리나는 루터를 정성껏 뒷바라지했다. 그녀는 남편을 박사님 혹은 존칭으로 "당신"(Ihr)이라 호칭했다. 루터도 카탈리나에게 편지할 때 "사랑스럽고 진실한 당신에게"라는 표현을 썼다. 1540년 루터가 57세가 되는 생일에 카타리나는 남편을 위해 직접 설계한 현관문(Katharinenportal)을 만들어 선물하기도 했다. 문은 십자가 모양의 디자인을 가지고 있고, 양쪽에 돌의자를 만들고 그 위에 루터의 초상화와 루터의 문장을 조각해 새기게 했다. → (루터의 도시 비텐베르크 - 루터하우스)

카타리나 문

루터의 집 "검은 수도원"은 도움이 필요한 누구에게라도 열려 있었다. 종단에서 도망친 수사와 수녀, 쫓겨난 설교자들, 그 누구에게라도 루터가 문을 닫아 버린 적이 없었다. 심지어 결혼 첫날 밤 하객들이 물러가고 나자 농민 전쟁으로 쫓기던 칼슈타트가 몰래 찾아와 숨겨 줄 것을 요청한 적이 있었다. 루터는 이전에 칼슈타트의 주장의 위험성을 보고 그를 작센에서 몰아내는 데 큰 역할을 했었지만, 신혼 첫날 밤에 찾아온 그에게 문을 닫지 않고 그를 자기 집으로 들였다.

비텐베르크에서 루터와 카타리나의 가정은 많은 식솔과 손님으로 늘 붐볐고 많은 아이로 시끌벅적했다. 그 가족은 부유하지 않았지만, 카타리나가 부지런하고 사려 깊게 가계 관리를 잘 했다. 날마다 셀 수 없이 많은 시시콜콜한 일들로 가득 찬 루터의 일상적 생활은 그의 저서들 가운데 비교적 잘 나타나 있다.

가정에서 동료들 앞에서 자녀들과 함께 노래하는 루터 (Ernst Wilhelm Hildebrand)

루터의 아내 카타리나는 남편보다 오래 살았다. 그녀는 비텐베르크 지역에서 창궐하는 페스트를 피해 토어가우로 갔다가 1552년 12월 20일 거기서 사망했다. → (토어가우 - 카타리나 루터가 사망한 집, - 성 마리아교회)

● 루터의 유머와 재치

루터의 용기와 열정 그리고 하나님을 향한 진지함은 잘 알려져 있으나 그의 유머와 재치는 크게 주목받지 못했다. 그러나 그는 촌철살인의 유머감과 재치를 가지고 있던 사람이기도 하다. 그의 유머와 재치의 몇 가지 예를 들어보자.

하나님께서는 남자들에게는 정욕을 이용해서는 결혼으로, 야심을 이용해서는 직분으로, 탐심을 이용해서는 돈벌이로, 공포를 이용해서는 믿음으로 몰아붙이신다. 몸의 조직 가운데 교황이 마음대로 할 수 없는 부분이 딱 하나 있는데 그건 엉덩이다.

나는 교황의 한 기둥이다. 내가 없어지면 그는 더 처량하게 될 것이다.

나를 일곱 개의 머리를 가진 괴물로 풍자한 그림이 있다. 머리가 하나밖에 없는데도 당해 내지 못하는데 그쯤 되면 가히 무적이지 않겠는가.

성스러운 유물에 대한 많은 거짓말을 들어보자. 천사 가브리엘의 날개 깃털을 가지고 있다는 이가 있는가 하면 마인츠의 대주교는 모세의 불타는 떨기나무에서 담아 온 불꽃을 보관하고 있다고 하는 정도다. 그리고 그리스도의 사도는 12명이었는데 독일에는 무슨 조화로 18명이 묻혀 있단 말인가?

노아의 방주는 길이가 약 150m, 너비가 약 25m, 높이가 약 15m였다. 그것이 성서에 있지 않았다면 나는 그것을 믿지 않았을 것이다. 내가 방주 속에 있었다고 하면 죽고 말았을 것이다. 이 집의 세 배 크기에 짐승들로 가득 차 있고 또 캄캄했을 걸 생각해 보라.

아담이 우리의 성품을 엉망으로 만들어 놓았을 것이다. 아담과 하와가 900년이나 살면서 다퉜을 말다툼을 생각해 보라. 하와가 '선악과를 먹은 건 자긴데 뭐.' 하고 덤비면 아담은 '그걸 내게 준 건 누군데?' 하고 받아쳤을 것이다.[15]

일곱 개의 머리를 가진 루터

제8장

개혁의 확산과 논쟁들

　루터의 95개조 논제와 함께 시작됐던 종교개혁의 불길은 10년이 채 못 돼 북부 독일의 대부분 지역을 루터파로 끌어들였다. 농민 전쟁 등의 혼란 속에서도 이러한 확장을 가져올 수 있었던 것은 소논문들과 풍자화 등을 통한 적극적인 선전 활동도 한몫했다. 또 다른 한편 루터는 제국 안팎에서 개인적으로 혹은 친구들과 지지자들을 통해서 자신의 입장과 개혁 사상을 전하며 가능한 많은 지역의 권력자를 끌어들이기 위해 노력했다.

　그런 가운데 1525년 5월 5일 루터의 최대 정치적 보호자였던 선제후 프리드리히 현공이 사망했다. 막강한 정치적 후원자가 사라지게 되며 종교개혁의 운명이 어떻게 될지 사람들은 우려했다. 루터는 바이마르 지역을 순회 설교하고 있는 동안 선제후의 사망 소식을 듣고 바로 비텐베르크로 돌아왔다.

　1525년 5월 11일 선제후의 장례예배에서 루터가 독일어로 설교했다. 그 전날 저녁에도 멜란히톤이 라틴어로 조사를 하고 루터가 독일어로 설교했었다. 루터는 프리드리히 현공이 살아 있을 때 직접 대면한 적이 없었다. 딱 한 번 보름스 제국 의회에서 루터가 심문받을 때 근접에서 서로 봤을 뿐 주로 슈팔라틴이 두 사람 사이를 중개하곤 했다.

1. 에라스무스와의 논쟁

로테르담의 에라스무스
(Hans Holbein)

선제후 프리드리히 현공의 사후 종교개혁의 향방이 어떻게 될지가 사람들의 관심 사안이었던 와중에 루터는 인문주의자 로테르담의 에라스무스와의 자유의지에 관한 논쟁을 통해 더욱 주목받게 됐다. 그 당시 가장 권위 있는 인문주의 학자였던 에라스무스를 루터는 이미 오래 전부터 익히 잘 알고 있었다.

루터는 1516년 비텐베르크대학에서 신약성서를 강해할 때 에라스무스가 편집한 사본을 사용했다. 또한, 루터가 바르트부르크에서 독일어 신약성서 번역을 위해 원본으로 사용한 그리스어성서도 에라스무스의 그리스어 판이었다.

루터는 분명히 에라스무스의 학문성을 인정했지만, 그럼에도 에라스무스가 자신과는 다른 사상을 가지고 있다고 느꼈다. 루터는 일찍이 1517년 3월 1일 요한네스 랑(Johannes Lang)에게 보낸 편지에서, "나는 에라스무스를 읽고 있는데, 날이 갈수록 더욱 더 그를 싫어하게 된다"라고 했다. 그 이유는 "그가 그리스도께서 하고자 하셨던 것과 하나님의 은혜를 충분히 발전시키지 못하고 있고, 인간적인 것들을 신적인 것들보다 더 중요하게 여기기" 때문이라고 했다.[1]

하지만 루터는 에라스무스와의 논쟁을 피하고 싶어했다. 로마 가톨릭교회에 대해 비판적이었던 에라스무스를 루터는 개혁의 동반자가 될 수 있을 것으로 생각했다. 1519년부터 1524년까지 둘 사이에 여러 편의 서신이 오고 갔다. 루터는 가급적이면 에라스무스를 동지로 삼고 싶어 했다. 만일 그것이 불가능하다면 에라스무스가 최소한 중립을 지키기를 바랐다. 에라스무스가 자신과 마찬가지로 로마 가톨릭교회의 악폐를 비판하고 성서의 복음 정신으로 다시 돌아갈 것을 강조하며 개혁을 촉구했기 때문이다.

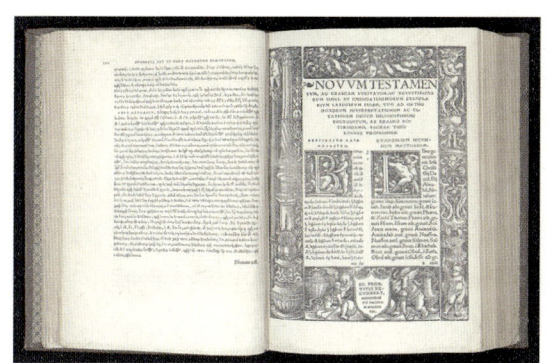

에라스무스의 신약성서 (그리스어와 라틴어, 1519)

사실 에라스무스를 추종하는 인문주의자들 가운데서 많은 종교개혁가가 나왔다. 인문주의가 환기한 비판 정신은 교회의 권위에 대해 다시 묻도록 했고, 성서 원전비판을 통해서 새로운 종교 의식을 불러일으켰.

그러나 에라스무스가 추구했던 개혁은 전통과 관습의 개혁이었지 신학의 개혁이 아니었다. 그는 중용과 절제, 학문과 명상을 통해 형성된 내면적 경건을 강조했다. 그는 이와 같은 경건 안에서 교회가 개혁되기를 원했다. 에라스무스가 보기에는 루터의 개혁을 위한 실천은 너무 과격했다. 여러 차례 루터로부터 개혁에 함께 하자는 요청이 있었지만, 에라스무스는 "격렬한 언동보다는 중용을 지킴으로 더 많은 것을 성취할 수 있다고 생각했다."

루터와 에라스무스 사이의 논쟁은 에라스무스가 1524년 9월 『자유의지에 관한 논쟁』(De libero arbitrio diatribe sive collatio)을 발표하면서 격화됐다. 에라스무스는 이 논문에서 루터의 핵심 사상을 공개적으로 비판했다. 그는 먼저 루터의 신학 방법이 잘못됐음을 지적했다. 루터가 오직 성서의 권위만을 인정하고 교회 교부들, 성인들, 순교자들, 공의회의 가르침들을 거부했다는 것이다.

에라스무스는 교회의 역사를 보면 이러한 교회 전통들이 성서의 모호한 부분들을 해석해 주는 탁월한 해석자였음을 인정해야 한다고 주장한다. 나아가 에라스무스는 자유의지를 적극적으로 옹호했다. 에라스무스에게 자유의지란 "인간 스스로 영원한 구원에 이르도록 하는 것들을 할 수 있거나 혹은 그러한 것들로부터 벗어날 수 있는 인간 의지의 능력"을 말한다. 아담의 타락으로 인간 의지의 능력이 심하게 훼손됐지만 그렇다고 없어진 것은 아니다. 의지의 자유가 없다면 인간에게 죄에 대한 책임을 물을 수 없을 것이다. 성서에는 자유의지를 지지하거나 반대하는 서로 모순되고 상반되는 구절들이 많다. 그러기에 자유의지와 관련해서는 어떠한 확실한 답을 성서에서 도출해 낼 수는 없을 것이다.

그러나 성서의 윤리적 교훈들이 이뤄질 수 없는 것이라면 그 성서의 말씀들이 무슨 의미가 있겠는가?

그리스도인은 보다 더 나은 것을 갈망해야 하며 죄로부터 돌아서서 자비를 추구하고 경건에 힘써야 한다.

하지만 루터는 은혜 없이는 인간은 전적으로 죄인이며 어떠한 선도 행할 수 없다고 주장했다. 루터는 그의 설교 가운데서 "당신은 말이고, 마귀는 당신을 타고 달리는 기수다"라고 인간 의지의 무능력을 표현했다.[2]

인간에게는 자유로운 선택이란 없는데, 왜냐하면, 인간의 그 어떤 의지라도 결국 죄의 영향 아래 악을 선택할 뿐이기 때문이다. 오직 그리스도만이 이 속박으로부터 우리를 구원할 수 있다. 1525년 12월 31일 루터는 에라스무스의 자유의지론을 반박하며 『노예의지론』(*De servio arbitrio*)을 발표했다.

종교개혁 진영의 가장 강력한 정치적 후원자였던 프리드리히 현공이 죽은 이후 종교개혁 내에서 자신들의 운명이 어떻게 될지 걱정이 많던 시기에 루터는 에라스무스와 정면으로 맞섰다. 루터는 인간이 하나님의 결정에 영향을 주지 못한다고 주장했다. 하나님은 완전히 자유하시며, 그가 구원하기로 작정한 바에 따라서 자유로이 용서를 베푸시고 은혜를 주신다. 하나님의 자유는 그리스도 안에 나타난 자격 없는 죄인들을 구원하신 사랑 가운데 분명히 나타나 있다.

루터의 「노예의지론」 표지

인간이 선과 악 가운데 선을 스스로 선택함으로 구원을 얻을 수는 없다. 왜냐하면, 인간은 본성에 있어 악의 지배를 받고 있어서 자연적으로 언제나 악을 선택하기 때문이다. 따라서 구원은 오직 하나님께서 인간의 심령을 변화시켜 선한 목적을 향해 가도록 돌이키시는 하나님의 역사다.

루터에 맞서 에라스무스는 다시 1526년 6월 『마틴 루터의 노예의지론에 대한 반박 옹호』(*Hyperaspistes Diatribae Adversvs Seruum Arbitrium Martini Lutheri*)를 출판했다. 그러나 에라스무스의 공격은 큰 반향을 일으키지 못했다. 결국엔 로마 가톨릭교회의 폐단에 대해 비판적이면서도 종교개혁가와도 결별한 에라스무스는 로마 가톨릭교회 보수주의자들뿐 아니라 그가 개혁을 원하면서도 좀처럼 한편이 돼 주지 않는다고 분노하는 종교개혁가들로부터도 비판을 받았다.

혹자는 에라스무스가 종교개혁의 "알을 낳아 주고, 루터가 그것을 부화시켰다"라고 말하기도 한다. 기독교 인문주의자 에라스무스가 종교개혁이라는 거대한 물결의 배후에 있었던 것은 분명하다. 하지만 온건한 인문주의자인 에라스무스는 루터의 교리적인 독단이 종교적 급진주의와 교회의 심각한 갈등을 가져올 것이라고 우려했다. 그래서 그는 종교개혁의 불길이 유럽을 휩쓸고 지나가는 와중에 어느 편에도 서려고 하지 않았다. 에라스무스는 "나는 평온을 원한다"라고 말하곤 했지만, 그의 명성은 너무나 컸고, 세상은 그를 평온하게 내버려 두지 않았다.

이후 중립을 지키려 이곳저곳 방랑의 삶을 살아야 했던 에라스무스는 네덜란드의 섭정인 헝가리의 메리 여왕으로부터 초대를 받아 브라반트로 가던 도중 1536년 스위스 바젤(Basel)에서 적리 증상으로 사망했다. 그의 시신은 바젤 뮌스터(대성당)에 안치됐다. → (바젤 - 바젤 뮌스터)

2. 율법무용론(antinomianism) 논쟁

루터가 연루된 또 다른 논쟁은 율법무용론 논쟁이었다. 이는 루터파 내에서 일어났던 논쟁이었다. 루터는 1525년 작센의 선제후 요한 부동자에게 영지 내에서의 종교개혁의 실태를 알아볼 수 있는 지방 순찰을 제안했다. 선제후가 이를 받아들여 1527년 훈령을 발령해 작센 지역을 조사했다.

멜란히톤이 그 시찰에 참여했다. 그는 자신이 경험한 것을 바탕으로 『작센의 시찰 강령』(Sächsische Visitationsartikel)과 『시찰자들을 위한 지침』(Unterricht der Visitatoren)을 1528년 2월 출간했다. 이 문서들을 통해 멜란히톤은 지방 교회들의 신앙 생활이 너무나 형편없다는 사실을 알렸다. 그는 지역 내 개신교 목사들이 믿음을 설교하고 죄 용서를 전하지만, 어떻게 믿음에 도달하는지와 그리고 회개의 필요성은 설교하지 않는다고 비판했다.

이와 함께 멜란히톤은 회개를 위해 율법을 설교해야 하고, 그다음에야 비로소 복음이 설교될 수 있다고 주장했다. 그러나 이에 대해 이전에 루터의 학생이었던 요한 아그리콜라(Johann Agricola, 1499-1566)가 극렬히 반대했다. 아그리콜라는 교회가 율법을 설교해야 한다는 생각에 반대했다. 아그리콜라에게 회개는 율법 설교로 이뤄질 수 있는 것이 아니었다. 아그리콜라는 율법을 구약과 동일시하며 그리스도께서 이를 성취하셨기에 더 이상 그리스도인에게는 중요한 것이 아니라고 봤다. 이 또한, 루터가 일찍이 가르쳤던 것이다.

그렇게 해서 루터파 내에서 율법무용론 논쟁이 시작됐다. 이 문제를 해결하기 위해 1527년 11월 26-29일에 토르가우에서 루터, 멜란히톤, 부겐하겐, 그리고 아그리콜라가 모여 자신들의 차이에 대해 신중히 의견을 나누었다. 루터는 멜란히톤과 아그리콜라를 중재하려 했지만, 아그리콜라는 율법 설교가 복음 설교에 앞서서는 안 된다는 자신의 견해를 고수했다. 루터는 회개를 위해 율법을 설교하는 것이 필요하다는 것은 인정했으나 이때까지도 자신의 입장을 분명히 표현하지 않았다.

1536년에 칭의와 선행의 문제를 놓고 루터와 멜란히톤이 다시 논쟁을 했다. 1536년 말 두 사람은 부겐하겐의 집에서 사적으로 신학 논쟁을 벌였다. → (루터의 도시 비텐베르크 - 성 마리아시교회) 멜란히톤은 인간이 하나님의 자비를 통해서만 의로운 것이 아니라 "행위로 말미암은 선한 양심인 우리의 의로움이 반드시 있어야 한다"라고 주장했다.³ 선행은 이신칭의의 결과로 필연적으로 나타나며, 따라서 선행이 구원에 공로적인 역할을 하는 것은 아니지만 구원에 필수적이라고 할 수 있을 것이다.

그러나 루터는 멜란히톤의 이런 입장에 반대했다. 인간을 의롭게 만드는 것은 행위나 공로가 아니다. 오히려 그 반대로 그것을 행하는 사람의 의로움 때문에 그 행위가 선한 것이다. 하나님의 은혜가 죄와 죽음을 삼키는 완전한 의로움을 주는 것이며, 그리스도의 의의 전가가 신자를 새로운 실제로 만든다. 그리고 의롭게 된 사람의 믿음은 자연스럽게 사랑의 열매를 맺는다. 믿음으로만 칭의를 얻고 칭의에서 선행은 필요 없지만, 믿음은 성화의 열매를 가져온다는 것이다.

　루터가 이신칭의의 교리를 말할 때, 그 믿음은 게으르지 않은 "사랑으로 역사하는" 믿음이었다. 믿음으로 구원자 예수 그리스도를 붙잡을 때, 신자는 이어서 자연히 본을 보이셨던 예수를 따라 선한 삶을 살아가게 된다. 그런 의미에서 루터의 칭의 속에는 넓은 의미에서 성화가 포함돼 있다고 할 수 있다.

　그럼에도 루터는 자신이 이신칭의를 강조했던 것이 자신의 뜻과는 달리 여러 면에서 경건을 소홀히 하도록 했던 것에 한탄했다. 이러한 위험을 일찍부터 감지했던 루터는 "믿지 않는 자에게는 믿음을 설교해야 하지만, 믿는 자들에게는 사랑을 설교해야 한다"라고 말했다.[4] 루터는 계속 된 율법무용론 논쟁 가운데서 1537년 12월부터 1538년 9월까지 3편의 격렬한 「율법무용론자들에 반대하는 논문들」을 작성했다.

3. 성만찬 논쟁

　율법무용론 논쟁이 루터파 내에서 일어난 것이라면 성만찬 논쟁은 독일 북부 지역을 중심으로 확장돼 갔던 루터파와 울리히 츠빙글리를 중심으로 한 스위스 종교개혁가들 사이에서 일어났다. 루터와 그의 동료들이 독일에서 개혁을 진행하고 있는 동안 츠빙글리가 스위스의 독일어 사용 지역인 취리히에서 종교개혁 운동을 주도했다. → (취리히) 츠빙글리는 성만찬 신학에 있어 루터와 다른 입장을 가지고 있었다. 그런데 취리히와 지리적으로 가까이 있던 독일 남서부의 몇몇 도시가 츠빙글리의 영향 아래에 들어가면서 루터파 내에서 위기의식이 고조됐다.

• 울리히 츠빙글리(Ulrich Zwingli, 1484-1531)

울리히 츠빙글리(Hans Asper)

츠빙글리는 루터보다 7주 늦게 태어난 동시대인으로 루터가 종교개혁을 일으키기 전부터 로마 가톨릭교회가 가르치고 있는 것이 성서가 말하는 바와 같지 않다는 것을 인식하고 있었다. 학자들 사이에는 츠빙글리의 "개혁에로의 전향"에 루터가 결정적 역할을 했다는 주장과, 루터의 신학은 츠빙글리의 발달에 있어서 단지 주변적인 역할밖에 하지 못했다는 주장이 있다.

츠빙글리 자신은 자신이 루터의 직접적인 영향을 받지 않았다고 강력히 말하고 있다. 물론 이것은 루터와의 갈등이 시작된 다음에 한 말이지만 그가 루터를 알기 이전부터 개혁 사상을 전하고 있었다는 주장은 일리가 있다.

츠빙글리의 개혁적인 생각은 초기 교부들의 저술들과 후스와 위클리프의 저술들을 읽음으로써 더욱 분명해졌다. 루터는 수도사로서 긴 번민과 고통에 찬 여로를 통해 종교개혁 사상을 얻게 됐다. 반면에 츠빙글리는 교회 성직자들의 부정과 부패 및 용병 제도에 대한 비판 정신과 함께 인문주의자들의 방법론에 의한 부지런한 성서 연구를 통해 종교개혁의 길에 들어서게 됐다.

루터는 성서에 비춰 봐 그에 어긋나는 것을 개혁하고자 했으나 성서가 금하지 않는 것은 허용할 수 있다는 입장이었고, 그 때문에 중세 로마 가톨릭교회의 모든 유산을 제거하려고 하지는 않았다. 그에 반해 츠빙글리는 성서가 구체적으로 제정한 것만을 인정하려고 했고, 루터보다 더 철저한 교회 개혁을 주장했다. 그리고 이러한 사상은 제네바의 개혁자 장 칼뱅(Jean Calvin)에 의해 계승 발전되었다. 이를 "개혁교회"(the Reformed Church) 운동이라고 부른다. 이는 그들이 "루터의 종교개혁 운동을 개혁하려 했다"(reforming Lutheranism)라는 의미에서 그와 같이 부른다. 개혁교회는 루터교회와 더불어 종교개혁 진영의 양대 산맥을 이뤘다.

츠빙글리 이후 그의 가르침 아래서 개혁에 동참하는 모든 도시가 작성한 고백서를 "헬베티아 신앙고백서"(Helvetic Confessions)라 하는데, '헬베티아'(Helvetia)는 고대 로마 시대에 스위스 지역을 가리키는 지명이었다. 1536년과 1562년 두 번 작성됐으며, 이 신앙고백서에 존 낙스, 그 외 다른 스코틀랜드의 목사들, 화란 남부의 교회들, 그리고 폴란드와 헝가리의 개혁교회 회중들이 서명했다.

개신교 진영 내의 일치를 위해 독일과 스위스의 종교개혁가들이 1529년 10월 1일부터 4일까지 독일 중부 헤센의 마부르크(Marburg)에 모였다. → (마부르크) 이 마부르크 종교 회담(Marburger Religionsgespräch)은 당시 헤센 지방의 영주인 필립 대공의 초대로 이뤄졌다. 이 회담은 루터파와 츠빙글리파 지도자들이 처음으로 한자리에 모인 자리였다. 이 모임에는 루터와 츠빙글리 그리고 슈트라스부르크에서 종교개혁 운동을 이끌고 있었던 부처가 참석했다. → (슈트라스부르크)

그밖에도 비텐베르크에서 멜란히톤과 요나스, 슈트라스부르크에서 카스파 헤디오(Kaspar Hedio), 슈베비쉬 할(Schwäbisch Hall)에서 요한네스 브렌츠, 뉘른베르크에서 안드레아스 오시안더(Andreas Osiander), 아우크스부르크에서 스테판 아그리콜라(Stephan Agricola), 그리고 바젤에서 요한네스 외콜람파디우스(Johannes Oecolampadius, 1482-1531) 등 각 지역의 종교개혁 운동을 주도했던 지도자들이 참석했다. → (바젤 - 외콜람파디우스 동상, - 마틴교회)

그리고 개신교를 지지하는 각 도시들의 정치적 대표자들도 초대받았다. 그들 가운데는 헤센의 필립 영주와 뷔르템베르크의 울리히 공작(Duke Ulrich of Württemberg)이 있었다. 필립 대공은 루터에게 이 모임에서 논의할 사항을 미리 준비해 달라고 부탁했다. 루터는 이를 15가지 조항으로 정리해 '마부르크 조항'(Marburger Artikel)을 작성했다.

루터와 종교개혁가들의 마부르크 입성 대형 그림
(마부르크 필립 대학 옛 대학 강당)

마부르크 종교 회담이 성사된 이면에는 모임을 주선한 필립 영주의 정치적 의도와 야욕이 있었다. 개신교로 개종한 지 얼마 되지 않았던 필립은 종교개혁 운동의 지도자들과 개신교를 지지하는 각 도시들의 정치적 대표자들을 자신의 영지에 불러들임으로 개신교 진영 내에서 자신의 정치적 입지를 공고히 하려고 했다. 그리고 무엇보다도 당시 로마 가톨릭교회 측의 공세에 맞서 개신교 진영은 신학적으로 일치된 신앙을 가질 필요성이 있었다.

마부르크 종교 회담이 성사되기까지의 역사를 잠깐 살펴보자. 일찍이 1526년 여름, 대외적인 위기로 인해 독일 내 제후들의 협력과 지지가 절실히 필요했던 황제 칼 5세가 슈파이어(Speyer)에서 제국회의를 소집했다.

→ (슈파이어) 당시 이슬람 세력인 오스만 제국이 헝가리 루드비히 2세에게 승리한 후 비엔나 앞까지 침공해 들어와 신성로마제국을 위협하고 있었다. 게다가 황제 자리를 놓고 끊임없이 경쟁하던 정치적 라이벌인 프랑스 국왕 프랑수아 1세(Francis I)도 칼 5세를 위협하고 있었다.

칼 5세는 옛 교회 질서의 회복을 원했으나 프랑스와 동맹을 맺고 있던 교황과는 적대 관계에 있었다. 실제로 그는 1527년 열흘간 신성로마제국 군대와 독일 용병들을 지휘해 로마를 약탈하도록 하기도 했다. 이 '로마의 약탈'로 로마시대로부터 내려온 건축물과 문화재가 대부분 파괴되기도 했다. 이는 서구 문명사 최대의 오점 중 하나라는 비판을 받는다.

황제는 외부적인 문제들을 해결하고 나서 내부의 이단을 처단하기로 결심했다. 이에 황제는 1526년 슈파이어에 제국 의회를 소집했다. 헤센의 필립 영주가 기마병 200명과 함께 루터파 설교자들을 호위해 이끌고 슈파이어에 행진해 들어왔다. 루터파 설교자들은 그곳에서 종교개혁을 지지하고 호소했다. 그들에게 설교단이 제공되지 않자 그들은 여관의 발코니에 서서 모여든 4천 명의 사람들에게 설교하기도 했다.

제국 의회에서 황제는 독일 내 루터를 지지하는 제후들의 협력과 지지를 얻기 위해 그들의 요구를 수용했다. 황제는 자신이 루터를 범죄자로 정죄했던 1521년의 '보름스 칙령' 시행에 대해 제후들에게 재량권을 부여했다. 이는 루터의 종교개혁에 관한 입장을 각 제후의 재량과 판단에 맡긴다는 뜻이었다.

"자신이 하나님과 황제에게 답변하고 싶은 대로" 각각의 영주들이 행동할 수 있도록 한 이 조항을 루터를 지지했던 제후들은 자신들의 영지에서 '루터파 교회'를 세울 수 있다는 것으로 확대 해석했다. 마침내 개신교의 존재와 선교의 자유가 인정된 것처럼 보였다. 이어 개신교 영주들이 독일 남부의 로마 가톨릭교회와 데사우 동맹에 대응해 토어가우 동맹으로 연합했다.

그런데 보름스 칙령의 시행에 대해 제후들에게 재량권을 부여하기로 한 결정이 3년도 채 되지 않아 뒤집혔다. 대외적 상황이 많이 호전되고 교황과의 문제를 해결하며 어려운 상황에서 벗어난 황제는 옛 질서를 회복하고 싶어했다. 이에 1529년 3월 슈파이어에 다시 제국 의회를 소집했다. 그 제국 의회에는 로마 가톨릭교회를 신봉하는 이들이 다수를 차지하고 있었다.

황제는 이들의 지지를 등에 업고 1526년에 결의한 것을 폐지하고, 대리인을 내보내 루터를 정죄한 보름스 칙령을 재확인했다. 이에 루터 지지파 제후 5명과 14개의 자유 도시 대표들이 1526년 제국 의회 결의는 다수의 투표로 철회될 수 있는 것이 아니며 만장일치로만 폐지될 수 있다고 거세게 항의했다.

그와 함께 그들은 "누구나 하나님의 영광과 자신의 영혼 구원의 문제에 있어서는 각자가 하나님 앞에 서야 하고 스스로 책임져야 한다"라고 진술하는 '항의서'(Protestation)를 작성해 황제에게 제출했다. 이때부터 루터 지지파들에게 "항의하는 자들"이라는 별명이 붙었고, 그런 뜻으로 그들은 "프로테스탄트"(Protestant)라고 불렀다. → (슈파이어 - 항의 기념교회)

- 프로테스탄트 (Protestant)

루터파가 1529년 슈파이어 2차 제국 의회에서 얻었던 별명인 '프로테스탄트'(Protestant; 항의하는 자)는 이후 개신교도 전체를 통칭하는 용어가 됐다. 독일에서는 "프로테스탄트"(Protestant)라는 이름이 "복음적인 (evangelisch) 자들"을 가리키는 말로 사용되며, 지금도 개신교회를 "Evangelische Kirche"라고 부른다.

항의 서한을 받은 칼 5세는 항의자들에게 별다른 조치를 취하지 않았다. 당시 오스만 튀르크의 군대가 신성로마제국의 핵심 도시이자 합스부르크 가문의 본거지인 비엔나를 노리고 국경을 넘어온 상황에서 등 뒤에 적을 만들어 놓고 싶지 않았기 때문이다.

제국 의회가 끝나자 여전히 위협을 느끼고 있던 개신교 영주들이 방어 동맹을 형성하기 위해 슈파이어에서 비밀 협상을 가졌다. 여기에는 항의서를 제출했던 작센, 헤센, 뉘른베르크, 슈트라스부르크, 울름(Ulm)의 다섯 제후가 참석했다. 그러나 그들은 겉으로 보이는 만큼 합의에 이르지 못했다.

마부르크 종교 회담(August Noack)

황제의 옛 질서 회귀 정책으로 이전까지와는 전혀 다른 상황이 펼쳐진 가운데, 1529년 10월 헤센의 영주 필립이 주도해 마부르크에서 종교 회담을 주선했다. → (**마부르크 - 마부르크 성, - 곰 여인숙**) 그 목표는 독일 루터파 종교개혁가들과 츠빙글리를 포함한 스위스 종교개혁가들 사이의 신학적 차이와 긴장을 해결하고 합의에 이르도록 하는 것이었다. 양측은 특히 성만찬 신학에 있어 첨예하게 대립하고 있었다.

이 자리에서 사회를 맡은 헤센의 궁내관(Kanzler) 요한 파이게(Johann Feige)는 성만찬 논쟁에 접어들기 전에, 신학적 분열이 가져올 피해에 대해 언급했다. 공개적인 논쟁이 시작됐을 때 루터는 상징적 몸짓으로 감사를 표하며 탁자 위에 분필로 유명한 문장을 쓰고는 곧바로 천으로 그것을 가렸다. 토론이 절정에 이르렀을 때 그는 천을 벗기고 자신이 써 놓은 문장을 가리켰는데, 거기에는 다음과 같은 말이 적혀 있었다.

말씀, 말씀. 그것이 있는 곳에 하찮은 것으로 옥신각신할 일은 없다!

마부르크 회담에 모인 신학자들은 최종적으로 '15개 조항' 중에서 니케아 신앙고백의 수용, 삼위일체론, 원죄론, 그리스도의 대속적인 죽음, 거듭남의 표지인 세례, 유아세례, 믿음으로 얻는 의, 선행을 통한 성화 등 14개 조항에 대해서 합의를 봤다.

마부르크 종교 회담 참석자들

그러나 성만찬에 과연 그리스도가 실제적으로 현존하느냐는 문제에 있어서 루터파와 츠빙글리파의 견해차가 좁혀지지 않았다. 양측 간의 성만찬에 대한 논쟁은 이미 1524년부터 계속돼 왔다. 일찍이 로마 가톨릭교회는 트리엔트공의회 결정에 따라 성만찬에서 화체설(化體說, Transsubstantiation)을 공식적인 입장으로 채택했다.

이는 사제가 성만찬을 집례하며 축성할 때 떡과 포도주가 실제적인 그리스도의 몸과 피로 변화한다는 것이다. 따라서 그리스도께서 성만찬 가운데 희생 제물로 지속으로 바쳐진다. 이에 대해 루터는 그리스도의 십자가 희생은 단 한 번으로 우리에게 하나님의 구원을 주셨기에 계속 되풀이 될 필요가 없다고 봤다.

루터는 화체설을 따르지는 않았지만, 그러나 성만찬에 그리스도가 실제로 현존한다는 견해를 고수했다. 떡과 포도주가 그리스도의 몸과 피로 변화해서가 아니라 부활하신 그리스도께서는 어디나 편재하시기에 그의 몸과 피가 성찬의 떡과 포도주에 실제적으로 함께 임재해 있다는 것이다. 이를 공재설(Consubstantiation)이라 한다.

루터는 성직자가 제정사를 하는 동안 십자가에 달리신 그리스도의 몸과 피가 그 떡과 포도주 안에, 위에, 아래에 임재한다고 봤다. 이는 성만찬 참여자가 그리스도와 신비하게 연합하는 교제를 강조한 것이다.

반면에 츠빙글리 측은 성만찬에서 쓰이는 포도주와 빵은 상징적 의미를 지니며 성찬은 단순히 그리스도를 기억(기념)하는 행위일 뿐이라는 상징설 혹은 기념설을 주장했다. 인문주의 성향이 강한 츠빙글리는 예수님이 하나님 오른편에 앉아계신다는 점을 지적하며, 수많은 장소에서 동시적으로 베풀어지는 성만찬에 어떻게 주님의 몸이 동시에 임재 할 수 있는지 물음을 제기하며 성만찬에서 신비적인 요소를 제거했다. 대신 그는 성만찬을 그리스도가 보여 주신 모범에 대한 교회의 신앙고백으로, 그분의 죽으심을 기념하는 것으로, 그리고 성도들을 장차 이뤄질 구원의 승리를 확신하도록 이끄는 예식으로 봤다.

평소 성만찬에 관심이 많았던 부처는 루터의 공재설보다는 츠빙글리의 기념설에 공감하는 편이었으나, 어느 쪽에도 서지 않고 이 양자의 입장을 조율하려고 노력했다. 그러나 양측은 서로 상대방의 견해를 받아들이지 않았다. 루터는 츠빙글리의 신학적 주장이 성만찬의 신비적인 요소를 부인하는 과격파 종교개혁가들(칼슈타트, 츠빌링, 뮌처 등)의 입장과 같다고 의심했고, 츠빙글리는 루터의 신학적 주장이 화체설을 주장하는 로마 가톨릭교회의 입장에서 크게 벗어나지 않는다고 봤다. 츠빙글리는 "성만찬에 십자가의 구속을 이루신 그리스도가 실재한다고 주장하는 사람은 누구나 교황을 따르는 사람"이라고 하며 루터를 비난했다. 이런 츠빙글리를 가리켜 루터는 "당신은 우리와 다른 정신(Geist)을 가졌다"라고 응수했다.

루터와 츠빙글리의 성만찬 신학의 차이는 누가복음 22:19의 말씀 해석에서 분명해진다. "이것은 너희를 위해 주는 내 몸이라"라는 말씀을 루터는 주님께서 "이는 내 몸이라"라고 문자 그대로 말씀하신 것으로 해석하는 데 반해, 츠빙글리는 "이는 내 몸을 의미한다(가리킨다)"로 해석했다. 당시 회담장에서 루터는 츠빙글리 측의 반론을 들으면서 탁자 위에 "이것은 내 몸이다"(*Hoc est corpus meum*)라는 글을 손가락으로 썼다고 알려진다.

양측은 결국 다른 조항들에는 모두 합의를 했으나 성만찬에 관한 조항에서는 의견일치를 보지 못하고 다음과 같이 쓰고 참석자 중 종교개혁 운동가 열 사람이 서명했다.

> 열다섯 번째, 우리의 사랑하는 주님 예수 그리스도의 만찬에 대해 우리 모두는 다음과 같이 믿고 받아들인다.
> 즉 그리스도께서 제정하신 대로 떡과 포도주 두 가지가 다 사용돼야 하며,
> 그 제단의 성례전은 예수 그리스도의 몸과 피가 나눠지는 성례전이다.
> 모든 그리스도인은 특별히 그 동일한 살과 피를 먹고 마시는 데 영적으로 참예하는 것이 필요하다.

전능하신 하나님께서 말씀과 마찬가지로 이 성례전을 이용하도록 주시고 명하셨다.

이는 우리의 연약한 양심에 성령께서 믿음을 북돋우시기 위함이다.

우리는 예수 그리스도의 진짜 몸과 진짜 피가 실체적으로 그 떡과 포도주에 임하시는지에 대해 이번에는 의견일치를 보지 못했다.

이 부분을 우리는 각자가 지닌 확신에 맡겨두기로 했다.

그렇지만 양측은 양심이 허락하는 한 상대방을 향해 기독교인의 사랑을 보여주어야 할 것이다.

그리고 전능하신 하나님께서 성령으로 우리에게 역사하시어 바른 이해를 갖도록 양 측은 열심히 기도해야 할 것이다. 아멘.[5]

헤센의 영주 필립은 이 정도면 종교개혁 운동 내 루터파와 개혁파 두 진영이 아주 많이 가까워졌다고 판단하고, 양측이 서로를 형제로 인정하고 형제관계를 유지하라고 제안했다. 츠빙글리는 "이 세상에 사는 사람들 중에 다른 사람들과 하나가 되고 싶지 않은 사람은 아무도 없을 것"이라면서, "비텐베르크 사람들을 포함해, 루터 및 그 일행을 기꺼이 형제로 받아들이고 싶다"라고 했다. 외콜람파디우스, 부처, 그리고 헤디오도 같은 생각이었다.

그런데 루터는 그들이 자신과 형제가 되려면 먼저 그들이 하나님 말씀과 다른 이론을 고수하지 말아야 한다고 주장했다. 루터는 츠빙글리보다 훨씬 더 비타협적이었다. 1529년 10월 12일 루터는 아그리콜라에게 보낸 편지에서 "그들은 우리에게 적어도 그들을 형제로 생각해 주기를 원했습니다. 영주도 이러한 요청을 받아들이도록 압박했습니다. 그러나 나는 이를 받아들일 수 없었습니다"라고 자신의 입장을 분명히 피력했다.[6]

결국, 종교개혁 운동의 통일성을 찾아내려는 뜻에서 이뤄진 이 종교 회담은 성만찬 논쟁으로 인해 그 목적을 이루지 못했다. 그리고 종교개혁 운동의 흐름을 바꾸어 놓을 수도 있었던 개신교 동맹도 실현되지 않았다.

츠빙글리와 그 지지자들은 정당한 목적을 이루기 위해서라면 군대를 동원하는 것도 옹호하며 개신교 방어 동맹을 지지했으나, 루터는 종교개혁 운동 진영이든 황제 또는 로마 가톨릭교회 진영이든 그 어느 편을 막론하고 무기를 동원하는 방법(폭력)으로 뜻을 이루려는 시도에 반대했다. 루터는 그로부터 2년이 지나 아우그스부르크 제국 의회가 개신교 신앙을 완전히 묵살한 후에야 개신교 신앙을 지키기 위한 슈말칼덴 방어 동맹을 결성하는 것에 찬성했다.

4. 재세례파 문제

종교개혁 시기 루터와 츠빙글리의 개혁이 불완전하다고 비판하며 성서에 기초한 보다 더 철저한 개혁을 주장한 이들이 있었다. 이들 급진파 중에 유아세례를 부정하고 성인세례를 다시 행한 이들이 있었는데, 그들을 재세례파(독일어 Wiedertaufer; 영어 Anabaptist)라 부른다.

종교개혁 시기 최초의 재세례파는 스위스의 취리히에서 출현한 스위스 형제단(Swiss Brethren)이다. 대표적인 인물로는 콘라드 그레벨(Conrad Grebel), 조지 블라우록(George Blaurock), 그리고 펠릭스 만츠(Felix Mantz) 등이 있으며, 이들은 츠빙글리와 함께 성서를 연구했으나 그의 개혁에 만족하지 못하고 떨어져 나가 별도의 모임을 만들었다. 1521년 1월 21일 취리히의 한 모임에서 블라우록이 그레벨에게 세례를 요청해 받고, 이어 블라우록이 거기에 모인 사람들에게 다시 세례를 베풂으로써 취리히에서 재세례파 운동이 시작됐다.

이들은 교인 가정에서 태어난 모든 아이에게 유아세례를 주는 것에 반대하고, 스스로 중생을 체험한 자들에게만 세례를 베풀어야 하며, 이들로 구성된 교회가 참된 교회라고 주장했다. 나아가 이들은 병역, 폭력 행사, 선서, 공직 취임을 거부하는 철저한 평화주의와 세속 사회로부터의 완전한 분리를 주장했다. 이로 인해 재세례파는 로마 가톨릭교회, 루터교회, 스위스 개혁교회와 같은 교회들로부터 뿐만 아니라 세속 정부로부터도 박해를 받았다.

시 의회에 의해 그들은 국가 질서를 어지럽히고 사회 기강을 무너트리는 자들로 규정됐다. 그레벨은 체포돼 재판을 받던 중 1526년 흑사병으로 사망했고, 이듬해 1월 취리히 시 당국은 만츠를 호수에 수장시켜 처형했다. →(취리히 - 펠릭스 만츠 순교 기념판) 블라우록은 1529년 9월 6일 티롤(Tyrol)에서 화형을 당했다.

박해를 피해 재세례파 신자들은 스위스를 떠나 남부 독일, 모라비아 등지로 피난했고, 이들의 사상이 농민을 비롯한 평민을 중심으로 급속히 퍼져 나갔다. 재세례파가 독일 남부와 프랑스령인 뷔르템베르크 지역에서 목격되기 시작한 것은 1526년 혹은 1527년경이었다. 이때까지도 비텐베르크를 포함해 작센 지역에서는 아직 알려지지 않았으며, 루터는 동료들의 서신과 구두보고 및 서적을 통해 그들에 대해 알게 됐다.

재세례파는 평신도들이 설교를 했으며, 로마 가톨릭교회나 루터교회의 국가교회적인 기독교와는 분명하게 대립했다. 루터는 교회와 설교직은 모두 공적인 성격을 가지고 있다고 믿었다. 그는 1532년 "은밀한 엉터리 설교자들에 대해"(Von den schleichern und Winkelpredigern)라는 글에서 재세례파 설교자는 교회 직임이 가지고 있는 공공성에 일치하지 않는다고 비판했다. 공적인 임명 없이 교회에 등장해 은밀히 법적인 허가도 없이 설교하는 것을 루터는 더 이상 참을 수 없었다. 루터는 재세례파가 교회 구성원을 시민공동체와 교구 교회에서 분리시키려는 선동적인 의도를 가지고 있다고 봤다.

1528년까지만 해도 루터는 이들이 단지 신앙적 오류만을 가지고 있을 뿐 정부에 대해 반항하거나 폭동을 일으키는 경우가 아니라면 그들을 사형시키는 것까지는 반대했다. 그는 거짓 교사를 나라에서 추방하는 것으로 충분하다고 봤다. 그러나 1530년 이후 루터는 재세례파들의 처형을 서서히 묵과하기 시작하다가 나중에는 정부에 이들의 형 집행을 요구했다. 이는 재세례파의 교리가 선동적이고 공적인 평화를 해치고 있다고 그가 봤기 때문이었다.

　1531년 멜란히톤이 작성하고 루터가 서명한 한 성명서에서, 목회직의 거절은 참을 수 없는 신성모독이며 교회를 붕괴시키는 일은 성직자단에 대항하는 치안 방해 또는 선동으로 묘사돼 있다. 1536년 발표된 성명서에서는 평화적인 재세례파들과 혁명적인 재세례파들에 대한 구별이 사라져 버렸다.

　헤센의 영주 필립은 체포된 30명의 재세례파들에 대한 처리 문제를 여러 도시 당국과 대학들에게 자문을 구했다. 그들 가운데 멜란히톤이 가장 가혹한 답변을 보냈다. 멜란히톤은 재세례파들이 정부, 서약, 사유 재산, 신앙이 다른 사람과의 결혼을 거부하는 것이 공공질서를 붕괴시키며, 이는 치안 방해에 해당한다고 주장했다.

　멜란히톤은 재세례파들이 자신들을 신성모독으로 처벌하는 것에 항의하는 것 자체가 신성모독이라고 주장했다. 그러나 필립은 끝까지 사형 집행을 반대했으며 추방 이상의 처벌을 내리지 않았다. 그러나 재세례파들이 그들이 거주하는 땅은 주님의 것이라면서 떠나려 하지 않았기 때문에 그들을 처벌하지 않을 수 없었다.

　루터는 말년에 가서는 재세례파에 대해 필립과 같은 입장을 취했다. 1540년 자신의 『탁상담화』에서 루터는 치안을 방해하는 재세례파들만 처형하고 나머지는 단지 추방하자는 입장으로 자신이 물러섰다고 기록하고 있다. 아마도 그는 자신이 숨어 있던 바르트부르크 성에서 죽은 프리츠 에르베(Fritz Erbe)의 이야기에 큰 감동을 받았는지도 모른다.

　농민이었던 에르베는 재세례파 신자로 체포돼 바르트부르크 성에서 16년 동안의 감금 생활 후 1548년 결국 그곳에서 죽었다. → **(바르트부르크)** 그러나 자신의 신앙을 지켰던 그의 지조 때문에 아이제나흐 인구의 절반이 재세례파로 돌아섰다. 아마도 루터는 그에 대한 이야기를 들었을 것이고, 재세례파에 대한 가혹한 처벌이 효과가 있는지 고민했을 것이다.

뮌스터의 재세례파들 (Hans Schwaiger)

　가혹한 박해에 진저리가 난 재세례파들이 곳곳에서 주님의 계시를 주장하는 광신도들이 됐다. 그 가운데 어떤 이들은 독일 농민 전쟁에 참여하고 폭력 사용을 인정했다. 혁명적인 재세례파의 절정은 베스트팔렌 주의 뮌스터 반란 사건이었다. 종말론을 주장하는 재세례파들이 뮌스터에서 반란을 일으켜 권력을 잡았다. 그들은 뮌스터를 "새 예루살렘"이라고 부르며, 시민들에게 모든 재산을 내놓을 것을 요구하고, 성서를 제외한 모든 책을 불태웠다. 그들의 지도자 얀 반 레이덴(Jan van Leyden; 영어명 John of Leiden)은 뮌스터의 선택받은 자들이 그리스도의 재림과 천년왕국의 시작을 준비하기 위해 전 세계를 점령하고 칼로 악을 정화할 것이라고 주장했다.

그들은 재림을 준비하기 위해 모든 시민이 알몸이 되기를 요구하기도 했다. 그러나 이 도시는 1535년에 주교의 군대에 의해 탈환됐다. 재세례파들은 잔인하게 고문 당하고 처형됐다. 시는 그들의 시체를 금속 철장에 담아 교회 탑에 걸어 놓았다. → (뮌스터)

뮌스터가 진압되자 1536년 네덜란드인 메노 시몬스(Menno Simons)가 생존자와 온건한 재세례파를 규합해 다시 평화주의를 주장했다. 이들은 메노파(Mennonite)로 불리며, 네덜란드를 중심으로 세력을 형성했다. 17세기 중반 그들은 신앙의 자유를 찾아 미국과 캐나다로 이주해 현재 여러 곳에서 큰 집단을 이루며 살고 있다. 오늘날 세계적으로 120만여 명의 재세례파 신자가 있는 것으로 추산된다.

제9장

아우크스부르크 신앙고백(Confessio Augustana)과 독일의 종교적 분열

　루터의 생애 가운데 1530년 이후는 중요하게 다뤄지지 않는 경향이 있다. 개신교 최초의 신앙고백서인 '아우크스부르크 신앙고백'이 작성된 1530년부터 그가 사망한 1546년까지 16년 동안 루터는 건강도 많이 약화되고 성미도 급하고 괴팍스러운 노년의 모습으로 그려지곤 한다.

　이 시기는 앞선 그의 파란만장했던 삶의 여정과 비교해 결정적인 활동이나 업적이 눈에 띄지 않고, 몇몇 타협적인 태도나 오늘날에 보기에 인정하기 어려운 주장을 피력한 글들도 있어 그의 전기를 쓰는 이들이 빼 버리거나 간략하게 다루는 경향이 있다. 그러나 이 시기는 종교개혁사에서 보면 이후의 종교개혁 방향을 결정한 중요한 사건들이 있었던 기간이다.

　일찍이 종교개혁에 대항해 협정과 동맹을 맺고 있던 로마 가톨릭교회의 연합에 맞서 개신교 측도 동맹을 만들어야 한다는 목소리가 있었다. 1529년 슈파이어 제국 의회는 개신교 동맹문제를 다시 현안으로 떠오르게 했다. → (슈파이어) 루터는 슈파이어 제국 의회에서의 개신교 제후들의 공식적인 항의는 인정했지만, 로마 가톨릭교회의 공격에 대처하기 위해 작센, 헤센, 울름, 슈트라스부르크, 그리고 뉘른베르크가 4월 22일 은밀히 체결한 임시 동맹 협정은 인정하지 않았다.

루터는 이러한 개신교의 동맹이 로마 가톨릭교회 측을 선제공격하기 위한 것으로 의심했다. 루터는 방어를 위한 권한은 인정했으나, 평화를 위한다는 명목으로 선제공격에 나서는 것을 경계했다. 이는 하나님보다는 인간적인 도움에 더 의존하는 것이요, 그 동맹이 로마 가톨릭교회 측을 더 자극하리라 생각했기 때문이다. 울름과 슈트라스부르크가 동맹에 참여한다는 점이 루터를 더욱 우려하게 했다. → (슈트라스부르크)

그는 비텐베르크의 성찬론을 따르지 않는 이들 츠빙글리파와의 동맹은 결과적으로 "그들의 모든 불의와 불경"을 덮어 주게 되리라 생각했다. 1529년 5월 22일 루터는 작센의 선제후 요한 부동자에게 새로운 동맹에 대한 자신의 반대를 피력하는 서신을 써 보냈다.

마부르크 회담에서도 개신교 제후들 간에 동맹을 건설하자는 제안이 있었지만, 성찬론의 차이로 양측이 합의에 이르지 못했다. 그리고 이어진 몇 차례의 회의에서도 동맹 계획은 성공하지 못했다. 루터는 황제가 자신을 적대시했음에도 황제의 권위를 인정했고, 황제에 맞서는 어떠한 조치도 거절했다. 이러한 루터의 입장 때문에 개신교 진영은 한동안 일치된 동맹세력을 형성하지 못했다.

그러던 차에 황제 칼 5세가 1530년 6월에서 11월까지 아우그스부르크에서 제국 의회를 소집했다. → (아우그스부르크 - 주교 궁전) 황제는 참으로 오랜만에 제국 의회에 직접 참석했다. 칼 5세가 의회에 참석한 것은 1521년 루터를 소환했던 보름스 제국 의회 이후 처음이었다. 제국 의회의 주요 의제는 당시 이미 비엔나 코앞까지 들이닥친 이슬람 세력 튀르크족을 막기 위해 선제후들이 연합해 군사계획안을 만들어 내도록 하는 것이었다. 그와 함께 제국을 분열시키고 있는 종교적 갈등 문제도 해결하고자 했다. 황제는 개혁주의자들이 제국 의회에서 자신들의 종교적 입장을 분명히 밝히도록 했다.

이에 작센의 선제후 요한은 멜란히톤, 요나스, 슈팔라틴, 요한 아그리콜라 등을 데리고 아우그스부르크로 왔다. 루터는 아직 제국 금지령하에 있었기에 제국 의회에 참석할 수 없었고, 비텐베르크에서 아우그스부르크로 오는 길 중간쯤에 있는 코부르크에 머물며 상황을 지켜봤다. 루터는 작센 선제후의 속지인 그곳 코부르크 성에서 6개월간 체류하며 아우그스부르크 제국 의회에서의 상황과 의회록에 대한 보고를 받으며 여러 가지 조언과 제안을 했다. → (코부르크 - 코부르크 성, - 모리츠교회)

아우그스부르크 제국 의회 이전에 선제후의 명을 받은 멜란히톤이 루터파 교회들의 문서를 참조해 작성한 신앙고백서가 1530년 3월 토어가우에서 인준됐다. → (**토어가우 - 성 마리아교회**) 그 과정에서 루터는 멜란히톤과 긴밀히 서신을 교환하며 문서의 초안들을 검토하고 그 내용에 동의했다. 문서가 작성되기까지 어려움이 없었던 것은 아니었다.

루터와 멜란히톤은 로마 가톨릭교회 제도의 인정 문제를 놓고 서로 의견이 달랐다. 멜란히톤은 교황까지 인정하고 로마 가톨릭교회 세력과의 화해를 시도하자는 입장이었으나, 루터는 교황 제도의 철폐를 주장했다. 의견이 모두 일치한 것은 아니지만 어쨌든 합의하에 루터파 내의 공식적인 신앙고백서가 작성됐다. 약간의 개정과 수정을 거친 신앙고백서가 멜란히톤에 의해 라틴어와 독일어로 작성돼 1530년 6월 25일 아우그스부르크 제국 의회에서 황제에게 제출됐다. 제국 의회에서 그 문서는 독일어로 황제 앞에서 낭독됐다.

• 아우그스부르크 신앙고백

멜란히톤은 개신교의 첫 번째 신앙고백서인 '아우그스부르크 신앙고백'을 작성하며 로마 가톨릭교회 측의 신경을 건드리지 않기 위해 부드러운 문체를 구사했다. '아우크스부르크 신앙고백'의 구성은 전반부 21개 조는 루터파의 기본 교리를, 후반부 7개 조는 잘못된 교회의 풍습을 지적하는 내용으로 돼 있다. 이 신앙고백서는 로마 가톨릭교회에 맞서 개신교 진영의 결속을 강화시키고 그들의 역량을 강화하는 데 기여했다. 그 원본은 독일어판이든 라틴어판이든 현재 남아 있지 않다. 하지만 1530년에 이미 50개가 넘는 복사본이 만들어져 그 사본이 오늘날까지 전해 내려오고 있다.

루터파에서는 1531년부터 '아우크스부르크 신앙고백'을 인쇄해 배포하기 시작했고, 이 신앙고백서는 루터파의 기본적 신앙 교리의 원전으로 자리를 잡아 비텐베르크 협약(Wittenberger Konkordie, 1536), 슈말칼덴 신조(Schmalkaldische Artikel, 1537)에서 재차 채택되곤 했다. 독일 대부분의 루터파 교회들은 1540년 멜란히톤이 수정한 '아우크스부르크 신앙고백'을 공식 채택했다.

제국 의회에서 아우크스부르크 신앙고백을
낭독하는 크리스찬 바이어(Christian Beyer)

황제 칼 5세는 '아우그스부르크 신앙고백'을 로마 가톨릭교회 측에 넘겨 주며 요한네스 엑크, 요한네스 코클래우스(Johannes Cochlaeus), 요한네스 파버(Johannes Faber) 등의 로마 가톨릭교회 학자들에게 논박문을 쓰게 했다. 제국 의회에 참석한 다수가 로마 가톨릭교회 측이었고, 이들은 이 반박문을 승인했다. 이에 대해 멜란히톤이 다시 변증을 제출했으나 황제는 접수하지 않았다. 황제는 보름스 칙령을 다시 실행하기로 결정하고 개신교도들에게 최종적으로 항복할 것을 요구했다.

황제의 요구는 1529년 슈파이어 제국 의회에서의 요구를 넘어서는 것이었다. 하지만, 5명의 제후들과 14개의 도시들이 황제의 뜻을 따르지 않았다. 이 소식을 들은 루터도 "나는 살아남을 것이나 그들은 사라지게 될 것이다"라며 계속 싸울 것을 천명했다. 황제의 명을 거부하고 저항하기로 한 도시 가운데는 제국 의회 개최지였던 아우그스부르크도 들어 있었다. 아우그스부르크는 황제에게 재정적인 뒷받침을 하는 푸거 가문이 거주하고 있던 곳이었기에 특히 황제는 이를 두려워했다. → (아우그스부르크 - 푸거저택, - 푸거라이)

황제가 개신교 측에 귀를 기울이지 않고 자기의 뜻대로 제국 의회 의결을 내놓기 전 작센의 선제후 요한은 아우그스부르크를 떠났다. 황제는 이를 오히려 기뻐했다. 선제후 요한은 비텐베르크로 돌아와 제국 의회 결의 사항에 대해 반박했다. 루터도 비텐베르크로 돌아온 후 황제에 대한 저항권 문제를 다뤘다. 이 사건들로 인해 독일의 종교적 분열이 돌이킬 수 없는 것이 됐다.

황제가 개신교의 신앙고백서를 거부하고 인정하지 않으며 다시 박해를 가하자, 개신교 제후들은 이제 단순히 항의하는 것만으로는 문제가 해결될 수 없다고 생각하게 됐다. 이에 헤센의 영주 필립 대공의 주도 아래 몇몇 개신교 영주들이 1531년 2월 23일 독일 중부 지역의 도시 슈말칼덴(Schmalkalden)에 모여 동맹을 결성했다. → (슈말칼덴) "슈말칼덴 동맹"(Schmalkaldischer Bund)으로 알려진 이 방어 동맹으로 개신교 진영이 작센 선제후와 헤센 백작의 지도력 아래 함께 연합했다.

이 동맹에는 8명의 제후들과 마그데부르크, 브레멘(Bremen) 등의 11개 도시가 참여해 먼저 6년 기한의 동맹을 체결했다. 결과적으로 황제의 친 로마 가톨릭교회 정책이 루터 지지파들을 더욱 결속시킨 셈이 됐다. 루터와 멜란히톤은 그와 같은 혁명적 동맹에 우려를 표했으나 이를 막을 수는 없었다.

이런 상황에서 1532년, 칼 5세는 뉘른베르크 제국 의회에서 오스만 튀르크 군의 진격을 막기 위한 군사 지원의 대가로 독일 제후들과 종교화해 협정을 체결했다. 그러나 화해는 오래가지 못했고, 종교 통합을 위한 칼 5세의 노력은 허사가 되고 말았다.

그 사이에 1530년에서 1534년까지 루터는 구약성서를 독일어로 번역하는 일을 끝마쳤다. 그 결과 1534년 루터가 번역한 신구약 전권성서가 처음으로 나오게 됐다. 이를 통해 이전에는 교회가 평신도들에게는 주지 않았던 성서가 "평범한 사람"도 가질 수 있는 책이 됐다. 이 루터성서에 크라나흐가 많은 삽화를 그려 집어넣음으로 글을 모르는 사람들도 본문의 메시지를 쉽게 이해할 수 있도록 해 줬다. 이는 대중이 더욱 성서에 관심을 갖도록 만들었다.

1535년 루터는 스위스 종교개혁가들과 가까운 독일 남부 도시들의 개혁자들과 개신교 운동의 연합을 위해 함께 일했다. 일찍이 1531년 츠빙글리가 사망한 후 그를 이어 취리히에서 종교개혁을 계속 이끌던 하인리히 불링거(Heinrich Bullinger, 1504-1575)는 성만찬에 대해 공개적인 토론을 제공하며 루터파와의 화해를 시도했다. → (취리히 - 그로스뮌스터) 슈트라스부르크의 부처도 일찍부터 양측의 화해와 일치를 위해 코부르크에 있던 루터를 직접 찾아오는 등 많은 노력을 했다. → (슈트라스부르크 - 성 토마스교회) 많은 토론과 서신 왕래를 통해 마침내 슈트라스부르크와 비텐베르크 사이에 합의가 이뤄졌다. 그 결과 그들은 마부르크 종교 회담이 이루지 못했던 것을 비텐베르크 협약에서 실현할 수 있었다.

마침내 성만찬 교리의 난제를 타협한 것이다. 이 협약을 받아들이도록 신학자들은 많은 도시를 방문해 설득했다. 이를 통해 독일 남부 개신교도들이 이제 루터에게 신앙의 형제들이 됐다. 그러나 스위스 개혁자들과의 연합은 끝내 이루지 못했으며, 루터교와 개혁교회의 분리는 계속됐다.

한편 개신교 진영은 1535년 슈말칼덴 동맹을 10년간 연장했고, 이듬해에는 안할트(Anhalt), 포메른(Pommern), 뷔르템베르크, 아우그스부르크, 하노버(Hannover), 함부르크(Hamburg) 등도 가맹해 독일 개신교 세력의 대부분이 동맹에 참여하게 됐다. 또한, 영국, 프랑스, 덴마크와 같은 외국의 동맹 가입 요청도 있었다. 그 가운데 합스부르크가에 맞섰던 프랑스는 1535년에, 그리고 새롭게 개신교 국가가 된 덴마크는 1538년에 동맹에 들어왔다.

영국의 동맹 가입도 진지하게 논의됐었다. 이 문제를 협의하기 위해 영국에서 왔던 사신 로버트 반스(Robert Barnes)는 이전에 비텐베르크에 머물며 종교개혁가들과 교류한 적이 있던 이였기에 처음에 협의는 긍정적으로 시작됐다. 그러나 수장령을 통해 영국은 정치적인 문제뿐 아니라 신학적인 결정까지도 모두 왕의 결정에 달려 있었다. 이는 협상의 진전을 어렵게 만들었고, 루터는 영국과의 동맹을 선제후에게 자신 있게 조언할 수 없었다. 결국 영국과의 동맹은 이뤄지지 않았다.

슈말칼덴 동맹은 회의로 전체 26번의 회합을 가졌고, 그 가운데 7번을 슈말칼덴에서 모였다. 그중 가장 중요한 회합은 1537년 2월 슈말칼덴에서 모인 동맹 회의였다. → (슈말칼덴 - 시청) 28개 제국 내 자유 도시들이 대표를 보냈고, 18명의 봉건 영주들, 프랑스와 덴마크의 사절들, 제국의 부재상(Vice-Chancellor) 마티아스 헬트(Mathias Held)와 교황 사절 페트루스 포르스티우스(Petrus Vorstius)가 참석했다. 루터와 멜란히톤을 비롯해 42명의 신학자도 참석했다. 모임은 2월 10일 작센 선제후령의 재상 그레고르 브뤼크 (Gregor Brück)의 개회로 시작됐다.

선제후 요한 프리드리히 1세의 요청으로 루터가 소위 "슈말칼덴 신조"를 작성해 다시 한 번 개신교 교리를 요약했다. 루터가 "내가 서야만 하고, 죽기까지 견지하고 싶은 신조"라고 했던 이 "슈말칼덴 신조"는 이후 개신교교회의 『일치신조서』(Concordia, 1580)에 수록됐다. → (슈말칼덴 - 헤센호프) 『일치신조서』는 루터 사후 교회 내의 분파를 조화시키기 위해 발간한 책이다. 테제 형식으로 작성된 "슈말칼덴 신조"는 종종 "루터의 개인적 신앙고백"이라고 일컬어지기도 한다.

루터는 후에 다음과 같이 기록했다.

> 이는 내가 계속 주장하는 신조요, 하나님의 뜻이기에 나는 앞으로도 죽을 때까지 계속 그것을 주장할 것이다. 그리고 나는 바꾸거나 철회해야 할 어떤 것도 알지 못한다. 누구든 무언가 철회하기를 원한다면 자신의 양심 위에서 그렇게 해야 할 것이다.

개신교 제후들은 이 신조를 신앙에 대한 개신교의 선언으로 만들고 싶어 했으나 몇몇 도시들이 반대 목소리를 냈다.

더 나아가 1537년 2월 슈말칼덴에서 모인 동맹회의 동안 개신교 제후들은 1537년 교황이 만투아(Mantua)에서 개최하겠다고 공표한 공의회에 참석하기를 거절했다. 일찍이 개신교 제국의원들은 1529년 슈파이어 제국의회 후 제국 내의 종교 문제를 위해 독일 안에 있는 도시에서 "자유로운 기독교 공의회"를 열 것을 제안한 바 있다.

황제 칼 5세도 이에 동의했다. 일찍부터 황제는 교회 일치를 장려할 목적으로 "보편적이며 기독교적이고 자유로운 공의회"를 제국의 한 곳에서 열고자 하는 의지가 있었다. 황제의 압력으로 교황 클레멘스 7세는 자유로운 공의회를 개최하겠다고 약속했다. 그러나 교황이 생각하는 자유는 개신교도들이 생각하고 있던 교황의 간섭으로부터의 자유와는 전혀 다른 의미였다.

클레멘스 7세의 뒤를 이어 교황이 된 바울 3세는 1537년 5월 23일 만투아에서 공의회를 소집하겠다고 공표했다. 그해 2월에 모인 슈말칼덴 동맹 회의에서 개신교 제후들은 이에 대해 논의했고 참석을 거절하기로 결정했다. 그들은 공의회가 소집된다 하더라도 교황의 통치력 내에 있는 만투아가 아니라 독일의 도시에서 소집돼야 한다고 주장했다. 루터는 교황이 소집한 그 공의회가 얀 후스를 화형에 처하도록 한 콘스탄츠 공의회(1414-1418)와 별반 다르지 않을 것이며, 교황의 권위를 강화하고 로마 교회의 방침을 재확인하는 자리가 되리라 생각했다. 결국, 슈말칼덴 동맹 회의에 참석했던 교황의 사절 헬트와 포르스티우스는 빈손으로 로마로 돌아가야 했다. 포르스티우스는 개신교 영주들에게서 영접받지도 못했다.

루터도 1537년 2월 10일에 시작된 슈말칼덴 동맹 회의에 참석했다. 하지만, 도착 후 곧 신장결석으로 아프기 시작해 그 토론에 적극적으로 참여할 수가 없었다. 1537년 2월 17일 그의 상태는 더욱 악화됐다. 영주들은 이를 걱정하며 자신의 주치의들에게 그를 돌보도록 명했다. 하지만 그들의 노력은 성과가 없었고, 루터의 몸은 계속 부어오르고 점점 약해져 갔다.

루터는 이곳 슈말칼덴이 아니라 자신의 사랑하는 이들 앞에서 죽고 싶어 했고, 그에 따라 2월 26일 그 도시를 떠났다. → (슈말칼덴 - 루터하우스) 그의 친구들은 다시는 그를 보지 못하리라 생각했다. 하지만 기적과도 같이 그가 튀링엔 숲을 지나가는 동안 그 끔찍할 정도로 울퉁불퉁한 길이 오히려 그의 신장에 있던 결석이 빠져나가게 해 줬다. 2월 27일 루터는 아내 카타리나에게 이렇게 편지를 썼다. "하나님께서 오늘 밤 내 방광을 열어 주셨습니다. 나는 마치 다시 태어난 것 같습니다."[1] 그럼에도 그는 탈진해 있었고 여러 주 동안 끔찍한 상태에 있었다.

슈말칼덴 동맹은 결과적으로 성공적이지 못했다. 개신교 영주들이 각기 이해에 따라 이를 정치적으로 이용했고, 로마 가톨릭교회 측은 연합해 개신교 진영을 공격했다. 그 와중에 헤센의 영주 필립의 중혼 문제는 개신교 진영 내에 혼란을 야기했다. 필립은 19세 때 정략적인 목적을 가지고 작센의 게오르크 공작의 딸 크리스티네(Christine von Sachsen)와 결혼했으나 그녀에게 만족하지 못하고 성적으로 방탕한 삶을 살았었다.

헤센의 영주 필립 대공(Hans Krell)

그러다가 필립은 종교개혁 진영에 합세한 후 양심의 가책을 느껴 정말 마음에 드는 배우자를 만나 가정에 정착하고 방탕한 삶을 정리하고자 했다. 그는 크리스티네와 이혼하고 마이센 출신의 궁녀 마가레테(Margarete von der Sale)와 재혼하기를 원했다.

그러나 루터는 그리스도께서 간음 외에는 이혼을 허락하지 않으셨다는 마태복음의 말씀을 바탕으로 이를 허용하지 않았다. 대신에 구약 시대 족장들의 일부다처 관습을 근거로 이혼하지 말고 둘째 아내를 맞으라고 조언을 했다. 하지만 당시에도 중혼은 교회법으로나 혼인법으로나 분명히 위법이었다.

특히 황제가 1532년에 선포한 형법에서는 중죄에 해당했다. 필립은 마침내 1540년 3월 4일 멜란히톤과 부처가 참석한 가운데 혼인서약을 하고 중혼을 했다. 필립은 중혼 문제와 관련해 작센 선제후들로부터의 정치적 지원을 희망했다. 그러나 그의 중혼은 곧바로 개신교 진영 내의 제후들 가운데 논쟁을 불러일으켰다. 게다가 필립의 중혼에 대한 심판자였던 황제는 필립을 자신의 정치적 목적을 위해 이용했다.

황제는 필립에게 사면 조건으로 1541년 레겐스부르크(Regensburg)에서 열린 제국 의회에서 슈말칼덴 동맹을 약화시킬 정치적인 조치에 협력할 것을 요구했다. 황제의 요구에 따라 필립은 영국과 프랑스의 왕과 클레베 공작을 슈말칼덴 동맹에서 분리시키고 재정적으로 황제를 지원하기로 했다. 결국, 이는 슈말칼덴 동맹의 균열을 가져오게 했다.

루터 말년에 나움부르크(Naumburg)의 주교가 사망하자 종교개혁 진영에서는 암스도르프를 주교로 세우려 노력했다. 로마 가톨릭교회의 교회 조직을 따르지 않는 새로운 교회 조직의 모범적인 사례가 될 수도 있다는 희망이 생겨났다. 비텐베르크에서는 루터가 직접 나서야 한다는 의견이 있을 정도였다.

그러나 루터는 주교직을 맡으려 하지 않았다. 이 과제가 암스도르프에게 맡겨졌다. 그가 귀족 출신이라는 신분도 유리하게 작용했다. 1542년 1월 20일 루터는 나움부르크대성당(Naumburger Dom)에서 자신의 믿음직한 친구 암스도르프를 첫 개신교 루터파 주교로 세웠다. → (**나움부르크 - 나움부르크대성당**)

- ## 니콜라우스 폰 암스도르프
  (Nikolaus von Amsdorf, 1483-1565)

  토르가우 출신의 암스도르프는 어머니가 루터의 멘토였던 슈타우피츠와 한 집안사람이었다. 암스도르프는 라이프치히와 비텐베르크에서 철학과 신학을 공부하고, 비텐베르크대학의 교수가 된 이후 루터의 동료가 돼 일생동안 종교개혁을 위해 함께 일했다. 라이프치히 신학 논쟁과 보름스 제국 의회 등 중요한 순간마다 루터와 함께 있었던 그는 루

니콜라우스 폰 암스도르프 (Peter Gottland)

터의 최측근이었다. 마그데부르크, 고슬라(Goslar), 아인벡(Einbeck) 등지에서 종교개혁을 받아들이도록 수고했던 암스도르프는 1542년 나움부르크에서 신성 로마제국 안에서의 첫 번째 개신교 루터파 주교가 됐다.

루터가 사망하고, 슈말칼덴 전쟁 중 이전에 나움부르크 주교직을 놓고 경쟁했던 로마 가톨릭교회 측의 율리우스 폰 플룩(Julius von Pflug)이 작센의 모리츠(Moritz von Sachsen)의 군대와 함께 도시에 들어오자 암스도르프는 이를 피해 마그데부르크로 갔다. 이후 암스도르프는 아이제나흐에 거주하면서, 1558년에는 예나대학을 설립 하는 일에 참여했고, 루터 저작을 편찬하는 일에도 헌신했다. 그는 예나대학 교수였던 2세대 개혁자 마티아스 플라치우스 일리리쿠스(Matthias Flacius Illyricus, 1520-1575)와 더불어 루터 이후에도 루터의 신학을 지키고자 부단히 노력한 사람이었다.

루터가 죽고 난 후 개신교 진영 내에는 개혁의 순수함이 훼손되고 다시 로마 가톨릭교회 신앙으로 되돌아갈 수 있다는 위기감이 있었는데, 암스도르프는 루터 사망 후에도 20년 가까이 더 살면서 종교개혁의 계승자가 돼 루터의 뜻을 지키는 역할을 했다. 암스도르프는 1565년 아이제나흐에서 사망했고, 그곳 성 게오르크 교회에 묻혔다. → (아이제나흐 - 성 게오르크교회)

한편 교황은 공의회를 소집해 문제를 해결하고자 했다. 루터도 교회 개혁을 위한 공의회에 대해 원칙적으로 찬성했고, 교황의 공의회 소집을 계기로 1539년 「공의회와 교회에 관해」(Von den Konziliis und Kirchen)라는 논문을 쓰기도 했다. 그러나 루터는 오랫동안 교회에서 중요시돼 왔던 고대 교회의 에큐메니컬 공의회를 종교개혁의 척도로 삼지는 않았다. 그는 공의회도 오류를 범하기도 하며, 성서만이 유일한 척도라고 주장했다. 바울 3세는 1544년 11월 19일 황제가 주도한 국가공의회를 견제하기 위해 1545년 3월 15일 트렌트(Trent)에서 보편공의회를 열겠다고 공고했다.

트렌트 공의회 (작가 미상, 베를린 독일역사박물관)

그러나 여러 번 날짜가 미뤄져 1545년 12월 트렌트 공의회가 소집됐다. 루터는 이 공의회 소집 소식을 듣고 "여호와 하나님, 일어나셔서 적들을 흩으소서"라고 기도하며, 그 공의회도 결국 수많은 약속을 했지만 하나도 지키지 않은 콘스탄츠 공의회와 같을 것이라고 비판했다.

트렌트 공의회가 두 번째 회기를 시작할 때쯤 루터는 "이에 대해 아무 것도 믿지도 기대하지도 생각하지도 않는다. 트렌트 공의회는 쓸데없는 짓일 뿐이다"라고 냉소적으로 조소했다.[2] 그리고 『마귀가 세운 로마 교황권에 반대하며』(Wider das Papsttum zu Rom, vom Teufel gestiftet, 1545)를 써서 교황과 공의회의 권위라는 게 인간적인 발명품에 지나지 않는다고 주장했다.

그 사이에 황제 칼 5세는 지중해에서 프랑스 및 오스만 튀르크와 각각 휴전협정을 체결한 후 독일제국으로 눈을 돌려 본격적으로 종교 문제를 해결하고자 했다. 1546년 말, 칼 5세는 무력으로 제국의 종교 분열을 끝내고자 손수 군대를 이끌고 레겐스부르크에서 동생 페르디난트 1세(Ferdinand Ⅰ) 군대와 합세했다.

합스부르크 군대는 남부 독일을 휩쓴 뒤, 북상해 슈말칼덴 동맹의 지도자인 작센의 선제후 요한 프리드리히 1세의 땅에 진입했다. 선제후 요한 프리드리히는 루터의 친구이자 가장 강력한 종교개혁 후원자였다. 그는 독일 땅에 루터교를 확산시키는 데 주도적인 역할을 한 인물이었다.

1547년 4월 24일, 칼 5세는 뮐베르크(Mühlberg)에서 큰 승리를 거뒀고 선제후를 포로로 붙잡았다. 요한 프리드리히는 자신의 작센의 선제후 직위를 모리츠 공에게 넘겨주어야만 했다. 모리츠 공은 개신교도였지만 요한 프리드리히 선제후와의 악연으로 이번에는 황제 편에 가담했었다. 결국, 전쟁에서 개신교 측은 대패를 당하고 슈말칼덴 동맹도 해체됐다.

슈말칼덴 전쟁(Schmalkaldischer Krieg)에서 개신교 제후들과의 싸움에서 이긴 칼 5세가 1547년 5월 23일 개신교도들의 본거지인 비텐베르크에 입성했다. 그는 종교개혁의 발원지로 그의 눈에 유럽의 질서(Ordnung)와 세계상(Weltbild)을 무너뜨린 문제의 근원지였던 그곳 성 교회에 승리한 개선장군의 모습으로 들어섰다. 이날 그의 부하들이 한 해 전에 숨진 루터의 시신이 매장된 무덤을 열고, "이단자요, 황제를 괴롭혔던 이 마틴 루터의 뼈를 어떻게 하겠느냐"라고 황제에게 물었다. 황제 입장에서 볼 때 희대의 대적자였던 루터의 시신을 부관참시라도 해야 하는지를 부하들이 황제에게 물은 것이다. 그러자 황제는 이렇게 대답했다.

그는 이미 그의 심판관을 발견했다.
나는 죽은 자들이 아닌 산 자들과 전쟁한다.
(Er hat seinen Richter gefunden.
Ich führe Krieg mit den Lebenden und nicht mit den Toten).

결국 부하들은 루터의 무덤 뚜껑을 그냥 덮었다. 이는 루터의 동지이자 비텐베르크 시교회의 담임목사였던 부겐하겐이 전하고 있는 이야기이나 역사적으로 확실히 입증되지는 않았었다. 하지만 1892년 루터 무덤에 대한 고고학적 발굴이 이뤄졌을 때, 훼손되지 않은 시신이 발견됨으로 부겐하겐을 통해 전해져 온 이 이야기가 신빙성이 있음이 입증됐다. → **(루터의 도시 비텐베르크 – 성 교회)**

루터의 무덤 앞에서의 칼 5세 (Adolf Friedrich Teichs)

1548년 아우크스부르크 제국 의회에서 칼 5세는 개신교 측에 개종을 강요했다. 그러나 개신교 제후들뿐 아니라 로마 가톨릭교회 제후들도 종교 통합으로 인한 황제의 권력 강화로 자신들의 권한과 권리가 침해될까 걱정했다. 이에 황제는 타협안으로 유예를 결정했다. '아우그스부르크 잠정안'(Augsburger interim)으로 불리는 이 결정은 소모적인 전쟁과 대립이 끝날 것으로 기대한 로마 가톨릭교회이나 개신교 양측 모두에게 실망스러운 조처였다. 결국, 칼 5세는 뮐베르크 승리에도 불구하고 제국의 종교 분열을 막아 내지 못했다.

제10장
생의 마지막이 가까이 오다

1. 역사의 비판을 받는 반유대주의자 루터

참으로 위대했던 종교개혁가지만 루터에게도 후대에 역사의 비판을 받는 것들이 있다. 하나는 농민 봉기에 대한 그의 태도다. 그 자신이 정치와 결합한 로마 가톨릭교회에 반기를 들었음에도 불구하고 루터는 지배세력과 결탁해 농민 전쟁에서 영주의 편을 들었다는 비판을 받곤 한다.

영주들이 농민 학살에 정당성을 부여하기 위해 루터의 글들을 이용했던 것은 사실이다. 아마도 루터는 현실적으로 제후들과 결탁하는 것이 종교개혁의 진행에 더 도움이 된다고 생각했을 것이다. 이는 종종 루터의 한계점으로 지적되곤 한다.

그러나 루터에 대한 역사의 비판 가운데 가장 크고 또 부정할 수 없는 그의 잘못은 그가 지니고 있던 반유대주의였다. 그가 사망하기 3년 전인 1543년 루터는 유대인을 공격하는 두 저서를 내놓았다.

① 『유대인과 그들의 거짓말에 대해』(*Von den Juden und Ihren Luegen*).
② 『셈 함포라스와 그리스도 가문에 대해』(*Vom Schem Hamphoras und vom Geschlecht Christi*).

이 두 저서들을 보면 그가 얼마나 반유대적 사고를 가지고 있었는지 알 수 있다. 이는 몇 문단만 인용해도 충분할 것이다.

> 그들[유대인들]이야말로 진정 거짓말쟁이요 피에 굶주린 개떼들이다. 저들은 요망한 해석으로 성서를 처음부터 끝까지 변조하고 알아볼 수도 없게 만들어 놓았다. 저들의 매일의 한숨과 염원은 오직 구약의 에스더 시대에 저들이 그랬던 것처럼 우리 이방인들을 모조리 죽여 없애는 것이다.
>
> 아! 저들이 얼마나 에스더서를 사랑하는지 보라. 저들의 피로 사무친 원한에 그보다 더 어울리는 책도 없을 것이다. 해가 이 땅에 뜬 이래로 스스로 신에게 선택받은 민족이라 자처하는 유대인만큼 피에 굶주리고 복수심에 들끓는 족속도 없을 것이다. 그들은 신의 이름으로 비유대인을 살인해 멸절시켜야 한다고 믿고 있다. 저들이 기다리는 메시아란 것도 유대인을 위해 이방인을 말살하고 온 세상을 칼로 정복할 자에 지나지 않는다.
>
> 처음부터 저들이 우리 기독교인들에게 그래왔듯이 저들은 오늘날도 똑같은 꿈을 꾸고 있다. 단지 힘이 모자라서 못 하는 것뿐이다. 그들의 저주받을 저 고리대금업을 보면 알 수 있듯이 불신자의 금과 은으로 입에서 악취를 풍기는 그들보다 이 하늘 아래 더 탐욕스러웠고 또한, 앞으로도 그럴 민족은 없을 것이다. 그들에게 인생의 유일한 목표는 재물을 모으는 것이다. 저들은, "메시아가 오면 온 세상의 금과 은을 빼앗아 유대인들에게 나눠 주리라"라고 지껄인다. 그러므로 저들은 자기들의 그 끝없는 탐욕을 채울 수만 있다면 언제든 사악하게도 성서를 자기들 멋대로 왜곡하는 것이다.
>
> 그러므로 나의 친애하는 기독교 형제들이여!

알지어다! 사탄 다음으로 유대인만큼 우리에게 위험하고 독소적이며 골수에 박힌 적개심을 품은 적도 없음을. 저들 중에는 개나 소나 믿을 만한 망령된 미신이나 관습의 노예가 된 자들이 있다. 그러므로 역사 속에서 저들은 우물에 독을 풀고 트렌트나 바이스젠제(Weiszensee)의 사건처럼 아이들을 훔쳐 흉악한 짓을 저지른다는 혐의를 받는 것이다. 물론 저들은 이를 부정한다. 어쨌든 사실 여부를 떠나 나는 저들이 할 수만 있다면 공개적으로나 은밀하게 언제든지 이를 행동에 옮길 준비가 돼 있다는 사실을 잘 알고 있다. 사탄을 모르는 사람은 저들이 많은 사람 중에서도 왜 우리 기독교인들에게 그토록 원한을 품고 있는지 어리둥절해 할 것이다. 따지고 보면 그들에게 좋은 일만 하는 우리에게 그들이 원한을 품을 이유도 없다. 그들은 우리나라에서, 우리들이 만든 집에서 살며 우리의 보호 아래 우리의 땅과 도로와 시장과 거리를 이용한다. 대공들과 정부가 입을 벌린 채 코를 고는 동안 유대인은 그들의 금고와 민중의 호주머니를 마음대로 도둑질한다.

이것이 스스로의 돈으로 피가 마를 때까지 착취 당하고 결국은 거지꼴로 전락하는 게 아니라면 또 무엇이겠는가?

외국인인 그들은 분명 우리의 것을 가질 권리가 없으며 저들의 재산도 실은 모두 우리의 재산이다. 그들이 무슨 일을 하는 것도 아니고 우리에게 유용한 것을 생산하는 것도 아니며 우리가 그들에게 돈을 기부하는 것도 아니다. 그런데도 저들은 우리의 돈과 재물을 모조리 움켜쥐고 자기들이 유배 생활을 하고 있다는 이 땅에서 주인 노릇을 하고 있다.

저들의 탈무드를 보면 이방인이 이스라엘 민족을 죽이면 죄가 돼도 이스라엘 민족이 이방인을 죽이면 죄가 되지 않는다고 랍비들이 말하지 아니하던가? 또 이방인과의 약속은 지키지 않아도 된다고 하지 않던가?

그러므로 이방인의 돈을 도둑질하고 강탈하는 것은, 고리대금업으로 이미 하고 있듯이, 저들에겐 신에 대한 봉사인 셈이다. 그리고 그들이야말로 이 세상의 군주며 이 세상 사람들은 그들의 종이요 가축일 뿐이다. 어쩌면 누가 나의 말이 너무 과하다고 할지 모르겠지만 나는 실로 말을 아끼고 있는 것이다! 왜냐하면, 나는 그들이 그들의 회당과 학교에서 하는 기도 속에서 우리 고이들(Goyim)을 얼마나 저주하고 우리에게 악의를 품었는지 알고 있기 때문이다. 그들은 고리대금으로 우리의 돈을 강탈하고 온갖 부류의 야비한 술수를 부린다. 유대인을 사로잡고 있는 사탄이라면 모를까 그 어떤 외국인도 이런 짓을 하지 않았고 또 하지 않을 것이다. 어쩌다 한 번 있는 일이지만 유대인 중에서도 학식 높은 랍비였다가 신의 은총으로 기독교인이 된 부르겐시스(Burgensis)는 유대인들이 그들의 회당에서 우리에게 퍼붓는 끔찍한 저주들을 보면 그들이 결코 신의 선민일 수 없다고 결론짓는다. 그들은 예수 그리스도를 창녀의 아들이라 부르고 그의 어머니 마리아를 간음녀로 부른다. 나는 사탄에 대적하기 위해 어쩔 수 없이 이런 말을 입에 담는다.

우리는 우리의 아내를 저들이 성모 마리아에 대해 하는 것처럼 창녀라 부르지 않고 저들이 우리의 주님 그리스도에 대해 그러는 것처럼 후레자식이라 부르지 않는다. 우리는 그들을 저주하지도 않을뿐더러 그들의 육신과 영혼을 위해 기도하며 우리와 함께 살도록 허락해 준다. 우리는 저들의 아이를 훔쳐서 흉악한 짓을 하지도 않는다. 우리는 그들이 마시는 물에 독약을 풀지도 않고 그들의 피에 목말라 하지도 않는다.

자, 우리가 그들을 노예로 붙잡고 있다는 저들의 새빨간 거짓말을 보라! 예루살렘이 망한 것은 1,400년 전이었고 그 동안 우리 기독교인은 세상 곳곳에서 유대인에게 고문 당하고 핍박받아 왔다. 게다가 우리는 도대체 그 어떤 마귀가 이들을 우리나라에 데려다 놓았는지 모른다. 우리가 예루살렘에 가서 그들을 데려오지 않은 것은 분명하니 말이다! 그렇다, 우리는 그들을 인질로 붙잡아 두고 있다. 마치 종살이를 하듯 나의 모든 것을 바쳐 내가 나의 류마티즘이니 자질구레한 질병이니 불운 따위를 붙잡아두려 하듯이 말이다! 나는 그들이 이 세상 모든 유대인과 함께 그저 예루살렘에 머물기를 진심으로 바란다.

루터는 이전에 농민 전쟁에서 주장했던 것과 유사한 강경한 조치를 유대인들에게 취하라고 요구했다. 그 조치는 참으로 가혹한 것이었다. 먼저 유대인들의 회당과 집을 불태우고, 그들의 기도서와 탈무드를 압수해야 한다. 그리고 랍비들을 그들의 자리에서 쫓아내고, 유대인의 주거나 안전한 여행 권리를 박탈해야 한다. 그리고 그들의 고리대금업도 금지시켜야 한다. 루터의 글을 보면 이게 루터인가 깜짝 놀라게 될 정도다.

그와 같이 절망적이고 사악하고 맹독적이며 악마적인 것이 지난 1,400년 동안 우리의 역병이요 병균이요 불운이었던 유대인의 운명인 것이다.
자, 그럼 이 저주받고 거부 당하는 유대 민족을 어찌 해야 하나?
우리의 이웃으로 눈을 돌려 프랑스나 스페인, 보헤미아 등지에서 유대인들을 어떻게 처리했나를 보고 보편적인 지혜를 얻어야 할 것이다. 이들 나라에선 유대인이 고리대금으로 훔친 돈을 몰수해 골고루 나눠 주는 대신 그들의 나라로부터 아예 추방해 버렸다. 사람들이 얘기하듯이 유대인에 대한 신의 분노가 너무도 크기에 안일한 자비는 유대인을 더욱 간악하게 만들고 매질을 가해도 유대인은 조금만 나아질 뿐이다. 그러므로 모두 쫓아내야 한다!
우리의 돈으로 거부가 된 유대인들이 온 기독교 국가들을 깔고 앉아 우리를 비웃고 조롱하고 스스로의 대담함에 깔깔거리는 꼴을 언제까지 보고 견딜 수 있단 말인가?
신에게 분노의 심판을 받기는커녕 그들의 매부리코로 새끼 돼지들 마냥 쿵쿵대는 유대인을 보면서 사탄과 그의 천사 암퇘지들은 또 얼마나 흥겨워할 것인가?[1]

루터의 글에 근거해 작센의 선제후는 1543년 5월 6일 선제후령 안에서 유대인들의 거주와 여행을 금지하고 소유물을 압수할 것을 칙령으로 공표했다. 그리고 이는 신성로마제국 내의 다른 제후들에게도 영향을 주어 유대인 추방이 확산됐다.

　루터가 처음부터 유대인들에 대해 강한 반감을 가진 것은 아니었다. 1523년에 그가 『예수는 타고난 유대인이다』(*Da Jesus Christus ein geborner Jude sei*)라는 글을 쓸 때만 해도 루터는 유대인들에게 우호적인 태도로 그리스도에 대한 신앙을 가르치고 그들을 기독교로 개종시키고자 노력했다. 그러나 시간이 흐르며 루터는 유대인들이 자신의 호의를 악용하고 있으며, 그들의 주장을 기독교인들이 더 이상 견딜 수 없는 지경에 이르렀다고 느끼게 됐다. 그에 따라 유대인들에 대한 루터의 반감은 점점 커져 갔고, 1543년 반유대주의 글들을 쓸 때는 절정에 달했다.

> 어쩌면 부드럽고 온화한 기독교인들은 불쌍하고 핍박받는 유대인들을 상대로 내가 너무 심하게 이들을 조롱하고 비아냥댄다고 말할지 모른다. 하지만 내 말을 들으라, 유대인과 같은 악마적인 족속을 조롱하기에 나는 너무 미약하고 저들의 상대가 되지 못한다. 저들이야말로 온갖 냉소와 조롱의 천재들이며 이 분야의 대가인 신을 섬기고 있다. 그 신이란 바로 사탄인 것이다. 내가 보기엔 구약성서만 보더라도 유대인이야말로 이 세상에서 그 유래를 찾아보기 힘든, 온갖 타락상과 악의에 쩌든 불량배들이라는 증거가 충분하며 그 누구도 내 생각을 바꿀 수는 없을 것이다. 고리대금업, 첩자, 배신과 기만 행위로 나라를 망치고 우물에 독약을 풀고 애들을 훔쳐 가고, 한 마디로 온 세상에 퍼져 인간에게 해가 되는 갖은 못된 짓은 다 하는 족속인 것이다.²

　비텐베르크시교회인 마리아교회의 성가대석 외벽 남쪽 측면에 "유대돼지"(Judensau)로 알려진 돼지 모양 사암 조각 부조가 있다. 조각 위에 "랍비 셈 함포라스"(Rabini Shem Hamphoras)라는 라틴어가 새겨져 있는데, 이는 1543년 루터가 출판한 "셈 함포라스와 그리스도 가문에 대해"를 암시하며 반유대주의를 표현한 것이다. → (루터의 도시 비텐베르크 - 성 마리아시교회) 유대인들을 향한 불안과 증오만큼 루터가 비판받는 것이 없다. 루터의 지독한 반유대주의는 후대에 영향을 줬고, 이는 심지어 20세기에 히틀러에게 유대인 학살의 근거를 제공했다는 비판을 받기도 한다.

2. 육체적 질병과 우울증

루터는 평생 여러 질병으로 고통을 받았다. 스스로에게 엄격했던 루터는 수도사 시절 혹독한 고행을 수행했으며, 주변에서 건강을 염려할 만큼 자주 금식을 했다. 종교개혁 운동을 시작한 이래, 그는 수많은 사건을 겪고 여러 일을 처리해 나가는 과정에서 말할 수 없이 큰 정신적인 스트레스를 받았으며, 때로는 목숨을 걸고 싸우며 헤쳐 나가야만 했다. 게다가 그는 끊임없이 저술을 했다.

루터는 일생 동안 약 2,300여 회에 달하는 설교를 매주일 거르지 않고 했으며, 찬송가 39곡을 지었으며, 신구약성서를 성서 원어에 기초해 번역했고, 또한 논쟁적이거나 학문적인 혹은 교육적인 수많은 글을 썼다. 그의 심신은 지칠 수밖에 없었고, 몸은 만신창이가 됐다. 루터는 통풍, 불면증, 감기, 두통, 현기증, 소화 불량, 변비, 치질, 결석, 중이염, 심장 질환 등 만성질환과 온갖 병을 달고 살았다. 그는 노년에 과식하는 경향이 있었는데, 이는 크라나흐가 1533년에 그린 초상화를 통해 알 수 있다.

육체적인 질병뿐 아니라 루터는 정신적인 우울증으로도 고통받았다. 비텐베르크에서 그의 감정은 오락가락하곤 했다. 한번은 비텐베르크에 전염병이 만연했을 때, 자신이 곧 죽을지도 모른다는 공포에 휩싸여 루터는 먼 곳에 피신해 있던 친구에게 절망적인 마음으로 다음과 같이 편지를 쓰기도 했다.

나는 벌써 한 주간 이상을 죽음과 지옥에서 헤매고 있습니다. 온몸이 고통스럽고 지금도 떨립니다. 그리스도로부터 완전히 버림을 받은 것처럼 나는 절망의 폭풍우 아래에서 고통으로 신성모독에 이를 지경입니다.³

연약한 육체와 함께 무섭게 밀려오는 우울증에 고통받던 루터는 이를 피하고 극복하기 위해 부단히 싸웠다.

우울증을 극복하는 방법에 대해 조언하며 루터는 이렇게 말하기도 했다.

마귀와 논쟁하지 마십시오. 그는 아담과 아브라함과 다윗을 상대로도 자신의 수법을 쓰고 상대의 약점을 정확히 알고 있는 자입니다.
게다가 이 마귀는 끈질깁니다. 첫판에 때려눕히지 못하면 계속된 소모전으로 우리가 녹초가 돼 포기하게 만듭니다.
문제들에 매이지 말고 그것들을 떨쳐버리는 편이 훨씬 더 낫습니다.
친구를 찾아가 그것들과는 상관없는 이야기를 나누십시오.
예를 들어 베네치아의 시국 같은 것을 끄집어내어 대화해 보십시오.
혼자 있는 것을 피하십시오.
하와도 혼자 동산을 거닐다가 사탄의 꼬임에 빠졌습니다.
저도 혼자 있을 때 당한 시험이 가장 힘들었습니다.
다른 기독교인이나 현명한 상담자를 찾아가 보십시오.
성도의 교제 가운데 머물러 있으십시오.
또한, 신나는 모임이나 여자 친구들을 찾아서 함께 식사도 하고 춤도 추고 농담도 하고 노래도 불러 보십시오.
입맛이 없어도 억지로라도 먹고 마시세요. 금식만큼 잘못된 방법도 없습니다.

루터는 또한, 마귀를 내쫓는, 즉 우울증을 극복하는 방법으로 손으로 하는 노동도 좋은 방법이라 추천한다. 말에 안장을 채우고 밭에 거름을 주는 것으로도 마귀를 쫓아낼 수 있다. 혹은 새의 노랫소리를 듣거나 아이의 젖 먹는 모습을 바라보는 것으로도 어두운 마음을 몰아낼 수 있다.[4]

물론 가장 좋은 방법은 자비로우신 하나님을 향한 믿음을 잃지 않는 것이다. 루터는 마귀가 자신의 마음을 어둡게 할 때마다 "나는 세례 받은 자다"라고 외치며 물리치곤 했다. 무엇보다 그는 성서의 말씀을 통해 위로를 찾곤 했다. 성서에 나오는 인물들이 영적인 낙담 속에서도 하나님의 손길을 느낄 수 있었던 방법을 그는 자신의 길잡이로 삼았다. 루터가 가장 두렵고 우울했던 시기에 쓴 찬송가가 "내 주는 강한 성이요"라는 것은 시사하는 바가 크다. 보름스에 황제에게 소환돼 먼 길을 달려와 마지막 죽음의 자리일 수도 있는 그곳을 바라보며 그는 하나님을 향한 믿음을 노래했다.

3. 생의 마지막

루터는 52세 때 이미 그 몸에 여러 가지 이상 징후가 나타났다. 그의 건강은 점점 더 나빠져 말년에 루터는 자신에게 죽음이 다가오고 있음을 느꼈다.

> 나는 너무나 힘이 없고 지치고 우울합니다.
> 나는 늙고 쓸모없는 사람입니다. 이제 달려갈 길을 다 갔습니다.
> 여호와께서 나를 조상들의 뒤를 쫓아가도록 부르실 때까지 기다릴 뿐이며, 벌레가 자기 운명을 받아들이듯 그저 이 육신이 썩기를 맡길 뿐입니다.[5]

이제 그는 죽음을 준비해야 할 때가 됐다. 사실 루터는 어릴 적부터 죽음에 대해 생각해 봤으며, 이를 두려워했다. 그가 두려워했던 것은 죽음 자체가 아니라, 죽음과 함께 하나님 앞에 서야 한다는 것이었다. 도대체 죄악 된 인간이 어떻게 거룩하신 하나님 앞에 설 수 있겠는가? 루터는 말년에 다시 한번 "기독교인으로서 어떻게 바른 죽음을 맞이할 것인지"에 대해 숙고해 보게 됐다. 그는 『죽음의 기술』(ars moriendi)이라고 불렸던 책에 대해 설교하기도 했는데, 이 책은 중세에 흑사병의 유행과 함께 널리 읽혔던 "죽는 방법"에 대해 해설하고 있는 소책자다.

1545년 여름 루터는 라이프치히, 할레, 차이츠, 그리고 아이스레벤을 방문하기 위해 집을 나섰다. 그가 이 여행에 나선 가장 큰 이유는 당시 비텐베르크에서의 생활에 질렸기 때문이다. 그가 보기에 비텐베르크의 회중들은 그가 말한 것 가운데 어느 하나도 실천하지 않았으며, 루터는 그들이 드리는 예배의 부도덕하고 불경한 모습을 더는 참을 수 없었다.

그는 "케테가 정원과 농장과 집과 그 밖에 가진 모든 것을 팔고 나면 할 수만 있다면 빨리 그 소돔과 고모라를 떠나겠다"라며 부도덕한 비텐베르크에서 가능한 한 빨리 벗어나고 싶어했다.[6] 그래서 그는 자신과 가족이 살만한 새로운 곳을 찾아 나섰다. 차이츠를 여행하면서는 선제후 요한 프리드리히의 주치의였던 마테우스 라체베르거(Matthäus Ratzeberger) 박사의 영접을 받고 그에게 신장결석, 두통, 현기증 등의 진료를 받았다. → (차이츠) 라체베르거 박사는 루터의 건강 상태를 보고는 빨리 비텐베르크로 돌아가라고 조언했는데, 루터는 이를 무시하고 라이프치히의 새 대학 교회를 축성하기 위해 떠났다.

루터는 가족과 함께 비텐베르크를 떠나고 싶어 했으나 집이 팔리지 않아 어쩔 수 없이 1545년 8월 16일 비텐베르크의 집으로 돌아왔다. 1545년 말 루터는 너무 약해져 자신의 학생들에게 더는 세미나를 열지 못할 것 같다고 말했다.

한편 당시 만스펠트의 가브하르트(Gabhard)와 알브레히트(Albrecht) 백작 형제가 광산업과 관련해 상속권 문제로 다투고 있었다. 이들을 화해시키기 위해 루터는 1545년 10월 초부터 몇 차례 아이스레벤을 방문했다. 백작 형제의 관계를 회복시키는 일은 아이스레벤에서 광산업에 종사하고 있던 루터의 가족과도 연관이 되는 일이라 루터는 불편한 몸을 이끌고도 여행을 해야만 했다.

1546년 1월 17일 루터는 브레멘에 있는 친구 야콥 프롭스트(Jakob Propst)에게 다음과 같이 편지를 썼다.

> 나는 늙고 쓸모없고 지쳤으며 침울하고 벌써 부분적으로 시력을 잃었습니다.[7]

같은 날 루터는 비텐베르크에서 마지막으로 설교한 후, 만스펠트의 백작 형제 문제를 해결하기 위해 세 번째로 아이스레벤으로 여행에 나섰다. 루터와 함께 당시 19세였던 그의 아들 요한네스, 15세의 마틴, 그리고 13세의 파울이 아이스레벤에 있는 가족들을 방문하기 위해 아버지를 따라 나섰다.

또한, 아이들의 선생이었던 암브로시우스 루트펠트(Ambrosius Rudtfelt)와 루터의 비서 요한네스 아우리파버(Johannes Aurifaber)가 여행에 동행했다. 멜란히톤은 이번에는 병에 걸려 함께 하지 못했다. 대신에 오랫동안 루터의 충실한 동료였던 할레의 요나스가 동행했다. → (할레 – "황금자물쇠" 집)

얼어붙은 강과 궂은 날씨로 인해 여행은 더뎠다. 게다가 백작들이 루터 일행을 호위하기 위해 60여 명의 기수를 보냈으나 수도사의 관습에 따라 말 등에 타지 않은 루터로 인해 여행 시간은 더욱 오래 걸렸다. 루터의 건강이 심하게 안 좋아져 아이스레벤에 도착해서는 심장 발작까지 일으켰다. 당시의 상황을 루터는 멜란히톤에게 보낸 편지에서 다음과 같이 말했다.

여행 중에 나는 정신을 잃고 협심증을 겪었습니다. 나는 계속 걸었는데 그것이 내게 무리였던지 온몸에 땀이 흐르기 시작했습니다. 나중에 마차를 탔을 때 속옷이 흠뻑 젖어 한기가 뼛속까지 파고들었고 왼팔 근육에 마비가 왔습니다. 나는 심장이 죄어 오는 느낌을 받았고 거의 숨을 쉴 수가 없었습니다. 나는 걸어서 여행했던 어리석은 짓을 자책했습니다. 지금은 조금 나아졌습니다. 하지만 젊었을 때조차도 상태가 어떻게 될지 확신할 수 없었는데, 나이가 들면 상태를 더욱 확신하지 못하는 법이지요. 내가 얼마나 버틸지 모르겠습니다.[8]

1월 28일 주말에 루터와 일행은 마침내 아이스레벤에 도착했다. 루터는 백작들의 성에서 멀지 않은 시장 광장에 살았던 도시의 서기관 요한 알브레히트(Johann Albrecht)의 집에 머물렀다. 1월 31일과 2월 2일, 7일 그리고 14일에 루터는 아이스레벤의 성 안드레아스교회(St. Andreaskirche)에서 네 번 설교하고 두 차례 성만찬도 집례했다. → (**루터의 도시 아이스레벤 – 성 안드레아스교회**) 2월 14일 성 안드레아스교회에서의 마지막 설교는 마태복음 11:28을 본문으로 "수고하고 무거운 짐 진 자들아 다 내게로 오라!"라는 제목으로 설교했는데, 그는 이미 너무 많이 기력이 약해져 있어서 설교를 끝까지 마칠 수가 없었다. "그리스도의 말씀에 신실하게 남아 있고 그리스도께로 나아오라"라고 호소하던 루터는 "이것, 그리고 복음에 관해 더 할 말들이 많이 있으나 나는 너무나 허약해졌습니다. 여기서 그냥 마쳐야 하겠습니다"라는 마지막 말과 함께 설교를 중단했다.[9]

루터는 자신이 곧 세상을 떠나게 되리라는 것을 알고 있었다. 이에 자신이 "비텐베르크로 돌아갈 때쯤이면 아마도 무덤에 누워 있을 것이며, 상당히 통통한 루터 박사를 구더기에게 먹이로 주게 될 것"이라고 했다.[10]

루터는 건강이 정말 좋지 않았지만, 분쟁 중인 두 형제를 화해시키기 위해 최선의 노력을 기울였다. 하지만 사이가 소원해진 백작들을 중재하는

임종과 작별 (Lucas Furtenagel)

일은 지극히 지루했으며, 관계는 좀처럼 나아지지 않았다. 루터는 당시의 어려움을 토로하며, "모든 마귀들이 아이스레벤에 집결해 있어 지옥이 완전히 텅텅 비어있을 것이다"라고 한탄했다.[11]

1546년 2월 16일 마침내 루터는 어렵게 백작들 간에 합의를 끌어내는 데 성공했다. 하루 뒤 그 합의가 서면으로 작성되고, 분쟁하던 측들이 동의서에 서명했다. 하지만 기력이 너무 약해진 루터는 이제 숙소를 떠날 수가 없었다.

그의 충성스러운 친구였던 요나스의 기록에 의하면 루터는 2월 17일 저녁 일행들과 식사를 한 후 가슴에 느끼는 강한 통증을 호소했다. 즉시 의사들을 불렀으나 그들이 도울 수 있는 것이 없었다. 밤 10시경 루터는 잠자리에 들며 임종을 앞둔 사람들을 위해 읽어 주는 성서 본문인 시편 31:6 말씀을 가지고 기도했다. 새벽 1시경 심장 발작으로 인한 심각한 가슴 통증과 함께 잠에서 깨어난 루터는 오한으로 심하게 떨며 땀을 흘리기 시작했다. 루터의 침상 곁에서 요나스, 알브레히트 백작과 그의 부인, 루터의 아들들, 그리고 백작의 궁정 목사 미하엘 쾰리우스(Michael Cölius)가 그 위대한 종교개혁가의 마지막 가는 길을 지켜봤다. 병상 곁에 둘러 서 있는 이들에게 루터는 힘겹게 말했다.

내 병이 점점 악화되니 이제 내 영을 주님께 맡기려 합니다. 이제 나는 평안과 기쁨 가운데 떠나려 합니다. 아멘!

이런 말과 함께 시편 31:6을 세 번 되뇌더니 이내 조용해졌다. 백작 부인이 그에게 치유의 기름을 발랐지만, 루터는 회복되지 못했다. 예수 그리스도에 대한 믿음을 가지고 있으며 그리스도의 이름으로 고백했던 모든 교리를 여전히 믿느냐는 목사의 물음에 루터는 작은 목소리로 그렇다고 고백했다. 2월 18일 오전 2시에서 3시 사이 마지막 숨을 거두며 그 위대한 종교개혁가는 자신의 출생지 아이스레벤에서 평화롭게 눈을 감았다. → **(루터의 도시 아이스레벤 – 루터가 사망한 집)**

아침이 밝자 요나스는 즉시 선제후 요한 프리드리히에게 루터의 사망을 알리는 전갈을 보내고, 멜란히톤과 부겐하겐 그리고 크루시거에게도 소식을 알렸다. 소식을 들은 멜란히톤은 열왕기상 2:12 말씀을 인용하며, "이스라엘의 병거에 앉은 이, 이 마지막 시대에 교회를 이끌었던 이가 세상을 떠났도다"라고 말했다. 그 후 멜란히톤은 카타리나에게 그녀의 남편이 사망했다는 소식을 전했다.

아이스레벤의 사람들은 루터의 시신을 주석 도금을 한 관에 눕히고, 루터의 얼굴을 본떠 안면상을 제작해 그를 기념했다. 또한, 루터 가족의 친구인 할레 출신의 루카스 푸르테나겔(Lucas Furtenagel)이 아이스레벤으로 와서 루터의 초상화를 제작했다. 다음 날 아이스레벤의 성 안드레아스교회에서 요나스가 루터의 장례예배를 집례했다. → **(루터의 도시 아이스레벤 – 성 안드레아스교회)** 이날 아이스레벤의 모든 어린아이가 흰옷을 입음으로 루터에게 마지막으로 존경을 표시했다.

아이스레벤의 사람들은 루터를 자신들의 도시에 장사 지내기를 원했으나, 작센의 선제후 요한 프리드리히가 그의 시신을 비텐베르크로 옮기도록 명령했다. 큰 흰색 십자가 모양이 있는 검은 비단으로 덮힌 루터의 관을 싣고 45명의 기수로 이뤄진 장례 행렬이 비텐베르크를 향해 행진했다. 이 비단 천은 루터의 후손들이 18세기까지 잘 보존했다. → **(루터의 도시 아이스레벤 – 루터가 사망한 집)**

임종 침상에서의 루터
(Lucas Cranach)

장례 행렬이 지나는 마을마다 종을 울려 루터를 추모했다. 혹독한 겨울 추위에도 수많은 사람이 나와 눈물을 흘리며 루터의 장례 행렬을 맞았다. 특히 요나스의 사역지였던 할레에서는 마르크트교회에 루터의 시신을 하루 동안 안치하고 문상객들을 맞았다. → **(할레 - 마르크트교회)**

1546년 2월 22일 오전 장례 행렬이 마침내 비텐베르크에 도착했다. 비텐베르크대학의 교수들과 학생들 그리고 시 행정관들과 시민들이 엘스터 문 앞에서 루터를 맞았다. 또한, 루터의 아내 카타리나와 딸 마가레타가 마차에 탄 채 루터를 기다리고 있었다. 장례 행렬은 루터하우스를 지나 성 교회로 향했다. 주석 도금을 한 관을 나무 관으로 바꾼 후 성 교회 설교단 옆에 놓고 부겐하겐과 멜란히톤이 장례예배를 집례했다. 이후 루터는 그곳에 묻히고, 그의 묘는 성지 순례지가 됐다. 지금까지도 수많은 사람이 그곳을 찾는다. → **(루터의 도시 비텐베르크 - 성 교회)**

루터 운구 행렬 (Adolph von Menzel)

제11장
루터의 종교개혁 이후와 그 영향

　루터가 사망한 후에도 그를 지지하는 자들로 구성된 '슈말칼덴 동맹'은 신성로마제국 안에서 황제에 대항하는 가장 강력한 세력이었다. 개신교 신앙고백을 따르는 영주들로 이뤄진 이 동맹은 황제와 끊임없이 갈등하고 대결 구도 가운데 있었다. 특히 작센의 선제후 모리츠가 이번에는 황제에 맞서는 동맹의 선봉에 섰다.

　1552년 1월, 모리츠는 프랑스 왕 앙리 2세(Henry II)와 반(反)합스부르크 동맹을 결성해 칼 5세를 공격했다. 모리츠의 군대는 아우그스부르크를 점령한 데 이어, 인스부르크(Innsbruck)에서 칼 5세의 군대를 격파했다. 모리츠의 공세에 밀린 황제는 필라흐(Villach)로 피신해야 했다. 칼 5세는 1552년 8월 심신이 지친 나머지 동생 페르디난트 1세에게 전권을 넘긴 뒤, 9월에 파사우 조약(Passauer Vertrag)을 체결해 다음 아우그스부르크 제국 의회 때까지 개신교 측에 종교적 관용을 허락하겠다고 약속했다.

　이렇게 해서 1555년 9월 아우그스부르크 제국 의회가 소집되고, 아우그스부르크 종교평화협정(Augsburger Religionsfriede)에 양측이 서명했다. →(아우그스부르크 - 갈멜수도회 수도원과 성 안나교회, - 성 울리히와 아프라성당과 성 울리히교회) 이 일을 주관한 이는 칼 5세가 아니라, 그의 동생 페르디난트 1세였다. 이 회의에서 이뤄진 합의의 핵심은 "제후의 영지 내에서는 제후의 종교를 따른다"(*cuius regio, eius religio*)라는 것이다. 이는 로마 가톨릭교회와 개신교(루터교)가 장기간의 대립과 대결을 종결하고 서로가 상대를 인정하되, 백성은 그 지역을 다스리는 영주의 종교를 따라야 한다는 결정이었다. 이제 각 지역의 종교는 황제가 아니라 그 지역의 제후가 결정할 수 있게 됐고, 이는 루터를 지지하는 제후들이 아무런 간섭 없이 자기 영지 안에서 자유롭게 루터파 교회를 세울 수 있게 됐음을 의미했다.

이로써 1517년 루터에 의해 시작된 종교개혁 운동과 이를 통해 나온 개신교회가 38년의 투쟁을 통해 마침내 로마 가톨릭교회와 동등한 법적 지위를 얻고 공식적으로 인정을 받았다. 이것으로 로마 가톨릭교회와 개신교 사이의 종교전쟁은 평화 국면을 맞았다. 이러한 갈등의 봉합과 화합은 신구교 모두 회교도인 튀르크족이라는 외적의 침입에 맞서야 한다는 필요가 있어 가능했다.

아우그스부르크 종교평화협정은 페르디난트 1세가 황제의 이름으로 선포했지만, 칼 5세 자신은 끝까지 종교 통합을 고집하며 이를 인정하지 않았다. 칼 5세는 당시에 유럽에서 알려진 세상의 절반을 통치하는 권력자였지만 결국 역사의 흐름을 되돌릴 만한 힘은 가지고 있지 못했다. 그가 1519년부터 줄기차게 추진한 로마 가톨릭교회 보편제국 건설의 꿈은 물거품이 됐다.

이로 인해 삶의 회의와 체념에 빠진 칼 5세는 아들 펠리페 2세(Felipe II)에게 1555년 10월 부르군트 공국을 그리고 12월에 스페인과 해외 식민지의 통치권을 양위했다. 그와 동시에 황제 위를 동생 페르디난트 1세에게 물려줬다. 1556년 9월 조용히 노후를 보내기 위해 네덜란드를 떠나 스페인으로 돌아간 칼 5세는 한적한 시골 마을의 수도원에서 마지막 여생을 보냈다.

아우그스부르크 종교평화협정으로 신성로마제국 내의 종교 갈등이 봉합되고 평화가 찾아오리라는 기대가 무너지는 데는 시간이 그리 오래 걸리지 않았다. 종교평화협정을 통해 얻은 종교 관용은 어디까지나 지방 영주제의 승리였다. 아직 개인의 종교적 자유 권리를 얻어 낸 것은 아니었다. 그 종교평화협정은 영주들의 정치적 목적에 영향을 받을 수밖에 없었고, 이는 추후 '30년 전쟁'(1618-1648)이라는 이름으로 알려진 최초의 국제 전쟁의 단초가 됐다. 그리고 전쟁으로 독일은 다시 황폐화됐다.

루터교회의 확산이 거의 멈춰 가던 16세기 중반 스위스 제네바를 중심으로 새로운 종교개혁 세력이 성장했다. → (제네바) 이 새로운 종교개혁의 중심에는 프랑스 출신의 제2세대 종교개혁가 장 칼뱅(Jean Calvin)이 있었다. 그와 함께 칼빈주의 개혁교회라고 불리는 새로운 교회 유형이 제네바의 울타리를 넘어 열렬한 기세로 서유럽의 많은 지역으로 퍼져 나갔다. → **(제네바 – 성 피에르교회)** 그 결과 독일과 스칸디나비아반도를 제외한 서유럽의 많은 지역에 칼빈주의 개혁교회가 확산했다. 루터교의 아성인 독일 내에도 칼빈주의가 침투해 "제2의 종교개혁 운동"이라 불리기도 했다. → **(제네바 – 세계 종교개혁 기념 조형물)**

- **장 칼뱅**
 (프랑스어명 Jean Calvin, 영어명 John Calvin, 1509-1564)

장 칼뱅(작가 미상)

칼뱅은 프랑스 피카르디(Picardie)의 누아용(Noyon)에서 법률가이자 누아용 대성당의 공증인이며 재정담당을 맡고 있던 아버지 제라드 꼬뱅(Gerard Cauvin)과 어머니 장 르프랑(Jeanne Lefranc) 사이에서 태어났다. 14세 때 파리의 마르세(Marche) 학교에서 라틴어를 수학하고, 파리대학 몽테

규(Montague) 대학에서 문학을 공부했다. 그러나 아버지의 권유로 오를레앙(Orleans)대학과 부르주(Bourges)대학에서 법학을 공부하다가 아버지가 돌아가시고 난 뒤 1531년 다시 파리로 돌아가 히브리어, 그리스어, 라틴어 등 고전어와 인문학을 공부했다.

이때 벌써 그는 자신의 첫 저서인 고대 로마 시대 스토아파 학자 세네카의 『관용론 주석』을 출판했다. 루터의 95개조 논제가 독일은 물론 덴마크, 핀란드, 스위스 등으로 그 영향력이 빠르게 확산해 갈 무렵 칼뱅은 개혁교회의 신학 체계를 수립하기 위한 신학자와 목회자 수업을 받고 있었다.

칼뱅은 23세나 24세경 회심을 경험했다. 자신의 회심 경험을 "수비타"(*Subita*), 즉 "기대하지 못한" 사건이라고 표현했던 칼뱅은 "성서가 말씀하시는 하나님의 뜻에 순종함으로써 회심했다"라고 고백했다. 그의 고백은 성서 연구로 말미암아 기독교 교리를 확립하면서 더욱 견고해졌다. 1533년 칼뱅의 친구이자 파리대학 총장인 니콜라스 콥(Nicholas Cop)이 교회의 개혁을 지지하는 연설을 함으로써 위험에 처했는데, 이 연설문의 초안을 작성한 이가 칼뱅이었다. 칼뱅은 콥과 함께 파리를 떠나 도피 생활에 들어갔다. 그 후 칼뱅은 유럽의 여러 도시에서 이방인으로 살아야 했다. 그는 죽기 4년 전에야 겨우 제네바 시민권을 받았으며, 그전까지는 체류 허가증을 가진 피난민 자격으로 거주했다.

파리를 떠난 이후 칼뱅은 로마 가톨릭교회와 결별하고 성직록도 포기하면서 목사의 일을 시작했다. 슈트라스부르크와 제네바(Geneva)에서 목사와 성서학자로 지내는 동안 그는 그리스도의 통치와 민주주의가 결합한 교회 형태를 이루는 데 골몰했다. 교회의 머리이신 예수 그리스도가 성령으로 임재하시는 교회에 교황은 존재할 이유가 없다고 본 칼뱅은 교사, 목사, 장로, 집사의 직분을 세우고, 권징 제도를 도입해 교회의 질서를 유지하고자 했다. 또한, 고해성사를 없애고자 했으며, 심방 제도를 만들어 성도들을 위로하고 지도하며 권면했다.

칼뱅은 1536년 『기독교 강요』를 처음 출판한 후 1539년과 1543년에 증보판을 발행했고, 1559년에 최종판을 출판했다. 그는 1540년 8월 두 명의 자녀를 둔 미망인이자 자신처럼 신앙 문제로 난민의 삶을 살아가던 이델라트 드 뷔르(Idelette de Bure)와 결혼했다. 그러나 결혼 후 2년 만에 얻은 아들이 생후 22일 만에 죽고, 1549년 부인마저 죽고 말았다. 이후 독신으로 살았던 칼뱅은 55세이던 1564년 2월 마지막 설교를 마친 뒤 쓰러졌다. 병석에서도 칼뱅은 『여호수아서 주석』을 완성한 뒤 자신의 신학을 계승한 테오도르 베자(Theodore Beza, 1519-1605)의 품에서 마지막 눈을 감았다.

독일과 전 세계에 미친 루터의 영향은 지대했다. 우선 그가 라틴어로 돼 있어 대중들이 쉽게 접근할 수 없었던 성서를 독일어로 번역한 업적은 여러 가지 면에서 의미 있는 일이었다. 이를 통해 대중들은 성직자라는 중간자 없이 자유롭게 성서를 읽고 그 말씀을 이해할 수 있게 됐다. 그가 성서를 번역하면서 사용한 독일어는 현대 독일어의 표준이 돼 독일어를 통일하는 데에 공헌했다. 그가 성서를 번역하며 사용한 독일어로 오늘날 독일 사람들은 교육을 받고 있다. 영국에 셰익스피어가 있다면 독일에는 루터가 있다고 독일 사람들은 자랑스러워한다. 루터의 설교는 회중에 읽혔고, 그의 전례는 노래로 불렸으며, 그의 요리문답은 가정에서 읽히고 가르쳐졌다.

영국에서 성서 번역은 윌리엄 틴달(William Tyndale)의 일이었고, 공공기도서는 토마스 크랜머(Thomas Cranmer)의 일이었으며, 요리문답은 웨스트민스터 신학자들의 일이었다. 설교 양식은 휴 라티머(Hugh Latimer)에게서 유래했고, 찬송가는 아이작 와츠(Isaac Watts)에게서 나왔다. 이들은 다른 시대에 살았고, 함께 일하지 않았다. 하지만 루터는 혼자서 이 모든 일을 해냈다. 무엇보다 루터는 모든 개신교의 원줄기다.

루터의 종교개혁은 독일을 넘어 다른 나라들에서 성서를 모국어로 번역하는 일에 영향을 끼쳤으며, 여러 개신교 신조와 신앙고백에 영향을 줬다. 루터 이후 루터주의는 스칸디나비아로 확산해 미국에까지 건너갔다. 그리고 미국 선교사들을 통해 한국에까지 들어오게 된 것이다.

종교개혁 500주년을 앞두고 독일개신교회(EKD: Evangelische Kirche in Deutschland)는 2008년부터 2017년까지 "루터 10년"(Lutherdekade) 프로젝트를 수행했다. 그 프로젝트에서 가장 중요한 과업은 10년간 매해 종교개혁이 신앙고백(Bekenntnis), 교육(Bildung), 자유(Freiheit), 음악(Musik), 관용(Toleranz), 정치(Politik), 그림과 성서(Bild und Bibel), 그리고 하나의 세계(die Eine Welt) 각 영역에 끼친 영향을 주제에 따라 발표하는 자리를 마련하는 것이었다. 이를 통해 독일개신교회는 종교, 정치, 사회, 문화를 망라해 교회가 감당해야 할 오늘의 선교적 과제를 제시하고자 했다.

독일 개신교회는 그 행사의 마지막 정점을 "화해와 일치"에 뒀다. 이는 종교개혁 500주년을 맞아 개신교회가 더 이상 지난 500년의 기억과 업적에만 머물 것이 아니라, 종교개혁이 초래한 의도치 않은 교회 분열의 역사적 과오를 되새기며 미래를 향해 새로운 출발을 하는 계기로 삼자는 다짐이었다.

2016년 10월 31일 종교개혁 기념일에 스웨덴 룬트(Lund)에서 로마 가톨릭교회의 프란치스코 교황과 '루터교세계연맹'(LWF: Lutheran World Federation)의 무니브 유난(Munib Younan) 회장이 함께 종교개혁 500주년 희년(Reformationsjubiläum)예배를 인도한 것은 이러한 정신에 신구교가 함께 한다는 뜻이었다. 개신교는 물론 로마 가톨릭교회 역시 종교개혁의 유산을 교회사적인 공동의 유산으로 받아들이고, 과거를 넘어 미래를 향해 함께 공동의 선교 과제를 수행해 나가자는 것이었다.

이는 전통적으로 기독교권이었던 유럽의 교회가 포스트모던 시대의 도래와 함께 더욱 더 세속화 돼 가는 오늘날의 사회에서 그동안 교회가 지녀왔던 영적인 영향력과 선교 동력의 쇠퇴를 경험하며 느끼는 위기의식의 발로이기도 하다. 한국교회도 유럽의 교회가 가진 위기를 동일하게 겪어 가게 될 것이다.

게다가 오늘날 한국교회는 교회와 성직자의 타락이라는 비판을 함께 받고 있다. "교회는 항상 개혁되어야만 한다"(*ecclesia semper reformanda*)!라는 종교개혁가들의 격언을 한국교회가 되새기기를 기도한다. 이 격언은 오늘 우리에게 단지 교회사 가운데의 한 역사만을 의미하지 않는다. 그것은 또한, 지금 수행해야 할 현재적인 과제기도 하다.

제 2 부
종교개혁 현장 역사와 현재

제1장   존 위클리프 개혁의 장소
제2장   얀 후스 개혁의 장소
제3장   지롤라모 사보나롤라 개혁의 장소
제4장   마틴 루터의 부모의 장소
제5장   루터의 고향
제6장   루터의 학창 시절
제7장   루터의 영적싸움과 수도사 서원
제8장   종교개혁의 시작과 중심
제9장   루터의 진리를 향한 싸움
제10장   과격한 개혁자 토마스 뮌처와 농민 전쟁
제11장   루터 가족의 장소
제12장   논쟁의 개혁자들 장소
제13장   성만찬 문제를 위한 개신교 간의 종교회의
제14장   "프로테스탄트"
제15장   재세례파 문제의 장소
제16장   아우그스부르크 신앙고백의 장소
제17장   개신교 동맹과 종교적 분열
제18장   루터의 죽음
제19장   칼뱅의 도시

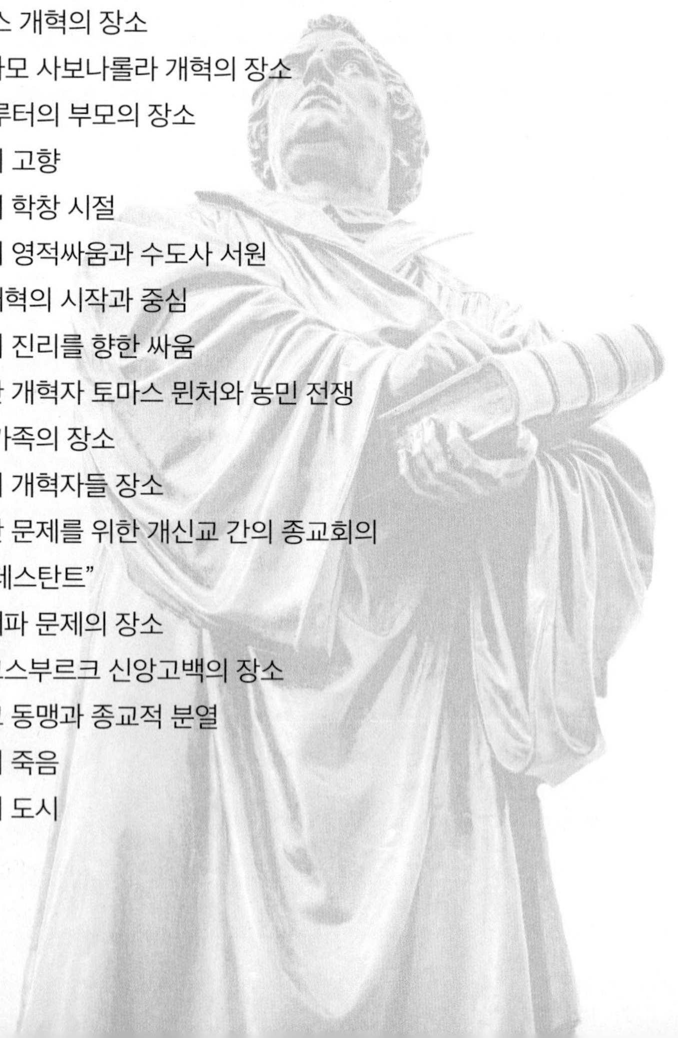

제1장

존 위클리프 개혁의 장소

1. 옥스퍼드(Oxford)

머튼대학

　옥스퍼드는 영국 옥스퍼드셔(Oxfordshire)에 있는 대학 도시다. 템즈(Thames)강 상류인 아이시스(Isis)강과 처웰(Cherwell)강 사이에 있으며 런던에서 북서쪽으로 80km 정도 떨어져 있다.

　옥스퍼드는 911년에 『앵글로색슨 족의 연대기』(*Anglo-Saxon Chronicle*)에 이곳이 앵글로색슨 족에게 정치적으로 중요한 위치로 부상했다는 기록과 함께 처음 문헌에 등장한다. 처음에 이곳은 "황소들"(oxen)의 "여울"(ford)이란 뜻의 "옥세나포다"(Oxenaforda)로 알려져 있었다. 그 이름은 이곳에 황소들이 강을 건너는 바닥이 얕은 여울이 있었던 것에서 유래했다. 오랫동안 중요한 군사 지역이었던 옥스퍼드는 12세기부터 도시 안과 인근에 다양한 수도회의 주요 건축물들이 세워졌으며, 도시에 대학이 세워진 이후부터는 대학 도시로 발전했다.

발리올대학

옥스퍼드대학(University of Oxford)은 전 세계에 현존하는 대학 가운데 두 번째로 오랜 역사를 자랑하며, 영어권에서 가장 오래된 대학이다. 대학은 12세기 문헌에 처음으로 등장하며, 오랜 기간에 걸쳐 대학들이 설립돼 지금의 종합 대학(University)이 됐다. 가장 초기에 세워진 대학들로는 유니버시티대학(University College, 1249), 발리올대학(1263) 그리고 머튼대학(1264)이 있다. 종교개혁의 선구자 위클리프가 이 대학들에서 공부하고 가르치며 종교개혁 사상을 키우고 전파했다. 위클리프 당시 옥스퍼드에는 수도사들과 사제들이 많았고, 어떤 때는 학생 수보다 많을 때도 있었다고 한다. 학생들이 수도사처럼 체발하기도 했다.

크라이스트처치대학

옥스퍼드대학의 대학들 가운데 최대 규모인 크라이스트처치대학(Christ Church College, 1546)은 16세기에 영국의 종교개혁을 시작했던 헨리 8세(Henry VIII)에 의해 세워졌다. 크라이스트처치대학은 철학자 존 로크와 감리교의 창시자 존 웨슬리 등 많은 위인을 배출했으며, 그 학교 출신의 영국 총리만도 13명에 이른다.

루터가 95개조 논제를 독일의 비텐베르크교회 문에 게시하며 종교개혁의 시작을 알렸던 해인 1517년에 옥스퍼드에는 흑사병이 발병해 학생과 교수를 포함해 도시 인구의 절반이 죽었다. 1555년에는 영국에서 종교개혁을 이끌던 휴 라티머와 니콜라스 리들리(Nicholas Ridley) 그리고 토마스 크랜머 3인이 이단으로 재판을 받고 오늘날의 브로드 스트리트(Broad Street)에서 화형당했다. "옥스퍼드 순교자들"(Oxford Martyrs)로 불리는 이들을 기념하는 순교자 기념물(Martyrs' Memorial)이 성 자일즈(St. Giles) 길의 북쪽에 있다.

2. 루터워스(Lutterworth)

성 마리아교회

루터워스는 영국 레스터셔에 있는 인구 1만 명이 안 되는 마을이다. 루터워스는 1214년 왕에게서 시장 허가(market charter)를 받았으며, 이후 작지만, 번잡한 시장 도시가 됐다. 이곳에서 존 위클리프는 1374년에서 1384년까지 성 마리아교회(St. Mary's Church)의 주임 신부로 활동했다. 위클리프는 이곳에 있는 동안 라틴어 불가타성서를 영어로 번역했다.

800년의 역사를 가지고 있는 현재의 성 마리아교회는 조지 스코트(George Gilbert Scott) 경이 1866부터 1869년까지 재건축한 것이며, 교회의 큰 첨탑은 1761년에 다시 세워진 것이다. 교회 안에는 여전히 역사적 유물들이 많다. 15세기의 벽화가 보존돼 있고, 설교단도 위클리프가 설교했던 유서 깊은 것이다. 교회에 전시된 위클리프 성서는 1876년 판이며, 1380년대에 위클리프가 만든 영어번역성서는 현존하지 않는다. 교회 안에는 사람들에게 설교하고 있는 위클리프의 형상을 조각한 것이 있고, 그 아래 그의 생애와 업적에 대한 설명이 새겨져 있다.

제2장
얀 후스 개혁의 장소

1. 프라하(Praha)

 체코의 수도인 프라하는 체코뿐만 아니라 중앙 유럽 전체의 정치적, 문화적, 경제적인 중심지였다. 블타바(Vltava)강이 도시의 중심을 가로지르고 있는 프라하는 아름다운 풍경과 함께 로마네스크, 고딕, 르네상스, 바로크, 로코코, 신르네상스, 신고전주의, 아루느보(Art Nouveau), 입체파 등 다양한 양식의 건축물들이 도시 곳곳에 퍼져 있다. 수많은 탑으로 인해 프라하는 "100 탑의 도시"(City of One Hundred Pagodas)라는 별명을 가지고 있다. 도시 전체가 1992년 유네스코 세계 문화유산에 등재됐다.

 도시의 기원과 관련된 전설에 의하면 "프라하"(Praha)라는 이름은 8세기 보하미야의 프르셰미슬(Přemysl) 공작에게 여예언자 리브셰(Libuše)가 이곳에 성을 짓고 마을을 세워 "프라하"라고 부르라고 한 것에서 왔다고 한다. 체코어 "Praha"는 "여울" 또는 "빠른"을 의미하는 고대 슬라브어 "práh"에서 온 것으로, 이곳이 블타바강을 빠르게 건너는 지점이었음을 암시한다.

 800년경 오늘날 프라하 성(Pražský hrad; 영어명 Prague Castle)이 있는 곳에 요새화된 정착촌이 형성됐고, 885년부터 성이 건축되기 시작했다. 70년쯤 뒤에 또 다른 요새인 비셰흐라드(Vyšehrad)가 세워진 이후 북쪽의 프라하 성에서 남쪽의 비세흐라드 요새까지 정착촌이 확장됐고, 이후 프라하는 천 년 이상 동안 중앙 유럽의 중심지가 됐다.

973년 신성로마제국의 오토 2세(Otto II) 치하에서 이곳은 주교좌가 됐으며, 1344년 대주교좌로 승격될 때까지 마인츠 대주교의 관할하에 있었다. 중세에 프라하는 유럽 전역에서 상인들이 찾는 무역의 중심지였고, 한때는 노예 시장의 중요한 본거지기도 했다.

프라하는 14세기에 신성로마제국의 황제이자 보헤미아의 왕이었던 칼 4세 통치 기간(1346-1378) 동안 크게 번성했다. 칼 4세는 프라하를 제국의 수도로 변모시켰으며, 프라하는 당시 로마와 콘스탄티노플 다음으로 유럽에서 세 번째로 큰 도시였다. 칼 4세는 구 시가지(Staré Město)에 인접한 곳에 신시가지(Nové Město)를 세우도록 명령하고 자신이 직접 이를 디자인했다.

나아가 칼 4세는 이곳 프라하에 1347년 중앙 유럽에서 가장 오래된 대학인 프라하대학을 설립했다. 오늘날 대학은 그를 기리며 "카를대학"(Univerzita Karlova v Praze)이라는 공식 명칭을 가지고 있다. 칼 4세는 또한, 프라하 성안에 고딕 양식의 웅장한 성 비투스대성당(Katedrála svatého Víta)을 건축하기 시작했다. 대성당 건축이 시작된 해인 1344년에 프라하는 대주교좌로 승격됐다.

칼 4세의 통치 기간 중 오늘날 프라하의 대표적인 명소 가운데 하나인 카를 다리(Karlův most)가 건축됐다. 카를 다리는 블타바강의 여울자리에 1170년에 세워진 주디스 다리(Juditin most)가 1342년 홍수로 파괴되자 그 남은 기초 돌과 함께 재건축된 것이다. 칼 4세가 1357년 7월 9일 오전 5시 31분에 다리의 첫 기초석을 직접 놓았다. 그 정확한 시간을 알 수 있는 것은 황실 점성술사들과 숫자 점쟁이들이 교량 건설을 시작하기에 가장 좋은 시간이라고 알려 준 숫자 "135797531"이 구(舊)시가지 교각 탑에 새겨져 있기 때문이다.

칼 4세가 1378년에 사망한 후 그의 아들 바츨라프 4세가 뒤를 이었다. 바츨라프 4세의 치세 기간(1378-1419) 동안 프라하에서 보헤미아의 종교개혁 운동이 시작됐다. 프라하대학의 신학자이자 총장인 얀 후스가 1402년부터 프라하의 베들레헴 예배당에서 설교하기 시작하며 부패한 교회의 근본적인 개혁을 요구했다. 그를 따르는 사람들을 통해 종교적으로나 정치적으로 프라하와 보헤미아가 위험해지자, 1415년 후스는 콘스탄츠 공의회에 소환돼 이단 재판을 받고 화형으로 처형됐다.

종교개혁의 선구자인 후스의 죽음은 체코의 민족주의를 각성시키고 후스파 전쟁이 일어나게 했다. 1420년 비트코프(Vítkov) 언덕 전투에서 얀 지슈카 장군이 이끄는 농민 반란군과 함께 프라하의 후스파 부대가 지기스문트 황제의 군대를 물리쳤다. 하지만 후스파의 득세는 오래가지 못했으며, 프라하는 다시 로마 가톨릭교회에 넘어갔다. 다음 2세기 동안 프라하는 상인 도시로서 그 역할이 강화됐다.

1526년 보헤미아 영주들이 합스부르크가의 페르디난트 1세를 보헤미아의 왕으로 선출했다. 열렬한 로마 가톨릭교회 신자였던 그 가문으로 인해 개신교 사상이 인기를 누렸던 보헤미아와 프라하에 분쟁이 일어났다. 그러나 1576년 보헤미아 왕으로 선출된 신성로마제국 황제 루돌프 2세(Rudolf II)는 이 문제가 더 이상 커지지 않도록 했으며, 그는 프라하를 자신의 거주지로 삼았다. 루돌프 2세는 프라하 성에 살며, 자신의 궁정에 점성가와 마술사뿐만 아니라 과학자와 음악가 그리고 미술가를 받아들였다. 예술 애호가였던 루돌프를 통해 프라하는 유럽 문화의 수도가 됐다. 이때가 그 도시의 또 다른 번영기였다.

30년 전쟁은 프라하와 보헤미아에게 가혹한 시기였다. 페르디난트 2세(Ferdinand II)가 폐위되고, 팔츠(Pfalz)의 선제후 프레드리히 5세(Friedrich V)가 보헤미아 왕이 됐다. 그러나 그의 군대가 로마 가톨릭교회 측 군대에 대패한 후, 프라하의 개신교인들은 수난을 당했다. 1621년 6월 21일 보헤미아를 로마 가톨릭교회로 귀환시키도록 강요한 정책에 저항했던 개신교 지도자 27명이 구시가 광장에서 잔인하게 처형됐다.

현재 옛 시청사 앞에 "1621년 6월 21일"이라는 글씨와 함께 27인의 개신교 순교자들을 기념하는 27개의 하얀 십자가가 인도 위에 그려져 있으며, 그들의 이름이 적힌 표지판이 구 시청사 벽면에 붙어 있다. 이 박해 시기에 많은 사람이 프라하에서 추방됐다. 결국, 프라하는 다시 로마 가톨릭교회로 돌아갔고, 이후 나머지 체코 지역들도 로마 가톨릭교회로 돌아갔다.

오늘날 세계적인 관광지답게 프라하에는 유명한 문화 명소가 많이 있다. "얀 후스 광장"이라고도 불리는 "구시가 광장"에는 유명한 천문시계가 설치된 구시청사와 "틴 성당"이라고 불리는 고딕 양식의 아름다운 두 첨탑을 가진 "틴 앞의 성모성당"(Kostel Matky Boží před Týnem; 영어명 Church of Our Lady before Tyn)이 있다. 그밖에 카를 다리, 유대인 지구, 프라하 성, 그리고 프라하 성 인근에 있는 요새인 비셰흐라드(Vyšehrad)와 그 안에 있는 사도 베드로와 바울성당(Bazilika svatého Petra a Pavla) 등이 명소다.

프라하 성 내 좁은 골목길에 있는 황금소로(Zlata ulicka; 영어명 Golden Lane)도 관광객들로 항상 붐비는 곳인데, 이곳에는 프라하 출신의 유명한 작가 프란츠 카프카(Franz Kafka)가 작품을 집필하던 집이 작은 박물관과 서점으로 남아 있다. 황금소로는 원래 프라하 성을 지키는 병사들의 막사로 사용하기 위해 건설됐으나, 루돌프 2세 때인 16세기 후반 연금술사와 금은 세공사들이 살면서 "황금소로"라고 불렸다고 한다. 카프카의 초기 단편소설 "어느 투쟁의 기록"(Beschreibung eines Kampfes)에서 잘 묘사된 페트린(Petřín) 언덕도 프라하 시민들이 즐겨 여가 시간을 보내는 곳으로 명소다.

얀 후스 기념물(Pomník mistra Jana Husa)
Staroměstské náměstí 110 00, Praha 1

얀 후스 기념물

프라하 구시가 광장 한쪽 끝에 얀 후스 기념물이 있다. 이 거대한 기념물은 중앙에 우뚝 솟아 있는 커다란 후스의 동상과 함께 30년 전쟁 중 '빌라 호라 전투'(Bitva na Bílé hoře; 영어명 Battle of White Mountain)에서 패한 후 추방 당하는 후스파 전사들과 개신교인들의 모습을 그리고 국가의 재탄생을 상징하는 젊은 어머니의 모습을 형상화했다. 기념물은 기부금만을 받아서 얀 후스 순교 500주년이 되는 1915년에 라디슬라브 샬룬(Ladislav Saloun)이 제작했다. 후스 동상 아래에는 그가 콘스탄츠 감옥에 갇혀 있을 때 신앙의 동지들에게 보낸 편지의 한 구절이 새겨져 있다.

지금 서로 사랑하십시오. 그리고 모든 사람에게 진리를 요구하십시오.

후스는 사후에도 계속해서 보헤미아와 프라하 주변의 다른 지역 사람들에게 압제적 정권에 대한 항거의 상징이 됐다. 로마 가톨릭교회에 맞섰던 후스의 저항 정신은 19세기에 합스부르크가가 체코 땅을 지배하는 것에 반대하는 사람들에게 힘을 주는 저항의 상징이 됐다. 이를 보여 주기라도 하듯 후스 기념물은 로마 가톨릭교회 교구 성당인 '틴 앞의 성모 성당' 앞 광장에 당당한 모습으로 서 있다. 체코슬로바키아가 공산당 통치하에 있을 때 기념물의 얀 후스 동상 발밑에 앉는 것은 공산주의 통제에 대한 자신의 저항과 반대를 조용히 표현하는 방법이었다.

베들레헴예배당 (Betlémská kaple) Betlémské náměstí 255/4, Praha 1

베들레헴예배당

베들레헴예배당 내부

베들레헴예배당은 1391년에 중세 보헤미안교회에 대한 독일의 지배를 타파하려는 목적을 가지고 세워졌다. 그에 따라 이곳에서는 처음부터 체코어로 예배가 드려졌다. 이곳은 3천 명까지도 수용할 수 있었지만, 공식적으로 "교회"(kostel)라고 불린 적이 없으며 "예배"당(kaple)으로 불려 왔다. "교회"(kostel; 영어 church)는 일반적으로 교구나 수도원 공동체를 가지고 있는 교회 건축물을 가리키고, "예배당"(kaple; 영어 chapel)은 교구를 갖고 있지 않은 예배처를 지칭한다.

이 예배당은 후스가 목회하고 설교했던 곳으로, 후스는

이곳을 중심으로 보헤미아의 교회들을 신약성서의 교회 모습으로 개혁하고자 노력했다. 후스와 함께 베들레헴예배당은 보헤미아 지역에서 종교개혁 전통에 서 있는 교회들의 어머니 교회와 같은 곳이 됐다. 1412년 후스를 출교한 후 교황은 베들레헴예배당을 철거하라고 명령했지만, 이를 시의회에서 체코인 다수가 거부했다. 이곳에서 토마스 뮌처가 프라하에 체류하는 동안 독일어로 설교하기도 했다.

1661년 예수회가 예배당을 인수한 후 로마 가톨릭교회 성당으로 개조했다. 그 후 건물은 파손돼 가다가 1786년에 결국 철거됐다. 1837년 그 자리에 아파트 건물이 지어졌다가 1950년부터 1952년까지 체코슬로바키아 공산 정권하에서 후스 시대의 모습으로 재건됐다. 오늘날의 예배당은 그때 재건된 건물이다. 본당 내부 벽면에는 소박하고 단순한 벽화들이 그려져 있다. 이 벽화들은 후스의 화형 장면 등 보헤미아의 역사와 관련된 그림들이며, 그 아래 있는 글들은 후스의 저서에서 온 것들이다. 위층의 작은 방들에는 체코의 역사와 얀 후스의 생애와 작품 등이 전시돼 있다.

2. 콘스탄츠(Konstanz)

독일 남부 보덴 호수(Bodensee)에 위치한 콘스탄츠는 대학 도시로 맑은 날에는 스위스의 알프스가 보여 관광지로도 유명하다. "콘스탄츠"라는 이름 이전에는 "콘스탄티아"(Constantia)라 불렸는데, 그 이름은 300년경 이 지역에 요새를 세웠던 로마 황제 콘스탄티우스 클로루스(Constantius Chlorus)에게서 유래했다. 585년경 첫 번째 주교가 콘스탄츠에 거주한 이래로 1200년 이상 동안 이 도시는 로마 가톨릭교회의 주교좌였으며, 중세 말 기록에 의하면 주민 6,000명 가운데 약 1/4이 성직자로 과세 대상에서 제외될 정도로 종교적인 도시였다. 콘스탄츠는 1192년에 신성로마제국

후스 박물관

도시로서의 특권을 얻었다.

이곳에서 1414년에서 1418년까지 콘스탄츠 공의회가 개최됐다. 후스는 공의회에 소환돼 1414년 11월 3일 콘스탄츠에 도착한 후 11월 28일 체포될 때까지 이 도시에 머물렀다. 그는 파울스가세(Paulsgasse)에 있는 과부 피스터(Pfister)의 집에 그의 동료들과 함께 머물렀다.

파울스가세(Paulsgasse)는 1873년에 "후센슈트라세"(Hussenstraße)로 이름이 바뀌었다. 피스터의 집이 있던 곳의 오늘날의 주소는 후센슈트라세 64번지로, 현재 그곳에 있는 목골조 주택은 15-16세기에 지어진 것이다. 체코슬로바키아가 1923년 프라하의 후스 박물관 협회(Hus Museum Society)에 이 집을 양도한 후, 그 건물은 후스 박물관(Hus-Museum)으로 개조돼 문을 열었다. 박물관에는 프라하대학 총장으로서 후스가 한 일과 그가 콘스탄츠에 오기까지의 과정에 대한 자료가 전시돼 있다.

콘스탄츠 공의회 회기 기간 중인 1415년 7월 6일 얀 후스가 이단으로 화형에 처해졌다. 후스가 화형을 당한 그 장소에 후대에 후스 기념석(Hussenstein)이 놓였다. 같은 장소에서 후스의 추종자였던 제로님 프라슈스키(Jeroným Pražský; 영어명 Jerome of Prague)가 1416년 5월 30일에 화형을 당했다. 후스 기념석은 이를 함께 기리고 있다.

후스 기념석

콘스탄츠에서의 개신교 종교개혁은 1520년대에 암브로시우스 블라러(Ambrosius Blarer)가 주도했다. 도시는 곧 공식적으로 개신교 도시임을 선포하고, 교회에서 성화가 제거되고, 로마 가톨릭교회 주교는 호수 건너편의 작은 도시 메어스부르크(Meersburg)로 옮겨갔다. 콘스탄츠는 처음에는 '테트라폴리타나 신앙고백'(Confessio Tetrapolitana)을 따랐으나 얼마 되지 않아 루터파의 '아우그스부르크 신앙고백'을 따르는 쪽으로 돌아섰다.

1548년 황제 칼 5세가 콘스탄츠에 제국 금지령을 내리자, 콘스탄츠는 황제에게 항복해야했으며 제국 도시의 지위를 잃었다. 합스부르크가의 새로운 통치자들은 콘스탄츠 도시를 다시 로마 가톨릭교회으로 귀화시켰고, 1604년에 예수회 대학이 콘스탄츠에 문을 열었다. 1610년에 그 대학 부속 건물로 지어진 극장은 오늘날도 여전히 정기적으로 공연하는 독일에서 가장 오래된 극장이다.

콘스탄츠는 스위스 국경에 인접해 있었기 때문에 제2차 세계대전 중에 연합군에 의해 폭격을 당하지 않았다. 도시는 밤에 모든 조명을 켠 채 폭격기들이 그곳을 스위스 일부라고 생각하도록 속였다고 한다.

3. 타보르(Tabor)

체코 프라하에서 남쪽으로 90km쯤 떨어진 곳에 후스파의 도시 타보르가 있다. 남 보헤미아 지방의 루지니체강 연변에 있는 타보르는 그 이름이 성서의 지명에서 온 것이다. 이곳은 1420년 초에 보헤미아의 종교개혁가 얀 후스의 추종자들 가운데 급진적 후스파에 의해 건설된 도시다. 이때 주도적 역할을 한 이가 후스파의 영웅적인 장군이었던 얀 지슈카였다. 그 때문에 도시 곳곳에 그를 기리는 장소들이 많다. 타보르는 오랫동안 후스파 운동의 중심지였다.

타보르 전경

얀 지슈카 동상

오늘날 타보르 도시는 옛 성채로 둘러싸여 있으며, 건설 당시에 세워진 베히네 문도 보존돼 있다. 도시 한 가운데 지슈카 광장이 있고, 광장 중앙에 타보르의 영웅 얀 지슈카의 동상이 있다. 9미터 높이의 받침대 위에 서 있는 얀 지슈카 동상은 1930년부터 작업을 시작해 1950년에 완성됐다. 얀 지슈카 동상 뒤로 시청이 광장 중앙에 있고 그 시청과 연결돼 후스파 박물관이 있다. 박물관에는 지슈카 장군과 후스파 전쟁에 대한 자료들이 전시돼 있다.

제3장

지롤라모 사보나롤라 개혁의 장소

1. 피렌체(Firenze)

피렌체 전경

 "꽃"이라는 뜻의 이름을 가진 피렌체는 이탈리아 토스카나(Toscana) 주의 주도이자 그 주에서 가장 큰 도시다. 아르노 강변에 있는 피렌체는 중세에 유럽의 무역과 금융의 중심지였으며, 이탈리아 르네상스의 진원지로 건축과 예술로 유명하다. 이 도시는 이탈리아 귀족 역사상 가장 중요한 귀족 가문인 메디치 가문이 다스렸던 곳이었고, 1865년에서 1870년까지는 이탈리아 왕국의 수도였다. "꽃의 성모마리아성당"(Basilica di Santa Maria del Fiore)이라는 이름을 가진 대성당(Duomo), 지오또종탑(Campanile di Giotto), 산지오반니세례당(San Giovanni Battistero), 베키오궁정(Palazzo

Vecchio), 우피치미술관(Galleria degli Uffizi)과 아카데미아미술관(Academia Gallery) 등 도시 전체가 박물관처럼 느껴지는 곳이다. 항상 수많은 관광객으로 넘쳐나는 이 도시는 1982년 유네스코 세계 문화유산으로 지정됐다.

유네스코 세계 문화유산
산 지오반니 세례당(좌),
대성당(중앙), 지오또 종탑(우)

피렌체의 번영기는 15세기 후반 로렌초 데 메디치(Lorenzo de' Medici)와 그 가문이 통치하던 시기였다. 메디치 가문은 두 명의 교황을 배출해 내기도 했는데, 1513년에 메디치 가문의 지오반니 디 로렌초 데 메디치(Giovanni di Lorenzo de' Medici)가 교황 레오 10세가 됐고, 1523년에는 지울리오 디 지울리아노 데 메디치(Giulio di Giuliano de' Medici)가 교황 클레멘트 7세(Clement VII)가 됐다. 이들은 루터에 의해 종교개혁의 불꽃이 일어나고 발전하던 시기에 재임한 교황들로 루터의 적이기도 했다.

로렌초 데 메디치는 피렌체 르네상스 미술의 3대 거장으로 불리는 미켈란젤로, 보티첼리, 레오나르도 다 빈치 등에게 작품을 의뢰하는 예술 후원가였으며, 유명 작곡가와 가수들을 피렌체로 불러들이는 등 예술 발전에 많은 기여를 했다. 동시대 피렌체 시민들은 그를 "위대한 로렌초"(Lorenzo il Magnifico)라고 불렀다. 지금도 피렌체 박물관과 미술관들에는 르네상스 거장들의 예술품들이 넘쳐난다.

1492년에 로렌초 데 메디치가 사망한 후, 그의 아들인 피에로(Piero)가 통치권을 이어받았으나 프랑스의 침략에 굴복했고, 시민들의 폭동으로 피렌체에서 쫓겨났다. 이 시기에 산 마르코 수도원 원장이었던 지롤라모 사보나롤라는 메디치 가문의 추방을 그들의 타락에 대한 신의 징벌이라고 비판했다. 사보나롤라는 정치적 개혁과 함께 종교개혁을 이룰 기회를 잡았다. 하지만 이후 그의 극단적인 금욕주의와 심판에 대한 무시무시한 가르침에 지친 피렌체 시민들이 그에게 등을 돌렸고, 그는 체포됐다. 사보나롤라는 이단으로 유죄 판결을 받고 1498년 5월 23일 화형으로 처형됐다.

피렌체의 시뇨리아 광장 바닥 한쪽에 자세히 보지 않으면 무심코 지나치게 되는 둥근 모양의 기념판이 하나 있다. 이 기념판은 사보나롤라의 순교를 기념하기 위해 1901년 5월 22일 피렌체시가 사보나롤라가 사형당한 자리에 만들어 헌정한 것이다. 기념판에는 이렇게 기록돼 있다.

> 1498년 5월 23일, 이곳에서 지롤라모 사보나롤라 수도사가 도미니크 수도사 및 실베스트로 수도사와 함께, 부당한 판결로 교수형을 받은 뒤 화형에 처해졌다. 4세기 후 추모의 뜻을 담아 이 기념비를 세운다.

그 기념판이 설치되기 전인 1882년에 피렌체시는 시 창설 500주년을 기념해 사보나롤라의 동상을 먼저 세웠다.

사보나롤라 순교 기념판

사보나롤라 동상

제4장

마틴 루터의 부모의 장소

1. 뫼라(Möhra)

루터하우스(좌) 루터 교회(중앙) 루터 동상(우)

뫼라는 튀링엔 숲의 남서부에 자리 잡은 지금도 주민이 1,000명도 안 되는 목가적인 지역으로, 루터의 아버지 한스 루더의 고향이다. 현재 31Km 길이의 '루터의 길'(Luthersweg)이 글라스바흐그룬트부터 아이제나흐 방향으로 뫼라를 통과해 이어진다. 뫼라는 루터 가족의 뿌리가 되는 곳으로, 이곳에서의 가족의 역사는 14세기까지 거슬러 올라간다.

한스 루더는 여기서 태어나 자랐고, 이곳에서 구리 광산업에 종사했다. 그는 결혼 후 뫼라를 떠났으나, 부모님의 농장을 물려받은 그의 형제 하인츠 데어 클라이네(Heinz der Kleine)가 이 지역에 계속 살며 큰 가문을 이뤘다. 1536년에 이르러서는 그 친족이 6개의 농장을 소유하고 있었고, 이웃

마을들에도 다른 친족들이 살고 있었다. 루터는 1521년 그의 편지 가운데서 "나는 숲의 다른 쪽에 있는 친척들에게 가 봤습니다. 그들은 거기에 있는 거의 전 지역을 차지하고 있었습니다"라고 말한 적이 있다. 루터 가문의 후손 일부가 오늘날에도 여전히 이 지역과 주변에 살고 있다.

오늘날 '루터하우스'(Lutherhaus)가 있는 루터플라츠(Lutherplatz) 1번지의 옛 농장건물에서 루터의 아버지 한스가 태어났다. 1618년 하인츠 데어 클라이너의 증손자인 게오르크 루터(Georg Luther)가 옛 농장건물 자리에 집을 다시 지었고, 그 집에 1909년에 "마틴 루터 박사 가족 집"이라는 명판이 놓였다. 현재의 아름다운 목골조 건물은 1982년에 원래 모습으로 복구된 것이다. 루터 가문이 여전히 이 집을 소유하고 있다.

루터는 1521년 5월 3일과 4일 보름스에서 돌아오는 길에 뫼라에 머물렀다. 5월 3일 하룻밤 루터가 지금 루터하우스가 있는 자리의 옛집에서 묵었는지는 확실하지 않다. 그가 하인츠(Heinz) 삼촌과 함께 묵었다는 것만이 확실히 알려져 있다. 5월 4일 그는 마을 광장의 보리수나무 아래에서 주민들을 향해 야외설교를 했다. 이 나무는 150년 전 폭풍에 부러져 없어졌다.

루터하우스 뒤편 루터플라츠 2번지에 '루터교회'(Lutherkirche)가 있다. 루터가 1521년 마을을 방문했을 때만 해도 작은 예배처(Kapelle)였던 곳으로, 1560년에 교회로 증축됐다. 오늘날의 교회 건물은 1699년에서 1704년에 세워졌으며, 전해진 바로는 거기 있던 옛 건물 재료를 사용해 지었다고 한다. 그 옛 작은 예배처에서 루터의 부모가 1480년에 결혼했다. 이 옛 건물 가운데 남아 있는 부분이 성가대석, 개선문, 설교단에 보존돼 있다.

루터교회의 신도석은 1704년에 만들어졌으며, 웅장한 바로크 양식의 오르간은 1686년 인근 지역인 루라(Ruhla)에서 중고로 구입한 것이다. 이곳의 첫 루터교 목사는 1536년에서 1540년까지 이곳에서 목회했던 하인리히 헤르만(Heinrich Hermann)이었다. 루터의 한 후손이 1907년 루터를 기넘하며 3개의 성가대석 창문을 기증했다. 그 창 가운데 하나에서 루터와 멜란히톤의 모습을 볼 수 있다.

교회 내부

루터와 멜란히톤 - 성가대석 창문

루터하우스와 루터교회 앞마을 중앙에 루터 기념 조형물이 서 있다. 이 조형물은 마이닝엔(Meiningen)의 조각가 페르디난트 뮐러(Ferdinand Müller)가 만든 것으로 1861년 6월 25일 제막됐다. 뉘른베르크에서 주조된 그 기념 동상 아래 받침대 한 면에 "그의 조상들의 자리에서 우리 루터에게, 1846년"이라는 글귀가 새겨져 있다. 나머지 다른 3면에는 루터의 생애 가운데 있었던 중요 장면의 그림들이 새겨져 있다.

오른쪽 면에는 바르트부르크에서 성서를 번역하는 기사 게오르크로서의 루터, 왼쪽 면에는 비텐베르크에서 95개조 논제를 붙이고 있는 루터, 그리고 뒷면에는 글라스바흐그룬트에서 납치되고 있는 루터를 볼 수 있다. 그 고딕식 천개(baldachins) 아래 네 모퉁이에는 4복음서 저자들이 그 상징들인 천사(마태), 사자(마가), 황소(누가), 그리고 독수리(요한)와 함께 조각돼 있다. 루터는 그 받침대 위에 가운을 입고 왼손에는 성서를 펼쳐 든 채 위엄 있게 서 있다. 그 펼쳐진 성서에는 요한복음 8:31 말씀 구절이 적혀 있다.

너희가 내 말에 거하면 참 내 제자가 되고, 진리를 알지니 진리가 너희를 자유케 하리라(요8:31-32).

2. 바트 노이슈타트(Bad Neustadt)

혼토어(중앙)와 구 관청사(좌)

바트 노이슈타트는 루터의 어머니 마가레터 린데만이 태어난 곳이다. 1479/80년 마가레테는 동갑인 한스 루터와 결혼을 한 후, 바트 노이슈타트에 있는 자신이 태어난 집에서 3년 동안 신혼을 보냈다. 그 집이 정확히 어디였는지는 알 수 없으나, 혼토어(Hohntor) 인근의 집이었을 것으로 추정된다. 현재는 혼토어 옆의 구 관청사(Altes Amtshaus) 외벽에 그녀가 바트 노이슈타트에서 태어나 어린 시절을 보냈으며, 그녀의 형제들과 아버지 요한 린데만(Johann Lindemann)도 이곳 주민이었음을 알리는 기념판이 붙어 있다. 현실주의적인 신앙을 가진 그녀의 남편 한스와 달리 마가레테는 약간 미신적인 신앙을 가지고 있었다고 한다.

바트 노이슈타트는 15세기에는 프랑크 고지대의 경제 중심지였던 곳으로, 지금도 완성된 바로크 양식 미술, 포장된 구시가, 소금물 샘 등을 볼 수 있다. 바이에른주 바트 노이슈타트의 상징물은 34m 높이의 혼토어로 완전하게 보존된 심장 형태의 성벽을 장식하고 있다. 교구 교회인 세례 요한 교회(Pfarrkirche St. Johannes der Täufer)는 여러 번의 개축이 있었으나, 역사적으로 741년이나 742년까지 거슬러 올라가는 독일에서도 가장 오래된 교회 가운데 하나로 꼽힌다.

기념판

세례요한교회

제5장

루터의 고향

1. 루터의 도시 아이스레벤(Lutherstadt Eisleben)

아이스레벤 전경

아이스레벤은 하르츠 산맥과 엘베강 사이에 있는 유서 깊은 도시다. 아이스레벤이 처음으로 문서에 언급된 것은 994년이며, 12세기에 도시의 지위를 얻었다. 15세기와 16세기에 이 도시는 특히 구리편암 채굴과 제련 사업을 통해 만스펠트 백작령에서도 가장 중요한 도시로 성장했다. 만스펠트 백작령은 황제 직속으로 막강한 힘을 가진 지역이었다. 이후 아이스레벤은 광업과 공업의 도시로서 독일 구리 총생산량의 90%를 생산했다.

아이스레벤은 매우 특별하게 루터와 연관돼 있다.

"나는 거기에서부터 왔다."

루터가 자신의 출생지인 아이스레벤을 가리키며 종종 한 말이다. 아이스레벤은 루터가 태어난 곳이기도 하지만, 생을 마감한 곳이기도 하다. 이 도시는 현재 행정적으로 정식 명칭이 "루터의 도시 아이스레벤"(Lutherstadt Eisleben)이다. "루터의 도시"(Lutherstadt)라는 공식적 이름이 붙어 있는 도시는 아이스레벤과 함께 만스펠트(Lutherstadt Mansfeld) 그리고 비텐베르크(Lutherstadt Wittenberg) 밖에 없다.

1483년 11월 10일 루터는 아이스레벤에서 태어났다. 루터가 태어나기 몇 주 전, 그의 아버지는 가족을 데리고 뫼라에서 당시 그 지역 광산업의 중심지였던 아이스레벤으로 이사를 왔다. 이사 후 얼마 되지 않아 랑에 가세(Lange Gasse) 16번지에서 루터가 태어났다. 그리고 태어난 다음 날, 그는 성 베드로와 바울교회에서 세례를 받았다. 그 후 6개월 뒤 한스 루더의 가족은 다시 짐을 싸 만스펠트로 이사했다. 그러니 루터는 아기였을 때 잠깐 아이스레벤에서 산 것이다. 그럼에도 루터는 평생에 걸쳐 이 출생지에 강한 연대감을 가지고 있었다.

루터는 아이스레벤을 떠난 지 31년만인 1515년 처음으로 다시 이곳을 찾았다. 당시 아우구스티누스회의 관구장 대리였던 그는 아이스레벤 신도시 지역에 건축 중이던 성 안나교회의 아우구스티누스회 수도원을 방문했다. 1516년에는 성 안나교회의 성가대석 봉헌식을 인도하기 위해 그 도시를 다시 찾았다. 이후에도 루터는 여러 번 자신의 출생지에 다녀갔다. 종교개혁의 깃발을 올리고 난 후인 1518년에도 루터는 아이스레벤의 아우구스티누스회 수도원을 공식 방문했다.

1525년 농민 전쟁 기간 만스펠트의 집권자들은 루터에게 도움을 청했다. 1524년 농민들의 지도자 뮌처를 추종하던 분노한 무리들이 세족 목요일에 알슈테트 인근의 말러바흐 마리아예배당(Mallerbach Marienkapelle)을 불태웠다. 백작들은 루터에게 그가 가진 좋은 평판을 이용해 그 광부들을 달래 줄 것을 호소했다. 이 일로 루터는 1525년 4월과 5월 아이스레벤에 머물렀다.

　루터가 자신의 출생지에 마지막으로 왔던 때는 그가 이미 투병 중 있었던 1546년 1월 28일이었다. 당시 만스펠트 백작들은 상속권 문제를 해결하지 못하고 서로 다투고 있었다. 그들은 이 문제를 루터에게 해결해 달라고 도움을 청했고, 이에 응답해 루터가 다시 한번 아이스레벤을 찾았다. 루터는 중재자로서의 이 역할을 지극히 싫어했었다. 그는 법률적으로 생각하는 것을 싫어했고, 그 일에 자신이 능력이 있다고 생각하지도 않았다. 그런데도 그는 자신의 고향 만스펠트 지역에 대한 뿌리 깊은 사랑 때문에 백작들의 부름에 응했다. 그에 앞서 1545년 10월과 12월에도 이미 루터는 이 분쟁을 해결할 목적으로 여행을 한 적이 있었다.

　1546년 2월 14일 루터는 성 안드레아스교회에서 자신의 마지막 설교를 했다. 그러나 질병으로 약해진 루터는 더 이상 말을 할 기력이 없어 중간에 설교를 멈추어야 했다. 2월 17일, 마침내 백작들 간에 합의서가 작성됐던 그 날 저녁, 루터는 심한 가슴 통증을 호소했다. 그리고 1546년 2월 18일 새벽 2시에서 3시 사이에 그 위대한 종교개혁가는 자신이 태어났던 집에서 불과 몇백 미터 떨어진 집에서 63세의 나이로 사망했다. 그의 장례 예배는 성 안드레아스교회에서 거행됐다.

루터의 생가(Luthers Geburtshaus)
　　Lutherstraße 15, 06295 Lutherstadt Eisleben

　루터의 생가는 지금은 루터 거리(Lutherstrasse)라고 알려진 랑에 가세(Lange Gasse) 16번지에 자리하고 있다. 이 평범해 보이는 집에서 1483년 11월 10일 루터가 태어났다. 루터의 생가는 15세기에 지어진 전형적인 시민주택으로 그 기본적인 형태는 고딕 양식으로 돼 있다.

루터가 그 집의 어떤 방에서 태어났는지는 확실히 알려지지 않았다. 그 방이 거리 쪽에 있는 이전에 교실이었던 방이었을 수도 있고, 2층의 한 방이거나, 혹은 지금은 없어진 건물 측면의 한 방이었을 수도 있다. 루터가 사망한 후 곧 루터교 주(州)들에서는 그를 맹신적으로 추종하는 이들이 늘어갔기 때문에, 그의 초상화가 담긴 목제 명판이 벌써 16세기에 루터의 생가에 걸렸다.

루터의 생가

1689년 아이스레벤에 큰불이 났을 때 그 집도 상당 부분 소실됐으나, 그 명판은 유리로 된 루터와 멜란히톤 그림과 함께 손상되지 않고 무사했다. 그로 인해 그 초상화는 "타지 않은 루터"라는 이름을 얻었다. 화재 시 불은 주로 그 집의 2층과 지붕을 파괴했다. 당시는 아직 화재 보험이란 것이 없었기에, 화재를 당한 사람들이 당국의 승인 아래 재건축을 위해 기부금을 모으는 것이 관례였다. 하지만 이 집의 경우는 시 원로들이 그 집을 원했기 때문에, 그들은 그 집주인이 기부금을 모으는 것을 금했다. 대신에 시에서 이 대지를 매입해 건물을 다시 세웠다.

시 의회는 그 집을 가난한 이들을 위한 학교와 루터 기념관으로 사용하고자 했다. 교구 대표들이 주 안에 있는 주요 도시들을 다니며 그 계획을 위해 모금을 했고, 기부금이 쏟아져 들어왔다. 그렇게 해서 가난한 이들을 위한 학교가 세워졌고, 첫 번째 루터 기념관이 2층에 만들어졌다.

1693년 루터의 생가는 독일에서 첫 번째 기념박물관으로 대중에게 개방됐다. 개방되기 전 주요 층은 종교개혁사 기념 홀로 꾸며졌다. 그렇게 해서 이 건물은 독일 땅에 세워진 최초의 역사박물관 가운데 하나가 됐다. 19세기에는 프로이센의 왕 프리드리히 빌헬름 3세(Friedrich Wilhelm III)가 루터의 생가 뜰에 1층으로 된 신고딕 양식의 학교 건물을 신축하고, 이를 군사학교 건물로 사용했다.

1996년 루터의 생가는 루터가 사망한 집과 더불어 유네스코 세계 문화유산으로 등재됐다. 2005년부터 2007년까지 이 집은 대대적인 보수 공사와 함께 박물관 건물로 개축되고 증축됐다. 이때 덴마크 벽돌로 만들어진 부속 건물도 증축됐다. 해마다 11월 10일 루터의 생일과 2월 18일 루터가 사망한 날, 그리고 10월 31일 종교개혁 기념일에 그 집의 "아름다운 홀"(Schöner Saal)에서 기념 축제가 벌어진다.

생가 앞 루터 흉상

박물관에 들어서면 관람자들은 "나는 거기에서부터 왔다 – 마틴 루터와 아이스레벤"이라는 제목의 전시를 따라가며 루터의 가족이 걸어간 발자취를 볼 수 있다. 루터의 출생 배경, 루터 부친이 종사하던 광산업, 중세의 경건과 영성, 루터의 세례, 루터의 유년기와 학창 시절 등을 주제로 250점이 넘는 전시품들이 이곳에 전시돼 있다.

1층 방 천장에는 천사, 루터 및 작센 군주의 초상화가 그려져 있다. 또한, 1층에는 루터 가족의 거실이 있다. 그곳에는 역사적인 고증을 거쳐서 중세 연장으로 만들어진 가구들이 15세기의 생활을 인상적으로 재현하고 있다. 전시물 가운데는 은판에 조각된 백조 모양을 한 루터의 독서대가 있다. 백조는 루터를 상징하는 동물로 여겨져 왔다. 이는 이단으로 화형당한 체코의 종교개혁가 얀 후스가 한 편지에서 다음과 같이 말한 것에서 유래한다.

나는 거위이기에 당신들이 나를 불에 구울 것이다. 그러나 내 뒤에 백조가 와서 노래할 것이니, 당신들은 결코 그를 불에 굽지 못할 것이다.

세례반

여기서 후스(Hus)는 자신을 "Husa"(체코어로 '거위')로 비유하며, 장차 100년 뒤에 올 개혁자를 "백조"로 비유하며 예언했다. 사람들은 그 백조가 후스의 개혁 과업을 완성한 루터라고 생각했다.

이 전시장의 가장 중심이 되는 전시품은 1518년에 만들어진 세례 반이다. 루터의 세례는 아이스레벤과 루터를 이어주는 중요한 사건이다. 그 밖에 이 전시회에서 주목할 것으로는 16세기 후반에 그려진 아이스레벤 시립 묘지의 기념화들이 있다. 이 그림들을 보면 루터가 살았던 당시 아이스레벤 사람들의 일상을 엿볼 수 있다.

루터의 생가 건물 전면은 1689년 화재 때 심각하게 훼손됐다가 개방 당시 바로크 양식의 외관을 갖추게 됐다. 이외에도 지하에는 집주인이 사용했을 것으로 보이는 중세 부엌이 있으며, 루터가 유년시절에 사용했던 책과 목판화로 된 성서 등이 있다. 뜰을 따라 걷다 보면 지금은 지역 공예품 전시장으로 사용되는 가난한 사람들을 위한 19세기 학교를 볼 수 있다.

성 베드로와 바울교회 (St. Petri-Pauli-Kirche)
Petrikirchplatz 1, 06295 Lutherstadt Eisleben

성 베드로와 바울교회

루터 생가에서 불과 몇십 미터 떨어진 곳에 성 베드로와 바울교회가 있다. 교회는 1333년 문헌에서 처음 언급된다. 삼랑식(3개의 회랑을 가진) 후기 고딕 양식의 현재 교회 건물에서 가장 오래된 부분은 서쪽 탑으로 1447년에서 1474년에 건축됐다. 신도석 모퉁이 돌이 1486년 8월 1일 놓였다. 성가대석의 건축은 1513년에 시작됐다. 같은 시기 탑에 르네상스 양식의 튼튼한 반구형 지붕이 생겼다.

루터는 태어난 지 하루 지난 1483년 11월 11일에 이 교회에서 세례를 받았다. 이를 기념해 루터 종교개혁 500주년을 준비하며 교회를 리모델링할 때 특이하게 중앙에 침례를 할 수 있는 원형의 탕을 만들었다. 탑 예배당(Turmkapelle)의 제단 쪽에 있는 "루터의 세례 반"도 루터의 세례를 기리고 있다. 이 세례 반은 오랫동안 없어졌다가 1726년 학교 정원에서 발견된 것이다.

그 유물에 "1483년 마틴 루터가 세례받았던 세례 반의 남은 부분"(Rudera baptisterii quo tinctus est Martinus Lutherus 1483)이라고 새겨져 있는 글은 아마도 18세기 것일 것이다. 최근의 연구에 의하면 루터의 세례는 아치형 탑 예배당에

루터의 세례 반

본당 내부

서가 아니라 현재 교회 이전 교회 건물에서 거행됐다고 한다. 일반적으로 옛 교회 방들은 건축이 진행되는 가운데도, 가능한 한에서 사용이 허용되곤 했다.

교회 내부에 정교한 부채꼴 둥근 천장이 펼쳐져 있다. 1834년 고딕 양식으로 교회가 재건축된 후에도 남아 있는 몇몇 후기 고딕 양식 성구들이 특별한 관심을 끈다. 1970년대에 무너져 가던 성 니콜라이교회(Nikolaikirche)의 일부 성구들이 성 베드로와 바울교회로 옮겨졌다. 그 가운데 15세기 말까지 거슬러 올라가는 성구로는 탑 예배당에 세례 반과 함께 온전히 보존된 성 니콜라이의 제단이 있다.

성 니콜라이 제단

1426년부터 돌로 된 성찬 보관함이 성가대석에 추가됐다. 성가대석에서 가장 인상적인 부분은 1500년경으로 거슬러 올라가는 성 안나의 제단(Annenaltar)이다. 조각으로 장식된 이 제단은 이전에 있던 9개 중 남아 있는 유일한 것이다. 광부들의 수호성인인 성 안나에게 기부한 헌금으로 만들어진 이 제단을 통해 당시 광산업에 대해 잘 알 수 있다. 잘 알려진 것처럼, 슈토테른하임에서 벼락이 내리치던 시간에 광부의 아들 루터는 성 안나에게 기도하며 수도사가 되겠다고 서약했다.

성 안나 제단

대형 묘비 그림들은 1990년에 옛 "황실 묘지"(Kronenfriedhof)에서 교회로 옮겨졌다. 그것들은 1982년까지는 루터 생가에 전시돼 있었다고 한다. 이 묘비 그림들은 루터 사망 이후 만들어졌으며, 16세기 후반 아이스레벤 화가들의 자율성을 잘 보여 준다. 기부자들 각각이 전경에 그려져 있고, 배경에는 루터, 멜란히톤, 그리고 기타 종교개혁가들이 그려져 있는데, 이들이 성서에 나오는 새로운 신학적 가르침을 아이스레벤에 전해 준 사자들로 묘사돼 있다.

성 안드레아스교회(St. Andreaskirche)
Andreaskirchplatz, 06295 Lutherstadt Eisleben

성 안드레아스교회

성 안드레아스교회는 루터가 자신의 생애 마지막 설교 4편을 설교한 교회로, 루터가 사망한 집 앞에 자리 잡고 있다. 이곳은 루터의 시신이 비텐베르크로 이송되기 전에 안치됐던 곳이기도 하다.

시장 광장 위로 높이 솟아 있는 이 교회 종탑은 114.5 미터의 높이로 니더작센(Niedersachsen)에서 가장 높은 종탑으로 유명하다. 교회는 1180년 문헌에 처음으로 언급됐다. 그 당시만 해도 원래 로마네스크 양식의 작은 예배당이었다. 지금의 삼랑식 고딕 양식의 커다란 건물로 바뀐 것은 15세기경이다. 1498년 도시화재 후 그 교회는 거의 완전히 다시 지

성 안드레아스교회 내부

제단

어졌다. 1503년에 추가된 종탑이 가장 마지막에 완성된 것이다.

중세도시 아이스레벤이 발전하면서 이 고딕 양식 교회는 할버슈타트의 주교를 대리해 부주교가 상주하는 교회가 됐다. 그 때문에 이 교회는 종교개혁 동안 아이스레벤에서 가장 중요한 교회였다.

지하에는 성구 보관실이 있고, 그 위에 도서관이 있다. 도서관에는 루터의 전집 초판이 거의 다 소장돼 있다. 아름다운 장식 조각을 지닌 성가대석 장의자들은 거기 새겨져 있는 대로 1520년경 "할(Hall) 출신의 장롱 제작자"인 장인 가브리엘 툰첼(Meister Gabriel Tuntzel)이 만든 것이다. 주 신도석 기둥 가운데 하나에 그 교회 수호성인인 성 안드레가 조각돼 있다. 안드레는 X자 모양의 십자가를 들고 있다. 이를 "안드레의 십자가"라고 부르는데, 전설에 의하면 안드레는 옆으로 기울인 십자가에서 순교를 당한 것으로 알려져 있다.

실내 성구 가운데 주목할 만한 것은 날개 모양의 제단(Flügelaltar)이다. 제단은 중앙에 축복받는 마리아와 함께 여섯 명의 인물 조각상으로 장식돼 있으며, 그 가운데 안드레가 그의 십자가와 함께 조각돼 있다. 이 제단은 1911년에 복원된 것이다.

루터 설교단

호이어 6세의 묘

에어네스트 2세의 묘

유명한 '루터 설교단'(Lutherkanzel)은 1877년과 1911년에 복원된 것이다. 후기 고딕 양식의 그 설교단은 매우 소중하게 여겨져 17세기부터는 일 년 중 루터의 생일, 루터의 사망일, 종교개혁기념일, 그리고 아우그스부르크 신앙고백을 채택한 6월 25일, 이 특별한 4일만 설교를 위해서 사용된다.

교회에는 인상적인 옛 묘비들이 가득하다. 가장 오래된 것은 1525년에 해체됐던 노이엔헬프타 수도원(Neuenhelfta Kloster)의 것이다. 북쪽 성가대에 있는 만스펠트-포데어오르트의 백작 호이어 6세(Count Hoyer VI of Mansfeld-Vorderort) 묘는 중부 독일 르네상스 예술의 걸작이다. 1540년 죽을 때까지 백작 호이어 6세는 루터와 종교개혁에 단호히 반대했던 이였다.

조각가 한스 슐레겔(Hans Schlegel)이 1541년에 만든 이 백작의 묘비는 한때는 교회 중앙에 있었다. 루터가 이 교회 설교단에서 마지막 설교를 했을 때는 바로 그의 발밑에 있었을 것이다. 청동상 묘비는 화려하게 장식된 석관 위에 있으며, 천사들과 여러 그룹의 인물상이 조각된 기둥들로 둘러싸여 놓여 있다.

호이어 6세의 형제인 백작 에어네스트 2세(Ernest II)의 묘비도 성 안드레아스교회 안에 있다. 1531년 사망한 에어네스트 2세 역시 고집스럽게 구교를 고수했던 이다. 그는 바로 농민들의 지도자 뮌처를 프랑켄하우젠 전투 후 넘겨받았던 그 에어네스트 2세다. 그 백작은 뮌처를 자신의 성 헬드룽엔(Heldrungen)에서 고문한 후, 1525년 5월 27일 뮐하우젠 인근에서 참수하도록 내어 줬다. 죽은 백작의 초상화에 기초해 제작 주조된 그 묘비의 훌륭한 조각의 작가 이름은 오늘날까지도 알려지지 않았다.

루터가 사망한 집(Luthers Sterbehaus)
Andreaskirchplatz 7, 06295 Lutherstadt Eisleben

루터가 사망한 집

오랫동안 사람들은 아이스레벤 시장터 북쪽 안드레아스키르히플라츠(Andreaskirchplatz) 7번지에 있는 고딕식 건물을 루터가 사망한 집으로 생각했다. 현재는 그 종교개혁가가 실제로 사망한 집은 마르크트(Markt) 56번지에 있는 시 직원 요한 알브레히트의 집이었다는 것이 밝혀졌다. 그런데도 이전부터 루터의 죽음을 기려 오던 안드레아스키르히플라츠 7번지의 그 고딕식 건물이 공식적인 기념 건물로 남아 있다. 안드레교회 맞은편에 있는 이 집에서 오래전 시 직원이자 백작의 신하인 드라흐슈테트(Drachstedt) 박사가 살았다. 그 건물은 화재가 있고 난 뒤 1498년에 다시 건축됐다.

1726년부터 이 건물은 루터의 사망 장소라고 인정받았으며, 그런 이유로 프로이센의 재무부가 1862년에 이 집을 매입해 거기에 기념관을 조성

침실

루터가 사망한 방

했다. 이 박물관의 중심은 사망 보고서에 언급된 방인 침실, 루터가 사망한 방, 회의실 등이다. 현재의 건물 내부는 1894년 루터 당시의 모습으로 복원된 것이다.

1862년 주에 소유권이 넘어간 이후 시는 그 건물을 루터 기념관으로 보존하고 그 종교개혁가가 사망했을 때의 모습으로 복원하기로 했다. 1865년에서 1868년까지의 복원 작업은 정면의 재건에 집중됐다. 비더마이어 (Biedermeier) 양식의 좁은 창문들은 후기 고딕 양식으로 다시 바뀌었다. 출입구가 왼쪽에서 원래 문의 유적이 있던 위치로 옮겨졌다. 그렇게 돼 나중에 가게로 사용되던 방이 하나 없어졌다.

재건축 작업은 그 집의 구조적 변경도 가져왔다. 원래 2층은 목골조 건물이었는데, 지금은 완전히 석조 건물이 됐다. "회의실"이 다시 건축되고, 건물을 기념관으로 사용할 수 있도록 계단이 추가됐다. 그로 인해 원래 있던 16세기의 실내 구조가 변경됐다. 원형으로 돌아 올라가는 계단을 가진 탑도 신고딕 양식으로 꾸며졌다.

1868년 재건축이 끝났을 때 루터의 방들은 너무 삭막해 보였다. 루터가 사망한 침대와 그가 사용했던 안락의자가 17세기에는 전시됐으나, 18세기 초 이후 없어졌다. 관람자들에게 그 방들에 대해 더욱 생생한 인상을 주기 위해 새 실내 가구들을 당시 유명한 가구 장인이었던 뉘른베르크의 프리드리히 반더러(Friedrich Wanderer of Nürnberg)가 맡아 작업했다. 거실에 고상한 값비싼 가구들을 들여왔으며, 여기에 진품 고가구들이 추가됨으로 더 그럴싸하게 됐다.

1888년에는 루터의 관을 덮었던 검은 비단 천을 그의 후손들에게서 얻어 전시했다. 여러 해 동안 이 천은 유일한 진본 유품으로 사망실 진열장에 전시됐으며, 루터 기념관의 핵심이었다. 또한, 그 방에는 죽은 루터의 안면을 본떠 만든 데스마스크(death mask)가 보관돼 있다.

루터가 사망한 집 옆에 새 건축물이 2012년에 완공돼 박물관 단지 내에 더 많은 전시물을 갖다 놓을 수 있게 됐다. 그 전시물은 죽음과 루터, 아이스레벤에서의 루터의 죽음, 루터 추모의 역사, 이 세 가지 주제에 초점이 맞춰져 있다.

성 안나교회(Annenkirche)
Annenkirchplatz 3, 06295 Lutherstadt Eisleben

성 안나교회

아이스레벤은 15세기와 16세기에 광산업과 관련해 크게 성장한 도시로, 지금도 시내 중심에 있는 광장, 시청, 만스펠트 백작의 성과 저택은 수백 년을 거치며 성장해 온 아이스레벤의 역사를 잘 보여 주고 있다. 도시가 번영하던 시기에 아이스레벤에 신시가가 생겨났고, 그곳에 광부 주택 단지가 만들어졌다. 그리고 그 안에 성 안나교회도 세워졌다. 성 안나는 광부들의 수호성인이다. 그러한 역사로 인해 성 안나교회는 광부교회(Bergmannskirche)라고도 불린다.

제단   설교단

성 안나교회는 1513년 도시의 새 지역 교구 교회로, 만스펠트-힌터오르트(Mansfeld-Hinterort)의 백작 알브레히트 4세(Albrecht IV)에 의해 건축이 결정됐다. 1515년 백작은 그 교회와 연결해 아우구스티누스회 은수사 수도원을 설립했다. 그 아우구스티누스회 수도원의 관구장 대리로 새롭게 선출된 루터가 1515년 6월 건축 중인 그 종단의 지수도원을 방문했다. 그 수도원은 잠깐 존재하다 7년 후 1522년 해체됐다. 이는 그 종단 수녀원이 해체되기 1년 전이었다.

1521년 루터는 보름스로 가는 길에 아이스레벤에 들렀는데, 이때 루터와의 개인적인 만남을 통해 깊은 인상을 받은 수녀원은 곧 개신교 신앙을 고백하게 됐다. 그러한 과정을 통해 성 안나교회는 만스펠트 지역의 첫 루터교회가 됐다.

교회 건축은 1514년 후기 고딕 양식의 성가대석을 건축하는 것으로 시작돼, 루터의 인도로 1516년 11월 13일 헌당 예배를 드렸다. 1585년부터 1608년까지 신도석, 만스펠트 백작들의 유해 안치 예배당, 그리고 북쪽 탑이 추가됐다. 그렇게 해서 교회는 후기 고딕 시기와 르네상스 시기 건축 양식을 함께 갖게 됐다.

아이스레벤 석판 그림성서단

1510년 후기 고딕 양식으로 조각된 제단은 이 시기부터 보존돼 오고 있는데, 이는 독일 남부 영향을 보여 주고 있다. 수많은 인물을 보여 주는 부조가 있는 설교단은 1608년에 설치됐다. 그 덮개에는 "하나님의 말씀이 온 세상보다 더 중요하다"라는 루터의 말이 적혀 있는 대형 메달이 있다. 남쪽의 신도석에는 르네상스 시대로 거슬러 올라가는 스위스 문장 양식의 아름다운 유리 그림이 있다. 장인 한스 톤 우텐드룹(Hans Thon Uttendrup)이 만든 성가대석 장의자 난간들은 '아이스레벤 석판 그림 성서'(Eisleber Steinbilderbibel)라고들 하는데, 유럽 전역에서도 유일한 것이다.

루터 기념 조형물(Lutherdenkmal)

Marktplatz, 06295 Lutherstadt Eisleben

루터 기념 조형물

아이슬레벤의 루터 생가 근처 마크트 광장에 루터 기념 조형물이 있다. 시청사가 있는 광장은 규모가 작고 나지막한 계단들로 약간 경사진 모습을 하고 있다. 그 경사 위에 자리 잡은 루터의 동상은 이 마을의 상징과 같은 보물로 여겨진다. 루터의 동상 뒤편 우측으로 루터가 서거하기 전 2주 동안 4회 설교를 했던 성 안드레아스교회가 보인다.

'만스펠트 지역 애국 문인협회'가 19세기 초부터 루터 기념 조형물을 세우려 했었다. 1805년 당시 제출된 기안 가운데 요한 고트프리트 샤도우(Johann Gottfried Schadow)의 것이 채택됐다. 프리드리히 빌헬름 3세 측에서 주저하느라 그러기도 했고, 나폴레옹 군대의 점령으로 인해 이 계획은 실현되지 못했다. 사태가 진정되고 난 후 왕은 비텐베르크에 그 동상을 세우기로 했다. 그리고 아이스레벤 사람들은 루터와 멜란히톤의 청동 흉상에 만족해야 했다.

1869년 아이스레벤 교사들이 새 협회를 창설했다. 그리고 마침내 그 도시는 루터 기념 조형물을 갖게 됐다. 그 동상은 루돌프 지머링(Rudolf Siemering)이 디자인한 것으로, 1882년 베를린의 글라덴벡(Gladenbeck) 청동공장에서 주조됐다. 그리고 1883년 루터 탄생 400주년에 맞추어 제막식이 거행됐다. 지머링은 루터가 왼손은 성서를 들어 가슴에 대고, 오른손은 출교 교서를 구겨 쥐고 있는 모습으로 동상을 형상화했다. 녹색 성장암 받침대 위의 네 부조는 종교개혁가의 생에서 중요했던 장면들을 보여 준다. 전면 부조는 악마를 누르고 승리한 미카엘 천사상으로 종교개혁의 승리를 은유적으로 묘사했다. 왼편의 부조는 성서를 번역하고 있는 루터를, 오른편의 부조는 멜란히톤과 대화를 나누고 있는 루터의 모습을 보여 준다. 그리고 뒷면에는 루터를 둘러싸고 가족들이 함께 찬송가를 부르고 있는 모습을 볼 수 있다. 이 기념물로 지머링은 오늘날 우리가 가지고 있는 이미지와 유사한 루터의 모습을 만들어 냈다.

제6장
루터의 학창 시절

1. 루터의 도시 만스펠트(Lutherstadt Mansfeld)

만스펠트는 아이스레벤에서 북쪽으로 15km 정도 떨어진 곳에 있다. 만스펠트가 언제 도시 인가를 받았는지는 알려지지 않았다. 1484년 루터의 아버지 한스가 이곳에 정착했을 때는 주민이 1,000명이 조금 넘었지만, 부유한 집들과 시청, 맥주 주조장, 학교들, 제련실들, 그리고 도서관까지 갖추고 있던 번화한 곳이었다. 그 도시는 7개의 탑을 가지고 있는 도시 성벽으로 둘러싸여 있었다.

루터가 태어난 지 6개월 만에 아이스레벤에서 적당한 일자리를 찾지 못한 아버지는 더 많은 가능성을 찾아 가족과 함께 만스펠트로 이사했다. 당시 만스펠트는 백작의 궁전이 있는 곳이자, 구리광산과 구리 세공업이 발달한 곳이었다. 이곳에 이사 온 루터의 아버지가 나중에 지역 백작의 도움을 받아 구리광산을 직접 운영하면서 가세가 피기 시작했다. 아버지는 후에 시 의원의 자리에도 올랐다.

그러나 집안의 형편이 항상 좋았던 것은 아니다. 1520년대 만스펠트 지역은 제련산업이 경제적인 어려움을 겪게 됐다. 이로 인해 루터의 아버지는 남은 평생 갚아야 하는 빚을 져야 했다. 결국, 그는 자신의 제련소였던 곳에서 고용인으로 일하기도 했다.

루터는 1484년부터 1497년까지 만스펠트에 살며, 이곳에서 어린 시절과 초등 교육 기간을 보냈다. 루터가 부모 형제들과 함께 유아기를 보내고 학교에 다니며 성장했던 이곳 만스펠트는 1996년 "루터의 도시"(Lutherstadt)라는 공식 명칭을 얻었다.

루터의 부모님 집 (Luthers Elternhaus)
Lutherstraße 26, 06343 Mansfeld-Lutherstadt

루터 가족의 집은 아버지 한스가 어느 정도 물질적인 성공을 거둔 후 1491년에 구입한 것이다. 한스는 여기서 죽을 때까지 가족과 함께 살았다. 이 집에서 부부는 8명의 자녀를 키웠다. 아버지가 돌아가신 후 마틴 루터의 형제 야콥 루터가 그 집을 물려받았다. 그 집은 16세기에 상당한 정도

루터의 부모님 집

로 개조됐다. 1805년에는 집이 상당히 크게 손상됐다가 1880년에 개축됐다. 반원 아치 모양의 문 뒷면에는 "JL 1530"이라는 글이 새겨져 있는데, 이는 야콥이 1530년에 그 집을 물려받았음을 알려 준다.

새 박물관

1880년 집이 개축되며 루터와 관련된 문서와 기념품이 수집돼 그곳에 전시되기 시작했다. 2013년에는 그 집 앞에 새 박물관 건물이 건축돼 최근에 발견된 만스펠트 안에서의 루터 가족과 관련된 고고학적 역사적인 자료들을 전시하고 있다.

루터학교(Lutherschule)

Junghuhnstraße 2, 06343 Mansfeld-Lutherstadt

루터학교

1488년 다섯 살 되던 해에 루터는 오늘날 융훈슈트라세(Junghuhnstrasse) 2번지에 있는 시립학교에 입학했다. 게오르크교회 바로 옆에 있는 이 학교에서 루터는 읽기와 쓰기 그리고 라틴어 기초 등을 배웠다. 1560년 시리아쿠스 슈팡엔베르크(Cyriakus Spangenberg)가 작성한 지도에도 이 학교는 게오르크교회 옆에 있었던 것으로 그려져 있다. 이 학교는 현재 "마틴루터학교"(Martin Luther Schule)라고 불린다. 수수해 보이는 2층으로 된 현재의 건물은 수 세기에 걸쳐 계속 개축된 것이다. 현재는 그곳 1층에 "관광정보센터"(Tourist Information Center)가 들어 서 있다. 건물 입구에 루터가 이 학교에 다녔음을 알리는 기념판이 있다.

게오르크교회(Georgenkirche)

Lutherstraße 7, 06343 Mansfeld-Lutherstadt

성 게오르크교회

시교회(Stadtkirche)인 게오르크교회는 만스펠트에서 가장 큰 건물이다. 교회는 1개의 회랑으로 된 후기 고딕 양식의 건축물로, 거기에 새겨진 글을 보면 성가대석과 신도석이 1493년에 건축되기 시작했음을 알 수 있다. 따라서 어린 루터는 학교 가는 길에 그 교회가 건축되는 것을 봤을 것이다. 그 십자형 교회의 좌우 두 날개 부분은 15세기 말이나 16세기 초에 추가된 것이다.

실내는 17세기의 목재 미술품들로 장식돼 있다. 실내에 있는 성구들이 매우 아름답다. 이 성구들은 구리 광산업이 그 도시에 가져다준 경제적 번영의 결과였다. 교회 안

소년 루터 상

에는 16세기 초기 것인 3개의 귀중한 조각된 제단, 크라나흐 화실에서 가져온 그림을 포함한 몇몇 그림들, 만스펠트 백작들의 비문들과 함석으로 만든 관들이 있다. 교회 안에 있는 루터 초상화는 1574년 시 의회가 교회에 기증한 것으로 1540년 작품이다.

루터는 어린 시절 이 게오르크교회에 출석하며 성가대에서 노래했다. 이를 기념해 교회 입구 문 위에 2015년에 소년 루터 상이 만들어졌다. 1545년 10월 루터는 이 교회에서 두 번 설교했다.

v루터 기념 분수 상(Denkmal Lutherbrunnen)
Lutherplatz, 06343 Mansfeld-Lutherstadt

루터기념 분수상

루터 기념 분수 상은 1913년 폴 육코프(Paul Juckoff)가 새로운 표현 기법을 사용해 만든 것이다. 꼭대기에 성 게오르크가 있고, 그 아래 3면으로 된 석회암 기둥의 각 면에 청동 부조 판넬이 붙어 있다. 각각의 부조에는 루터의 일생에서 중요했던 순간 세 장면이 묘사돼 있다. 한 면에서는 "세상으로 나가다"(Hinaus in die Welt)라는 제목으로 13살의 루터가 만스펠트를 떠

나는 장면을, 또 다른 한 면에서는 "전투에 뛰어들다"(Hinaus in den Kampf)라는 제목으로 루터가 95개조 논제를 붙이고 있는 모습을, 그리고 마지막 한 면에서는 "승리를 향해 뚫고 나아가다"(Hindurch zum Sieg)라는 제목으로 보름스 제국 의회 앞에 당당히 서있는 루터의 모습을 볼 수 있다.

만스펠트성(Schloss Mansfeld)
Schloss 1, 06343 Mansfeld-Lutherstadt

만스펠트성

만스펠트성은 1229년에 축성되기 시작해 1264년 백작 부카르트 3세(Buchard III)가 이곳을 거주지로 정하면서 증축됐다. 이후 성은 만스펠트가 구리광산 덕분에 경제가 융성했던 16세기 중반까지 꾸준히 확장됐다. 만스펠트성은 한때는 3개의 성과 성 교회 그리고 큰 축성들로 구성돼 있었다.

루터는 성주 백작 알브레히트 7세(Albrecht VII)와 우호적인 관계를 맺고 있었다. 1545년 12월 루터와 멜란히톤이 만스펠트를 방문했을 때 이 성에 머물렀다. 그들은 아마도 뒤쪽에 있는 성(Hinterort)에서 묵었을 것이다. 루터는 성에 머무는 동안 "황금 홀"(Golden Hall)의 튀어나온 창문에 서서 성 주민들에게 설교했다. 그들이 머문 방이 있던 건물은 무너져 지금은 잔해만 남아 있다.

15세기 초에 건축된 성 교회(Schlosskirche)는 후기 고딕 양식으로 된 한 개의 회랑을 가지고 있으며, 현재 성 단지 내에서 가장 잘 보존돼 남아 있는 부분이다. 통일된 실내 장식과 조화로운 색의 사용이 그 교회를 독일 내에서 가장 중요한 고딕 시기 성 교회 가운데 하나로 만들어 준다. 주요

성교회 제단화

부분은 1515년에서 1519년 사이에 건축됐다. 루터는 이 교회에서 설교했다.

교회의 성구 가운데는 몇 가지 중요한 후기 고딕 양식 물건들과 초기 르네상스 양식 물건들이 있다. 세례 반은 1522년에, 그리고 남서쪽 화랑에 있는 아름다운 성찬대와 예배소는 1537년에 만들어진 것이다.

특히 제단화는 크라나흐 1세의 제자인 한스 되링(Hans Döring)이 1520년 경에 그린 것이다. 크라나흐는 큰 화실을 차려 놓고 많은 제자를 길러냈다. 그 가운데는 되링도 있었다. 크라나흐의 작품들 가운데는 개인작도 있지만, 제자들과 함께 만든 공동 작품도 많이 있다. 그가 주문을 받아 생산한 작품 중에는 특히 제단화가 많다. 그런 주문은 대개 그가 살았던 작센-튀링엔 지방에서 왔지만, 때로는 프라하나 단치히 등 다른 나라에서도 왔다.

만스펠트성교회 제단화 중앙에는 골고다 언덕 위 십자가에 달린 예수가 그려져 있다. 그 배경이나 등장인물들이 눈에 띈다. 이 그림에서 십자가를 붙들고 슬픈 표정으로 서 있는 여인은 백작 알브레히트 4세의 부인이며, 갑옷을 입고 손으로 십자가를 가리키는 사람은 백작 알브레히트 4세다. 이들은 1519년부터 루터의 가르침을 받아들여 개신교도가 됐다.

누가복음에 따르면 예수님이 십자가에 달리셨을 때 예수님 좌우편에 강도 두 사람도 함께 십자가에 매달렸다. 되링은 이 장면에서 예수님을 저주한 오른쪽 강도로는 그 지방의 백작 중에 하나로 개신교도인 겝하르트 7세(Gebhard VII)를 모델로 그렸고, 예수님께 구원을 약속받은 강도로는 그 지방의 고위직 기사로 신실한 로마 가톨릭교회 교도였던 인물을 모델로 그렸다고 한다.

겝하르트 백작은 교회를 다니면서도 술을 좋아하고 첩을 여러 명 거느린 사람이었다. 개신교도인 되링이 개신교도를 구원받지 못한 강도로, 로마 가톨릭교회 교도를 구원받은 강도의 모델로 삼았다는 점이 흥미롭다. 당시에는 단지 로마 가톨릭교회 교인 혹은 개신교인이라는 이유로 서로를 증오하고 전쟁도 불사했던 시대였다. 그런데 화가 되링은 개신교인이냐 로마 가톨릭교회 교인이냐가 중요한 것이 아니라, 십자가의 예수 앞에 어떠한 자인가가 중요하다는 평범한 진리를 표현한 것이다.

2. 마그데부르크(Magdeburg)

마그데부르크 전경

독일 작센-안할트 주의 주도인 마그데부르크는 엘베강 연안에 있다. 이 도시는 805년 칼 대제의 허가를 받아 국경 도시로 건설됐다. 10세기에 오토 대제(Otto I. der Große)가 이곳을 신성로마제국의 수도로 삼아 통치한 이후 천년이 넘게 마그데부르크는 오토시(Ottostadt)로 불려 왔다. 중세 이후에는 한자 동맹에 가입해 번영을 누렸다. 현재 인구 30만 명 정도의 중도시인 마그데부르크는 16세기에도 12,000여 명이 살고 있던 큰 도시였다.

1497년 봄 13살의 루터는 그의 친구 한스 라인엑케와 함께 마그데부르크에 왔다. 이곳에서 그들은 '공동 생활 형제회'가 운영하는 유명한 학교에 다녔다. 그러나 마그데부르크에서의 루터의 학창 시절은 길지 않았다. 무슨 이유인지 그의 아버지가 그를 1년 만에 아이제나흐에 있는 학교로 전학시켰다.

마그데부르크는 종교개혁과 여러 가지 면에서 연관돼 있다. 1513년 마그데부르크 대성당 참사회는 브란덴부르크의 알브레히트를 대주교로 선출했다. 교황 레오 10세는 알브레히트를 마인츠의 주교로 그리고 할버슈타트의 행정관으로도 임명했다. 알브레히트는 그 많은 지위를 유지할 권리를 사기 위해 막대한 돈을 푸거 가문에게서 빌려야만 했다.

마그데부르크 여인상

교황은 알브레히트가 채무자들인 아우그스부르크의 푸거가에게 돈을 갚을 수 있도록 면죄부 판매를 통해 자금을 모을 수 있게 해 줬다. 곧 텟첼이 마그데부르크 대주교좌와 할버슈타트 주교좌에서 면죄부를 팔기 시작했다. 그는 그 일에 아주 성공적이었으며, 결국 이것이 루터가 그 유명한 95개조 논제를 쓰도록 하는 촉매제가 됐다.

1521년부터 마그데부르크는 이미 루터를 지지했다. 1523년에 이르러서는 대성당 참사회와 마그데부르크시 간의 긴장이 높아져 시 의회 피선거권을 가진 일부 시민들이 루터의 개혁 조치들을 시행할 것을 탄원하기에 이르렀다. 그 가운데는 시장 니콜라우스 슈투름(Nikolaus Sturm)도 있었다. 1년 뒤에는 개신교 목사들이 모든 교구 교회에 임명됐다.

그 사이에 요한 그라우어트(Johann Grauert)가 이끌던 급진적인 개혁을 주장하는 무리가 마그데부르크에서 큰 소요를 일으켰다. 이에 시장 슈투름은 급진적 무리를 잠재우고 온건한 개혁자들이 승리할 수 있게 종교개혁

그룹들 가운데서 권위를 지닌 루터를 그 도시로 모셔와 이 문제를 해결하도록 했다. 그렇게 해서 루터가 1524년 6월 24일 마그데부르크의 아우구스티누스회 수도원에 도착했다.

루터는 시 의회와 회중 대표들과 협상을 했다. 6월 26일에는 수도원 교회에서 설교했다. 그러나 그의 설교를 듣기 위해 너무 많은 사람이 몰려와 계획했던 설교는 교구 교회인 성 요한교회로 옮겨서 해야 했다. 교회당을 가득 메운 청중을 앞에 놓고 루터는 "진정한 정의와 거짓된 정의"에 관해 설교했다. 루터는 1524년 7월 3일 그곳에서 다시 설교했다. 그의 방문과 설교는 사람들에게 깊은 인상을 남겼다. 실제로 7월 17일에는 그 도시의 거의 모든 교회가 루터 신앙을 지지한다고 선언했다.

이러한 성공을 굳히기 위해 루터는 암스도르프를 마그데부르크로 보냈다. 마그데부르크에 도착한 암스도르프는 성 울리히의 교회(Ulrichskirche)의 새 목사가 됐다. 그는 또한, 선제후에 의해 감독(superintendent)으로도 임명됐다. 이후 곧 암스도르프는 멜란히톤과 함께 이전에 아우구스티누스회 수도원이었던 곳에 시립학교를 세웠다. 카스파 크루시거가 그 학교의 첫 교장이 됐다. 루터의 친구 마틴 아그리콜라(Martin Agricola)가 학교 성가대의 지휘를 맡았다. 루터는 그 학교를 아주 자랑스러워했다.

그 이후부터 마그데부르크는 제국 내에서 개신교의 중요 도시 가운데 하나가 됐다. 로마 가톨릭교회 측과의 전쟁에서 개신교의 슈말칼덴 동맹이 패한 후 황제는 1547년에서 1562년까지 마그데부르크에 제국의 금지령을 내렸다. 이는 1547년 아우그스부르크 제국 의회가 로마 가톨릭교회을 유일한 신앙으로 회복하라고 결정한 것을 끝까지 인정하지 않은 유일한 도시가 마그데부르크였기 때문이다.

그 금지령을 실행하기 위해 작센의 선제후 모리츠가 1550년부터 1551년까지 1년에 걸쳐 그 도시를 포위 공격했으나 성공하지 못했다. 그들이 철수한 후 마그데부르크는 종교개혁으로의 노선을 더욱 분명히 했다. 1563년에는 이 지역 대주교가 개신교로 넘어왔으며, 1567년에는 대성당에서도 개신교회식 예배를 드리게 됐다.

1631년 30년 전쟁 당시 개신교 도시였던 마그데부르크는 로마 가톨릭 교회 동맹 군대에 의해 약탈 당하고 완전히 폐허가 됐으며, 마그데부르크 시민 3만 명 중 5천 명만 목숨을 건지는 참화를 겪었다. 30년 전쟁에서 파괴된 마그데부르크의 참화와 슬픔을 보름스에 있는 루터 기념물 가운데 부러진 칼을 들고 슬피 울고 있는 여인의 모습을 한 동상이 상징하고 있다. 마그데부르크는 1945년 제2차 세계대전 중에 연합군의 공습으로 다시 한번 크게 파괴되는 참화를 겼었으며, 2013년에는 기록적인 홍수로 큰 피해를 보기도 했다.

발로너교회(Wallonerkirche)
Neustädter Straße 6, 39104 Magdeburg

발로너교회

발로너교회는 삼랑식 고딕 양식의 강당형 교회(Hallen Kirche, 제단의 높이를 같게 지은 독일 특유의 고딕 양식교회)다. 1285년 아우구스티누스회 수도사들이 교회의 초석을 놓은 이후 이곳은 탁발수도회의 수도원 교회였고, 그에 걸맞게 교회의 외형적인 모습은 소박하다. 1516년 아우구스티누스 수도회의 관구장 대리였던 루터는 수도원 감사를 위해 이곳을 방문했었다. 또 1524년 6월에는 마그데부르크시가 종교개혁을 받아들이도록 이 수도원 교회에 설교하러 왔다.

하지만 그는 밀려드는 청중이 너무 많아 이틀 뒤 성 요한교회에서 다시 설교했다. 루터는 마그데부르크에 머무는 동안 수도원에 있는 수사의 방에서 살았다. 마그데부르크가 종교개혁을 받아들이므로 같은 해에 수도원은 폐쇄됐다. 1689년 5월 25일 선제후 프리드리히 빌헬름(Friedrich Wilhelm)이 교회 건물을 만하임에서 피신해 온 발로너개혁교회에 넘겨줬다. 이후 수리 작업을 거쳐 1694년 다시 교회로 문을 열었다.

성 요한교회(Johanniskirche)
Johannisbergstraße 1, 39104 Magdeburg

성 요한교회

성 요한교회는 마그데부르크에서 가장 오래된 교구 교회로, 941년에 처음으로 문헌에 언급된다. 1131년에 로마네스크 양식으로 지어진 삼랑식 새 교회가 세워졌다. 100년 후 서쪽 면에 이중 탑이 추가됐다. 15세기에 새 신도석이 추가됐으며, 그 신도석을 꽉 채운 청중 앞에서 1524년 6월 26일 루터가 설교했다. 현재의 교회는 1990년대에 다시 건축된 것이다.

그 교회 앞에 루터 기념상(Lutherdenkmal)이 있다. 이 기념 동상은 1886년 종교개혁 기념일에 세워졌다. 베를린의 조각가 에밀 훈트리저(Emil Hundrieser)가 만든 이 조각상은 대리석 받침대 위에 루터가 높이 서 있는 형상이다. 그 모습은 루터가 목사 가운을 입고서 유명한 교황 교서 "일어나소서, 주여"를 밟고 서 있다. 그 교서는 교황이 루터를 출교시키겠다고 위협하며 보냈던 교서다. 루터의 얼굴에는 단호함이 보이고, 그의 왼손은 가슴에 대고 오른손은 성서를 쥐고 있다.

성 마우리티우스와 카타리나교회

(Dom zu Magdeburg St. Mauritius und Katharina)
Am Dom 1, 39104 Magdeburg

성 마우리티우스와 카타리나교회

성 마우리티우스와 카타리나교회는 마그데부르크의 대성당(Dom)으로 지금은 개신교교회다. 이 거대한 교회는 독일 땅에 세워진 고딕 양식에 기초한 최초의 교회 건축물이다. 937년 오토 대제가 성 마우리티우스를 기리기 위해 수도원을 세우고 그곳에 고대의 귀중품을 하사했다. 그 덕에 그는 973년 죽은 후, 그곳에 안치될 수 있었다.

수도원은 1207년 화재로 심하게 파손됐다. 2년 뒤 교회는 고딕 양식의 마그데부르크 대교구성당으로 다시 지어져 1362년에 최종적으로 축성됐다. 새로 건축된 교회는 성 마우리티우스뿐 아니라 성 카타리나에게도 봉헌됐으며, "성 마우리티우스와 카타리나교회"라고 명명됐다.

종교개혁 당시 마그데부르크는 개신교의 거점이었다. 이곳에서 면죄부 판매를 통해 브란덴부르크의 알브레히트는 시민들의 불만을 불러왔고, 시민들은 종교개혁을 지지했다. 종교혁명의 시기에 성당 참사회는 루터의 새 교리에 대해 오랫동안 반대했다. 그러나 알브레히트가 1545년 사망하자 대성당은 20년 동안 문을 닫았다가 1567년에 개신교교회가 됐다. 개신

루터기념상
(성 요한교회)

교 첫 예배 설교자는 지그프리드 자쿠스(Siegfried Saccus)였다.

분단 독일 시절 동독 지역에 있던 교회는 공산 정부의 탄압을 받았는데, 이곳에서 1983년부터 매주 평화기도회가 열렸기 때문이다. 이 기도회는 라이프치히에서와 마찬가지로 독일 통일 과정에서 중요한 역할을 했던 1989년의 유명한 '월요일 시위'(Montagsdemonstrationen)로 이어졌다.

3. 아이제나흐(Eisenach) – "나의 사랑하는 도시"

아이제나흐는 광대한 튀링엔 산림지대의 북서쪽 능선을 끼고 회르젤(Hörsel)강과 네세(Nesse)강의 합류 지점에 있는 아름다운 도시다. 현재 주민이 5만 명 정도인 아이제나흐는 중세적 시가 구조가 잘 보존돼 있어 독일 도시 건축 예술의 중요한 기념물로 인정받고 있다.

1150년경 튀링엔 영주들이 세운 이 도시는 1264년 베틴의 작센 가문에게 넘어갔으며, 1283년 자치 도시로 인가를 받았다. 루터가 1497년 아이제나흐에 도착했을 때 그 도시는 좁고 포장되지 않은 도로를 가진 주민 4,000명 정도의 조용한 도시였다. 7개의 수도원, 3개의 교회, 그리고 몇몇 예배당과 병원들이 그 도시의 이미지를 형성하고 있었다. 당시 아이제나흐 주민 10명 중 하나는 성직자였다고 한다.

아이제나흐는 루터에게 마음의 고향과 같은 곳이다. 루터는 1498년 봄부터 1501년까지 이곳 아이제나흐에서 학생으로 4년을 보냈다. 그가 다닌 성 게오르크라틴어학교는 독일 학교들 가운데도 훌륭한 명성을 가지고 있었다. 루터는 이 학교에서 라틴어를 완전하게 구사할 수 있을 정도로 배웠다. 루터는 교사와 학생 모두에게 재능 있고 겸손하며 열정적인 학생으로 인정을 받았다.

그는 음악적 재능도 있어 성가대에 들어갔으며, 사람들 앞에서 노래를 불러 주고 돈을 받기도 했다. 그런 음악적 재능으로 그는 후에 찬송가를 작곡했다. 그는 그 지역에서 명망 있는 경건한 가정들을 방문해 그들과 교제를 나누면서 진지하면서도 사회적으로도 품위 있는 경건성을 갖춰 갔다. 여러 해가 지난 1530년에도 루터는 여전히 아이제나흐를 자신의 "사랑하는 도시"라고 불렀다. 이곳에서 소심한 소년은 쾌활한 청년으로 자랐다.

루터 김나지움 외벽의
루터 기념상

1521년 4월 루터는 황제 앞에 소환돼 보름스의 제국 의회로 가고 오는 길에 아이제나흐에 다시 오게 됐다. 루터는 황제 앞에서 자신을 변론하기 위해 보름스로 가는 길에 4월 9일이나 10일 아이제나흐에 들러 설교한 것으로 알려져 있다. 그리고 보름스에서 자신의 신념을 완강히 고수한 후 돌아오는 길에도 그는 5월 1일 다시 아이제나흐를 방문했다.

그다음 날 루터는 금지돼 있었음에도 게오르크교회에서 그에게 동정적인 많은 무리 앞에서 설교했다. 1529년에도 루터는 마부르크 종교 회담에 참석하러 가는 길에 아이제나흐에 들렀고, 1540년에는 아이제나흐의 교구 감독 유스투스 메니우스(Justus Menius)의 집에 3주간 머물기도 했다.

성 게오르크라틴어학교

(현재의 '마틴 루터 김나지움'[Martin-Luther-Gymnasium])

Predigerplatz 4. 99817 Eisenach

문 옆 벽면의 루터와 바흐 기념판

성 게오르크교회 남쪽에 이전에는 교회 교구 학교가 있었다. 루터가 아이제나흐에 있는 동안 이 라틴어학교에서 공부했다. 하지만 현재는 학교가 그곳에 없다. 1507년 한 귀족의 새 집을 짓기 위한 공간을 만들기 위해 그 학교를 밀어 버리고, 학교는 맨발수도회 수도원(Barfüsserkloster) 가까운 곳으로 옮겼다. 1544년 그 학교는 이전에 도미니크회 수도원이었던 곳으로 다시 옮겼고, 그 건물은 1872년 개축됐다. 이후 그 학교는 김나지움이 됐고, 오늘날 학교는 "마틴 루터 김나지움"이라고 불린다. 그 학교의 가장 유명한 학생으로는 루터뿐만 아니라 요한 세바스찬 바흐(Johann Sebastian Bach)가 있다. 그 수도원이었던 건물 벽에 이 두 사람을 기리는 기념판이 있다. 지금도 아이제나흐는 루터와 바흐 두 거인의 성지로 각광받고 있다.

게오르크 학교에 출석하는 동안 루터는 라틴어 실력을 키웠다. 그의 선생 가운데 굴덴납프와 트레보니우스 두 사람의 이름이 알려져 있다. 1526년 루터는 제후 요한 프리드리히(Johann Friedrich)에게 호소해 굴덴납프에게 30길더의 퇴직 수당을 주도록 하기도 했다.

성 게오르크교회 (Stadtkirche St. Georg)
Am Markt, 99817 Eisenach

성 게오르크교회

시교회인 성 게오르크교회는 영주 루트비히 3세(Ludwig III)가 세웠을 것으로 추정되며, 1182년 공식 문서에 처음으로 언급돼 있다. 성 게오르크교회 부설 학교 학생이었던 루터는 1498년에서 1501년까지 그 교회의 성가대 소년 단원이었다. 루터는 1521년 4월 9일이나 10일 보름스로 가는 길에 그 교회에서 설교했다. 1521년 5월 2일 보름스에서 돌아오는 길에 그는 금지령이 내려졌음에도 다시 여기서 설교했다.

1523년 스위스 바젤 출신의 신학자인 야콥 슈트라우스(Jakob Strauss)가 아이제나흐에서 고리대금업에 반대하는 설교를 하기 시작했다. 1525년 약 500명의 아이제나흐 시민들이 이 과격한 설교에 자극 받아 분노하며 농민 봉기에 가입했다. 그들은 교회와 수도원들을 약탈했는데, 뮌처조차도 아이제나흐 교구가 과도하게 너무 멀리 나가지 말 것을 경고했다. 농민 전쟁 기간에 교회는 파괴돼 외벽만 남아 있었다. 1554년에서 1560년까지 교회는 복구돼 튀링엔의 첫 개신교교회로 봉헌됐다.

교회 내부 성가대석에는 튀링엔의 귀족이던 루트비히 가문의 묘비들과 함께 암스도르프의 묘비가 있다. 그는 1565년 아이제나흐에서 사망한 후 이곳에 안치됐다. 또한, 성구보관실 문 오른편에 개혁자가 올 것을 예언했었던 프란치스코회 수사 요한네스 힐텐을 기념하는 비문이 새겨져 있다.

엄격하게 너희 수도사들을 공격할 영웅이 곧 출몰할 것이다.
(Es wird bald ein Held aufstehen, der euch Mönche hart angreifen wird).

그 기념 석은 1638년 공작부인 헤센의 크리스틴(Christine of Hesse)이 거기에 놓은 것이다.

종교개혁 백주 년을 기념하며 공작 요한 에어네스트 1세(Johann Ernest I)가 1618년 성가대석 북쪽 면에 두 개로 된 그림을 설치하도록 했다. 오른편의 그림은 성만찬을 받고 있는 선제후 가족을 그린 것으로 크라나흐 작업실에서 만든 목판화를 본떠서 만든 것이다. 이 그림에서 루터는 요한 부동자에 성만찬 잔을 주고 있고, 얀 후스는 프리드리히 현공에게 성만찬 빵을 주고 있다. 왼편의 그림은 칼 5세에게 '아우그스부르크 신앙고백'이 전달되는 장면을 그린 것으로 16세기 말 작품의 복사본이다. 그 원본은 슈바인푸르트(Schweinfurt)에 있는 성 요한교회(St. Johanniskirche)에 있다.

1685년 3월 23일 요한 세바스찬 바흐가 태어난 지 이틀 만에 이곳에서 유아세례를 받았다. 1939년 바흐 동상이 그가 여기서 세례받은 것을 기념해 교회 현관에 설치됐다. 바흐가 세례를 받은 세례반은 현재도 교회 안에 있다.

성가대석과 묘비들

암스도르프의 묘비

루터하우스(Lutherhaus)
Lutherplatz 8, 99817 Eisenach

루터하우스

루터광장 모퉁이에 "루터하우스"로 불리는 집이 있다. 이 집은 1817년 이후로 계속 공식적인 루터하우스로 여겨져 왔으나, 이곳이 아니라 다른 집이 그 젊은 라틴어 학생 루터가 아이제나흐에 있는 동안 머물렀던 곳이라는 견해도 있다. 루터하우스로 불리는 건물은 우르슬라 코타의 집으로 알려져 있으나, 이도 사실이 아니라고 보는 이들이 있다.

루터의 큰 아버지였던 콘라트 후터(Konrad Hutter)의 집으로도 알려졌으나 후터의 소유도 아니었으며, 콘라트의 형제들인 프리드리히 루터(Friedrich Luther)와 요한 루터(Johann Luther)가 소유하고 있었다는 학설이 있다. 어쨌든 루터가 잦은 방문객이긴 했지만, 실제로 그곳 2층 방들에서 살았다고 하는 확실한 증거는 없다. 그런데도 그 집은 지금도 우르슬라 코타 가족의 집으로 루터가 살았다고 공식적으로 안내하는 기념판이 붙어 있으며, 방문자들에게 루터하우스로 소개되고 있다.

루터는 프란치스코회수도원의 영향을 받은 코타 가정의 심오한 경건 생활에서 깊은 감화를 받았다. 이들과 함께 찬송가 부르며, 그는 영성과 음악성을 키워 나갔다. 루터는 아이젠나흐에서 친구를 많이 사귀었는데, 이들 중 몇은 그의 평생지기가 됐다.

루터하우스 앞의 광장은 1866년 그 종교개혁가의 이름을 따라 루터광장이라 명명됐다. 3층의 루터하우스는 아이제나흐시 전체를 놓고 봐도 가장 오래되고 가장 아름다운 파흐베르크하우스(Fachwerkhaus)다. 기본적으로 고딕 양식인 이 집의 현재의 외관은 1563년 재건축을 통해 만들어졌다.

• 파흐베르크하우스

파흐베르크하우스는 건물을 받치는 목골조가 건물 외관에 드러나 보이는 건축 양식으로 로마제국 시대부터 유럽 일대에서 유행했다. 특히 프랑스 알자스 지역에서 많이 발견되며 프랑스어로는 "꼴롬바쥬"(colombages)라고 불린다. 이러한 오래된 목골조 주택들은 유럽 도시에 고풍스러운 풍경을 만들어 준다.

1561년부터 이 집은 게오르크교회의 건축가였던 한스 레온하르트(Hans Leonhard)가 소유했는데, 그의 석공 표지를 아직도 입구의 둥근 아치에서 볼 수 있다. 건물 안에는 루터의 시대상을 반영하는 자료들과 젊은 시절 루터가 아이제나흐와 바르트부르크에 체류했음을 알려 주는 그림 등이 전시돼 있다. 집과 연결돼 현대적인 전시관이 꾸며져 있다. 이 전시관은 역사적인 전시품들과 현대적인 멀티미디어 기술이 함께 어우러져, 루터와 종교개혁을 오늘날 우리도 생생하게 체험할 수 있도록 해 준다.

루터의 방이라 불리는 두 곳에는 그 위대한 종교개혁가의 아이제나흐 학창 시절을 보여 주는 전시품이 전시돼 있다. 그 전시물 가운데는 코타 부인을 위해 그 가정의 식구들 앞에서 노래하고 있는 15세의 학생 루터, 1518년 카예탄 추기경에게 심문받고 있는 루터, 바르트부르크 성에 도착하고 있는 루터, 그리고 예나에서 기사 게오르크의 모습을 하고 있는 루터를 묘사한 4개의 그림이 있다. 이것들은 페르디난트 파우벨스(Ferdinand Pauwels)와 폴 투만(Paul Thumann)이 바르트부르크 종교개혁실에 두기 위해 1871년에서 1873년까지 그린 것이었다. 그 밖에 수도사가 되기 위해 에어푸르트의 아우구스티누스회 수도원을 찾은 청년 루터의 모습을 크라나흐가 1520년에 그린 "수사 루터"와, 1521년에 역시 크라나흐가 그린 "신학박사모를 쓰고 있는 루터"가 특별히 귀중한 그림들이다. 위층에는 독일 개신교 목사관의 역사를 재현해 놓은 전시관도 있다.

루터나무

루터하우스를 나오면 오른편에 한 그루의 나무가 있고, 그 아래 "내일 지구가 멸망하더라도 나는 오늘 한 그루의 사과나무를 심겠노라"라는 글이 적혀 있는 기념 석이 있다. 스피노자의 명언으로 알려진 이 말이 사실은 루터가 한 말이라고도 하고 루터의 제자가 한 말이라는 주장도 있다.

루터 기념상(Lutherdenkmal)
Karlsplatz, 99817 Eisenach

루터 기념상은 1895년 아돌프 돈도르프(Adolf Donndorf)가 만든 것이다. 화강암으로 된 동상 받침에 새겨져 있듯이, 이는 "루터가 바르트부르크에 도착한 날을 기념하며 1895년 5월 4일에 세워졌다." 돈도르프는 에른스트 리첼(Ernst Rietschel)에게 사사받았으며, 1861년 리첼 사후 보름스에서 그 루터 기념상을 완성했다. 그의 루터 상은 1546년 크라나흐 1세가 만든 목판화에 기초한 것이다. 그 모습은 비텐베르크에 있는 샤도우(Schadow)의 루터 기념상과 유사하고, 보름스에 있는 루터 상과도 일부 유사한 것을 볼 수 있다.

루터 기념상

동상은 실물보다 크게 제작된 것으로 루터가 긴 흘러내리는 가운을 입고 양손에 성서를 들고 있는 모습을 하고 있다. 그의 자세와 눈은 그가 단호한 사람임을 보여 준다. 그 루터 상 받침에 있는 부조들은 아이제나흐 시절의 루터 모습들을 보여 준다. 받침 뒷면에는 "내 주는 강한 성이요"라는 찬송의 첫 소절이 새겨져 있다.

4. 에어푸르트(Erfurt)

독일의 중부 지방에 있는 에어푸르트는 튀링엔 주의 주도로, 현재 20만 명 정도의 주민이 사는 튀링엔 주에서 가장 큰 도시다. 게라(Gera)강을 끼고 있는 이 도시는 724년 문헌에는 '에어페스푸르트'(Erphesfurt)라고 기록돼 있다. 그 이름은 게라 강의 원명인 '에르페사'(Erphesa)의 여울(Furt)에 수도원과 왕의 저택이 서 있던 것에서 유래했다.

742년 성 보니파키우스(Bonifacius)가 이곳 에어푸르트에 주교 관구를 세웠으며, 1250년경 마인츠의 대주교로부터 자치권을 인정받았다. 에어푸르트는 15세기에 한자 동맹에 가입했으며, 1600년까지 청색 물감을 추출하는데 쓰던 대청을 상당량 취급한 상업 중심지였다. 에어푸르트는 신성 로마제국 시기에는 마인츠의 선제후 령에 속해 있었다.

에어푸르트는 상공업에 중요한 두 개의 길이 만나는 접점에 형성된 도시다. 중세에는 "왕의 길"이라는 뜻을 가진 '비아 레기아'(via regia)와 왕의 행렬이 지나던 길도 에어푸르트를 지나고 있었다. 오늘날 에어푸르트는 루터 순례 루트에서 빼놓을 수 없는 도시다.

루터는 에어푸르트대학에서 공부했다. 또한, 1505년 수도원에 가입한 뒤 그는 6년 동안 이 도시에서 생활했다. 루터 당시 에어푸르트는 제국의 대도시 가운데서도 중요한 위치를 차지하고 있었다. 당시 20,000명이 시

성벽 안에 살고 있었으며, 웅장한 귀족들의 저택들이 시의 경제적 중심지였던 어시장(Fischmarkt)을 따라 줄을 이루고 있었다.

또한, 21개의 교구 교회, 4개의 대학 교회, 그리고 11개의 수도원 교회가 있었던 이곳은 어디서나 교회 종탑이 보였고 그러한 종탑이 도시의 모습을 형성하고 있었기에, 루터는 이 도시를 "종탑이 많은 에어푸르트"라고 불렀다. 루터는 후에 자신의 『탁상담화』에서 말하기를, "에어푸르트는 가장 좋은 곳에 있다. 그곳은 사람들을 끄는 아주 매력적인 곳이다. 지금 당장 불타버린다 해도 이곳에 도시가 있어야 한다"라고 했다.

에어푸르트는 지적인 중심지기도 했다. 1379년 시 의회가 대학을 세웠다. 이는 독일에서 가장 오래된 대학이다. 독일어권에서 가장 오래된 대학은 1348년에 세워진 프라하대학이며, 그다음에 1365년에 비엔나대학이 세워졌다. 오늘날 독일 지역 안에서 세워진 대학으로는 에어푸르트대학이 가장 오래됐다. 그러나 에어푸르트대학이 실제로 학교 수업을 시작한 것은 1392년부터였다. 그래서 1386년에 세워진 하이델베르크대학을 독일 안에서 가장 오래된 대학으로 보기도 한다. 루터 당시 에어푸르트대학은 독일에서 가장 크고 유명한 대학 가운데 하나였다. 루터는 "적절하게 공부하기를 원하는 자는 에어푸르트대학을 다니도록 하라"라고 말하기도 했다.

루터 자신이 아이젠나흐에서 공부를 마치고 18살 되던 해인 1501년 에어푸르트대학에 입학했다. 당시 대학 학생 명부가 현재도 에어푸르트시 문서 기록물에 보존돼 있다. 거기에는 루터가 친필로 "만스펠트에서 온 마틴 루더"(Martinus Ludher ex Mansfelt)라고 기입한 것이 적혀 있다. 이것은 현존하는 루터의 친필 가운데 가장 이른 기록물이다.

이후 수도사가 되기 위해 루터가 찾아갔던 수도원도 에어푸르트에 있는 아우구스티누스회 은수사회 수도원이었다. 그는 에어푸르트에서 사제 서품을 받고 신학을 공부했다. 1511년 이후 루터는 비텐베르크로 영구적으로 이주했지만, 그는 기회가 있을 때마다 몇 일씩 혹은 지나는 길에 몇 시간이라도 에어푸르트에 들렀다. 루터는 에어푸르트의 여러 교회에서 설교했다. 1537년에는 그가 슈말칼덴 동맹 회의에서 돌아오는 길에 병이 나자 에어푸르트에서 몸조리를 하기도 했다.

현재는 매년 11월 10일 루터의 생일에 에어푸르트에서 기념 행사가 열린다. 여러 교회와 아우구스티누스회 수도원에서 특별예배와 행사를 한다. 특히 이날에는 수천 명의 에어푸르트 시민과 관광객이 대성당 앞 돔 광장(Domplatz)으로 모여 루터의 생일을 축하하며 루터를 기리는 행사를 한다. 이때 돔 광장은 수많은 촛불로 빛의 물결을 이룬다. 광장에서는 전통적인 '마틴 장터'도 열린다.

정감 어린 구불구불한 골목길에 오래된 목골조 건물들과 광장들이 들어서 있는 매력적인 에어푸르트의 구시가지는 중세적 시가 구조가 잘 보존돼 있어 "튀링엔의 로마"(thüringische Rom)라고 불리며, 독일 내 역사적 구도시들의 연합인 "독일 역사의 하이라이트"(Historic Highlights of Germany)에 속해 있다.

옛 에어푸르트대학(Universität Erfurt) &
   콜레기움 마이우스(Collegium Maius)
   Michaelisstraße 39. 99084 Erfurt

에어푸르트대학은 1379년 설립된 독일에서 가장 오래된 대학이다. 대학은 1816년 폐교됐다가 독일 통일 후 1994년에 다시 설립됐다. 옛 대학 구역은 '상인들의 다리'와 미하엘리스 거리와 아우구스티너 거리 사이에 게라 강을 따라 자리하고 있다.

1392년에 세워진 대학 강의실들은 미하엘리스 거리와 알러하일리겐(Allerheiligen) 거리 모퉁이에 있는 콜레기움 마이우스 안에 있다. 원래 목골조로 지어진 콜레기움 마이우스 건물은 1510년 소위 '학생소동'(Erfurt Studentenlärm) 기간에 파괴됐다. 1511년부터 1515년까지 그 파괴된 건물 자리에 2층 건물이 다시 세워졌다. 이 건물은 1525년

콜레기움 마이우스

이 돼서야 정식으로 문을 열었다. 정문은 원래 1512년에 후기 고딕 양식으로 만들어졌던 것으로, 1983년 옛 외벽 내 원래의 위치로 옮겨졌다.

옛 에어푸르트대학의 본관 건물인 콜레기움 마이우스에서 루터가 1501년 학생으로 등록을 했다. 그곳에서 루터는 학자로서 훈련을 받고 1502년 학사 학위를 받았고, 3년 뒤엔 석사 학위 시험을 통과했다. 그 뜰에 도서관이 있었으며, 그곳에서 루터가 처음으로 성서 전권을 만져보고 읽어 볼 수 있었다. 에어푸르트를 떠난 뒤에도 루터는 자주 이 도시를 방문하곤 했는데, 그 때마다 대학 교회인 미하엘교회에서 설교했다.

성 미하엘교회(Michaeliskirche)
 Michaelisstraße 11, 99084 Erfurt

콜레기움 마이우스 건너편에 경사진 양박공 지붕을 가진 성 미하엘교회가 있다. 1193년에 세워진 교회는 1392년 대학이 강의를 시작한 이후 대학 교회(Universitätskirche)로 위상이 높아졌다. 성 미하엘교회의 사제들은 대학 선생이기도 했다. 철학과 학과장이었던 요한 보네밀히 폰 라스페(Johann Bonemilch von Laspe)는 1507년 루터를 사제로 안수한 이로 탑 옆에 있는 삼위일체 예배당(Dreifaltigkeitskapelle)을 지을 때 기부금을 낸 인물이다.

성 미하엘교회

대학 교회는 수도원의 아우구스티너교회와 함께 종교개혁 기간에 에어푸르트에서 지도적 역할을 했다. 1520년부터 석사 게오르크 포르히하임(Georg Forchheim)이 이곳에서 개신교적 설교를 했다. 루터의 오랜 친구였던 에어푸르트의 개혁자 요한네스 랑이 1530년 미하엘교회의 목사가 됐다. 랑은 1548년 이곳에 묻혔다. 교회 북쪽 측면에 교회의 역사를 알리는 글이 새겨져 있다.

1193년에 세워져 14세기 말 증축됐으며, 1599년, 1820년, 그리고 1893년 700주년에 실내 장식이 리모델링됐다. 루터의 친구였던 에어푸르트의 개혁자 요한네스 랑 박사가 루터교 목사로는 첫 담임목사로 이곳에서 사역했다. 마틴 루터 박사가 1522년 10월 21일과 22일 이곳에서 설교했다.

게오르크 기숙사(Georgenburse)
Augustinerstraße 27, 99084 Erfurt

에어푸르트 학창 시절 루터는 아우구스티너 거리에 있는 성 게오르크교회 기숙사에서 살았다. 기숙사는 교회 교구 내에 있었으며, 루터가 아이제나호에 있을 때 출석했던 성 게오르크교회 부설 학교와도 연관돼 있었다. 당시 기숙사에서 학생들은 매일 매우 엄격한 식사 시간을 가졌다. 기숙사는 가르치는 기능도 하고 있었다. 그곳에서 강의와 세미나가 개최되고, 기숙사 사감은 시험에도 상당한 영향력을 가지고 있었다.

게오르크 기숙사

　기숙사는 15세기 중엽 시 의원 하르퉁 캄머마이스터(Hartung Cammermeister)가 세웠다. 1465년 시 의회가 인수했다가 후에 클라우스 뮐러(Claus Müller)에게 팔았다. 이 기숙사에서 루터는 에어푸르트에서의 자신의 첫 번째 선생이었던 요한 그레펜슈타인(Johann Greffenstein)을 만났는데, 그레펜슈타인은 당시 후스가 증거 없이 처형됐다고 주장했다.
　현재 건물 중앙에는 정원 쪽으로 둥근 창이 있을 뿐 아니라 벽, 지하 저장실, 창고의 고딕 양식 잔해들이 있다. 그 단지는 18세기에 바로크 양식으로 개조됐으며, 시 경찰서, 감옥, 작업소로 사용되다가 2010년 이곳에 성지순례와 함께 국제회의와 훈련센터가 문을 열었다.

아우구스티누스 은수사회 수도원
　　(Kloster der Augustiner-Eremiten) Augustinerstraße 10, 99084 Erfurt

아우구스티너교회

　아우구스티누스 은수사회 수도원은 1276년부터 건축이 시작돼 14세기 중엽에 전체 단지가 완성됐다. 단지는 대부분 잘 보존된 편이다. 루터가 1505년 7월 17일 수도원에 들어올 때 통과해 들어왔다고 하는 전설을 가진 콤투르 골목(Comthurgasse)에 있는 문들은 19세기에 칼 프리드리히 쉰켈(Karl Friedrich Schinkel)이 다시 디자인한 것이다. 이 문들은 후에 벽으로 막아 버렸고, 이를 알리는 기념판이 거기에 있다.

수도원 교회인 아우구스티너교회의 제단 앞쪽에 요한네스 자카리아스"(Johannes Zacharias)의 무덤이 있다. 1506년 루터는 이 무덤 앞에 엎드려 수도사 서약을 했다. 아이러니하게도 자카리아스는 후스의 격렬한 반대자로 1415년 콘스탄츠에서 후스를 이단으로 처형시키는 데 일조했던 인물이다.

아우구스티누스 은수사회 수도원

루터는 사제 서품을 받은 후 첫 미사를 이곳 수도원 교회에서 집전했다. 로마 가톨릭교회에서 성만찬을 집전할 수 있는 권한은 신부가 된 사람에게만 주어진다. 첫 미사를 올리면서 성만찬을 집례하는 이 순간은 서품을 갓 받은 신부에게는 가장 긴장된 순간이면서 동시에 가장 영예로운 순간이기도 하다. 신부 루터는 1507년 5월 2일에 첫 미사를 집전했다. 이를 축하하기 위해 루터의 아버지가 20명의 마부와 함께 마차들에 선물을 가득 싣고 와 수도원에 드렸다.

수도원 건물이 교회에 접해 있으며, 수도사들이 매장돼 있는 뜰을 고딕식 2층 회랑 건물들이 둘러싸고 있다. 동쪽 측면 2층에 기숙사 복도가 있으며, 그 복도를 따라 수도사들의 방들이 있었다. 루터는 수도원에 들어온 후 이곳 방 가운데 하나를 사용했다. 오늘날 '루터의 방'으로 알려진 두 평 남짓 되는 방은 실제로는 그가 1511년 로마 여행을 하고 난 후에야 사용했던 곳이다. 그 방들을 1561년부터 시립 김나지움(Ratsgymnasium)이 사용했다.

수련 수사들은 반대편 서쪽 측면 건물에서 생활했다. 수도원 터 남동쪽 콤투르 골목에 있는 수도원 벽 인근에 수도원에서 가장 오래된 부분인 게스트하우스 혹은 호스피스가 있다. 루터는 이곳에서 1505년 9월 수사 수련 기간을 시작할 때까지 살았다.

비텐베르크로 이주한 후에도 루터는 여러 번 여행 중 이곳 수도원을 찾았다. 그가 아우구스티누스회 관구장 대리로 수도원들을 감사하기 위해 여행하던 1515년 4월과 12월에, 또한 그가 요한네스 랑을 수도원 원장으로 취임시켰던 1516년 3월 말 등 에어푸르트를 찾을 때마다 수도원에 들렀다. 루터는 1521년 보름스로 가는 길에 에어푸르트에 잠시 들러 4월 7일 수도원 교회에 모인 많은 무리에게 설교했다. 그는 그에게 열광하는 청중에게 다음과 같이 외쳤다고 한다.

> 저는 여전히 진리를 말하고 싶습니다. 그리고 비록 제가 스무 번을 제 목을 내놓아야 한다 하더라도 그렇게 해야 합니다.

현재 수도원은 독일에 있는 19개 성서 센터 가운데 하나다. 2008년에 문을 연 바이트하우스(Waidhaus)는 명상의 장소다. 수도원 안에는 현재 40여 개의 객실이 있으며, 작은 도서관도 있다.

성 마리아대성당 (St. Marien Dom)
Domstufen 1, 99084 Erfurt

돔베르크(Domberg) 위에 있는 성 마리아대성당은 보니파키우스 주교가 742년에 건립한 대주교 교회의 후속 건물로, 1154년에서 1465년까지 건축됐다. 로마네스크 양식의 교회 탑과 함께 높은 고딕 양식 성가대석을 가지고 있는 이 성당은 독일 고딕 양식의 대표적인 걸작품 가운데 하나로 꼽

성 마리아대성당(좌)과 성세베루스교회(우)

한다. 대성당은 오늘날에도 에어푸르트의 랜드마크다.

루터가 이곳에 머물고 있었을 때 이미 그 건물은 오늘날 우리가 보는 모습을 가지고 있었다. 회랑 동쪽 측면부 위에 코엘리쿰 강당(Auditorium Coelicum)이 있는데, 그 이름은 별자리가 그려져 있는 푸른색 천장에서 왔다. 그곳은 신학과가 강의실로 사용하던 곳이었다. 거기서 루터가 1509년 선생으로 첫 강의를 했다.

제단

대성당 중앙 탑에는 500년도 더 된 종인 "마리아 글로리오사"(Maria Gloriosa)가 있다. 이 종은 중세 시대의 줄을 당겨 울리는 방식의 종 가운데는 세계에서 가장 큰 종이다. 내부에 있는 높은 제단은 1697년에 이전 것을 치우고 세운 것이다. 대성당 안에는 중세 기독교 미술과 함께 로마네스크 양식, 고딕 양식, 바로크 양식 조각들이 가득하다.

신도석 남쪽에 에어푸르트대학 교수이자 부주교였던 요한 보네밀히 폰 라스페의 묘비가 있다. 그는 1507년 4월 3일 루터가 이곳 대성당에서 사제 서품을 받을 때 안수했던 사람이다. 또한, 폰 라스페의 묘비 옆에는 헨닝 괴데의 묘비도 있다. 괴데는 에어푸르트대학 출신의 유명한 법학자로 루터는 법학을 공부하기 시작했을 때 그에게서 배웠다. 괴데의 묘비 동판은 뉘른베르크에 있는 한스 피셔(Hans Vischer)의 작업실에서 만든 것이다.

상인의교회(Kaufmannskirche)
　　Anger 80, 99084 Erfurt

상인의교회

제단

　　상인의교회는 에어푸르트에서 가장 오래된 교구 교회로, 그 역사가 742년 에어푸르트에 주교좌가 설립됐던 시기까지 거슬러 올라간다. 오늘날의 삼랑식교회는 1291년에서 1368년까지 건축됐다. 1492년에 세워졌던 높은 제단은 1522년 루터가 이곳에서 설교했을 때는 봤을 것이나 아치형 지붕이 함몰됐던 1594년에 파손됐다. 현재의 제단은 1625년에 세워진 것으로 에어푸르트에서 제단이 바로크 양식으로 바뀐 가장 중요한 예로 평가받는다.

　　루터는 1522년 10월 20일에서 22일까지 멜란히톤과 함께 에어푸르트에 머문 적이 있다. 당시 바이마르를 방문 중이던 루터는 에어푸르트에서 설교하기 위해 잠시 바이마르를 떠나 이곳으로 왔다. 에어푸르트에서 루터는 몇 번 설교했는데 그중 두 번은 10월 22일 상인의교회에서 했다. 이 설교를 통해 그는 이단과 성인 숭배에 반대했을 뿐 아니라 교황을 하나님과 인간 사이의 중재자로 보는 것에 반대했다. 그는 자신이 성서에서 읽은 대로 무엇보다도 신앙의 덕목들을 강조했다. 그 설교를 기념하며 에어푸르트 시가 종교개혁 400주년 때 교회에 다음과 같은 명판을 붙였다.

> 1522년 10월 22일 마틴 루터 박사가 상인의교회에서 십자가를 지는 것과 강직한 기독교인이 세상에서 갖게 되는 슬픔에 대해 설교했다. 1917년.

루터 기념상

상인의교회 앞에 있는 루터 기념상은 그 위대한 종교개혁가 탄생 400주년을 기념하며 1883년 프리츠 샤퍼(Fritz Schaper)가 만든 것으로 1889년에 세워졌다. 그 기념상은 비텐베르크에 있는 기념상의 모양을 조금 바꾼 것으로, 루터가 자신을 향해 금지령을 선포한 교황의 교서를 밟고 서서 양손으로는 성서를 들고 있는 모습을 하고 있다. 적갈색 화강암 받침에 부착된 3개의 청동 부조는 에어푸르트에서의 루터의 활동들을 보여 준다. 즉 대학 학생 루터, 수도사 루터, 그리고 보름스로 가는 길에 에어푸르트에 들어서고 있는 루터를 형상화했다.

그 받침 전면에는 "마틴 루터 박사. 내가 죽지 않고 살아서 여호와께서 하시는 일을 선포하리로다. 시편 118편 17절"이라고 적혀 있다.

프란치스코회수도원교회 (Klosterkirche der Franziskaner) &
맨발형제회교회 (Barfüsserkirche) Barfüßerstraße 20, 99084 Erfurt

프란치스코회수도원교회는 맨발형제회교회라고도 불린다. 삼랑식 고딕 양식의 현재 교회는 13세기 말부터 있었다. 교회는 에어푸르트에 있는 세 번째 탁발수도회교회로 도시 중심의 게라 강둑 위에 서 있다. 이 교회는 이미 1522년부터 종교개혁 추종자들을 위한 교구 교회가 됐다. 1525년 농민 전쟁 중 교회는 다시 로마 가톨릭교회가 됐으나 곧 개신교도들이 회수했다. 프란치스코회가 30년 전쟁(1618-1648) 기간 중 그 수도원과 교회를 되찾았으나 얼마 되지 않아 스웨덴인들이 이곳을 차지했다.

루터는 1529년 10월 11일 마부르크 종교 회담에서 돌아오는 길에 이 교회에서 설교했다. 그는 요한복음 5:44을 본문으로 사기꾼들, 광신도들, 재세례파에 반대한다고 공개적으로 밝혔으며, 무엇보다도 성서의 의미와 그것에 대면했을 때 자신이 초등학교 학생과 같이 느낀다고 설교했다. 이 설교는 사본 형태로 전해진다.

프란치스코회수도원교회

성 안드레아스교회

루터 부조

성 안드레아스교회(Andreaskirche)
Andreasstraße 14, 99084 Erfurt

성 안드레아스교회는 13세기에 건축됐다. 기본적으로 고딕 양식의 한 개의 회랑을 가지고 있었던 그 건축물은 1416년 화재로 무너지고 이후 곧 같은 양식으로 재건축됐다. 1522년부터 이 교회는 줄곧 개신교교회였다.

교회 안에 있는 보리수나무로 만들어진 루터 형상의 부조는 귀중한 예술품이다. 이는 크라나흐 1세가 제작한 목판화를 본따 만든 것이다. 그 루터 형상은 에어푸르트의 청동 주물공 하인리히 치글러 2세(Heinrich Ziegler der Jüngere)가 만든 루터의 묘비 형상과 거의 정확하게 일치한다. 치글러 2세가 묘비를 주물 할 때 이 목재 부조를 모델로 삼은 것인지는 확실치 않다. 그것이 크라나흐의 작업실에서 온 것인지도 확실하지 않다. 에어푸르트의 한 여인이 자신의 남편이 다시 로마 가톨릭교회 신자가 된 후 이를 불태우려 하자 1727년 이 부조를 교회에 기증했다고 한다.

"높은 백합"의 집(Haus "Zur hohen Lilie")
   Domplatz 31, 99084, Erfurt

돔플랏츠(Domplatz)에 있는 '높은 백합의 집'은 에어푸르트에 있는 가장 아름다운 초기 르네상스 건물 가운데 하나다. 유럽에서 가장 오래된 가스트하우스 가운데 하나인 이 집에는 이미 14세기부터 도시의 중요한 손님들이 숙박했다. 수많은 주교, 백작, 공작 외에도 스웨덴 왕 구스타프 아돌프(Gustav Adolf)와 같은 손님들이 이곳에 머물렀다. 루터도 이 집의 손님이었다. 그는 기사 게오르크로 변장해 바르트부르크에서 비텐베르크로 은밀히 여행하는 중에 이곳에서 식사했다고 한다. 그 식사 중에 그는 한 사제와 격렬하게 논쟁을 했는데, 이는 당시 신분을 숨기고 숨어 지내던 루터에겐 목숨을 건 행위였다. 이 집은 1964년 이후 완전하게 복원됐다.

"높은 백합"의 집

제7장
루터의 영적 싸움과 수도사 서원

1. 슈토테른하임(Stotternheim)

루터의 돌(Lutherstein)
　　Luthersteinweg 1, 99195 Erfurt

루터의 돌

　　슈토테른하임은 에어푸르트에서 동쪽으로 10km 정도 떨어진 곳에 있다. 1505년 여름 에어푸르트대학에서 법학을 공부하고 있던 루터는 만스펠트에 있던 부모님을 방문했다. 7월 2일 그는 에어푸르트로 돌아오는 길에, 이곳 슈토터하임이라는 작은 마을 가까이에서 폭풍우를 만났다. 무섭게 내리치는 번개에 생명의 위협을 느낀 루터는, "도와주소서, 성 안나여. 제가 수도사가 되겠습니다!"라고 외쳤다. 두 주 후 1505년 7월 17일, 루터는 에어푸르트의 아우구스티누스회 수도원에 입회했다. 수도사가 되겠다고 외쳤던 장소로 추정되는 자리에 '루터의 돌'이라 불리는 기념비가 서 있다. 그 장소와 관련된 이야기 때문에 그곳은 '종교개혁의 시작점'이라고 불린다.

루터가 벼락을 체험한 지점이 정확히 어디인지는 알 수 없다. 여러 가지를 고려해 추정해서 그 장소로 짐작되는 곳에 기념비를 세운 것이다. 이 기념비는 1917년 에어푸르트에 살던 어떤 여성이 기증했다고 한다. 높이 2m가 정도의 돌의 전면에는 다음과 같은 글이 새겨져 있다.

> 서원한 땅(Geweihte Erde)
> 종교개혁의 시작점(Werdepunkte der Reformation)
> 여기서 젊은 루터에게 하늘로부터의 번개 가운데 그 길이 제시됐다.
> (In einem Blitz vom Himmel wurde der junge Luther hier der Weg gewiesen)

뒷면에는 그날 루터의 외침이 새겨져 있다.

> 도와주소서 성 안나여. 제가 수도사가 되겠습니다.
> (Hilfe Du Sankt Anna, ich will ein Mönch werden).

제8장
종교개혁의 시작과 중심

1. 루터의 도시 비텐베르크(Lutherstadt Wittenberg)

비텐베르크는 독일 작센-안할트 주 안에 있는 현재 인구 5만 명 정도의 작은 도시다. 도시 이름 앞에 '루터의 도시'(Lutherstadt)라는 공식 명칭을 가지고 있듯이, 도시 곳곳에 루터 하우스, 멜란히톤 하우스, 성 교회, 시교회 등 루터와 종교개혁의 역사를 보여 주는 소중한 유적들이 즐비하다. 비텐베르크 구시가지는 1996년에 유네스코 문화유산으로 등재됐다.

비텐베르크는 1183년 문헌에 처음으로 언급된다. 15세기 말 선제후 프리드리히 현공이 궁성을 이곳에 지은 후부터 크게 발전했다. 1502년에 비텐베르크에 대학이 설립됐고, 이후 대학은 크게 번성했다. 그곳에서 루터와 멜란히톤, 그리고 그 밖의 많은 종교개혁가가 활동했다. 특히 1517년 루터가 비텐베르크교회에 95개조 논제를 붙임으로 비텐베르크는 유럽에서 가장 주목받는 곳 가운데 하나가 됐고, 이후 종교개혁의 중심지가 됐다. 이러한 점에 힘입어 엘베강 연안의 이 작은 도시는 유럽 정신사의 구심점으로 발전할 수 있었다. 그 후 백여 년 동안 비텐베르크는 유럽에서 교회, 학문, 문화에서 중요한 역할을 했다.

루터는 1508년에 비텐베르크대학의 도덕 철학 교수직을 맡기로 하고 처음 비텐베르크에 왔다. 당시 그 도시에는 3,000명 정도의 주민이 있었다. 루터가 보기에 비텐베르크는 아직 문명의 주변부에 있었다. 루터는 이후 에어푸르트로 돌아갔다가 1511년 비텐베르크로 아주 이사했으며, 이후 35년간 죽을 때까지 자신의 생 대부분을 이 도시 성벽 안에서 보냈다.

루터하우스(Lutherhaus)
Collegienstraße 54, 06886 Lutherstadt Wittenberg

루터하우스는 1502년부터 프리드리히 현공이 세우기 시작한 건물로, 원래 비텐베르크의 아우구스티누스 은수사회 수도원 건물의 일부였다. 그 안의 수사들이 검은색 복장을 하고 있어서 수도원은 "검은 수도원"(Schwarzes Kloster)이라고도 불렸다. 루터가 1508년 비텐베르크에 왔을 때는 수도원 건축이 아직 한창 진행 중이었다. 루터는 이곳 수도원 수도사였다.

비텐베르크에서 종교개혁이 시작되고 난 후 1522년 수도원이 폐쇄됐다. 1525년 루터가 수녀 카타리나 폰 보라와 결혼한 후 이곳은 루터 가족과 종교개혁을 위해 함께 일하는 사람들의 거주지로 변모했다. 후에 루터 하우스가 됐던 건물은 당시에는 "잠자는 집"으로 알려진

루터하우스

곳으로 아직 공사가 끝나지 않았었다. 1532년 선제후 요한 부동자가 수도원 건물을 정원과 함께 루터 가족에게 넘겨줬다. 1535년이 돼서야 루터는

"잠자는 집"의 개조 비용을 댈 수 있었고, 가족들이 그곳에서 임시로 거주하던 것을 끝낼 수 있었다. 루터 서재도 이 무렵 건축됐다.

1540년 루터의 아내가 루터에게 특별한 생일 선물을 줬다. 이는 '카타리나의 문'(Katharinen Portal)으로 독일 남부의 피르나(Pirna)에서 가져온 사암으로 만들어진 귀한 문이다. 후기 고딕 양식의 문은 반곡선 아치 모양으로 디자인돼 있다. 문 좌우에 돌 좌석과 덮개가 있다. 좌석의 덮개는 루터 문장과 루터 형상으로 장식돼 있다. 루터의 문장인 장미 모양 조각을 둘러싸고 "그가 살다"(VIVIT)라는 글이, 그리고 루터 얼굴 형상 조각 주변에는 "침묵과 희망을 통해 여러분은 더 강해질 것이다"(IN SILENCIO ET SPEERIT FORTITUDO VESTRA)라는 글이 새겨져 있다. 루터는 피르나시 설교자 안톤 라우터바흐(Anton Lauterbach)에게 보낸 서신에서 다음과 같이 말한 적이 있다.

> 케테[루터의 아내]는 그 집에 이 정도로 넓은 조각이 있는 문을 가지고 싶어 했습니다. 그분야의 대가들은 어떻게 적당한 높이를 가져야 할지를 알 것입니다.

카타리나의 문

카타리나 동상

피르나에서 온 대가가 이 계획을 맡아 작업했다고 하는데, 그 석공이 누구인지는 알 수 없다. 그 문 바로 앞뜰에 카타리나 동상이 세워져 있다.

루터는 그 건물이 수도원이었던 1511년부터 시작해 1546년 그가 사망할 때까지 이곳에서 35년을 살았다. 바로 이곳에서 루터는 성서의 진리를 새롭게 깨닫고 종교개혁으로 나아갔으며, 유럽 전체에서 몰려온 학생들 앞에서 강의했다. 또 이후에 세계를 변화시킬 많은 저작을 집필한 것도 바로 이곳이었다.

루터의 아내 카타리나 루터는 1552년 사망했다. 그리고 12년 후 1564년 루터의 자녀들이 이 집을 대학에 팔았다. 그 후 얼마 안 돼 대학에서 수도원 앞에 있던 도로 쪽에 웅장한 건물을 지었다. 그 이후로 줄곧 그 수도원과 전면의 건물은 대학의 독립적인 부분인 "아우구스토임"(Augusteum)을 구성하고 있다. 현재 루터하우스는 아우구스토임을 지나 루터 뜰(Lutherhof)이라고 불리는 곳 북쪽에 있다.

아우구스토임

루터 응접실

1844년부터 시작해 베를린의 건축가 프리드리히 아우구스트 슈튈러(Friedrich August Stüler)가 그 루터 하우스를 고딕 양식의 기념물로 개조했다.

방들 가운데 일부도 실내 장식을 바꿨다. 루터 응접실(Luther Parlor)은 개조하지 않고 그대로 뒀다.

가족의 거실인 루터 응접실은 창문, 나무 널빤지를 깐 마루, 징두리 벽판, 세간 등을 그대로 둔 채 원래 모양대로 보존됐다. 루터가 직접 산 판넬은 그 질이 당시 성들의 거주 공간에서 발견되는 판넬과 같이 고급스럽다. 여기서 그 유명한 루터의 『탁상담화』가 이뤄졌다. 그 방에서 가장 눈에 띄는 것은 전체 27개의 타일로 된 5층 난로다. 그 타일에는 4 복음서 저자, 7개의 자유롭게 그린 그림들, 그리고 그리스도의 수난을 그린 그림들이 그려져 있다. 오늘날 그 방은 1629년에 칠한 대로 그대로 세월의 흔적과 함께 보존돼 있다. 루터가 여기 살았을 때는 하얗게 칠해져 있었다.

1883년 루터 탄생 400주년 때 그 종교개혁가의 집은 종교개혁사 박물관인 루터 홀(Lutherhalle)로 개장했다. 이곳은 오늘날 세계에서 가장 규모가 큰 종교개혁사 박물관이다. 루터가 사용했던 방들이 잘 보존되고 복원돼 "마틴 루터의 삶과 활동, 그리고 영향"이라는 제목의 전시관으로 사용되고 있다.

이곳에서는 비텐베르크에서의 루터의 삶과 루터 가족의 일상, 종교개혁의 과정, 루터가 후대에 남긴 영향 등 독일 종교개혁 역사를 한눈에 볼 수 있다. 면죄부, 설교대, 수도복, 그리고 대강당 안에 있는 대학 강단이나 당대 사용되던 면죄부함, 루터의 성서나 진기한 인쇄물, 필사본, 전단지 등 천여 점이 넘는 전시품들이 원상태로 잘 보존돼 있다.

루터하우스 식당이었던 자리에 크라나흐 1세가 그린 십계명 그림이 전시돼 있다. 1516년 크라나흐 1세는 비텐베르크 시 의회의 요청에 따라 이 대형 십계명 그림판을 완성했다. 160cm x 335cm 크기의 이 그림판은 십계명의 내용을 무지개로 이어지게 만든 10개의 그림으로 구성됐다. 이 그림 전체가 무지개로 덮여 있는데, 이는 창세기 9장을 배경으로 한 것이다.

범죄와 타락으로 홍수심판을 받은 인류에게 하나님께서 새로운 언약을 세우시며, 그 언약의 상징으로 무지개를 보여 주셨다. 그러므로 이 십계명 그림의 무지개는 멸망할 운명에서 구원받은 인류를 상징하는 동시에, 하나님의 계명과 언약의 영향력이 우주 만물에 미친다는 뜻이다.

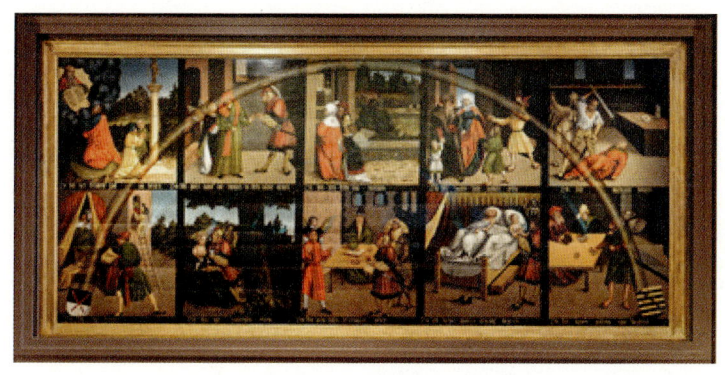

십계명 (Lucas Cranach)

이 그림의 구체적인 내용을 착상할 때 크라나흐는 아마 루터의 영향을 받았을 것이다. 루터는 1516년에서 1517년까지 십계명 내용을 중심으로 설교를 했다. 이를 1518년에 『십계명에 대한 간단한 설명』(*Eine kurze Erklärung der zehn Gebote*)이라는 제목으로 출판했다. 루터의 이 설교는 커다란 반향을 일으켰다.

이 그림판 내용을 하나하나 살펴보면 각각의 계명마다 그 계명을 지키는 것과 어기는 것을 대조시키고 있는데, 이를 부각하려고 크라나흐는 각각의 인물과 그 행동에 천사와 사탄을 등장시켰다. 이들은 노골적인 모습으로, 혹은 숨겨진 모습으로 나타난다. 이를 통해 크라나흐는 인간의 모든 행위에는 천사의 얼굴과 악마의 얼굴 두 가지가 있음을 보여 주고자 했다. 곧 이 둘 중에 어느 쪽에 더 비중을 크게 두고 행하느냐에 따라, 사람의 행실은 선과 의의 열매를 맺기도 하고 혹은 악과 불의의 열매를 맺기도 한다는 것이다.

그리고 각각의 인물이 입고 있는 의상으로 그 계명을 준수하고 있는지 아니면 어기고 있는지를 알 수 있도록 해 놓았다. 그림들 가운데는 옷을 잘 차려입은 사람들이 종종 계명을 어기는 자로 나타난다. 그들의 좋은 지위와 명예와 권세가 그 당시에 모든 사람에게 똑같이 적용돼야 할 규범을 어기게 만드는 경우가 적지 않았다.

루터 하우스는 2001/2002년에 마지막으로 복구됐으며 이때 현대식 입구가 추가됐다. 남쪽에 2004년에 발굴한 건축 잔해가 있으며, 이는 루터의 서재와 화장실이 있던 탑 부속 건물이었던 것으로 판명됐다.

성교회(Schlosskirche)

Schloßplatz 1, 06886 Lutherstadt Wittenberg

성교회

작센의 선제후 프리드리히 현공이 당시 작은 마을이었던 비텐베르크를 유력한 도시로 키우기로 했다. 그리고 그곳에 자신이 머물 성을 기존에 있던 오래된 요새를 기초로 해서 짓기로 했다. 비텐베르크 성(Wittenberger Schloss)의 건축은 1489년에 시작돼 1525년에 완공됐다.

루터는 이곳에 자주 손님으로 머물렀다. 성은 여러 번 파괴되고 보수되고 개조되기를 반복했다. 그 웅장한 3층 구조물은 여러 번 개조된 후 서쪽의 주요 측면부만이 그 웅장한 모퉁이 탑들과 두 개의 야외 나선형 돌계단과 함께 남아 있다. 오늘날 그 성에는 율리우스리머박물관(Julius Riemer Museum)의 주목할 만한 자연사와 민족학 소장품들이 있다. 성 건물 가운데 가장 유명하고 꼭 찾아야 할 곳은 성의 한 부분이었던 성교회다.

비텐베르크 구시가에 들어서면 멀리서도 성교회의 높은 탑이 보인다. 88m에 달하는 성교회 탑의 둥근 지붕 아래에 모자이크로 루터의 찬송가 첫 소절인 "내 주는 강한 성이요 좋은 방패와 병기가 된다"(Ein feste Burg ist unser Gott, ein gute Wehr und Waffen)라는 글귀가 새겨져 있다. 이 성교회가 바로 종교개혁의 출발점이 된 루터의 95개조 논제가 붙었던 곳이다. 이 교회 안에는 루터와 멜란히톤의 무덤이 있다. 성교회는 종교개혁의 시발점이 됐던 장소로 비텐베르크의 랜드마크와 같은 곳이라 할 수 있다.

설교단

성교회는 1340년경에 세워진 '모든 성인예배당'(Kapelle aller Heiligen)이 있었던 자리에 1490년부터 건축돼 1503년 1월 17일에 봉헌됐다. 이 교회는 처음에는 귀족들이 사용하다가 1507년부터는 대학이 함께 사용하는 대학 교회(Stiftskirche)가 됐다. 루터는 이 성교회이자 대학 교회에서 1512년 10월 성서 박사 학위를 수여 받았다. 성교회는 칼슈타트, 요나스, 슈팔라틴이 활동한 교회이기도 하다. 이들은 종교개혁을 추진하는 데 중요한 역할을 했던 이들이다. 이곳에서 칼슈타트는 1521년 평신도 복장으로 평신도에게 떡과 포도주를 함께 주는 이종성찬을 집례했다.

대학 교회였던 성교회의 원래 나무로 된 문은 루터 당시에는 대학의 게시판과 같이 활용되곤 했다. 1517년 10월 31일 루터가 이곳에 95개조 논제를 붙였다. 루터가 95개조 논제를 성교회 문만이 아니라 비텐베르크의 모든 교회 문에 게시했다고 기록하고 있는 문서들도 있다. 7년 전쟁 기간인 1760년에 비텐베르크가 포격을 받았다. 이때 루터가 95개조 논제를 내걸었던 그 유명한 목재 문도 성교회와 함께 전소됐다. 교회는 외벽과 탑의 밑 부분만이 몇몇 묘비와 함께 남아 있었다.

이후 곧 교회는 재건축됐다. 1858년에 프로이센의 왕 프리드리히 빌헬름 4세(Friedrich Wilhelm IV)가 그 목재 문이 있던 자리에 기념비적인 두 짝의 청동문을 세웠다. 그 문에는 95개조 논제 전문이 라틴어로 아주 작은 후기 고딕 체로 새겨져 있다. 루터 당시의 모습으로 성교회를 전반적으로 복원하는 작업이 루터 탄생 400주년이었던 1883년부터 시작됐다. 건축가 프리드리히 아들러(Friedrich Adler)의 감독하에 그의 제자 파울 페르디난트 그로트(Paul Ferdinand Groth)가 철저한 준비 후에 역사적 도면을 기반으로 해 이 계획을 실현했다.

성교회 탑 역시 이때 새로 다시 만들어진 것이다. 완전히 복원된 성교회의 웅장한 봉헌식이 1892년 종교개혁 기념일에 거행됐다. 그 자리에는 프로이센의 왕 빌헬름 2세(Wilhelms II)도 참석했다. 오늘날의 교회는 그때와 똑같은 모습을 하고 있다.

95개조 논제 청동문

청동문의 95개조 논제 위쪽에 독수리상과 함께 이 문을 만든 내력이 라틴어로 기록돼 있다. 그리고 그 위쪽 바실리카 양식 문루에 비텐베르크를 배경으로 정중앙에 십자가에 달리신 예수님이, 예수님 발밑 오른편에 성서를 손에 든 루터가, 그리고 왼편에 '아우그스부르크 신앙고백'을 손에 든 멜란히톤이 그려져 있다.

한때 성교회는 프리드리히 현공의 귀중한 성인 유물 소장품을 보관했던 장소였다. 원래 교회 안에 있던 화려한 성구들은 성에 있던 다른 비품들과 마찬가지로 화재로 없어졌다. 재건축 후 교회 내부는 후기 고딕 양식의 성구로 채워졌다. 그 실내 모습이 모리츠부르크 홀(Moritzburg Hall)의 막달레나예배당(Magdalene Chapel)을 생각나게 한다.

루터의 묘

멜란히톤의 묘

교회 중앙에는 루터와 멜란히톤을 위한 작은 청동 묘비들이 있다. 루터가 아이스레벤에서 사망한 후 그곳에서 장례예배를 드리고 그 시신이 비텐베르크로 옮겨졌다. 1546년 2월 22일 이곳 성교회에서 루터를 위한 장례예배가 다시 집례 됐고, 그의 유해가 설교단 앞에 매장됐다. 그 위에 1550년 수수한 묘판이 주조됐다. 멜란히톤은 1560년 루터가 사망했을 때와 같은 나이인 63세에 사망해 루터의 무덤 건너편 95개조 논제 문 바로 뒤에 매장됐다. 그의 묘판도 루터의 묘판과 같은 모양으로 만들어졌다.

교회 내 설교단은 안나베르크(Annaberg)의 안나교회(Annenkirche) 설교단을 본따 도안됐다. 그 난간에는 4복음서 저자들이 조각돼 있고, 그 아래에 루터의 생애에서 가장 중요했던 4개 도시인 아이스레벤, 에어푸르트, 비텐베르크, 보름스의 문장이 조각돼 있다.

오래된 실내 조각상 가운데는 제단 앞에 프리드리히 현공과 요한 부동자 묘 조각상들이 있다. 그 외에도 부벽 앞 나뭇가지 촛대 모양의 기둥들

위에 종교개혁가들을 기념하는 조각상들이 있다. 성가대석 입구에서부터 시작해 남쪽에는 루터, 할레의 종교개혁가 요나스, 뷔르템베르크의 종교개혁가 브렌츠, 그리고 라이프치히의 종교개혁가 크루시거의 조각상이 있다.

교회 내부의 종교개혁가들 동상들 　　　　　　　　　루터 동상

북쪽에는 멜란히톤, 부겐하겐, 슈팔라틴, 독일 남부의 종교개혁가 우어바누스 레기우스(Urbanus Rhegius), 나움부르크의 첫 개신교 주교인 암스도르프의 조각상이 있다. 이 조각상들은 아이스레벤에 있는 루터 기념상을 조각한 루돌프 지머링이 만든 것이다.

교회 창문 스테인드글라스도 종교개혁과 관련된 주제들로 장식돼 있다. 회랑 난간에는 종교개혁 도시들의 문장과 함께 종교개혁의 선구자들과 지지자들의 메달이 전시돼 있다. 교회 안에는 종교개혁 도시들의 문장들이 모두 합쳐 128개가 걸려 있다. 루터의 종교개혁 초기 단계에서 종교개혁을 따랐던 독일 도시는 198개였다. 그 가운데 128개 문장이 전시된 것이다. 복원 기간 중 만들어진 이러한 정교한 배치를 통해 성교회는 "전체 개신교 기독교계의 성소"가 됐다. 이는 황제 빌헬름 2세가 바라던 바이기도 하다. 그렇게 성교회는 "종교개혁 기념"(Denkmal der Reformation) 교회가 됐다.

루터의 참나무(Luthereiche)

루터의 참나무

18세기에 루터의 참나무가 엘스터 문 앞에 있는 도살장(Schindanger) 자리에 심어졌다. 이곳은 루터 하우스에서 100여 미터 떨어진 곳에 있다. 그 장소는 1520년 12월 10일 루터가 자신을 금지령으로 위협하는 교황 교서 "일어나소서, 주여"와 교회법에 관한 저서들을 불태웠던 곳이다. 이곳은 전염병으로 죽은 자들의 옷을 태웠던 곳이기도 했다. 루터는 아마도 일부러 이 장소를 택했을 것이다. 그 참나무는 1813년 프랑스 점령하에 베어졌고, 새 나무가 1830년 '아우크스부르크 신앙고백' 300주년 기념일에 같은 장소에 심어졌다.

멜란히톤하우스(Melanchthonhaus)

Collegienstraße 60, 06886 Lutherstadt Wittenberg

멜란히톤하우스

콜레기엔슈트라세(Collegienstrasse) 60번지에 있는 멜란히톤하우스는 비텐베르크에서 가장 아름다운 시민 계급 저택 중 하나로 꼽힌다. 후기 고딕 양식으로 만들어진 창문, 5개의 둥근 모양의 박공 지붕을 가진 르네상스식 건물은 건축사적으로도 매우 소중한 보물이다. 그 놀라운 집은 안뜰에도 똑같은 모양의 박공 지붕을 가지고 있으며, 큰 변화 없이 수 세기 동안 보존됐다.

멜란히톤하우스 안뜰

95개조 논제가 붙었던 이듬해인 1518년 멜란히톤이 비텐베르크대학의 그리스어 교수로 부임했다. 멜란히톤을 비텐베르크대학으로 청빙했던 이는 루터였다. 루터는 멜란히톤의 취임강연을 듣고 난 후, "그의 몸은 왜소하나 그의 정신은 참으로 위대하다"라고 격찬하며, 자신이 한 일 가운데 가장 잘한 일이 멜란히톤을 데려온 것으로 생각했다. 이후 멜란히톤은 평생 루터의 종교개혁 동지가 됐다. 멜란히톤은 종교개혁의 이론을 완성한 이로 꼽힌다. 루터가 종교개혁 정신을 깨우고 이를 설파했다면 종교개혁 정신에 기초해 개신교의 교리를 정리하고 이를 집대성한 이는 멜란히톤이었다. 나이는 루터가 멜란히톤보다 14살 위였으나, 두 사람은 평생 절친한 친구이자 동지로서 뜻을 함께했다.

멜란히톤 서재

1518년 비텐베르크에 온 멜란히톤은 처음에는 지금의 멜란히톤하우스 이웃에 있던 작은 집에서 다소 비참한 여건에서 살았다. 멜란히톤이 결혼하고 가정을 갖게 되자, "관대한 요한 프리드리히"(Johann Friedrich der Großmütige)라고도 불리는 선제후 요한 프리드리히 1세가 1536년 이 3층 건물을 지어 멜란히톤과 그의 가족, 그리고 학생들을 위한 공간으로 멜란히톤에게 선물했다. 따라서 멜란히톤 하우스는 그 집에서 산 그 유명한 인물의 개인적 필요에 적합하도록 건축됐다. 멜란히톤 가족의 집이었던 그 건물을 1845년 프러시아 정부가 인수해 루터학교의 교사를 위한 건물로 사용했다.

돌 탁자

그 집 2층에 있는 멜란히톤 서재는 그 위대한 학자가 일하고 또한, 임종을 맞은 곳이다. 그 서재의 가구들은 역사적 고증을 통해 옛날 모습대로 재현한 것이다. 이는 뉘른베르크 독일 국립박물관이 제공한 독일 르네상스 양식 디자인을 사용해 1897년에 만들어졌다. 하지만 난로는 1600년경 것으로 비텐베르크시에서 준 선물이었다.

멜란히톤의 아우그스부르크 신앙고백 변증서 (1531)

집 뒤 정원도 멜란히톤 시대부터 있던 것이다. 정원에 전시된 돌 탁자에 "필립 멜란히톤"(P. Melanchthon)과 "1551년"이란 글자가 새겨져 있다. 정원에 있는 두 그루의 주목나무는 500년이 넘은 것으로 멜란히톤이 이곳에서 살던 때에도 이미 그곳에 있었을 것이다.

광범위한 복구 작업 이후 멜란히톤 하우스는 이웃해 있던 건물과 연결돼 박물관으로 개장했다. "원천으로 돌아가자"(ad fontes). 이 말은 인문주의자들의 구호였다. 또한, 이는 인문주의자인 멜란히톤이 즐겨 사용한 문구기도 하고, 동시에 박물관이 된 멜란히톤 하우스의 표어기도 하다. 박물관에 있는 약 400여 점의 역사적인 인쇄물과 그래픽, 회화 작품 등은 멜란히톤의 삶과 활동을 잘 보여 주고 있다.

성 마리아시교회(Stadtkirche St. Marien)
Kirchplatz 20, 06886 Lutherstadt Wittenberg

성 마리아시교회

시교회와 부겐하겐하우스

성 마리아교회는 비텐베르크에서 가장 오래된 건물로 삼랑식 후기 고딕 양식의 건축물이다. 교회는 구시가지의 중심부인 시장 광장(Marktplatz) 근처에 있다. 광장에서 교회에 접근하려면 골목길로 들어서야 하지만, 광장 멀리서도 교회의 인상적인 두 개의 거대한 탑이 보인다.

비텐베르크 시교회인 성 마리아교회는 비텐베르크 시민들을 위한 교회로, 루터가 비텐베르크에 있으며 주로 설교했던 곳이다. 또한, 이곳은 루터를 도와 종교개혁 운동을 함께 했던 시교회의 담임목사 부겐하겐이 설교하고 목회하던 곳이기도 하다. 교회 뒤편에 교회 목사관이었던 부겐하겐하우스(Bugenhagenhaus)가 있다. 더 나아가 시교회는 루터의 종교개혁과 함께 첫 독일어 예배가 거행된 장소다. 당시 이곳에서는 성만찬을 행할 때 빵과 포도주 모두를 시민들에게 나눠 주는 이종성찬이 행해졌다.

또한, 이곳 시교회는 코랄(chorale)이 만들어지고 불린 곳이다. 코랄은 종교개혁을 통해 새롭게 탄생한 교회 음악 양식으로 오늘날의 찬송가에 해당한다. 그전까지 예배의식은 모두 라틴어로 진행됐으며, 노래는 성가대만 불렀다. 루터는 일반 신도들도 음악에 참여하기를 원했다. 그래서 코랄이라는 새로운 양식을 창안하게 됐다. 코랄은 음악적으로 쉬울 뿐더러 어려운 라틴어가 아닌 모국어인 독일어로 부르기 때문에 신도들이 함께 부르기가 쉬웠다. 루터는 코랄이라는 형식을 통해 처음으로 교회 음악의 대중화를 실현했다. 루터와 그의 동료들은 교회력에 맞추어 모든 주일에 부를 수 있는 코랄을 만들기 위해 각고의 노력을 기울였다. 루터에 의해 기초가 세워진 개신교 교회 음악은 그 후 음악의 아버지인 요한 세바스찬 바흐에 의해 그 화려한 꽃을 피웠다.

성 마리아교회

성 마리아시교회는 1187년 처음으로 문헌에 공식적으로 언급된다. 1280년에 오늘날에도 있는 제단 공간이 만들어졌다. 그러나 그곳에 있었던 제단들은 루터 부재 시 과격한 개혁을 주장했던 칼슈타트의 지도로 일어난 폭동으로 대부분 파괴됐고, 나중에 다시 만들어진 것이다. 이에 반대하며 루터가 탄원 설교(Invocavit Sermons)를 했던 설교단은 지금은 루터 하우스에 전시돼 있다.

성 마리아교회는 길쭉하던 건물이 1411년경 시작된 서쪽 탑들과 신도석 건축과 함께 오늘날의 삼랑식 고딕 양식 건축물로 대체됐다. 그 후 고딕식 탑들은 1556년 팔각 모양의 두 탑으로 바뀌었다. 그 탑 꼭대기에 탑지기 숙소들이 있었다. 그 숙소에서 탑지기가 1945년까지 살았었다. 이 숙소들은 다리로 서로 연결돼 있다.

성 마리아교회는 최초의 개신교 목사 성직 수여식이 거행됐던 곳으로, 개신교의 모태 교회라고 할 수 있다. 1535년 5월 12일 선제후 요한 프리드리히 1세가 자신의 영지 내 모든 성직자는 비텐베르크에서 안수받도록 결정했다. 이를 위해 시교회인 성 마리아교회가 상당히 확장됐다. 루터가 사망할 때까지 안수받은 성직자 명단에는 740명의 이름이 올라 있다. 1569년부터 1571년까지 성가대석 지붕을 개조할 때 성구 보관실 부속실로 "성직자를 위한 방"(Ordonandenstube)이 추가됐다.

성가대석 앞에 있는 청동 세례 반은 유명한 나움부르크 금속조각가 가문의 원로인 헤르만 피셔 1세(Hermann Vischer der Ältere)가 1457년에 만든 것으로 종교개혁 이전 시기의 보물이다. 그 외에도 교회 안에는 소중한 보물들이 가득하다. 특히 교회 안의 많은 그림은 주의 깊게 봐야 할 것들이다.

그 가운데 가장 중요한 그림은 크라나흐 1세와 그의 아들이 만든 성가대석 제단화일 것이다. 크라나흐 부자는 종교개혁 시기의 대표적인 화가들로 비텐베르크를 중심으로 전개된 종교개혁 운동에 참여한 많은 인물의 초상화를 남겼다. 그가 남긴 루터 초상화는 가장 실제 모습과 가깝게 루터를 그린 것으로 인정받는다. 제단화를 보고 있으면 거기 그려져 있는 종교개혁가들이 누구인지 쉽게 구분할 수 있다.

아버지를 이어서 아들 루카스 크라나흐 2세(Lucas Cranach der Jüngere, 1515-1586)가 1547년에 완성한 이 제단화는 '종교개혁제단화'(Der Reformationsaltar)라는 이름을 가지고 있다. 이 제단화는 종교개혁 시기의 대표적인 미술품 가운데 하나로 꼽힌다.

제단화

그 제단화 전면 맨 위에 고린도전서 3:11 말씀이 붙어 있고, 그 아래 4폭의 그림이 그려져 있다. 그 그림들은 성만찬, 세례, 참회, 말씀 선포라고 하는 주제를 다루고 있다. 이는 종교개혁의 교회 이해에서 중요한 주제들이다. 여기에는 1530년 '아우그스부르크 신앙고백' 제7항에 나타나 있는 교회관이 담겨 있다. 그 제7항은 "교회는 복음이 순수하게 선포되고 성례전이 복음에 입각해 바르게 집행되는 모든 신자의 모임이다"라고 교회를 정의했다. 그 점에서 이 제단화는 시각 예술로 표현된 개신교교회론의 표상이라 할 수 있다.

먼저 중앙에 있는 가장 큰 그림은 성만찬과 관련된다. 거기에는 성만찬이 유래하게 된 예수님과 제자들의 최후의 만찬 장면이 그려져 있다. 특이한 것은 거기에 루터가 기사 게오르크의 모습을 하고 같이 있다는 점이다. 이는 루터가 기사 게오르크로 변장해 바르트부르크성에 은거하던 중 1521년 급진적인 성상 파괴 소식을 접하고 이를 수습하기 위해 은밀하게 비텐베르크를 다녀갈 때의 모습이다.

당시 루터는 크라나흐의 집에 묵은 것으로 알려져 있다. 이 그림은 크라나흐 1세가 1539년 이전에 그린 것이다. 그 그림 안에는 크라나흐 1세의 아들 루카스 크라나흐 2세도 등장한다. 기사로 변장을 한 모습의 루터가 평신도인 크라나흐 2세에게 잔을 전해 주고 있다. 떡과 포도주 모두를 평신도에게

제단화 중앙

주는 이종성찬은 종교개혁가들이 일관되게 주장한 것이었다. 이렇게 제단화의 중심에 성만찬 장면이 있는 것은 성만찬을 중요하게 여겼던 루터에게서 영향을 받은 것으로 보인다. 일찍이 루터는 "누구든지 제단 그림을 그릴 뜻이 있다면 주의 만찬을 그리도록 해야 할 것"이라고 말한 바 있다. 최후의 만찬이 행해지고 있는 공간은 외부 세계에 대해 개방돼 있다. 창밖의 풍경 속의 지평선은 시야를 확장하며, 초창기 풍경화가였던 대 크라나흐의 초기 화풍을 느끼게 해 준다.

제단화 왼쪽 날개에는 멜란히톤이 유아세례를 주는 장면이 그려져 있다. 세례식을 집례하는 멜란히톤 옆에 두 사람이 세례를 보좌하고 있다. 그중 왼편에 있는 사람은 크라나흐 1세고, 오른편에 성서를 들고 있는 사람은 부겐하겐 목사다. 세례는 성만찬과 함께 루터가 인정한 성례전이다.

제단화 오른쪽 날개에는 부겐하겐 목사가 의자에 앉아 고해성사(die Beichte)를 행

제단화
왼쪽날개

제단화
오른쪽날개

하는 장면이 그려져 있다. 부겐하겐은 첫 번째로 개신교회가 된 이곳 시교회의 담임목사로 종교개혁 운동에 적극 동참했으며, 후에 교구 감독이 됐다. 루터는 그를 가리켜 자신에게 고해성사를 해 주는 (영적) 아버지라고 불렀다. 부겐하겐은 루터와 카타리나를 중매하고, 직접 결혼식 주례를 한 목사다. 그는 1546년 루터가 사망했을 때 그 시신을 비텐베르크성교회에 안장하는 예배를 집례한 사람이기도 하다.

루터는 종교개혁 초기에는 로마 가톨릭교회에서 성례전으로 여기는 고해성사를 성례전 가운데 하나로 인정했었다. 그러나 그는 이러한 속죄의식이 면죄부 판매와 맥을 같이하고 있다는 점에서 이를 비판했다. 후에 루터는 개개인에 대한 이러한 속죄의식, 즉 고해성사를 성례전에서 제외했

다. 이 제단화에서도 볼 수 있는 것처럼, 종교개혁가들은 이러한 속죄의식을 개개인의 차원에서 비밀리에 행하기보다는 성만찬을 행하면서 공개적으로 진행했다.

제단화 아래쪽 날개 (die Predella)

세례, 성만찬, 그리고 참회가 나란히 그려져 있는 3폭의 그림 아래쪽 날개(die Predella)에는 루터가 설교하는 장면이 그려져 있다. 이 그림은 아주 널리 알려져 있다. 그림의 왼쪽에는 그 당시 시교회 교인들이 등장한다. 루터의 가족도 있다. 카타리나의 무릎 위에 앉은 어린 소녀는 일찍 세상을 떠난 루터의 딸 막달레나다. 벽에 가까운 쪽에 서 있는 수염이 긴 남성은 크라나흐다. 루터가 강단에서 말씀을 전하고, 회중들은 이를 귀 기울여 듣고 있다. 설교하고 있는 루터가 한 손은 성서 위에 올려놓고, 다른 한 손으로는 십자가에 달리신 예수를 가리키고 있다. 그 십자가가 이 그림 정중앙에 있다. 이는 십자가가 하나님 말씀의 핵심이요 교회의 근간이 된다는 루터의 신학을 잘 표현하고 있다. 그림에서 십자가에 달리신 예수의 몸을 둘러싸고 있는 세마포가 풀려 나가고 있다. 이는 주님에게서 죽음이 풀려나가고 있는 장면이며, 부활의 주님을 암시한다.

제단화 가운데 성만찬은 크라나흐 1세가 그렸고, 나머지 세례, 참회, 말씀 선포는 아들 크라나흐 2세가 완성해 1547년에 봉헌했다. 이는 제단화 왼쪽 아래에 적혀 있는 기원후 1547년 4월 24일이라는 날짜로 알 수 있다.

그런데 이날은 역사적으로는 슈말칼덴 동맹 군대와 함께 선제후 요한 프리드리히 1세가 뮐베르크에서 로마 가톨릭교회 세력에게 대패한 날이다.

선제후는 포로가 돼 직위에서 쫓겨났으며, 비텐베르크 개신교 공동체도 보호받지 못할 처지에 놓였던 때였다. 그런 상황에서 비텐베르크 시민들은 자신들의 종교개혁 신앙을 고백하며 이 그림을 교회 제단에 세운 것이다. 그들은 이 제단화 맨 위에 자신들의 신앙고백을 요약하듯이 고린도전서 3:11을 기록했다.

> 아무도 이미 놓은 기초이신 예수 그리스도 밖에 또 다른 기초를 놓을 수 없다.
> (Einen anderen Grund kann niemand legen außer dem, der gelegt ist, welcher ist Jesus Christus).

종교개혁제단화는 성인 숭배와 성 유물 숭배와 결부됐던 중세 제단화에 나타난 미술의 오용을 거부하면서도, 미술은 파괴해야 하는 것이 아니라 오히려 교육적이고 선교적인 의미와 가치를 지니고 있다는 것을 새롭게 제시한 작품이다. 그 때문에 이 제단화는 개신교 미술의 분수령을 이룬 작품으로 평가받는다.

이 제단 그림 바로 뒤쪽에도 크라나흐 2세가 그린 그림들이 있다. 중앙에는 부활하신 예수께서 승리의 깃발을 든 채 사탄과 죽음을 관 속에 처박으시는 장면이, 그 왼쪽에는 아브라함이 이삭을 제물로 드리는 장면이, 오른편에는 모세가 광야에서 구리 뱀을 만들어 장대에 걸어 놓은 장면이, 그리고 마지막으로 아래쪽에는 최후의 심판 때에 오른편의 구원받은 자들과 왼편의 저주받은 자들의 모습이 그려져 있다.

성가대석 벽면들에도 일련의 그림들이 걸려 있는데, 주로 묘비명들이다. 가장 오래된 기념판은 비텐베르크대학의 1대 총장이자 프리드리히 현공의 개인 의사였던 멜러슈타트의 마틴 폴리히(Martin Pollich von Mellerstadt)를 기념하고 있다. 폴리히는 1513년 사망했다. 크라나흐 2세가 만든 몇

파울 에버의 묘비명

몇 다른 묘비명들도 주목할 만하다. 그 가운데는 요한네스 부겐하겐과 부겐하겐의 딸 자라 크라코프(Sara Cracow), 그리고 신학 교수이자 시 관리였던 파울 에버(Paul Eber)를 위해 만든 묘비명들이 있다.

특히 파울 에버의 묘비명에는 교황주의자들이 주님의 포도원을 파괴하고 있는 동안 루터, 멜란히톤, 부겐하겐이 어떻게 그것을 잘 경작하고 있는지를 생생하게 보여 준다. 이 그림은 분명히 1520년 교황 교서 "일어나소서, 주여"에서 하는 말을 풍자적으로 비꼬아 그린 것이다. 그 교서는 루터를 금지령으로 위협하며 그를 주님의 포도원을 파괴하는 멧돼지로 비유해 공격했다.

유대 돼지

슈미델의 유대인 추모 청동판

성가대석 외벽 남쪽 측면에 "유대 돼지"로 알려진 초기 고딕 양식의 돼지 모양 사암 조각 부조가 있다. 유대인을 경멸하는 이 부조는 1304년에 만들어진 것이다. 1570년 그 조각 위에 "랍비 셈 함포라스"(Rabini Shem Hamphoras)라는 라틴어를 새겨 놓았는데, 이는 분명 1543년 루터가 출판한 "셈 함포라스와 그리스도 가문에 대해"라고 하는 제목의 저서를 암시하고 있다. 이는 지독한 반유대주의 저서였다.

　루터가 후대에 비판받는 것 가운데 가장 큰 비판이 그의 반유대적 사고다. 이는 히틀러의 유대인 학살의 근거를 제공했다는 비판까지도 받는다. 1988년 조각가 비란트 슈미델(Wieland Schmiedel)이 만든 청동판이 그 유대 돼지 부조 앞 땅에 설치됐다. 이는 그 부조 위에 새겨진 글과 독일 나치 하에 유대인 수용소에서 600만 명의 유대인들이 학살된 사건 사이에 연관성이 있음을 밝히고 있다.

루터 기념상(Lutherdenkmal)과 멜란히톤 기념상(Melanchthondenkmal)

루터 기념상

　비텐베르크 시장 광장(Marktplatz)에 있는 루터 기념상은 루터 동상 가운데 가장 오래된 것이다. 조각가 요한 고트프리트 샤도우가 크라나흐 1세가 그린 "학식 있는 성서 박사 루터" 이미지에 기초해 만든 동상은 원래는 아이스레벤에 세우려했던 것이었으나 최종적으로 이곳에 세워졌다. 1817년 모퉁이 돌을 놓았고, 3년 후 동상 제막식이 시장 광장에서 거행됐다. 샤도우의 계획과는 달리 그 기념상은 쉰켈(Schinkel)이 디자인한 고딕 양식 천 개를 장착했으며, 또한, 프리드리히 빌헬름 3세의 분명한 바람대로 독일 대리석 받침대를 갖게 됐다.

　멜란히톤 기념상은 멜란히톤 사망 300주년 때 세워졌다. 하인리히 드라케(Heinrich Drake)가 1857년 그 작품의 위탁을 받아 1865년 그 기념상을 시장 광장(Marktplatz)의 루터 기념상 옆에 세웠다. 서로 근접해 있었기 때문에 드라케의 동상은 샤도우의 작품과 잘 어울려야만 했다. 드라케는 그 동상의 형상을 위해 '아우그스부르크 신앙고백' 제출 장면을 이용하기로 했다. 그는 멜란히톤을 인문주의 학자로 묘사하고 있다.

이러한 해석은 그 받침대에 새겨져 있는 멜란히톤이 라틴어로 쓴 인용문이 뒷받침해 준다.

우리가 영혼을 원천으로 향하게 한다면 그리스도를 이해하기 시작한다.
Quum animos ad fontes contulerimus, Christum sapere incepiemus.

멜란히톤 기념상

크라나흐 뜰과 집들(Cranachhöfe und Cranachhäuser)

크라나흐 뜰 내 화실과 동상

뜰 내 크라나흐의 수도 시설

크라나흐 1세는 작센의 선제후 프리드리히 현공의 궁정 화가로 1505년에 비텐베르크에 왔다. 이후 거의 반세기 동안 그는 이곳에서 살며 화가로 수많은 그림을 남겼다. 그와 그의 아들 크라나흐 2세는 비텐베르크의 시장으로 일하기도 했다. 그 집안은 비텐베르크에서 저명한 가문으로 입지를 쌓았다. 아직도 남아 있는 크라나흐 뜰 내의 개인 수도 시설이 그가 시에서 상당한 유지였음을 보여 준다. 당시 비텐베르크에서는 대부분 공공 수도 시설을 사용했었고, 자신의 집에 개인 수도 시설을 가진 사람이 아주 드물 때였다.

1517/1518년 크라나흐 1세는 작업실을 확장하기 위해 슐로스슈트라세(Schlossstraße) 1번지에 있는 뜰을 구입했다. 이곳에서 그는 제자들과 함께 여러 가지 재료로 작업을 하며 많은 작품을 남겼다. 현재도 그곳에 옛 인쇄소와 화실이 있으며, 그 앞에 루터의 초상화를 그리고 있는 크라나흐 동상이 있다.

오늘날 마르크트(Markt) 4번지에 있는 크라나흐하우스(Cranachhaus)는 루터의 독일어성서를 인쇄하던 곳이었다. 현재 이곳에서 크라나흐의 생애와 예술에 대한 상시 전시물을 볼 수 있다. 크라나흐는 약국도 운영했는데, 지금도 크라나흐 약국이 그 자리에 있다.

크라나흐약국

마르크트 4번지 크라나흐하우스(주황색 건물)

제9장
루터의 진리를 향한 싸움

1. 하이델베르크(Heidelberg)

하이델베르크 성

독일 남서부 바덴 뷔르템베르크주에 있는 하이델베르크는 독일에서 가장 오래된 대학 도시다. 하이델베르크는 넥카(Neckar)강 연안에 자리 잡고 있으며, 12세기에 처음으로 문헌에 등장한다. 이 도시는 1225년 라인 궁중백의 영지가 되면서 독일 역사에서 주목을 받게 된다. 그러나 도시는 이후 여러 번의 전쟁을 겪으며 자주 파괴됐던 아픔을 지니고 있다. 원래 대학 도시로 발전한 소규모 도시였기 때문에 하이델베르크는 19세기 후반

산업혁명의 물결을 타지 못한 채 소도시로 머무르게 됐다. 현재 하이델베르크의 인구는 15만 명 정도다.

도시 전경과 넥카강 위로 솟아 있는 낭만적인 하이델베르크 성의 잔해는 유럽에서 가장 유명한 볼거리 중 하나로, 로마네스크 양식의 정수라 할 수 있다. 그밖에 유명한 '궁정 도서관'(Bibliotheca Palatina)이 있는 성령교회(Heiliggeistkirche), 18세기 초에 건립된 시청사, 그리고 도시를 조망할 수 있는 '철학자의 길'(Philosophenweg)이라 불리는 오솔길 등이 유명하다.

하이델베르크는 루터 시대 때부터 이미 대학이 그 도시의 특징을 형성하고 있었던 대학 도시였다. 하이델베르크대학의 정식 명칭은 '루프레히트칼스하이델베르크대학'(Ruprecht-Karls-Universität Heidelberg)이다. 1386년 선제후 루프레히트 1세(Ruprecht I)에 의해 설립된 하이델베르크대학은 독일 안에서 가장 오래된 대학 가운데 하나다. 에어푸르트대학이 1379년 설립됐다고 하나 실제로 학교 수업이 시작된 것은 1392년부터였기 때문에, 하이델베르크대학을 독일 안에서 가장 오래된 대학으로 본다. 르네상스와 종교개혁을 거치면서 하이델베르크대학은 당대 독일 문화권 지성들이 왕성하게 활동하던 지성의 전당이었다.

루터는 1518년 하이델베르크로 소환돼 오게 됐다. 이는 당시 문제가 됐던 95개조 논제와 관련해 자신이 속해 있던 성 아우구스티누스 수도회에 자기 뜻을 설명하기 위함이었다. 4월 26일 루터는 수도회 회의에서 자신의 견해를 밝힘과 동시에 참석한 이들과 논쟁을 벌였다. "하이델베르크 논쟁"이라 불리는 그 자리에는 대학의 구성원들도 함께 참석했다. 나이 많은 여러 교수가 루터의 사상을 비판했지만, 학생들과 젊은 직원들은 논쟁적인 루터에 열광했다.

그 가운데는 후에 루터의 친구이자 동료가 된 이들도 있었는데, 그들은 특히 독일 남부에서 루터의 사상을 확산시켰다. 이들의 영향력 아래 하이델베르크에서 종교개혁은 비교적 일찍 시작됐으며, 대학은 16세기에 종교개혁의 보루가 됐다. 한때 아우구스티누스회 수도원 자리였던 대학 광장의 바닥에 그 하이델베르크 논쟁을 기념하는 동판이 있다.

하이델베르크 논쟁 기념판

1563년 11월에는 하이델베르크 대학 신학자들을 통해 하이델베르크 교리문답(Heidelberg Catechism)이 작성돼 공포됐다. 이는 선제후 프리드리히 3세(Friedrich III)가 루터파에서 개혁파(칼뱅파)로 개종한 후, 영내를 개혁파 신앙으로 통일하고자 하이델베르크대학의 신학자들에게 만들게 한 교리문답이다. 자카리아스 우르지누스(Zacharias Ursinus)가 그 주된 기초자였다. 이 교리문답은 "인간의 죄와 비참한 상태," "구원," "감사"라는 3개의 큰 주제들을 가진 3부로 구성돼 있다. 하이델베르크 교리문답은 개혁교회의 교리문답 중 가장 널리 이용되고 있다.

2. 알텐부르크(Altenburg)

알텐부르크는 독일 튀링엔 주에 속한 소도시로, 아름다운 궁정과 유서 깊은 구시가 거리를 따라 늘어서 있는 아기자기한 집들이 매력적인 곳이다. 과거 이곳은 작센-알텐부르크(Sachsen-Altenburg)공국의 수도였다.

알텐부르크는 종교개혁사에서 중요한 곳이다. 종교개혁 당시 이곳에는 선제후 프리드리히 현공과 요한 부동자의 궁정이 있었다. 1517년 루터의 95개조 논제는 처음에는 알텐부르크에서 별로 호응을 얻지 못했다. 1519년 1월 루터는 교황의 특사 밀티츠를 알텐부르크에 있는 슈팔라틴의 집에서 만났다. 밀티츠는 루터가 자신의 주장을 철회하도록 설득하려 했으나 결국 실패했다.

　1520년 이후 종교개혁 운동이 알텐부르크에서 받아들여지기 시작했다. 1522년 알텐부르크 시민들이 루터에게 독일어 설교자를 보내 달라고 요청했다. 루터는 벤체슬라우스 링크(Wenzeslaus Linck)를 보냈다. 링크는 비텐베르크의 아우구스티누스회 수도원 원장 출신으로 루터를 따라 종교개혁에 동참했으며, 1523년 알텐부르크에서 루터가 결혼 주례를 선 첫 번째 성직자였다. 루터는 1519년에서 1544년 사이에 알텐부르크를 16번이나 방문

성 바톨로매이교회

했는데, 주로 그의 동지인 슈팔라틴을 방문하러 왔으며, 그밖에도 라이프치히나 차이츠 혹은 코부르크에 가는 도중에 들렸다. 알텐부르크에 있는 동안 루터는 시교회인 성 바톨로매이교회(Stadtkirche St. Bartholomäi)에서 설교했다. 이를 기념하며 교회에서는 2014년부터 종교개혁의 영향력에 관한 상시 전시회가 열리고 있다.

- **게오르크 슈팔라틴**
  (Georg Spalatin, 1484-1545)

게오르크 슈팔라틴
(Lucas Cranach)

　슈팔라틴은 루터와 선제후 프리드리히 현공 사이를 오가며 중재하는 역할을 했던 이로 "종교개혁의 중재자"라 불린다. 그는 알텐부르크의 궁정 목사이자 선제후의 비서로 일하며 종

교개혁 사상을 실천하고 루터를 지원했다. 슈팔라틴은 1525년 프리드리히 현공이 사망한 후 그를 이은 요한 부동자의 고문으로 계속 일했으며, 알텐부르크에 거주하면서 종교개혁을 계속 추진했다. 슈팔라틴은 알텐부르크에서 사망했으며, 성 바르톨로매이교회에 묻혔다.

알텐베르크는 루터의 가족과도 관련된 곳이다. 알텐부르크에서 가까운 췰스도르프(Zölsdorf)에 루터의 부인 카타리나 폰 보라가 땅을 소유하고 있었다. 1677년에는 루터의 고손자가 알텐부르크에 체류 중에 사망했으며, 그의 묘비가 형제교회(Brüderkirche)에 있다.

형제교회

3. 라이프치히(Leipzig)

독일 작센주의 남서부에 있는 라이프치히는 중세부터 중부 유럽의 교통의 요지였으며 상업이 발전한 도시다. 15세기부터 이미 독일 최대의 무역 박람회가 이곳에서 열렸다. 또한, 이곳은 인쇄 출판업이 발달했고, 지금도 라이프치히의 도서 출판업은 국제적으로 유명하다. 라이프치히에는 높은 수준을 자랑하는 라이프치히 오페라 극장(Oper Leipzig), 게반트하우스(Gewandhaus)의 오케스트라, 그리고 국제적으로 유명한 성 토마스교회의 소년 합창단이 있다. 독일의 대표적 음악가인 요한 세바스찬 바흐의 고장이자 펠릭스 멘델스존(Jakob Ludwig Felix Mendelssohn-Bartholdy)이 오랫동안 활약했던 도시이기도 하다.

라이프치히에서는 음악가들뿐 아니라 시대를 초월한 위대한 사상가들의 흔적을 찾을 수 있다. 그 가운데도 독일인들이 가장 존경하고 사랑하는 루터와 요한 볼프강 폰 괴테(Johann Wolfgang von Goethe)의 흔적을 도시 곳곳에서 찾을 수 있다.

루터는 1512년 처음으로 라이프치히를 방문했다. 당시 루터는 자신의 박사 학위를 위해 프리드리히 현공이 여기에 예금해 놓았던 50길더를 받으러 왔었다. 그는 또한, 1518년과 1519년 하이델베르크, 아우그스부르크, 알텐부르크로 가는 중에 라이프치히에 들렀다. 그때 그는 시몬 피스토리스(Simon Pistoris)와 하인리히 슈트로머 폰 아우어바흐(Heinrich Stromer von Auerbach)와 같은 라이프치히 귀족들과 친분을 쌓았다. 그 가운데 아우어바흐는 프리드리히 선제후의 주치의요 성공한 상인이며 대학 총장이었다.

아우어바흐스 켈러 앞 파우스트 기념상

지금도 그 아우어바흐의 이름을 딴 유서 깊은 아우어바흐스 켈러(Auerbachs Keller)라는 술집이자 식당이 구시가지 안에 있다. 이곳은 젊은 시절 법학을 공부하러 라이프치히에 온 괴테가 자주 찾았다고 하며, 그의 작품 '파우스트'에서 메피스토펠레스가 파우스트를 데리고 처음 여행을 시작하는 장소로 등장한다. 이를 기념하는 조각상들이 식당 앞에 있다.

루터의 라이프치히 방문 중 가장 중요한 것은 의심할 여지 없이 1519년 여름에 있었던 사건이었다. 6월 27일에서 7월 16일까지 루터와 그의 최악의 적 요한네스 엑크 사이의 학자적 논쟁이 게오르크 공작의 성인 플라이센부르크에서 있었다. 그 플라이센부르크 성은 보존돼 있지 않다. 그 성의 기초 위에 1899년 신 시청사(Neues

Rathaus)가 건립됐다. 라이프치히 논쟁 기간 중 루터는 멜란히톤과 함께 오늘날 하인슈트라세(Hainstraße) 16/18번지에 있는 인쇄업자 멜히오르 로터(Melchior Lotter)의 집에 머물렀다. 로터는 160권 이상의 루터의 저서를 인쇄한 인물이다. 로터의 집이 있던 자리에 현재는 상가건물이 들어서 있으며, 벽면에 그곳에서 루터와 멜란히톤이 1519년에 머물렀음을 알리는 기념판이 붙어 있다.

신 시청사

로터의 집

논쟁 이후에도 루터는 몇 번 라이프치히를 방문했다. 1521년 12월 바르트부르크에 숨어있던 루터가 기사로 변장해 비텐베르크로 가는 중에 라이프치히의 한 여인숙에서 식사했다고 한다. 게오르크 공작은 그 사건을 조사토록 했으나 자신이 원하는 결과를 얻지는 못했다. 루터는 1539년에 라이프치히에서 새로운 사상을 선포했다. 1539년 오순절 성령강림절에 루터는 하나님의 말씀을 이곳에서 전했다.

그는 5월 24일 플라이센부르크에서 그리고 5월 25일 토마스교회에서 설교했다. 사람들이 그 위대한 개혁자의 말을 듣기 위해 몰려들었다고 한다. 라이프치히는 1539년 게오르크 공작이 죽고 난 후 그의 계승자 헨리가 알브레히트 가문의 작센(Albertine Saxony)을 개신교로 개종시키면서 개신교 도시가 됐다.

성 토마스교회 (St. Thomaskirche)
Thomaskirchhof 18, 04109 Leipzig

성 토마스교회

설교단

라이프치히 곳곳에 루터의 흔적이 있다. 성 토마스교회는 몇 가지 점에서 루터와 관련돼 있다. 교회 내 현재의 설교단 앞 기둥에 루터가 1539년 성령강림 주일에 이곳에서 종교개혁 사상을 설교했음을 알리는 청동 기념판이 붙어 있다. 이는 루터가 1539년 5월 25일 성령강림절 설교와 함께 라이프치히에서 개혁을 단행했던 것을 기념하는 것이다. 이 교회는 루터가 종신 서원을 한 곳이기도 하다.

라이프치히 논쟁 기간에는 이곳에서 유명한 토마스교회 소년합창단이 찬양을 했다. 1212년부터 결성된 그 합창단은 토마너 성가대(Thomanerchor)라고 한다. 당시 아우구스티누스회 수도원 부속 학교의 학생들이었던 합창단 소년들에게 성가곡은 졸업을 위한 필수 과정이었다. 이 규정은 토마스교회 소년 합창단이 세계적인 합창단이 된 현재에도 동일하다. 바흐가 이 교회의 지휘자로 25년 동안 활동하면서 합창단을 함께 지휘했고, 합창단을 위한 곡도 많이 만들어 오늘날까지 불리는 명곡이 많다. 오늘날 합창단은 전 세계를 다니며 공연을 하는데, 정작 바흐 자신은 평생 해외여행을 한 적이 없다고 한다.

토마스교회는 바흐가 유명한 '마태수난곡'을 초연한 곳이다. 바흐는 사춘기 때 루터의 종교개혁 사상에 깊이 빠졌다. 루터는 일찍이 "성경 말씀 말고 찬양받을 만한 것은 음악뿐"이라고 했다. 바흐는 그 뜻에 따라 영혼을 울리는 음악을 지었다. 1829년 3월 베를린에서 20세의 청년 멘델스존이 '마태 수난곡'을 무대에 올렸을 때, 그 자리에 있었던 철학자 헤겔은 그 곡을 듣고 나서, "바흐는 위대하고 진실한 개신교도였으며, 강인하고 박식한 천재였다"라고 존경을 표했다. 토마스교회 내에는 바흐의 묘와 바흐 박물관이 있다.

튀링거 호프(Thüringer Hof)
Burgstraße 19, 04109 Leipzig

튀링거 호프

토마스교회 맞은편에 루터가 라이프치히에 왔을 때 자주 묵었다는 튀링거 호프가 있다. 1454년에 세워진 이 오래된 숙박 시설은 루터가 라이프치히를 찾았을 때는 그의 친구였던 하인리히 슈미데베르크(Heinrich Schmiedeberg) 박사가 소유하고 있었다. 루터의 편지에 의하면 슈미데베르크는 루터에게 100길드의 유산을 남기기도 했던 인물이다. 건물은 소유주가 여러 번 바뀌었으며, 1838년부터 '튀링거 호프'라고 불리기 시작했다.

건물은 이전에도 여러 번의 공사가 있었으나, 특히 1932-1935년 대대적으로 개축돼 큰 고급 식당으로 바뀌었다. 그때 루터의 방(Lutherstube)도 확장됐는데, 그 방은 루터의 일생과 사역에 관한 여러 미술품 장식과 함께 보존돼 있었다. 특히 창문에는 보름스 제국 의회 앞에 서있는 루터의 초상화가 그려져 있었다. 루터로 유명한 장소답게 튀링거 호프의 식단에는 루터 메뉴도 있으며, 200명까지 식사를 할 수 있는 루터홀(Luthersaal)이 있다.

니콜라이교회(St. Nikolaikirche)
Nikolaikirchhof 3, 04109 Leipzig

니콜라이교회

1165년에 건축된 니콜라이교회는 상업의 중심지였던 라이프치히의 시교회 답게 상인들의 수호성인인 성 니콜라우스(St. Nikolaus)에게 봉헌돼 그 이름을 가지고 있다. 1539년 성령강림주일에 루터가 이곳에서 설교하기로 했으나 건강이 좋지 않아서 하지 못하고 오후에 토마스교회에서 했다고 한다. 교회에는 1521년부터 내려오는 "루터 설교단"(Lutherkanzel)이 있는데, 정작 루터는 이 설교단에서 설교한 적이 없는 것으로 알려져 있다. 1539년 라이프치히시가 종교개혁을 받아들이며, 니콜라이교회의 요한네스 페핑거(Johannes Pfeffinger) 목사가 그 시의 첫 개신교 감독이 됐다.

1723년에서 1750년까지 바흐가 토마스교회와 함께 이곳 니콜라이교회의 음악 감독을 맡아 활동했다. 현대사에서 니콜라이교회가 주목받는 것은 이곳이 독일 통일의 불꽃을 지핀 장소로 잘 알려져 있기 때문이다. 동독 시절인 1982년부터 매주 월요일 오후 5시에 평화를 위한 기도회가 이곳에서 모였다.

이 기도회는 이후 참석 인원이 늘어, 1989년에는 수천 명이 교회의 기도회에 참여하고 교회 앞 광장에도 수만 명이 참여해 평화와 독일 통일을 요구하는 거리 시위행진으로 변했다. 이 월요일 시위는 동독의 여러 도시로 확산했고, 이는 1989년 11월 베를린 장벽을 무너트리고 독일 통일을 가져왔다. 월요 평화기도회는 지금도 계속 이어지고 있다.

파울리눔(Paulinum)
Augustusplatz 10, 04109 Leipzig

파울리눔 (우측건물)

종교개혁과 관련해 파울리눔이 관심을 받는 이유는 이곳에 루터가 95개조 논제를 쓰도록 만들었던 요한 텟첼의 기념비가 있기 때문이다. 드레스덴 근처 피르나(Pirna) 출신의 텟첼은 라이프치히대학에서 공부를 마친 후, 1489년 라이프치히의 도미니크회 수도원인 성 바울(St. Pauli) 수도원에 입회했다. 이후 면죄부 판매상으로 활약하다 로마 가톨릭교회에서 버림을 받고 1518년 다시 수도원으로 돌아왔으나 그다음 해 거기서 생을 마감했다.

그는 수도원 교회였던 파울리너교회(Paulinerkirche)에 장사됐는데, 그곳이 현재 라이프치히대학의 대학 교회이자 대강당인 파울리눔이다. 루터는 텟첼을 저주하지는 않았다. 1519년 8월 11일 텟첼이 죽기 직전 루터는 그에게 위로의 편지를 보냈다. 수많은 면죄부를 판매했던 텟첼 자신이 정작 면죄부를 샀는지는 알려져 있지 않다.

4. 뉘른베르크(Nürnberg)

독일 바이에른(바바리아)주의 제2의 도시인 뉘른베르크의 옛 이름은 네론베르크(Neronberg)였다. 이는 로마 황제 네로가 이곳의 언덕에 올라가 도시를 건설하라고 명령한 데서 유래한다. 뉘른베르크는 1219년 제국 도시가 됐으며, 1806년 바이에른 령이 됐다.

뉘른베르크를 방문하는 이들은 고풍스러운 매력적인 도시를 경험하게 된다. 그 도시는 목조 주택, 아름다운 수로, 성벽과 역사적인 탑, 재건된 성이나 교회 등 중세의 모습을 잘 간직하고 있다. 신성로마제국 황제의 팔츠였던 카이저부르크, 알브레히트 뒤러 하우스, 매일 정오가 되면 신성로마제국 황제 인형 앞에 일곱 선제후의 인형이 나와 충성을 서약하는 재미있는 장면을 보여 주는 시계를 가진 성모교회, 일곱 선제후와 구약성서에 나오는 예언자들을 조각해 놓은 '아름다운 분수'(Schöner Brunnen) 등이 명소다.

카이저부르크

알브레히트 뒤러 하우스

루터에게 있어서 뉘른베르크는 "독일의 눈과 귀"였다. 이 도시에는 21 개 인쇄소가 있어 인쇄 미디어의 수도라 할 만했기 때문이다. 이 인쇄소들은 종교개혁 사상을 신속하게 전파하는 데에 일조했다. 1532년에는 뉘른베르크 평화협정이 맺어졌고 프로테스탄트들의 금지령이 해제됐던 곳다.

성 로렌츠교회

성 제발두스교회

제발두스의 묘

또한, 그로 인해 뉘른베르크에는 독일 최초의 개신교교회 중 두 큰 교회인 성 로렌츠교회(St. Lorenzkirche)와 성 제발두스교회(St. Sebalduskirche)가 있다. 이곳에서는 종교개혁 운동을 거치는 동안에도 성상 파괴 운동이 일어나지 않아 이 두 교회가 많은 성상과 성화들을 보유하고 있다. 그리고, 1519년에 완성된 성자 제발두스의 묘가 종교개혁 이후에도 성 제발두스교회 안에 남아 있어 오늘날 보물로 여겨지고 있다.

5. 옵펜하임(Oppenheim)

루터는 1521년 4월 보름스 제국 회의에 오고 가는 동안 라인헤센(Rhein-hessen)의 작은 포도주 도시인 옵펜하임에 잠시 머물렀다. 그는 프랑크푸르

카타리나교회

트를 거쳐 보름스로 가는 중에 라인 강을 통해 옵펜하임에 들러 "쭈어 칸네"(Zur Kanne) 여인숙에 묵었다고 한다. 이 여인숙은 1621년 전소됐다가 재건돼 오늘날 마인처 거리(Mainzer Straße)에 있다. 루터는 이곳에서 란츠크론(Landskron) 성과 웅장한 카타리나교회(Katharinenkirche)를 바라보며 "내 주는 강한 성이요"라는 찬송을 만들었다고 알려져 있다.

오버라인에 위치한 옵펜하임은 오늘날 포도주의 도시이자 독일 포도나무 박물관의 소재지로 유명하다. 그래서인지 오늘날 독일 사람들은 포도주의 도시 옵펜하임을 루터의 이야기와 관련시켜 우스갯소리로 루터처럼 눈에 뵈는 것이 없을 정도로 용감해지면 세상살이에 힘든 일이 많이 생긴다며, "옵펜하임에 가거든 포도주를 마시지 말고 거기서 자지 말라"라고 한다.

6. 보름스(Worms) – "내가 여기 서 있나이다"

독일 사람들에게 "독일에서 제일 오래된 도시가 어디냐?" 물으면 모젤(Mosel)강변의 트리어와 라인(Rhein)강변의 보름스 두 도시를 거론한다. 공식적 연구에 의해 "니벨룽엔(Nibelungen)의 도시" 보름스가 로마제국의 도시 트리어보다 더 오래된 것으로 밝혀졌다. 5세기에 이곳은 브르군드 왕국의 중심이었으나 훈족에게 넘어갔고, 쫓겨난 브르군드 왕가는 스위스 제네바 남쪽으로 이동했다. 루터를 괴롭혔던 황제 칼 5세는 브르군드 왕가의 후손이다.

100여 차례나 되는 제국 의회 등 여러 가지 중요한 회합이 이곳에서 모였다. 그 가운데 가장 유명한 것들로는 신성로마제국 하인리히 4세(Heinrich IV)와 교황 그레고리우스 7세(Gregorius VII)의 권력 다툼 때 교황의 폐위를 선언한 1076년 주교회의 (이는 서임권 논쟁으로 1077년 카놋사의 굴욕으로 이어졌다), 그리고 이러한 갈등이 일단락된 1122년 보름스 협약(das Wormser Konkordat), 그리고 1495년 황제 막시밀리안 1세 때의 의회와 1521년 루터가 칼 5세 앞에서 자기의 신념을 표명한 의회 등이다.

오늘날 보름스는 85,000명 정도의 주민이 거주한다. 루터 당시의 인구는 6,000명 정도였는데, 루터의 심문이 있던 날은 10,000명 가까이 모여들었다고 한다. 루터는 1521년 4월 16일부터 25일까지 이곳에 머물렀다고 한다.

보름스대성당 (Wormser Dom)
Domplatz, 67547 Worms

보름스대성당

독일의 대표적인 로마네스크 양식 건축물 가운데 하나인 보름스대성당의 이름은 성 베드로대성당(Dom St. Peter)이다. 이 대성당은 로마가톨릭교회의 주교좌성당으로, 마인츠대성당(Mainzer Dom)과 슈파이어대성당(Dom zu Speyer)과 함께 오토 왕조의 3대 황실성당(Kaiserdom) 가운데 하나다. 그 길이가 110미터, 넓이가 27미터인데, 십자형 성당의 좌우 날개 부분인 수랑 부분까지 포함하면 36미터다. 회중석 부분의 높이는 26미터고, 돔 아래 부분의 높이는 40미터에 이른다.

대성당은 호헨슈타우펜(Hohenstaufen) 황제들 시대부터 있었던 중세의 위엄을 지닌 독특한 기념 건축물이다. 좁고 둥근 아치 형태의 문만이 이전에 있었을 성당과 황제 궁전(Kaiserpfalz) 간의 직접적인 연관을 상기시켜 준다. 루터가 1521년 제국 의회 동안 그 대성당에 들어오도록 허락됐는지조차 알려지지 않는다. 그는 금지령 아래 있었다. 제국 의회 그 자체는 황제의 궁전 홀에서 개최됐다.

지금은 정원이 돼버린 대성당 옆 주교의 궁 자리에 루터가 제국 의회에서 섰을 것으로 추정되는 장소가 있다. 그 자리 땅바닥에 작지만 의미 있는 기념판이 놓여 있었다.

보름스대성당 내부

1521년 여기서 루터가 황제와 제국 앞에 서 있었다.
Hier stand Luther vor Kaiser und Reich, 1521.

종교개혁 500주년을 기념하며 이곳은 다시 단장돼 루터가 서 있었다고 추정되는 기념판이 있던 그 자리에 신발 모양의 조형물이 설치돼 있다.

루터가 제국 의회 앞에 섰던 곳의 기념 조형물

신발 조형물 자리에 있던 기념판

루터 기념물(Lutherdenkmal)
Lutherplatz/Lutherring, 67547 Worms

루터 기념물

대성당에서 북서쪽으로 100여 미터쯤 떨어진 곳에 종교개혁 조형물 가운데 세계에서 가장 크다고 하는 루터 기념물이 있다. 이 조형물은 1865년 작센의 조각가 에른스트 리첼이 초안 및 주요 인물들의 모형을 만들고, 1868년에 그의 제자들인 구스타프 키에츠(Gustav Adolph Kietz), 아돌프 폰 돈도르프(Adolf von Donndorf), 요한네스 쉴링(Johannes Schilling)이 그 조형물을 완성했다. 원래는 그것을 제국회의가 열렸던 보름스대성당 인근에 세우려고 했었으나 로마 가톨릭교회의 반발로 이곳에 세워졌다.

그 기념 조형물은 당시의 시대정신을 통합해 보여 주고 있다. 중앙에 실물 크기보다 훨씬 큰 루터가 성서를 들고 서 있다. 그리고 그 동상의 받침대에 루터 이전의 종교개혁 선구자들 네 명이 앉아 있다. 루터를 둘러싸고 종교개혁의 정치적 후견인들과 학문적 동지들이 서 있다.

루터의 보호자요 군주인 작센의 선제후 프리드리히 현공과 헤센의 영주이자 종교개혁 지지자였던 필립 대공이 앞쪽에, 잉골슈타트 출신의 인문주의자 요한네스 로이힐린(Johannes Reuchlin, 1455-1522)과 루터의 친구이자 종교개혁의 동지였던 인문주의자 멜란히톤이 뒤쪽에 있다.

또한, 벽을 따라 세워져 있는 여성 인물들은 종교개혁 운동의 과정과 결과를 설명하는 뜻으로 만들어 놓았다. 종려나무를 든 여인은 아우그스부르크의 평화조약을, 그리고 슬픔에 빠진 여인은 30년 전쟁으로 파괴된 마그데부르크시를 상징한다. 슈파이어시 여인의 손에는 "항의서"(Protestation)가 들려있는데, 여기에서 "프로테스탄트"(개신교)라는 이름이 유래했다. 그리고 벽 위에 새겨진 문장들은 최초의 개신교 도시들을 기념하고 있다.

루터 상 받침대 각 측면에는 루터의 생과 그의 동료들과 동시대인들의 장면들을 보여 주는 부조들이 장식돼 있다. 거기에는 "제가 여기에 섰습니다. 저는 달리할 수 없습니다. 하나님 저를 도우소서. 아멘"이라는 유명한 말이 종교개혁가의 다른 말들과 함께 새겨져 있다.

또한, "내 주는 강한 성이요"라는 찬송가가 청동과 돌에 새겨져 있다. 기념 조형물을 찬찬히 살펴보면 종교개혁의 역사가 집약적으로 눈에 들어온다.

7. 슈타인바흐(Steinbach)

루터 납치 기념 오벨리스크, 루터 나무, 루터 샘

뫼라에서 13.5km 떨어진 곳에 흥미로운 장소가 있다. 오늘날 슈타인바흐시에 속한 이곳은 1521년 루터가 보름스에서 비텐베르크로 향해 가던 중에 일단의 군인들에게 납치되는 사건이 일어났던 장소다. 글라스바흐그룬트(Glasbachgrund)라 불리는 이 땅은 오늘날 루터 땅(Luthergrund)이라고도 불린다. 작센-마이닝엔의 공작 베른하르트 에리히 프로인트(Herzog Bernhard Erich Freund von Sachsen-Meiningen)의 명으로 알텐슈타인 성(Schloss Altenstein)에서 2km 정도 떨어진 루터가 납치됐던 그 자리에 1857년에 기념 조형물이 세워졌다.

이 조형물은 8미터 높이의 신고딕 양식의 사암 오벨리스크로, 앞면에는 다음과 같은 말이 새겨져 있다.

기념 오벨리스크

바로 이곳에서 작센의 선제후 프리드리히 현공의 명을 받아 마틴 루터 박사를 붙잡아 바르트부르크성으로 데려갔다. 그가 길가에 있는 시내로부터 물을 마실 것이다. 그러므로 그가 그의 머리를 높일 것이다(시 110:7).

루터 나무

루터 샘

너도밤나무들이 그 기념 조형물 주변에 있다. 전해지는 바로는 루터가 그 너도밤나무 아래에서 세속 옷으로 갈아입었다고 하는데, 그 '루터 나무'(Lutherbuche)로 알려진 원래의 나무는 1841년 벼락에 맞아 부러져 없어졌다고 한다. 그 기념물 뒤편에 그 종교개혁가가 물을 마셨다고 하는 '루터 샘'(Lutherborn)이 있다.

8. 바르트부르크(Wartburg) Auf der Wartburg 1 99817 Eisenach

바르트부르크

아이제나흐 시내에서 남쪽으로 몇 킬로미터 떨어진 곳에 바르트부르크가 높이 자리하고 있다. 전설에 의하면 1067년 루트비히(Ludwig der Springer)가 해발 394m에 있는 바위산 꼭대기에 그 성을 세웠다고 한다. 그 성은 1131년에서 1247년까지 영주 작위를 가지고 있던 루도빙 가문(Ludowingians)의 주 저택이었다. 이 기간 성은 크고 웅장한 구조물로 증축됐다. 헤르만 1세(Herman I)의 재임 기간 성은 궁정 기사문화의 중심지가 됐다.

보름스 제국회의 후에 법으로 금지되고 범법자가 된 루터를 선제후 프리드리히 현공이 바르트부르크에 숨어 지낼 수 있도록 손을 썼다. 이곳에서 루터는 1521년 5월 4일에서 1522년 3월 1일까지 거주했다. 이것이 그 성을 종교개혁의 상징과 같은 곳으로 지위를 얻게 해 줬다. 하지만 처음부터 그 성이 주목받았던 것은 아니다. 성은 처음 수 세기 동안은 버려져 점점 폐허가 돼 갔다. 그러다가 1817년 루터가 그 성에 머물렀던 것과 종교개혁 300주년을 기념하며, 그리고 라이프치히 전투 4주년을 기념하며 바르트부르크에서 독일학생연합의 회원 450명이 민족주의적 행사를 개최했다. 이를 통해 성은 다시 유명해졌다.

무엇보다 바르트부르크가 기독교 사적으로 알려지게 된 것은 루터가 이곳에서 신약성서를 독일어로 번역한 사건 때문이다. 1521년에서 1522년으로 넘어가던 겨울 루터는 이곳에서 성서를 번역했다. 종교개혁 운동의 이념 중 하나가 "오직 성경으로"(sola scriptura)다. 이 원리가 성서 읽기와 성서연구로 이어지는 것은 자연스러운 일이다. 성서를 번역하면서 루터는 그 당시 작센 혹은 마이센 지역 표준 독일어를 사용했다. 야콥 그림(Jakob Grimm)은 이를 가리켜 "새로운 표준 독일어(Neuhochdeutsche)를 개신교교회의 언어라고 해도 좋을 것이다"라고 했다. 루터가 신구약성서를 히브리어와 그리스어에서 직접 독일말로 번역함으로써, 기독교계에는 물론 일반 언어학에도 큰 영향을 끼쳤다.

루터의 독일어성서는 지방마다 달랐던 독일어를 하나로 묶는 데도 일조하며 독일어 발전과 통일에 지대한 영향을 줬다. 그가 성서를 번역하면서 사용한 독일어는 현대 독일어의 표준이 됐다. 영국에 셰익스피어가 있다면 독일에는 괴테가 있다고 독일인들은 말하곤 한다. 독일어가 문학으로 화려하게 꽃피우도록 한 이가 괴테라고 한다면 괴테 이전에 독일어의 통일과 근대 독일어가 발전하도록 초석을 놓은 이가 루터다. 흔히 말해지듯 루터가 통일된 독일어 문어를 만들어 낸 유일한 사람은 아니지만, 그가 독일어성서를 통해 독일어 문어를 통일시키는데 결정적인 기여를 한 것은 틀림없다.

성 관리인의 주택

루터를 가리켜 "독일 문학 언어의 아버지"라고 부르는 것은 지나치다는 것이 일반적인 평이다. 그러나 독일어의 발전에 그는 당시 어떤 작가들보다도 커다란 발자국을 남기었다. 그래서 괴테는 "독일인은 루터를 통해서야 비로소 한 국민이 됐다!"라고 그의 업적을 평가했다.

성 내 루터의 방(Lutherstube)은 첫 번째 성벽 안에 있는 성 관리인의 주택 안에 있다. 번호가 매겨져 있는 벽의 돌출된 부분은 1872년에 추가된 것이다. 관리인의 주택은 성의 기사들의 지휘관 한스 짓티히 폰 베어렙쉬의 주택이었다. 그는 글라스바흐그룬트에서 루터를 체포해 오는 일을 지휘했던 이다.

바르트부르크에 머무는 동안 루터는 관리인의 주택의 방 두 개를 사용했다. 여기서 그는 신약성서를 번역했다. "마틴 박사의 방"이라 불리는 곳에 당시의 특징이 벽판, 바닥, 그리고 창 배열에 잘 보존돼 있다. 이 방의 이름은 이미 1574년의 기록에서 찾을 수 있다. 1845년 복구 작업 중 벽칠 아래에 숨겨져 있던 이름들과 날짜들이 발견됐는데, 16세기부터 있던 루터 성지순례자들의 방문을 기념하며 기록됐던 것들이다. 원래는 문 맞은편 북쪽 벽에 난로가 있었고, 낮은 통로가 작고 창 없는 침실로 이어져 있었다.

그 마틴 (루터) 박사의 방에 설치된 난로 옆에는 이전에는 전설로 내려오는 잉크 자국이 있었다. 전설에 따르면 루터는 자신을 괴롭히는 마귀를 향해 잉크병을 던지며 "나는 세례 받은 사람이다"라고 외쳤다고 한다.

마틴 박사의 방

세례받은 그리스도의 사람이기에 마귀가 함부로 할 수 없다는 것을 자신에게 확신시켰다는 것이다. 그러나 이 이야기는 그리 신빙성이 없으며, 루터가 잉크로 마귀와 싸웠다는 것은 사실은 잉크와 펜으로 글을 써서 마귀에 맞서 대항했다는 말일 것이다.

그런데도 그 전설은 17세기 이후 바르트부르크 역사의 일부가 돼 19세기까지도 계속 잉크 자국을 새로 칠해 놓았다. 역사적 고증을 통해 그 이야기는 더 이상 신뢰를 얻지 못하지만, 이곳을 방문하는 사람들은 오늘날에도 여전히 잉크 자국을 찾고는 한다. 루터는 이 방에서 육체적인 어려움과 마귀의 시험을 이기고자 애쓰며 마귀와의 전투를 주제로 다음과 같은 찬송을 지었다.

> 죄악의 왕이 아무리 흉악해도 우리를 조금도 해치지 못하도다.

방에 있는 18세기 가구는 바이마르의 대공작 부인 마리아 파우로우나(Maria Pawlowna)가 기부한 돈으로 구입했다. 탁자는 원래의 탁자를 기념물 도둑들이 부숴 버린 후 1811년 뫼라의 루터 하우스에서 구입한 것이다. 그 탁자 위에 1931년부터 루터 성서 완역본 한 권이 놓여 있었다. 이는 1541년 비텐베르크에서 한스 루프트(Hans Lufft)가 인쇄한 성서로, 그 안에는 루터, 멜란히톤, 그리고 기타 개혁자들의 각주가 들어 있었다.

긴 시간에 걸쳐 벽 수납장, 팔걸이가 있는 의자 두 개, 그리고 루터가 발을 편하게 올려놓기 위해 사용했다고 하는 전설을 가진 고래 뼈가 추가됐다. 벽난로를 대신해 1842년 설치한 타일로 된 난로는 17세기의 것이며,

건물 잔해 더미에 있었다.

안전을 위해 숨어 있었기에 루터가 바르트부르크에 있는 동안 자신이 그곳에 있다고 밝힌 적은 없다. 그러나 그는 자신의 서신에서 "새들의 왕국," "산꼭대기에서," "밧모섬," "은둔자의 거주지"와 같은 표현들로 자신이 있던 바르트부르크를 묘사하곤 했다. 이 용어들은 그 성에 있으며 루터가 느꼈을 외로움을 강조하고 있다. 딱 한 번 그는 그 외로운 "밧모섬"을 나갔다 온 적이 있는데, 1521년 12월 2일 바르트부르크를 빠져나가 비텐베르크에 갔다가 대림절 세 번째 주일에 성에 돌아왔다.

남쪽 탑의 에르베 감옥

바르트부르크는 1999년에 유네스코 세계 문화유산에 등재됐다. 아이제나흐 시를 굽어보는 바르트부르크는 요새로도 부족함이 없다. 바르트부르크를 보고 바이에른 왕 루트비히 2세(Ludwig II)가 깊은 감명을 받아 이를 모델로 자신의 영지인 퓌센(Füssen)에 1884년 노이슈반슈타인(Neuschwanstein)성을 세웠다. 백조의 성이라 불리는 노이슈반슈타인성은 동화의 나라처럼 아름다워서 미국의 디즈니랜드의 모델이 됐다.

바르트부르크의 주변 경관도 아름답기 그지없다. 성 위에서 내려다보는 엄청난 튀링겐 숲은 사계절이 다 아름답지만, 단풍이 드는 가을에 특히나 아름답다. 성에서 멋진 튀링엔 숲을 내려다보기 가장 좋은 장소는 남쪽 탑(Südturm)이다. 입장료로 동전을 넣고 들어가야 하는 이 탑에는 흥미로운 작은 감옥이 하나 있다. 이곳은 재세례파 신자였던 농민 프리츠 에르베가 16년 동안 감금돼 있으면서도 끝까지 자신의 신앙을 지키며 옥사했던 곳이다.

제10장

과격한 개혁자 토마스 뮌처와 농민 전쟁

1. 바이마르(Weimar)

독일 중부 튀링엔 주의 바이마르는 잘레(Saale)강 지류인 일름(Ilm)강 계곡에 위치하며, 도시 동쪽의 예나와 서쪽의 에어푸르트와 함께 튀링엔의 대도시권을 형성하고 있다. 899년 문헌에 처음 등장하는 바이마르는 중세 초기부터 튀링엔 지역에서는 중요한 곳이었으나, 근대에 들어 더욱 역사의 주목을 받는 장소가 됐다. 근대 독일 계몽주의의 중심지이며, 괴테와 요한 크리스토프 프리드리히 폰 쉴러(Johann Christoph Friedrich von Schiller)로 대표되는 '바이마르 고전주의'(영어명 Weimar Classicism; 독어명 Weimarer Klassik)라고 불리는 문학 장르의 본거지였기 때문이다.

또한, 20세기 초 바우하우스(Bauhaus) 운동이 시작됐던 곳으로 건축사와 예술사에서도 중요한 위치를 차지하고 있다. 현재 바이마르 고전주의 단지와 바우하우스 단지 일부가 유네스코 세계 문화유산으로 지정돼 있다.

바이마르는 독일 최초의 민주 공화국인 바이마르 공화국(1919-1933)과 바이마르 헌법으로도 유명하다. 이곳 바이마르에서 소집된 국민의회의 의결로서 바이마르 공화국이 출범했고, 그들이 만든 바이마르 헌법은 세계 최초로 모든 인간의 평등한 기본권을 법으로 보장한 시민 헌법으로 인정받는다. 히틀러와 나치의 득세로 바이마르 공화국은 해체됐지만, 그 정신은 오늘날 독일 연방공화국의 뿌리가 됐다.

　루터는 바이마르를 자주 방문했다. 첫 방문은 1518년 9월 교황의 대사였던 카예탄 추기경 앞에 심문받기 위해 아우크스부르크로 가는 길이었다. 당시 그는 바이마르의 프란치스코회수도원에 머물렀으며, 현재 남아 있는 수도원 건물 외벽에 이를 알리는 기념판이 붙어 있다. 전해지는 바로는 그곳 수도원장이 아우크스부르크로 가는 루터가 후스처럼 화형당할 것이라 염려했다고 한다. 루터는 그 수도원의 교회나 바이마르성 교회에서 설교했을 것이다. 1521년 루터는 보름스로 가는 길에 다시 바이마르를 방문했고, 그곳 시교회에서 설교했다.

　1522년 10월 루터는 에어푸르트로 가고 오는 길에 바이마르에서 적어도 4번의 설교를 했다. 그 가운데 1522년 10월 24일에 한 설교는 영적 권위와 세속 권위에 관한 내용이었는데, 루터는 이듬해 그 설교를 기초로 해서 「세속 권위에 대해: 어느 정도로 그것에 순종해야 하는가」(Von weltlicher Obrigkeit, wie weit man ihr Gehorsam schuldig sei)라는 논문을 출판했다. 그는 여기서 세속 권력자들이 사회 질서의 통제를 유지하기 위해 무력을 사용하는 것을 인정했다.

　같은 이유로 루터는 농민 전쟁 중의 어떠한 종류의 혁명적 행위들에 대해서도 반대했다. 바이마르는 과격한 개혁을 주장하는 이들과 관련해서 루터의 주목을 받고 있었다. 1524년 8월 뮌처는 그가 알트슈테트(Altstedt)에서 군주들에 대적하며 한 설교에 대해 조사받기 위해 바이마르성에 출두하도록 명령받았다. 칼슈타트에 대한 루터의 공격도 처음에 바이마르에서 시작됐다.

　칼슈타트 자신은 뮌처와 거리를 두려했으나 루터는 그 둘 사이를 구분하지 않았다. 그 둘이 세속 권위에 대항해 반란을 일으켰을 때 루터는 이를 용납하지 않았다. 농민 전쟁 당시 루터는 바이마르 지역을 순회하면서 설교로 주민들의 분노를 달래며 그 도시가 반란에 빠지지 않도록 했다. 그 사이에 프리드리히 현공의 군사들이 바이마르의 선제후 궁정을 출발해 프랑켄하우젠 전투로 향했다.

이 시기의 루터 설교 본문들이 바이마르 기록보관소(Weimar Archive)에 보존돼 있으며, 그 기록보관소에는 바텐베르크대학 기록들도 보관돼 있다. 이를 바탕으로 루터 탄생 400주년이 되는 1883년부터 "바이마르 판"이라 불리는 독일어판 루터전집이 출간돼 오고 있다.

이후에도 루터는 몇 차례 바이마르를 방문했다. 1528년 4월 루터는 멜란히톤과 함께 바이마르성에서의 중요한 회담에 참석했다. 당시 선제후 요한 부동자와 헤센의 영주 필립이 개신교 군주들 간의 방어 동맹을 만들고자 협상하고 있었다. 필립은 로마 가톨릭교회 군주들을 공격해 전쟁의 위협에 맞서기를 원했으나, 루터가 그러한 결정을 유보하도록 설득했다.

1530년에는 루터가 80명 정도의 귀족 영주들과 개혁자들로 구성된 대규모 선제후 수행단과 함께 아우그스부르크 제국 의회로 가는 길에 바이마르에 잠시 머물며 몇 번 설교했다. 1540년 6월에는 멜란히톤이 바이마르에서 심하게 아프다는 소식을 듣고 루터는 서둘러 멜란히톤의 병상을 찾아 그를 위해 기도해 줬다.

멜란히톤은 나중에 루터의 도움이 없었으면 자신은 분명히 죽었을 것이라고 당시를 회고했다. 1540년 7월 루터는 마지막으로 바이마르를 방문했다. 그 방문 기간 중 그가 어디에 묵었는지 그리고 어디서 설교를 했는지는 알려지지 않았다.

바이마르성 (Weimarer Stadtschloss)
Burgplatz 4, 99423 Weimar

바이마르성

주변의 다른 궁정들과 구별하기 위해 "시(市)성"(Stadtschloss)으로 불리는 바이마르성은 작센-바이마르(Sachsen-Weimar)와 아이제나흐의 공작의 궁정으로 궁성(Residenzschloss)이다. 도시공원의 북쪽 끝 일름 강을 따라 지어져 있는 건물은 바이마르 고전주의와 관련된 다른 10개 장소와 함께 "고전적 바이마르"(Classical Weimar)라고 불리는 유네스코 세계 문화유산으로 지정돼 있다.

성 안의 4개의 방이 바이마르에서 활동했던 4명의 시인인 괴테, 쉴러, 요한 고트프리트 헤어더(Johann Gottfried Herder), 그리고 크리스토프 마틴 빌란트(Christoph Martin Wieland)를 기념하며 헌정됐다. 1923년부터 성 건물은 15세기와 16세기의 그림들을 비롯해 문화의 중심이었던 바이마르와 관련된 예술 작품들을 전시하고 있는 바이마르 미술관(Weimarer Kunstsammlungen)으로 사용되고 있다.

성 박물관(Schlossmuseum)이라고도 불리는 이 미술관 1층에 루카스 크라나흐 전시관(Lucas Cranch Gallery)이 있다. 그곳에는 루터의 지지자로 종교개혁을 도왔던 화가 크라나흐 1세와 그의 아들 크라나흐 2세가 그린 루터와 그의 부인 카타리나 그리고 가족들의 초상화들이 다른 르네상스와 중세 종교 미술품들과 함께 전시돼 있다.

1528년 4월 루터는 멜란히톤과 함께 이곳 바이마르성에서 개신교 군주들과 방어 동맹 문제에 대해 논의했다. 루터는 그 동맹이 로마 가톨릭교회 군주들을 공격하는 것을 반대했다. 1530년에는 루터가 선제후의 수행단과 함께 아우그스부르크 제국 의회로 가는 길에 바이마르에 들러 이곳에 있던 성예배당(Schlosskapelle)에서 몇 번 설교했다. 오늘날 루터가 봤던 당시의 성 건물은 남아 있는 게 거의 없다. 1250년경부터 있었던 성예배당조차도 더 이상 존재하지 않는다.

괴테의 방

루터와 카타리나 (루카스 크라나흐 전시관)

성 베드로와 바울시교회 혹은 헤어더교회
(Stadtkirche St. Peter und Paul/ Herderkirche) **Herderplatz 8, 99423 Weimar**

성 베드로와 바울시교회/헤어더교회

헤어더교회라고도 불리는 성 베드로와 바울시교회는 독일기사수도회의 지원 아래 1498년부터 1500년까지 삼랑식으로 세워진 후기 고딕 양식의 건축물이다. 교회 서쪽 탑의 토대는 이 도시에서 가장 오랜 건축 부속물에 속한다. 루터는 이곳에서 몇 번 설교했다. 당시 교회는 훨씬 더 정교한 실내 비품들로 장식돼 있었다.

제단화

교회 안에 오늘날까지 남아 있는 성구 가운데 가장 유명한 것은 1552년에 크라나흐 1세가 제작하기 시작해 그의 아들 크라나흐 2세가 1555년에 완성한 3단 접이식 제단화다. 이 16세기 작센-튀링엔 양식의 작품은 종교개혁 시기의 가장 중요한 제단화 가운데 하나로 루터의 '십자가의 그리스도 중심 구원신학'이 집약되어 있다.

제단화 삼단의 중앙에는 십자가에 높이 달리신 예수 그림이 커다랗게 그려져 있다. 예수를 싸고 있던 세마포가 풀려져 나가는 모양을 하고 있으며, 그 십자가 아래에는 어린 양이 보인다. 십자가에 달리신 예수님 발목 근처 왼쪽에는 사탄에게 붙잡혀 불길이 타오르는 지옥으로 향하고 있는 인간이 작게 그려져 있다. 그 왼편에는 붉은 망토를 걸친 부활하신 예수께서 창으로 죄와 사탄과 죽음을 멸하시고 그들을 밟고 당당하게 서 계시는 장면을 묘사한 그림이 크게 그려져 있다.

제단화 중앙

십자가의 예수 발목 근처 오른쪽으로 모세가 이스라엘 백성들에게 십계명을 가르치고 있는 그림이 작게 그려져 있다. 예수를 통해 율법이 완성되었음을 보여 주려 한 것이다. 그 위쪽으로 출애굽해 광야를 지나던 이스라엘 백성들이 이집트를 그리워하며 불평하다가 독뱀에 물려 죽게 된 사건을 묘사한 그림이 있다. 그 그림 속에 높이 들린 놋뱀은 십자가에 높이 들리신 예수를 예표한다.

광야의 이스라엘 백성 그림 옆에는 천사가 목자들에게 나타나 베들레헴에 구세주가 탄생했음을 알리는 장면이 그려져 있다. 이런 장면들은 성육신해 오신 예수님께서 죽음으로 말미암아 우리의 죄가 사해졌고, 그로 인해 하나님과 인간이 화목하게 됐다는 복음을 전해 주고 있다. 인간의 구원은 율법을 실천함으로써 이뤄진 것이 아니라, 예수님의 보혈의 공로를 믿는 믿음으로 말미암아 이뤄졌다는 메시지를 이 그림은 전하고자 한 것이다.

이는 곧 루터의 신앙과 신학을 요약해 놓은 것이다. 이를 극적으로 보여 주기 위해 십자가 앞부분에는 은총의 영역이, 뒷부분에는 율법의 영역을 배치해 놓았다. 그리고 이 은총의 영역은 풀과 꽃으로 덮여 있는 반면에, 율법의 영역은 메마른 광야로 묘사돼 있다.

십자가의 예수 오른쪽 아래에는 세례 요한과 크라나흐 1세 그리고 루터 세 사람이 크게 그려져 있다. 십자가와 가장 가까이 있는 세례 요한이 손가락으로 십자가에 달리신 예수님을 가리키고 있고, 얼굴은 크라나흐를 향해 있다. 이는 세례 요한이 구원자로 말한 이가 예수임을 말함과 동시에 그 십자가의 예수 복음이 화가 자신에게도 전해졌음을 보여 주고자 한 것이다.

세 사람 가운데 크라나흐가 가운데 있고, 그 오른편에 검은 가운을 입은 루터가 손에 성서를 들고 서 있다. 루터의 굳게 다문 입술과 당당한 자세는 그가 불의와 타협하지 않는 강직한 성품을 지닌 인물임을 나타낸다. 루터가 들고 있는 성서는 그림을 감상하는 사람들 쪽으로 펼쳐져 있다. 루터는 펼쳐진 성서를 손가락으로 가리키고 있는데, 그가 가리키는 곳에 이 제단화가 표현하고자 한 다음과 같은 성서의 말씀들이 적혀 있다.

그 아들 예수의 피가 우리를 모든 죄에서 깨끗하게 하실 것이요(요일 1:7b),
그러므로 우리는 긍휼하심을 받고 때를 따라 돕는 은혜를 얻기 위해 은혜의 보좌 앞에 담대히 나아갈 것이니라(히 4:16).
모세가 광야에서 뱀을 든 것 같이 인자도 들려야 하리니 이는 그를 믿는 자마다 영생을 얻게 하려 하심이니라(요 3:14-15).

세례 요한과 루터 사이에 크라나흐가 두 손을 모아 기도 드리는 모습을 하고 있다. 그의 머리 위로 십자가에 달리신 예수에게서부터 뿜어져 나온 피가 뿌려져 있다. 화가 크라나흐는 이 그림에 자기 자신을 그려 넣으면서, 예수님의 보혈이 자신에게 흘러내리는 장면을 묘사했다. 이는 자신도 예수님이 피를 흘리며 죽으신 그 공로로 죄가 사해짐과 동시에 영원한 생명으로 가는 구원을 받은 크리스천임을 고백하고 있다. 겸손하고 공손하게 기도하는 모습이지만 평신도인 자신도 세례 요한과 루터와 나란히 있는 것으로 그림으로 크라나흐는 주님 앞에서는 모두 다 평등한 하나님의 자녀임을 고백하고 있다.

삼단 제단화의 왼쪽 날개에는 종교개혁 운동을 적극적으로 후원했던 선제후 요한 프리드리히 용자(Johann Friedrich der Grossmütige)와 그의 부인 시빌라(Sybilla von Jülich-Cleve)가 두 손을 공손히 모으고 예배를 드리는 장면이

성물보관함

그려져 있다. 오른쪽 날개에는 그들의 아들 셋이 역시 부모와 같은 자세로 예배를 드리는 장면이 그려져 있다. 자녀들도 부모의 신앙을 따르고 있다. 이 삼단 제단화는 루터에게서 종교개혁 신학을 배운 크라나흐 부자가 이를 시각적으로 훌륭하게 표현한 것으로 비텐베르크시 교회 제단화와 함께

대표적인 종교개혁제단화로 평가받는다.

종교개혁과 관련된 성구로는 또한, 1572년에 제작된 성물 보관함에 그려진 세 폭의 그림이 있다. 여기에는 왼쪽에 수도사 루터, 오른쪽에 기사로 변장한 루터, 그리고 중앙에 박사 루터가 그려져 있다. 교회 내에는 루터가 설교했던 설교단도 보존돼 있다.

요한 고트프리트 헤어더가 이 교회의 감독으로서 1776년부터 1803년 사망할 때까지 27년간 사역했다. 그를 기념하며 교회는 "헤어더교회"라는 이름을 가지게 됐다. 헤어더는 이 교회에 묻혔다. 그의 동상이 교회 앞에 세워져 있다. 교회 안에는 헤어더의 묘뿐 아니라 16세기와 17세기의 에르네스트 황실 가문의 많은 소중한 묘가 있으며, 크라나흐 1세의 원 묘비도 1859년에 이곳으로 옮겨져 함께 있다. 교회는 1998년 "고전적 바이마르"의 일부로 유네스코의 세계 문화유산에 등재됐다.

헤이더 동상

루카스 크라나흐 1세
(Lucas Cranach der Ältere, 1472-1553)

크라나흐는 1472년경 독일 중부의 크로나흐(Kronach)에서 태어났다. 그의 출생지에서 그의 이름의 성 '크라나흐'(Cranach)가 왔다. 그의 이름 루카스(Lucas, 누가)는 화가들의 수호성인으로, 화가였던 그의 아버지가 아들이 화가로 대성하기를 바라며 지어 준 이름이다. 크라나흐는 부친의 공방에서 화가 도제 수업을 마친 후, 뉘른베르크, 코부르크 등 독일 남부 지역에 머물며 그곳 화가들과 함께 일했다.

크라나흐는 1502년경 빈(Wien)으로 가서 도나우 화파(Donauschule)에 속하는 화가들과 함께 자연을 그림의 배경이 아닌 주인공으로 등장시킨 풍경화를 그리며, 표현주의적 감정을 지닌 밝고 따뜻한 색조의 풍경화가로서 그의 초기 화풍을 형성했다. 그는 1505년에 작센의 선제후 프리드리히 현공의 부름을 받아 궁정 화가로 비텐베르크에 왔다. 선제후가 크라나흐의 작품을 보고 좋아해 그를 불렀다고 한다. 비텐베르크에 온 후 크라나흐는 그곳 대학에서 신학을 공부하며 강의하던 루터를 만났다.

이후 크라나흐는 일생 루터의 신실한 지지자였으며, 루터와 돈독한 개인적인 친분을 유지했다. 1520년 루터는 크라나흐의 딸 안나(Anna)의 대부가 됐고, 크라나흐는 루터가 자신의 결혼식에 초대한 몇 안 되는 사람 가운데 하나였다. 크라나흐는 루터의 장남 요하네스(Johannes)의 대부이기도 하다.

크라나흐는 비텐베르크에 후대에 "종교개혁 회화제작소"(Malwerkstatt der Reformation)라고 불리는 큰 작업실을 만들어 놓고, 루터의 작품들에 목판화, 삽화, 장식들을 넣음으로 신자들의 이해를 돕는 한편, 루터가 발간하는 책을 아름답게 꾸며 널리 보급하는 데 크게 공헌했다. 특히 종교개혁 신학을 회화 언어로 번역한 "율법과 은혜"(Gesetz und Gnade, 1529)와 "종교개혁제단화," 신구약완역성서 삽화(1534), 그 밖에 루터와 루터 가족 그리고 멜란히톤의 초상화 등 다수의 기념비적인 '크라나흐 종교개혁 미술'(Cranach'sche Reformationskunst)을 이룩했다. 오늘날 남아 있는 루터의 초상화 가운데 크라나흐의 작품이 가장 루터의 실재 모습과 가까운 것으로 인정받는다. 현재 그의 작품은 약 1,000여 점이 남아 있다. 크라나흐의 작업실에서는 그의 아들 둘을 비롯해 많을 때는 12명이 공동으로 작품을 만들기도 했으며, 그는 당시 가장 성공적인 독일 예술가로 여겨졌다. 크라나흐는 화실뿐 아니라 약국을 운영하기도 했고, 비텐베르크의 시장을 역임하기도 하는 등 지역 유지로서 비텐베르크에서 상당한 영향력을 가지고 있었다.

루터가 사망한 후에도 크라나흐는 종교개혁 운동을 계속 지지했다. 1547년 황제 칼 5세와 그의 로마 가톨릭교회 군대가 개신교 진영을 공격하고 비텐베르크를 포위해 선제후 요한 프리드리히를 포획했다. 이때 황제는 크라나흐를 기억하고 자신의 진영으로 소환했는데, 크라나흐가 황제에게 무릎을 꿇고 선제후를 선처해 줄 것을 간청했던 이야기는 유명하다.

크라나흐는 생애 말에는 바이마르의 궁정 화가로 지내다가 1553년 10월 16일 81세의 나이로 그곳에서 사망했으며, 그곳 야콥스프리드호프(Jacobsfriedhof)에 묻혔다. 크라나흐는 아들 둘과 딸 셋을 뒀는데, 두 아들은 모두 미술가였으며, 그 가운데 둘째 아들 루카스 크라나흐 2세는 아버지의 뒤를 이어 오랫동안 화가로 활동하며 아버지의 유업을 이었다. 딸 가운데 바바라(Barbara)는 괴테의 조상이기도 하다.

크라나흐하우스(Cranachhaus)
Markt 11/12, 99423 Weimar

크라나흐하우스(중앙)

바이마르의 시장 광장(Marktplatz)에 위치한 크라나흐하우스는 시청 바로 맞은편에 있는 거의 똑같이 생긴 르네상스 주택 두 채 가운데 왼편 건물이다. 이곳에서 16세기에 화가 크라나흐 1세가 살았다 해서 "크라나흐하우스"라 불린다. 크라나흐 1세의 딸 바바라가 바이마르의 크리스찬 브뤽(Christian Brück)과 결혼해 이곳으로 시집을 왔다. 이후 1552년 80세의 크라나흐 1세가 바이마르에 있던 이 사위의 집에서 생의 마지막 해를 보내기 위해 왔다.

이 건축물은 1547년에서 1549년까지 크라나흐 1세의 사위이자 공작의 재상이었던 브뤽을 위해 르네상스 건축의 장인인 닉켈 그로만(Nickel Gromann)이 지은 것이다. 이 건물은 튀링엔 지역에서 가장 아름다운 르네상스 건축물 가운데 하나로 꼽힌다. 건물의 1층은 정교하게 장식된 둥근 아치와 웅장한 문들로 장식돼 있으며, 상징적 의미가 담긴 장면들을 묘사하고 있는 낮은 부조와 문장들이 거기에 더해져 있다.

두 개의 지붕 창의 돌출 구조부가 그 집의 높은 지붕에 왕관처럼 자리잡고 있다. 원래의 건축물은 제2차 세계대전 기간 중 심하게 손상됐다. 현재의 건물은 이후 원래 모습으로 복원된 것이다. 이 건물은 주변의 다른 르네상스 건축물들과 함께 유네스코 세계 문화유산에 등재돼 있다.

그 건물 지붕 아래 다락방에 크라나흐의 작업실이 있었다. 노령임에도 크라나흐는 적극적으로 작업 활동을 해 오늘날 헤어더교회에 있는 유명한 삼단 제단화를 그렸다. 그러나 그는 다 완성하지 못하고 죽었고, 그것을 그의 아들 크라나흐 2세가 이어서 작업해 1555년에 완성했다. 크라나흐 2세도 이곳에 머물며 같은 작업실에서 일했다.

프란치스코회수도원 (Franziskanerkloster)
Am Palais 4, 99423 Weimar

프란치스코회수도원

바이마르의 바우하우스 박물관(Bauhaus-Museum) 뒤쪽에 있는 프란치스코회수도원은 1453년에 세워졌다. 옛 수도원 건물 가운데 현재는 남부 본관만이 남아 있다. 1518년 9월 루터가 카예탄 추기경 앞에 심문받기 위해 아우그스부르크로 가는 길에 바이마르에 잠시 들렀을 때, 이곳 수도원에 머물며 수도원 교회에서 설교했다. 그 후 이곳 수도원의 수도사들은 한동안 비밀리에 루터의 저술을 연구했으나, 결국 루터를 지지하지 않았다.

종교개혁 이후 프란치스코회가 더 이상 바이마르에서 용납되지 않게 되자 1533년 11월 21일 수도사들은 수도원과 도시를 떠나야 했다. 수도원 교회는 곡물 창고로 개조됐으며, 수도원 본관은 주거 및 상업 목적을 위한 시설로 바뀌었다.

루터 방문 기념판

1872년에 독일 최초의 오케스트라 학교가 이곳에 설립됐으며, 그것이 프란츠리스트음악대학(Franz Liszt Musik Hochschule)이 됐다. 옛 수도원 가운데 여전히 남아 있는 건물 외벽에 이곳에 루터가 머물렀으며 1518년부터 1540년까지 여러 차례 바이마르를 찾았음을 알리는 기념판이 붙어 있다.

2. 예나(Jena)

예나는 튀링엔 주에서는 두 번째로 큰 도시지만 인구가 11만 명 정도밖에 안 되는 대학 도시다. 예나는 1182년에 처음으로 문헌에 등장하며, 19세기까지도 상당히 작은 도시였다. 20세기에 와서 국제적인 광학 산업의 중심지로 발전했다.

예나는 루터 성서가 인쇄된 지역 중 한 곳이다. 그로 인해 이 도시는 루터 교리를 전파하는 데 중요한 역할을 했다. 루터는 1521년부터 1537년 사이에 적어도 열한 번 예나를 방문했다.

성 미하엘시교회(Stadtkirche St. Michael)
Kirchplatz 1, 07743 Jena

튀링엔 지역에서 가장 큰 후기 고딕 양식의 교회 건축물인 성 미하엘교회는 1380년에 건축이 시작돼 16세기에 완공됐다. 1524년 8월 21일 루터는 예나의 교구 교회인 이 교회에서 칼슈타트와 그의 추종자들인 라인하르트와 베스터부르크의 성상과 제단 파괴에 반대하는 설교를 했다.

1525년 5월 24일에도 루터는 농민 봉기로 수도원들이 파괴되자 이 문제에 대해 성 미하엘교회 강단에서 신랄하게 비판하는 설교를 했다. 루터가 설교했던 그 설교단은 오늘날까지 교회에 남아 있다. 그 설교단 맞은편에 루터의 청동 묘비가 있다. 하인리히 치글러(Heinrich Ziegler)가 만든 이 묘비는 원래 비텐베르크에 있는 루터 무덤에 놓으려고 제작됐다. 루터는 1529년 마부르크 회담을 마치고 비텐베르크로 돌아오던 길에도 예나에 들러 성 미하엘교회에서 설교했다. 그 설교는 기록으로 우리에게 전해 내려온다.

성 미하엘시교회

설교단

루터의 청동 묘비

흑곰 여인숙 (Zum schwarzen Bären)
Lutherplatz 2, 07743 Jena

흑곰여인숙

기사 게오르크로 신분을 감추고 바르트부르크에 숨어있던 루터는 1522년 1월 칼슈타트와 과격한 개혁을 주장하던 이들이 야기한 소요를 평정하기 위해 몰래 비텐베르크를 방문하러 가는 길에 예나를 지나가게 됐다. 그는 예나의 '흑곰 여인숙'에서 숙박을 하게 됐는데, 그 여인숙에 우연히 들른 한 스위스 학생이 루터와의 일화를 기록했다.

그 스위스인은 루터를 보기 위해 일행과 함께 비텐베르크로 가던 중이었다. 폭풍우를 피해 여인숙에 들어선 그 학생과 일행은 기사 차림으로 변장을 한 그 종교개혁가와 같은 식탁에 앉게 됐다.

그 일행은 기사에게 "루터가 지금 비텐베르크에 있나요?" 물었다. 그러자 그 기사는 "루터가 지금은 분명히 거기에 없지만 앞으로는 거기 있을 것이다"라고 대답했다. 이어서 기사는 스위스 학생에게 "루터를 어떻게 생각하느냐"라고 물었고, 그들이 루터에게 호의적인 것을 알게 됐다. 여인숙 주인이 그들에게 그 기사가 바로 루터라고 귀띔해 줬지만, 그들은 그 말을 믿을 수 없어 휴텐(Hutten)의 이름을 잘못 말한 것으로 생각했다.

휴텐(Ulrich von Hutten)은 귀족으로 독일기사단의 대장이었으며, 루터의 종교개혁을 지지했던 인문주의자였다. 그들이 기사 차림을 한 루터를 휴텐으로 착각한 것이다. 이후 비텐베르크에서 루터를 다시 보고 난 후에야 그들은 그가 바로 루터인 것을 알아봤다고 한다. 그 스위스 학생은 후에 스위스 종교개혁가가 됐던 요한 케슬러(Johann Kessler)였다.

호텔 입구 대형 그림

현재도 '흑곰 여인숙'은 호텔이다. 이곳에는 '루터의 방'이 따로 꾸며져 있는데, 그 자리가 루터와 스위스 학생이 대화를 나누었던 식탁이 있었던 곳이라고 한다. 호텔 입구에 걸려 있는 대형 그림이 이 사실을 상기시켜 준다. 호텔은 여러 번 개축됐음에도 옛 모습이 많이 남아 있어 그곳에서 튀링엔의 특별함을 만끽할 수 있다.

루터는 비텐베르크로 귀향하던 1522년 3월 4일에도 "흑곰 여인숙"에서 하룻밤을 묵었다. 또한, 이곳은 1524년에 루터가 과격한 개혁자 칼슈타트와 만나 논쟁을 했던 장소기도 하다. 그 후에 1529년과 1530년에 예나를 방문했을 때도 루터는 흑곰 여인숙에 머물렀다. 이러한 역사를 알리는 안내판이 건물 벽에 붙어 있다.

루터의 방

예나대학 (Friedrich-Schiller-Universität Jena)
Fürstengraben 1, 07743 Jena

작센의 선제후인 요한 프리드리히 1세가 종교개혁 정신에 기초해 1548년에 예나에 아카데미를 세웠다. 그것이 1558년 대학으로 인가받았다. 예나대학은 처음에는 신학부가 명성을 떨쳤으나, 1789년에 극작가 쉴러가 역사학 교수가 되고, 이후 철학자 요한 고틀리프 피히테 (Johann Gottlieb

예나대학

Fichte), 게오르크 빌헬름 프리드리히 헤겔(Georg Wilhelm Friedrich Hegel), 시인 칼 빌헬름 프리드리히 폰 슐레겔(Karl Wilhelm Friedrich von Schlegel)이 차례로 교수가 되면서 철학과 독일 낭만주의의 중심지가 됐다. 또한, 사회주의와 공산주의의 창시자로 불리는 독일의 경제학자이자 정치학자인 칼 마르크스(Karl Heinrich Marx)가 이 대학에서 박사 학위를 받았다. 예나대학은 쉴러의 유명한 취임 연설을 기념하며 1934년 정식 명칭을 프리드리히-쉴러-예나대학(Friedrich-Schiller-Universität Jena)로 바꿨다.

예나대학 도서관은 여전히 종교개혁 시대의 많은 저서를 소장하고 있다. 그 가운데는 루터가 직접 손으로 쓴 목록이 있는 신구약 성서 몇 권도 있다. 이 소장품이 오늘날 남아 있을 수 있었던 데에는 부겐하겐의 매제였던 게오르크 뢰러(Georg Rörer)의 공이 크다. 뢰러는 비텐비르크 시교회에서 루터가 집사(성직자)로 인수한 개신교 첫 성직자였다. 뢰러는 여러 해 동안 루터의 성서 번역 필사본을 읽고 교정해 인쇄업자 한스 루프트에게 넘겨줬던 루터의 비서였다.

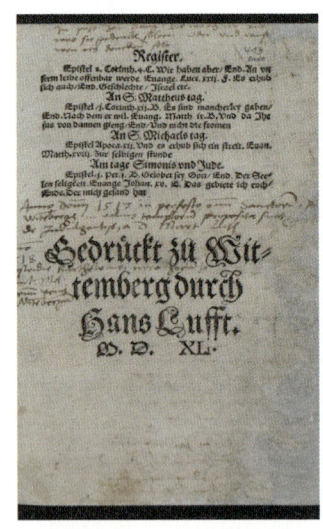
루터의 메모 (1540년 루터 신약성서)

그는 또한, 루터의 설교, 강의, 후세를 위한 『탁상담화』를 보존해 35권의 책으로 종교개혁을 문서로 만들었던 인물이다. 뢰러는 1553년에 예나로 와 루터전집 예나 판 가운데 4권을 작업했다. 그는 1557년 예나에서 생을 마감했다. 이후 예나는 루터 성서의 가장 중요한 인쇄 지역 가운데 하나가 됐다.

도서관 고문서보관실에는 1540년 비텐베르크에서 인쇄된 루터의 신약 성서가 있는데, 그 책의 마지막 페이지에 뢰러가 루터의 95개조 논제 게시 사건에 대해 기록한 메모가 남아 있다.

> 1517년 만성절 전날 비텐베르크에서 교회들 문에 면죄부에 관한 제안을 마틴 루터 박사께서 게시했다(Anno domini 1517 in profesto omnium Sanctorum, pr[...] Witemberge in valuis templorum propositæ sunt pro[positiones] de Indulgentiis, a Doctore Martino Luthero).[1]

이는 루터가 면죄부를 성교회뿐 아니라 비텐베르크에 있는 모든 교회에 게시했음을 알려 주는 것으로, 연구가들은 이 메모가 이러한 사실을 알려 주는 최초의 기록이라고 말한다.

3. 슈톨베르크(Stolberg im Harz)

슈톨베르크 전경

슈톨베르크는 작센-안할트 주에 있는 산간지대 하르츠 내에 있으며, 숲을 이루고 있는 산을 끼고 계곡에 자리한 아름다운 마을이다. 마을의 길 양편에는 전통 가옥들이 각각의 특징을 자랑하며 서 있어 마을에 들어서면 마치 중세 독일의 한 장소에 온 느낌을 받는다.

뮌처 생가(Thomas-Müntzer-Haus)

16세기 종교개혁 시기에는 백작 보토 3세(Botho III)가 이곳을 다스리고 있었다. 백작은 종교개혁에 반감을 품지 않았다. 그는 교회에 관한 문제들에 있어 주임 사제 틸만 플라트너(Tilmann Plattner)를 전적으로 신뢰했는데, 플라트너는 일찍부터 루터 지지를 선언했던 인물이다. 플라트너는 서서히 종교개혁 정신으로 교회 정책들을 수정해 나갔다. 보토 3세 자신은 1538년 죽을 때까지 로마 가톨릭교회의 충실한 신자로 남아 있었지만, 결코 자신의 루터파 백성들을 박해한 적이 없다. 그는 보름스 제국 의회에 참석했을 때 루터를 보고 깊은 인상을 받았다고 한다.

이곳 슈톨베르크에서 1489년 혹은 1490년에 토마스 뮌처가 오늘날의 니더가세(Niedergasse) 2번지에서 태어났다. 그 생가는 1851년에 화재로 소실된 후 재 건축됐다. 토마스가 태어날 때까지 슈톨베르크는 오랫동안 동전을 주조하는 곳이었다. 여기에서 '동전주조자'를 의미하는 그의 성(姓) '뮌처'(Müntzer)가 유래했다.

종교개혁 운동이 일어나자 뮌처의 고향이었던 슈톨베르크에서는 천국을 소망함으로 현실에 순응하는 대신에 세상에 의로운 세계를 건설하자는 뮌처의 혁명적 사상이 대중을 사로잡았다. 통치자들의 독재를 맹렬히 비난하며 뮌처는 민심을 대변했고, 사람들은 이를 행동에 옮기고자 했다.

루터는 1525년 4월 20일과 21일에 슈톨베르크를 방문했다. 그는 시장광장(Marktplatz)에 있던 자신의 친구이자 사돈지간이었던 빌헬름 라이펜슈타인(Wilhelm Reifensein)의 집에 머물렀다. 라이펜슈타인은 오토 백작의 회계 관리인이었다. 루터는 당시 농민 봉기가 있었던 지역을 여행하는 중에 전부터 잘 알고 있었던 슈톨베르크의 백작의 초대를 받아들였다. 백작은 마을 주민들의 격양된 민심을 달래 줄 것을 루터에게 부탁했다. 루터는 성 마틴교회에서 "하나님이 허락하신 권위"를 존중하도록 호소하는 설교를 했으나, 격앙돼 있던 주민들은 그의 설교를 귀담아듣지 않았다.

1525년 5월 2일 2천여 명의 농부들, 광부들, 장인들이 성을 습격해 보토 3세에게 옛 권리와 자유의 회복에 관한 "24개 조항"을 인정하도록 강요했다. 그리고 마침내 자신들의 요구에 따르겠다는 백작의 서명을 받아냈다. 그러나 이 승리는 잠깐뿐이었다. 5월 14일 농민군은 프랑켄하우젠에서 결정적으로 패배했다.

그 후 백작은 반란을 일으켰던 시민들에게 무자비하게 보복했다. 그 가운데 9명이 티라회헤(Thyrahöhe) 혹은 갈겐베르크(Galgenberg)에서 참수됐다. 뮌처도 사로잡혀 온갖 고문을 당한 후 뮐하우젠으로 끌려가 5월 27일 처형됐는데, 그때 나이가 36세였다.

토마스 뮌처 기념물

Rittergasse 2, 06547 Südharz

토마스 뮌처 기념물

　동독 정부는 뮌처 탄생 500주년인 1989년에 그를 기념하는 우표와 화폐를 발행하는 한편 고향인 슈톨베르크에 뮌처 기념물을 세웠다. 조각가 크라우스 프리드리히 메서슈미트(Klaus Friedrich Messerschmidt)가 만든 이 기념물은 1989년 9월 10일 시장 광장(Marktplatz)에 세워졌다. 이는 구동독에서의 종교개혁과 관련된 마지막 기념물 조각이었다. 그 광장의 뮌처 기념물 뒤에 1452년 세워진 고풍스런 시청사 건물이 멋진 배경을 이루고 있다.

　뮌처 기념물을 만들며 조각가 메써슈미트는 뮌처의 키가 아주 컸다는 말을 들었지만, 그가 어떻게 생겼는지 알 수 없어 고민하다가 자기 얼굴을 모델로 뮌처 동상을 만들었다고 한다. 그 뮌처 동상은 뒤에서 보면 옷이 벗겨진 채 상처투성이의 등이 보이고 앞모습은 목을 길게 빼고 서서 참수를 맞을 준비가 돼 있음을 보여 준다. 그리고 메써슈미트는 뮌처 뒤에 얼굴을 가린 인물 동상을 하나 세워 놓았다. 이 수수께끼 같은 인물에 대해 해석이 분분한데, 그중 하나는 남편을 잃은 슬픔과 세상에서 반란자로 평가받는 것이 부끄러워 얼굴을 가리고 있는 뮌처의 부인을 표현한 것이라는 해석이다. 혹은 당시 사형집행인은 대체로 얼굴을 알아보지 못하게 가렸는데 이를 나타낸 것이라고도 한다.

　혹은 이 동상이 뮌처의 시대에 소경이 소경을 인도하던 로마 가톨릭교회를 빗댄 것이라고도 하고, 아니면 1989년 동독에서 기념물이 제작될 당시 현실에 대해 보지도 듣지도 말하지도 못하게 했던 사회주의를 비판하고 있다고도 한다. 이 두 인물을 둘러싸고 기둥 네 개가 서 있는데, 그 기둥은 각각 성 크리스토퍼루스, 성 마틴, 성모 마리아, 알렉산드리아의 성 카타리나다. 이 기둥들은 1851년 뮌처의 생가가 불탈 때 건져 낸 것이다.

옛 동전 박물관 (Museum "Alte Münze")
Niedergasse 19, 06536 Südharz

옛 동전 박물관

슈톨베르크에서 뮌처와 관련된 전시물을 가장 잘 볼 수 있는 곳은 '옛 동전 박물관'이다. 1535년에 세워진 아름다운 건물 내에 자리하고 있는 이 박물관에는 뮌처 전시물과 함께 유럽에서도 독특한 동전들이 많이 전시돼 있다. 뮌처 전시물 가운데는 뮌처의 모습이 담긴 구동독 시절 발행된 기념 우표와 화폐도 볼 수 있다. 사회주의 국가 구동독에서 혁명가 뮌처는 새롭게 조명되고, 사회주의 혁명의 선구자로 추앙받았으며, 기념 우표와 화폐 가운데 등장했다.

뮌처 초상화가 담긴 구동독 5마르크 지폐

성 마틴교회 (St.-Martini-Kirche)
Markt 11, 06536 Südharz / OT Stolberg

성 마틴교회

슈톨베르크의 시교회인 성 마틴교회는 시청사와 베르니게로데성 사이의 산 경사면에 인위적으로 만들어진 테라스에 있다. 마을의 대부분 건물을 내려다볼 수 있는 교회 탑은 11세기에 로마네스크 양식으로 세워졌으며, 예배당은 초기 고딕 양식으로 14세기 초에 세워졌다. 이후 15세기 말부터 현재까지 교회는 크고 작은 변화를 겪었다.

1525년 4월 21일 루터는 이곳에서 뮌처의 지도로 봉기했던 농민들을 자제시키기 위해 설교했으나 성공하지 못했다. 몇 주 후 농민들은 프랑켄하우젠에서 비극적인 최후를 맞았다. 교회에는 루터와 멜란히톤의 초상화와 루터 형상이 들어 있는 스테인드글라스가 루터와 종교개혁을 기리고 있다.

라이펜슈타인의 집
Rittergasse 7, 06536 Südharz

라이펜슈타인의 집

1528년 9월에 보낸 한 편지에서 루터는 빌헬름 라이펜슈타인을 "내 친절하고 친애하는 사돈 형제"(meine[n] freundlichen, lieben Schwager)라 칭했다. 라이펜슈타인은 마틴 루터의 동생 야콥 루터의 장인인 헤트스테트(Hettstedt) 출신의 제련기술자 한스 메메(Hans Meme)의 딸 바바라(Barbara)와 결혼했으니, 루터와는 사돈지간이라 하겠다.

리터가세 7번지는 한때 라이펜슈타인의 집이 있었던 자리다. 이 자리에 1717년부터 백작의 고아원(Gräflichen Waisenhauses) 건물이 세워져 지금까지 내려오고 있다. 루터는 1525년 4월 슈톨베르크에 머무르는 동안 라이펜슈타인의 집에서 거했으며, 전설에 의하면 그가 그 집 주변 언덕에서 산책을 하곤 했다고 한다.

루터 밤나무(Lutherbuche)
Kreuzung Oberer Bandweg/ Otto-Landmann-Weg,
Hainfeld, 06536 Südharz

루터 밤나무

마을이 내려다보이는 언덕에 소위 '루터 밤나무'가 있다. 전설에 따르면 1525년 부활절 후 금요일에 루터와 그의 친구 라이펜슈타인이 스톨베르그 근처의 산으로 산책하러 갔고, 이 밤나무가 있는 곳에서 마을을 내려다봤다고 한다. 나무에 붙여 놓은 기념판에 따르면 루터는 슈톨베르크의 풍경을 한 마리의 새로 비유하며, 슈톨베르크성을 머리로, 시장을 몸통으로, 두 골목을 날개로 각각 묘사했다.

루터 밤나무에서 내려다 본 슈톨베르크의 풍경

4. 츠비카우(Zwickau)

독일 동부 작센주의 에르츠(Erz)산맥 기슭의 물데(Mulde) 강 연안에 있는 츠비카우는 오늘날 인구 10만 명 정도의 광공업 도시다. 1118년 교역 장소로 문헌에 처음 언급되고 있으며, 1135년부터 1145년까지 제국 도시로 발전됐다. 1212년 시 특권을 얻었으며, 1290년 제국 자유 도시가 됐다. 14세기에는 마이센 변경백에 넘어갔다가 15세기에 작센의 영토가 됐다.

16세기 이곳은 종교개혁 운동의 한 중심지였다. 츠비카우는 루터의 종교개혁을 비텐베르크에 이어 두 번째로 받아들인 도시였다. 루터는 자신의 유명한 논문 「기독교인의 자유에 대해」(1520)를 츠비카우의 시장 헤르만 뮐포르트(Hermann Mühlpfordt)에 헌정하기도 했다. 1521년부터 츠비카우에서는 니콜라우스 하우스만(Nikolaus Hausmann) 목사가 성 마리아교회에서 루터식 예배를 드리기 시작했다.

1522년 츠비카우에서 소요가 일어나자 루터는 직접 츠비카우를 찾아 성 마리아교회에서 4월 30일과 5월 2일 사이에 4번이나 설교했다. 1522년 5월 1일 루터가 시청 발코니에 서서 설교할 때 그의 설교를 듣기 위해 그 도시와 이웃 지역에서 온 사람들이 7천 명이나 모였다고 한다(다른 기록에 따르면 14,000명이라는 설도 있다).

그 이전 급진적 개혁 운동가인 뮌처가 1519년 5월 츠비카우에 부임해 옴으로 이 도시에서 종교개혁은 이미 시작됐다. 뮌처가 사목하고 있던 당시 츠비카우는 은광 개발로 인해 활기를 띤 도시였고, 인근의 노동력을 흡수하고 있었다. 그 결과 츠비카우는 남성 노동자들이 넘쳐나는 도시였다. 이로 인해 남성 노동력 과잉으로 임금의 하락과 무제한 은광 채굴로 인한 엄청난 인플레이션은 이 지역 노동자들이 궁핍에 빠지게 되는 원인이 됐다. 이런 시기에 이곳에 도착한 뮌처는 직물공이 만든 교회에서 설교를 맡게 됐다.

여기서 뮌처는 당시 일반인들의 원성을 받고 있던 로마 가톨릭교회 프란치스코회 수도사와 루터에 호의적인 부유한 사람들에 대해서 신랄하게 비판했다. 이로 말미암아 도시는 노동자들과 부유한 사람들의 적대적 두 집단으로 양분되고 말았다. 두 집단은 약간의 빌미만 있다면 금방이라도 폭발할 상태였다.

사태가 이렇게 되자 1521년 츠비카우의 시 의회가 중재에 나서 뮌처를 해고했다. 이 조치에 반발해 직조공 니콜라스 스트로크의 선동으로 소요가 일어났다. 소요는 즉시 진압됐고 많은 사람이 체포됐다. 이에 뮌처는 보헤미아의 프라하로 도피했다. 이후 츠비카우는 재세례파 운동의 중심지가 됐으나, 다른 곳에서와 마찬가지로 제세례파는 이곳에서 탄압을 받았다.

성 마리아교회 (Dom St. Marien) Domhof 10, 08056 Zwickau

성 마리아교회는 88m 높이의 츠비카우에서 가장 높은 구조물로 작센에서 후기 고딕 양식으로 지어진 가장 중요한 교회 건축물 가운데 하나다. 12세기에 건축된 교회는 1453년에서 1565년까지 후기 고딕 양식으로 재건축됐고, 1671년에서 1677년까지 현재의 바로크 양식의 첨탑이 세워졌

성 마리아교회

다. 1810년 이 교회에서 세례를 받은 작곡가 로베르트 슈만은 "작센에서 어둡고 몽환적인 외관을 지닌 가장 이상한 건물"이라고 교회 건물을 평했다. 19세기 말 교회 부벽에 사도들과 예언자들과 종교개혁가들의 조각이 만들어졌다.

종교개혁 당시 성 마리아교회에서는 1517년부터 에그라누스(Egranus)라고도 불리는 요한 빌데나우(Johann Wildenau)가 설교자로 활동했다. 1520년 에그라누스가 교회를 한동안 떠나 있게 되자 임시설교자가 필요하게 됐고, 루터는 당시 친분이 있었던 츠비카우의 시장 뮐포르트에게 뮌처를 적극적으로 추천했다. 뮌처는 1520년 5월에 성 마리아교회에 취임했다. 뮌처는 10월에 전임자가 돌아오자 성 카타리나교회 설교자로 옮겼다. 그러나 이 기간에 뮌처는 루터가 예상하지 못한 방향으로 나갔다.

뮌처는 신령주의자들이었던 '츠비카우 예언자들' 가운데 하나였던 니콜라우스 스토르흐와 친분을 쌓으며 과격한 모습을 보였다. 이때문에 츠비카우가 혼란에 빠지자 시 의회는 1521년 4월 16일 뮌처를 주동자로 지목해 시 의회에 소환했으나, 체포 전에 뮌처는 츠비카우를 떠났다. 그러나 뮌처가 떠난 후에도 소요가 안정되지 않자 뮐포르트 시장은 루터에게 도움을 요청했고, 루터는 1522년 4월 30일과 5월 2일 사이에 츠비카우를 방문해 성 마리아교회에서 4번 설교하며 시를 안정시켰다.

1521년 하우스만이 성 마리아교회의 첫 개신교 목사로 임명됐고, 루터의 예배 개혁을 따라 1524년 처음으로 독일어로 미사를 드리고 1525년부터는 모든 예배를 독일어로 드렸다. 하우스만의 제안으로 1529년 루터는

"소교리문답"(Kleinen Katechismus)을 쓰기도 했다. 그 결과 츠비카우는 비텐베르크에 이어 종교개혁이 관철된 두 번째 도시가 됐다.

성 카타리나교회

뮌처 동상

성 카타리나교회(Katharinenkirche)
  Katharinenstraße 34, 08056 Zwickau

12세기에 세워진 카타리나교회는 몇 번의 증개축을 거쳐 1480년 오늘날의 후기 고딕 양식의 교회 모습을 갖추게 됐다. 교회에서 주목할 만한 것은 제단화로 1518년 크라나흐의 작업실에서 만들어진 것이다.

또한, 1482년에 만들어져 아직 남아 있는 차임벨과 함께 교회 탑의 "직물직공의 작은 종들"(Tuchmacherglöckchen)도 역사적인 가치가 있다.

1520년 가을부터 1521년 4월까지 뮌처가 이곳에서 설교했다. 하지만 그의 과격한 주장이 소요를 일으키자 시 의회는 1521년 4월 17일 그를 해임했다. 교회 앞 광장에 뮌처의 동상과 농민 전쟁에 대한 기념물이 있다. 이는 1989년 베를린 출신의 조각가 위르겐 라우에(Jürgen Raue)가 만든 작품이다.

프란치스코회수도원 (Franziskanerkloster)

Kornmarkt 1, 08056 Zwickau

프란치스코회수도원

1231년 세워진 프란치스코회수도원은 약 80명의 수도사를 가진 도시의 종교적 중심지 가운데 하나였다. 주요 수입원으로 면죄부를 판매하던 프란치스코회 수도사들은 로마 가톨릭교회의 중요한 기둥이었으나, 동시에 이는 종교개혁 운동을 야기한 원인 가운데 하나였다. 루터는 1522년 4월 30일에 수도원 교회에서 두 번 설교했다. 종교개혁의 결과로 수도원은 1525년 폐쇄됐고 종교시설물이 아닌 일반 건물로 사용됐다. 현재는 츠비카우 서부작센대학(Westsächsischen Hochschule Zwickau)의 본부 건물로 사용되고 있다.

시청사(Rathaus)

Hauptmarkt 1, 08056 Zwickau

시청사

시청사는 1403년 화재로 소실된 후 후기 고딕 양식으로 재건축된 것이다. 이때부터 시청사는 1473-1477년에 지어진 야콥예배당(Jakobskapelle)과 함께 오늘날까지 원래 상태로 보존됐다. 르네상스 양식의 문은 1614년에 만들어진 것이다. 정면부는 1866/67년에 네오고딕 양식으로 개조된 것이고, 입구에서 커다란 츠비카우 문장을 볼 수 있다.

종교개혁 시기 시는 일찍부터 종교개혁 사상에 개방적이었던 시 의회의 관할 하에 있었다. 슈텔라(Stella)라고도 불리는 에라스무스 슈튈러(Erasmus Stüler)가 시장이자 시 의회 의원으로 뮌처의 가장 큰 지지자였다. 반면에 이후 시장이 됐던 헤르만 뮐포르트는 루터와 친밀한 관계를 맺고 있었고, 시에서 소요가 발생하자 루터를 초청했다. 루터는 1522년 5월 1일에 시청사 창문에 서서 7,000명 (혹은 14,000명)의 사람들에게 설교했다.

5. 알슈테트(Allstedt)

급진적 종교개혁가 뮌처의 순례지 가운데 하나인 알슈테트는 작센-안할트주의 만스펠트-쥐트하르츠(Mansfeld-Südharz) 지역에 있는 인구 3,000명 정도의 작은 마을이다. 마을에 기차역은 없고 대중교통으로는 버스를 이용해서만 갈 수 있다. 알슈테트는 "로마네스크 양식 가도"(Straße der Romanik)에 속해 있는 경유지답게 중세풍의 성으로 유명하다.

알슈테트에 1523년 4월 초 뮌처가 도착했을 때, 이곳은 선제후 프리드리히 현공의 통치 지역으로 그의 동생 바이마르의 요한(Johann) 공작이 담당하고 있었다. 알슈테트에 도착한 뮌처는 곧바로 라틴어 대신 독일어로 예배를 집전했고, 그 때문에 멀리에서도 신도들이 그의 설교를 듣기 위해 몰려왔다. 1524년 초에는 2,000명이 넘는 사람들이 찾아와 성 요한네스교회에서 뮌처의 설교를 들었다. 그러나 그 지역 통치자였던 백작 에른스트 1세는 자신의 백성들이 뮌처의 설교를 듣지 못하도록 했다.

이때문에 뮌처는 알스테트 동맹을 결성했다. 처음에는 30여 명의 시민이 그 동맹에 참여했지만, 나중에는 7백여 명으로 증가했다. 뮌처의 설교 결과로 1524년 3월 24일 알슈타트 외곽에 있는 나운도르프(Naundorf) 수도원의 말러바흐(Mallerbach) 예배당이 약탈 당하고 불태워졌다. 그곳이 성모 마리아를 숭배하는 우상 숭배의 집이라는 뮌처의 설교가 이러한 말러바흐 사건(Affäre Mallerbach)의 발단이 됐다. 그리고 이는 나중에 1525년 농민 봉기로 이어지게 된다.

긴장이 고조됨에 따라 요한 공작은 할버슈타트로 가고 오던 중에 알슈타트에 체류해야 했다. 1524년 7월 13일 뮌처는 자신의 견해를 설교로 발표할 기회를 얻었는데, 이것이 나중에 '제후 설교'로 유명해졌다. 이에 루터는 1524년 6월 18일 요한 공작에게 처음으로 뮌처를 "알슈타트의 사탄"(Satan von Allstedt)이라 부르며 공개적으로 그리고 분명하게 반대하는 태도를 보였다.

1524년 8월 1일 영지 주무관 차이스(Zeiss)와 시 의회원들이 뮌처를 심문하기 위해 바이마르로 소환했다. 시 의회는 뮌처에게 자제하도록 했고, 그의 글들을 출판했던 인쇄인을 해고했다. 그리고 동맹을 해체하고 말러바흐 사건의 가담자들을 처벌하기로 했다. 8월 3일 그와 같은 결정이 뮌처에게 통보되자 그는 더 이상 알슈테트에서 지원을 받을 수 없음을 깨닫고 8월 7일 혹은 8일 밤 그곳을 떠났다.

성 요한네스시교회 (Stadtpfarrkirche St. Johannis)
Kirchstraße 9, 06542 Allstedt

성 요한네스시교회

1330년 건축된 요한네스교회에 1523년 뮌처가 목사로 부임해 독일어로 설교하기 시작했다. 수많은 사람이 그의 설교를 듣기 위해 이곳에 몰려들었으며, 교회는 알슈테트의 종교개혁 중심지가 됐다. 교회는 같은 자리에 18세기 중엽 로코코 양식 교회로 재건축돼 튀링엔 로코코 양식 교회 가운데 가장 큰 교회가 됐다. 교회 탑은 1790년에서 1800년 사이에 건축됐다. 특히 1345년, 1577년, 그리고 1683년 만들어진 역사적인 종들과 6천 개의 파이프를 가진 대형 스트로벨 오르간(Strobel-Orgel)이 유명하다.

비그베어티 탑(Wigbertiturm)
Domplatz, 06542 Allstedt

비그베어티 탑

1522년 이전에 카르멜 수도회 수도사였던 지몬 하페어리츠(Simon Haferitz)가 알슈테트의 성 비그베어티교회(St. Wigbertikirche)의 목사가 됐다. 그는 뮌처의 지지자로 뮌처의 개혁을 따랐던 인물이다. 1533년 비그베어티교회가 폐쇄된 후 알슈테트에서는 요한네스교회만이 교회로 남게 됐다. 비그베어티교회는 농민 전쟁 중 파괴돼 더 이상 교회로 존재하지 않는다. 전해오는 이야기에 의하면 뮌처가 이 교회 탑에서 살았다고도 하는데, 여러 가지를 고려해 볼 때 그리 믿을 만한 이야기는 아니다. 이 탑에서 뮌처가 오틸리에 폰 게르존과 결혼했다는 이야기도 전해 내려온다. 1953년 탑은 첫 번째 토마스 뮌처 기념지(Thomas-Müntzer-Gedenkstätte)가 됐다.

알슈테트성 (Burg und Schloss Allstedt)
Schloß 8, 06542 Allstedt

알슈테트성

알슈테트성은 중세 신성로마 제국 황제의 팔츠 가운데 하나였다. 1524년 7월 13일 뮌처가 이곳 성 예배당(Schlosskapelle)에서 요한 공과 프리드리히 제후 앞에서 유명한 '제후 설교'를 했다. 이후 이곳은 뮌처의 종교개혁 장소로 널리 알려졌다. 또한, 이곳은 괴테가 자신의 희곡 「타우리스의 이피게니아」(*Iphigenie auf Tauris*)를 쓴 장소로도 유명하다. 이곳의 부엌은 유럽에서도 가장 큰 중세 성 부엌 가운데 하나로 알려져 있다.

성 예배당

6. 뮐하우젠(Mühlhausen)

뮌처가 시 의회 회원들과 회의했던 시청사 회의실

성문 앞 뮌처 조각상

뮐하우젠은 독일 튀링엔 주에 있는 도시로 약 33,000명의 주민을 가지고 있다. 1975년부터 1991년까지는 공식적으로 "뮐하우젠 토마스 뮌처 도시"(Mühlhausen Thomas-Müntzer-Stadt)로 불렸다. 775년 처음으로 문헌에 등장하며, 1198년 신성로마제국의 칙허를 받은 후 1256년 이후에 제국 자유 도시가 됐다. 1524년에 뮌처가 이곳에 와 농민 봉기의 지도자가 됐고, 뮐하우젠은 농민 전쟁의 중심지가 됐다. 뮌처의 처형 이후 자유 도시의 특권을 빼앗겼으며, 1548년에 신성로마제국의 지배하에 다시 독립을 쟁취했으나 전반적으로는 쇠퇴했다. 뮐하우젠은 1707년부터 1년 정도 바흐가 활동한 독일 개신교 음악의 중심지로도 유명하다.

뮐하우젠은 온전하게 보존된 시 외곽성벽과 성문, 13세기에 지어진 시청사, 로마네스크 양식으로 지어진 성 마리아교회(St. Marienkirche), 오래된 회당 등 풍부한 역사 유적을 자랑한다. 방문자는 성벽과 성곽의 탑 그리고 역사적인 구시가를 통해 이 도시의 역사적 정취를 느껴볼 수 있으며, 성벽 위를 걸어 볼 수도 있다. 오래전부터 59개에 달하는 교회 종탑들과 성곽의 탑들로 유명했는데, 그 도시의 옛 이름이 '물후시아 투어리타'(Mulhusia turrita)였다. 그 뜻은 "탑이 많은 뮐하우젠"이다.

15세기까지만 해도 뮐하우젠은 튀링엔에서 에어푸르트 다음으로 큰 도시로 주민이 8,500명에 육박했으며, 주변 17개 직할 촌락에도 2,500명 이상의 주민이 있었다. 이후 라이프치히가 신흥 동부 상업 도시로 부상하면서 뮐하우젠을 가로질렀던 교역로가 쇠퇴하면서 상대적으로 뮐하우젠은 쇠락했다.

뮐하우젠에는 루터가 한 번도 방문한 적은 없지만, 뮌처를 중심으로 한 급진적 종교개혁 운동의 중심지로서 루터나 종교개혁에 있어 중요한 역할을 했다. 1524년에 뮌처가 이곳에 와 성 마리아교회의 목사가 됐다. 그를 통해 재세례파 공동체가 형성되고, 봉건 제후에 대항해 독일 농민 봉기가 일어났다. 뮐하우젠은 농민 전쟁의 중심지였고, 이후에도 한동안 재세례파 운동의 중심지 역할을 했다. 루터와 달리 뮌처는 교회뿐만 아니라 세속적 권력도 개혁하고자 했다. 이를 위해 무력을 사용하는 것도 주저하지 않았다. 따라서 성 마리아교회의 목사였던 뮌처는 농민들의 선봉가이자 지도자로 활동했다.

이 농민 전쟁은 1525년 바트 프랑켄하우젠 전투로 끝나고 말았다. 뮌처는 헬트룽엔 요새에서 심한 고문과 함께 심문받고 뮐하우젠으로 끌려와 1525년 5월 27일 처형됐다. 뮐하우젠 성곽의 성문 앞에 그의 조각상이 그곳에서 뮌처가 참수됐음을 기리고 있지만, 처형 장소는 괴르마르로 알려져 있으며, 뮌처의 시신의 머리와 절단된 시신들이 조각상이 위치한 곳에 전시됐다. 2016년 뮐하우젠은 "유럽의 종교개혁 도시"(Reformationsstadt Europas)라는 명예로운 칭호를 얻었다.

성 마리아교회 (St. Marienkirche)
Bei der Marienkirche, 99974 Mühlhausen

성 마리아교회

마리아교회는 14세기 초 중세의 신시가지였던 오버마크트(Obermarkt)에 건축된 뮐하우젠의 주요 교회다. 튀링엔 주에서는 에어푸르트 대성당 다음 두 번째로 큰 교회로 고딕 양식의 걸작품으로 인정받는다. 교회의 첨탑은 86m 높이로 튀링엔 주에서 가장 높은 교회 첨탑이다. 뮌처가 이 교회의 목사로 부임한 이후 교회는 1525년 독일 농민 전쟁의 중심이 됐다. 1975년부터 교회는 더 이상 교회로 사용되지 않고 있으며, 토마스 뮌처 기념박물관이 됐다. 현재 전시와 문화 행사를 통해 농민 지도자이자 종교개혁가였던 뮌처의 삶과 업적을 기린다. 특별히 전시물은 뮌처와 루터의 관계에 대해 잘 설명하고 있다.

성 쿠르시스수도원교회 (St. Crucis Klosterkirche)
Kornmarkt, 99974 Mühlhausen

성 쿠르시스교회는 뮐하우젠에 있는 12개의 중세 교회 건물 중 하나로 코른마크트(Kornmarkt)에 위치해 있어 코른마크트교회(Kornmarktkirche)라고도 불린다. 이 교회는 원래 프란치스코회수도원교회로 13세기에 건축됐다. 뮌처가 이 교회 앞에서 농민들과 시민들의 봉기를 주도했다고 한다. 교회는 1802년부터 교회로 사용되지 않고 있으며, 1975년부터는 독일 농민 전쟁 박물관(Bauernkriegsmuseum)이 됐다. 이곳 전시관에서 방문자들은 농민 전쟁의 과정과 정점과 쇠락 그리고 전쟁이 미친 영향에 대해 자세히 볼 수 있다.

성 크루시스수도원교회

7. 바트 프랑켄하우젠(Bad Frankenhausen; 공식명 Bad Frankenhausen/Kyffhäuser)

농민 전투 기념비

프랑켄하우젠은 9세기에 처음 프랑크족 정착지로 문헌에 등장하며, 1282년에 시 특권을 얻었다. 도시는 튀링엔 주의 키프호이저(Kyffhäuser) 산맥의 남쪽 경사면에 위치하고 있다. 인근에 있는 프리드리히 바바로사(Friedrich Barbarossa) 황제에게 헌정된 키프호이저 기념물(Kyffhäuserdenkmal) 때문에 바바로사의 도시(Barbarossastadt)라는 별명이 붙어 있다. 도시 안에 수 세기 동안 소금을 추출하기 위해 사용됐던 소금 우물이 있다. 1818년부터 소금 욕탕과 의료 목적으로 사용되었고, 1927년 온천(Bad) 시라는 공식 명칭을 얻어 도시는 바트 프랑켄하우젠(Bad Frankenhausen)이라 불린다. 현재 인구 9천여 명의 목가적인 풍경을 가진 조용한 소도시다.

그러나 이 고요한 도시가 1525년 봄에는 독일 농민 봉기 역사의 중앙 무대였다. 그해 5월 15일 독일 농민 전쟁 가운데 가장 많은 피를 흘린 전투가 그 도시 북쪽 바이써 베르크(Weisser Berg, '하얀 산'이란 뜻)에서 있었다. 그 전투에서 5, 6천 명의 농민들, 장인들, 광부들이 영주의 군대에 의해 잔인하게 학살됐다. 그 후로 바이써 베르크는 슐라흐트베르크(Schlacht-berg, '전투산'이란 뜻)로 불렸다.

슐라흐트베르크

1525년 4월 29일 프랑켄하우젠의 농민들, 장인들, 소금 광산 인부들이 시 의회를 전복하고 도시 밖에 주둔하고 있던 농민 무리의 도움으로 성을 점령했다. 5월 11일 뮌처가 자신의 무지개 깃발과 뮐하우젠의 작은 파견단을 이끌고 도착했다. 8천 명 정도의 농민들이 프랑켄하우젠 인근에 모였고, 이로 인해 그곳은 튀링엔 농민 봉기의 중심지 세 곳 가운데 하나가 됐다. 5월 14일 오전 헤센의 필립 영주의 군대 가운데 첫 파견대가 프랑켄하우젠에 도착했다. 짧은 소규모 접전 후 그들은 퇴각했다.

그 사이 농민들은 바이써 베르크에 마차로 바리케이트를 쌓았다. 5월 15일 영주의 본군이 도착했고, 정오까지 바리케이트 주위를 에워쌌다. 농민들은 뮌처를 내어 주면 휴전할 수 있다는 제안을 계속 받았지만 거절했다. 하지만 농민들에게는 군사령관이 없었기에 그들 가운데 무기력감이 확산됐고, 많은 이들이 뮌처가 설교하고 있던 자리로 모였다. 영주는 이 모여 있는 무리를 향해 포격하도록 했다. 농민들은 공포에 휩싸였다. 증강된 영주의 병력이 돌격해 마차 바리케이트를 밀어 버리고 농민군 진영으로 밀고 들어왔다. 이어 잔인한 학살이 자행됐고, 농민군은 흩어져 마을로 도망쳐 내려왔다. 영주의 군대는 도시를 행해 거칠게 쇄도하며 병기를 소지하고 있던 자들 대부분을 살해했다.

바이써 베르크 전투 미니어처(바트 프랑켄하우젠 지역사 박물관)

도시에 숨어 있으려 했던 이들이 체포돼 감옥에 가거나 죽도록 두들겨 맞았다. 뮌처는 다락에 피해 있었으나 발각돼 헬트룽엔 요새로 끌려갔다. 잔인하게 고문을 당한 후 뮌처와 뮐하우젠 부대의 지도자 하인리히 파이퍼는 5월 27일 괴르마르에서 참수됐다.

슐라흐트베르크에서 그 도시로 가는 길은 아직도 "유혈 수로"(Blutrinne)라는 비극적인 이름을 가지고 있다. 프랑켄하우젠에서의 끔찍한 농민 학살과 함께 튀링엔에서의 농민 봉기는 몰락했다. 참혹했던 그 전쟁터에 "1525년 5월 15일 토마스 뮌처의 지도로 농민 전투"라는 글과 함께 기념비가 세워졌다. 그 위 깃발 모양에 새겨진 "자유"(FREYHEIT)가 그 전투의 목적을 알려 준다.

파노라마관(Panorama Museum)
Am Schlachtberg 9, 06567 Bad Frankenhausen/Kyffhäuser

파노마라관

프랑켄하우젠 도시 위쪽에 역사적인 농민 전쟁의 최후 일전이 있었던 슐라흐트베르크가 있다. 산 중턱에 있는 전쟁기념 터에 멀리서도 볼 수 있는 거대한 바퀴 모양의 박물관 건물이 세워져 있다. 1525년 5월 사건을 기념하는 박물관은 1975년부터 건축을 시작해 1989년에 문을 열었다. 파노라마관은 현재 가장 중요한 독일 국가 문화 유적지를 알려 주는 독일 블루 북(German Blue Book)에 등재돼 있다.

파노라마관 안에는 "초기 독일 부르주아 혁명"(Frühbürgerliche Revolution in Deutschland)이라는 제목의 베르너 튀브케(Werner Tübke)가 그린 거대한 '농민 전쟁 파노라마'(Bauernkriegspanorama)가 있다. 이 프로젝트를 맡기 전 라이프치히시각예술대학(Hochschule für Grafik und Buchkunst Leipzig) 학장이었던 튀브케는 많은 조수의 도움을 받아 1983년부터 작업을 시작해 1987년에 이 원형 파노라마를 완성했다. 준비 기간까지 계산하면 10년이 넘는 기간을 작업하며 그는 이 대작에 대서사시를 쓰듯 16세기 초 사회 상황을 담았다. 높이 14m, 길이 123m의 원형 벽면 화폭에 튀브케는 옛 화가들이 작업하던 방식으로 종교개혁과 농민 전쟁과 관련된 3천여 명에 달하는 인물들을 그려 넣었다. 보는 이들은 그 기념화의 방대함과 세밀한 묘사에 압도당한다. 그 웅장한 그림은 당시 혁명적 시대정신과 농민들이 겪었던 비극적 패배를 잘 보여 준다.

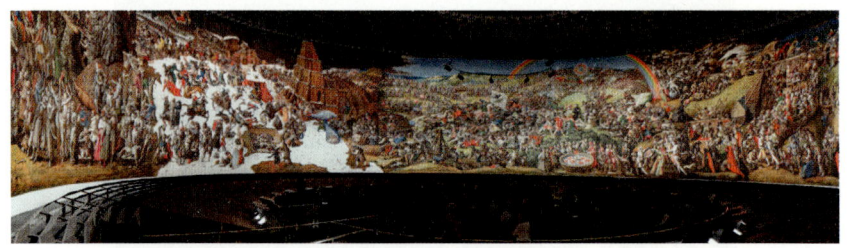

농민 전쟁 파노라마

프리드리히 엥겔스가 1850년에 쓴 "독일 농민 전쟁"(The Peasant War in Germany)을 통해 뮌처는 초기 부르주아 혁명가로 동독에서 역사 유물론의 상징과 같은 인물이 됐다. 1975년 프랑켄하우젠 전투 450주년을 맞아 동독 정부는 베르너 튜브케에게 이 기념비적인 예술 작품을 만들어 달라고 요청했다. 원래 정치국의 계획은 모스크바(Moscow)에 있는 '보로디노전투(Battle of Borodino) 파노라마 관'을 모델로 해서 그 작품을 만들게 하는 것이었다.

"보로디노 전투의 파노라마"는 1812년 보로디노까지 쳐들어온 나폴레옹 군을 맞아 러시아군이 처음으로 반격해 승리한 전투를 기념하며 프란츠 루보(Franz Roubaud)가 그린 것이다. 따라서 이 전투의 러시아군 사령관이었던 쿠투조프(Kutuzov)와 그의 군대의 승리가 파노라마에 생생하게 묘사돼 있다. 농민 전쟁 파노라마를 튜브케에게 만들어 달라고 했을 때 동독 정치국의 의도도 거기에 있었다.

하지만 튜브케는 그 작품에 전투 부대 가운데 홀로 서서 옆에 분트슈(Bundschuh) 깃발을 세워 두고는 체념한 듯 다소 비관적인 모습을 한 뮌처를 그려 넣었다. 그것이 동독의 운명을 예견한 것일까. 1989년 9월 14

일 파노라마 관이 개관한 지 두 달이 지나지 않아 11월 9일 베를린 장벽이 무너졌다. 그리고 동독의 공산 정권은 역사 속으로 사라지고 독일이 통일됐다.

뮌처(중앙의 검은색 복장 인물)와 분트슈 깃발 그리고 무지개

사탑(Der Schiefe Turm)

Schwedengasse, 06567 Bad Frankenhausen/Kyffhäuser

사탑

프랑켄하우젠의 상징물로 수직에서 벗어나 옆으로 기울어진 교회의 종탑이 있다. 1382년 프랑켄하우젠의 시장 프리드리히 할레(Friedrich Halle)의 지도로 기독교 제염업자조합은 "산 위에 우리의 사랑하는 여인"(Unsurer lieben Frauen am Berge)이라는 이름을 가진 고딕 양식의 바실리카를 세웠다. "우리의 사랑하는 여인"은 성 마리아를 가리킨다. 1525년 농민 전쟁 당시에는 뮌처와 도시의 귀족들과 제염업자들이 이

교회에서 동맹을 결성했다. 교회는 이미 17세기에 인근 소금 광산의 지반 함몰로 인해 기울기 시작했다. 교회 탑은 지난 측정 기준으로 피사의 사탑처럼 수직축에서 4.8도 기울어져 있다. 해마다 조금씩 더 기울어져 피사의 사탑보다 기울기가 더 심하다.

다른 건물과 비교해 보면 기울기가 확연한 사탑

제11장

루터 가족의 장소

1. 그림마(Grimma)

　라이프치히 동남쪽으로 작센 골짜기에 있는 목가적인 소도시 그림마는 루터에게 개인적으로 매우 큰 의미가 있는 곳이다. 이곳에서 3km정도 떨어진 님브셴에 있는 마리엔트론수녀원에서 후에 루터의 아내가 된 카타리나 폰 보라가 14년 동안 살았다. 루터의 글에 영향을 받아 프로테스탄트로 전향한 그녀를 루터는 다른 수녀들과 함께 수녀원에서 도망쳐 나오도록 도와줬다. 카타리나는 그림마에서 북쪽으로 95km쯤 떨어진 비텐베르크로와 루터를 만났다.

님브셴수녀원(Kloster Nimbschen [Marienthron])
Nimbschener Landstraße 1, 04668 Grimma

님브셴수녀원

오늘날 오래된 큰 나무들 사이에 낭만적인 수녀원 유적지가 남아 있다. 그리고 수도원 식당과 루터

홀이 있는 새로 지은 님브셴수녀원호텔(Hotel Kloster Nimbschen)이 그 시대에 대한 추억을 말해 준다. 수도원 유적지 앞에 있는 안내판이 당시 수녀원의 구조에 대해 알려 준다. 당시 수녀원은 두 개 층으로 된 건물이었으며, 1층에 예배당이 있었고, 수녀들의 침실은 2층에 있었다. 수녀원에는 1523년 당시 40여 명의 수녀가 있었다. 1529년부터 수녀원에서 개신교 예배가 드려졌고, 1536년에 여원장이 죽은 후 수녀원은 해체됐다.

성 아우구스티누스수도원교회(Klosterkirche St. Augustin)
Klosterstraße 1, 04668 Grimma

성 아우구스티누스수도원교회

그림마에는 루터가 여러 차례 설교했던 성 아우구스티누스수도원교회가 있다. 1435년에 건축된 인상적인 건축물인 교회는 종교개혁으로 수도원이 해체되기 전까지 아우구스티누스 은수사회에서 사용하던 수도원 교회였다. 1.45m 두께의 벽과 54.65m 길이의 교회는 평균 폭이 12.25m고 높이가 19m로 루터는 이 교회를 보고 "가슴이 철렁한 장관"이라고 했다. 그가 이곳에서 어떤 설교를 했는지는 알려지지 않았다.

1516년 루터가 그림마를 처음 방문했을 때, 그는 이곳에서 슈타우피츠와 링크와 함께 면죄부 판매에 대해 비판했다. 그 이후로도 열 번이나 이곳을 찾아 시민들에게 면죄부 판매에 대해 비판하는 활동을 했다. 1522년 수도사들이 수도원을 떠난 이후 교회에 학교가 세워졌다. 교회는 오늘날 공연과 전시를 위한 문화 시설로 사용되고 있다.

종교개혁 유적지임을 보여 주는 루터(우)와 멜란히톤(좌) 그림의 창

지역박물관(Kreismuseum)
Paul-Gerhardt-Straße 43, 04668 Grimma

지역박물관

1523년 부활주일 밤 마리엔트론수녀원에서 도망쳐 나온 12명의 수녀 중 한 명은 그림마에 머물렀다. 그녀의 이름은 막달레나 폰 슈타우피츠

(Magdalena von Staupitz)로 요한 폰 슈타우피츠의 친척이었다. 그녀는 그림마에 남아 1529년 이 도시 최초의 여학교를 세우고 그곳에서 개신교 교리에 따라 아이들과 청소년들을 가르쳤다. 여성들의 사회적 활동이 어려웠던 시절에 그녀의 활동은 주목할 만했다. 성 아우구스티누스수도원교회 옆에 있는 이 학교는 오랫동안 학교건물로 사용되다가 1841년 건물이 완전히 새롭게 개축돼 오늘날 지역박물관으로 사용되고 있다.

2. 토어가우(Torgau)

작센주 엘베(Elbe) 강가에 있는 토어가우는 오늘날 주민 2만 명 정도의 아름다운 중소도시다. 토어가우는 973년 처음으로 문헌에 등장한다. 1485년 베틴 가문(Haus Wettin)의 에른스트(Ernst)와 알브레히트(Albrecht) 두 형제가 소위 "라이프치히 분할"(Leipziger Teilung)에 이르게 됨으로, 작센은 에른스트 계열과 알브레히트 계열에 의해 분할 통치됐다. 기존의 마이센 알브레히트성(Albrechtsburg Meißen)은 알브레히트 계열의 거주지 궁(Residenz)으로 계속 사용되고, 에른스트 계열은 새로운 거주지 궁으로 토어가우에 하르텐펠스성(Schloss Hartenfels)을 건립했다. 이로써 종교개혁 시기에 마이센은 작센의 로마 가톨릭교회 진영의 중심이 되고 토어가우는 개신교 진영의 중심지가 됐다.

토어가우가 개신교 진영의 중심이 된 이유는 이곳이 루터의 정치적 보호자인 프리드리히 현공이 태어난 장소이며, 그를 비롯해 개신교 측인 요한 부동자와 요한 프리드리히 1세가 거주했던 곳이기 때문이다. 그밖에도 개신교 유명 예술가들과 종교개혁가들의 족적을 토어가우에서 찾을 수 있다.

그들 가운데는 화가 크라나흐 1세와 종교개혁가 루터, 멜란히톤, 부겐하겐, 요나스, 츠빌링이 있다. 그렇게 토어가우는 종교개혁의 정치적인 중심지로 발전해 갔으며, 비텐베르크가 "종교개혁의 어머니"로 불린다면 토어가우는 "종교개혁의 산파"로 불린다.

토어가우는 종교개혁기에 여러 역사적 사건과 연결돼 있다. 1519년에 이미 니콜라이 교회에서는 첫 번째 독일식 세례가 베풀어졌다. 1년 후에는 니콜라이교회에서 처음으로 독일어로 개신교 설교가 행해졌다. 1526년에는 작센의 선제후와 헤센의 영주가 로마 가톨릭교회 진영이 공격해 올 것을 대비해 토어가우 동맹을 결성했다. 4년 후 요한 프리드리히 1세가 비텐베르크에서 성서 완본을 인쇄할 수 있도록 토어가우 성에서 보호령을 내렸다.

아버지였던 선제후 요한 부동자가 죽고 1532년부터 작센의 선제후가 된 그는 토어가우 성을 화려한 궁으로 개조하도록 명했다. 1547년 슈말칼덴 전쟁 중 개신교 군대가 토어가우 남쪽의 로흐아우어 광야(Lochauer Heide)에 위치한 뮐베르크 인근 전투에서 대패했다. 요한 프리드리히 1세가 포로가 돼 신성로마제국 황제 선출 투표권을 잃고 토어가우를 포함한 자신의 영토 일부분을 빼앗겼다.

토어가우는 루터의 가족과 여러 면에서 연관돼 있다. 먼저 루터의 큰아들 한스가 16세가 됐을 때, 부모는 학업을 위해 아들을 토어가우에 있는 학교로 보냈다. 루터의 집은 늘 사람들로 북적였고 아이가 공부에 집중하기 어렵다고 생각했기 때문이다. 토어가우에서 한스는 교목 마르쿠스 크로델(Markus Crodel)의 보살핌 속에서 학교에 다녔다. 학교에서 한스는 라틴어와 음악 교육을 받았다. 한스는 그 학교에서 1년간 머물며 공부하고 비텐베르크로 돌아갔다.

토어가우는 무엇보다 루터의 아내 카타리나와 밀접한 관계가 있는 장소다. 루터의 친구이자 토어가우 시 의원이요 상인이었던 레온하르트 콥페는 1523년 부활절 밤 훗날 루터의 아내가 된 카타리나를 포함해 열두 명의 수녀들을 그림마 옆 님브쉔 수녀원에서 이끌고 나와 토어가우로 왔다. 그러니 토어가우는 카타리나가 수녀에서 시민으로 생활하게 됐던 첫 번째 장소였던 셈이다.

그 후 카타리나는 비텐베르크로 오게 되고 루터와 결혼해 가정을 가지고 남은 평생을 그곳에서 살았다. 1546년 루터가 죽고 1552년 미망인이었던 카타리나는 비텐베르크에서 페스트가 창궐하자 아이들을 데리고 토어가우로 왔다. 그런데 토어가우에 거의 도착했을 때쯤 말이 놀라 날뛰는 바람에 그녀가 탄 마차가 큰 사고를 당했다. 골반이 부러지는 심한 상처를 입은 채 카타리나는 토어가우에 도착했다. 폐렴까지 걸려 위독했던 카타리나는 그래도 토어가우에 머무는 동안 아들 파울이 지방 귀족의 딸인 안나 폰 바르벡과 약혼을 하는 것을 봤다. 그리고 12월 17일에 막내딸 마가레테의 18세 생일을 마지막으로 함께 하고, 12월 20일에 카타리나는 숨을 거뒀다. 12월 21일 오후 3시경 많은 토어가우 시민들과 비텐베르크대학 학생들은 그녀의 장지인 성 마리아교회까지 장례 행렬을 이루며 시신을 호송했다. 시교회인 성 마리아교회에서 오늘날 볼 수 있는 비석은 그녀의 자녀들이 만든 것이다.

루터는 토어가우에 40번 (혹은 60번) 이상 방문했다. 그가 이 도시를 처음 방문했던 것은 1516년 아우구스티누스회 관구장 대리로 이곳 수도원을 검열하는 책임을 맡은 때였다. 이곳에서의 가장 중요한 그의 체류 기간은 1530년과 1544년이다. 1530년 루터와 멜란히톤, 요나스, 부겐하겐은 토어가우 교구 감독의 주거지에서 '토어가우 신조'(Torgauer Artikel)를 작성했는데, 이 신조가 '아우그스부르크 신앙고백'의 기초를 형성했다.

당시 멜란히톤이 선제후 요한 부동자를 수행해서 아우그스부르크 제국의회에 참석했다. 루터는 황제의 금지령 아래 있었기에 제국 의회에 갈 수 없었고, 대신 선제후의 배려로 아우그스부르크에서 멀지 않은 코부르크

성에 남아 멜란히톤과 연락하며 제국 의회의 상황을 살피고 조언을 했다.

1544년 토어가우에 독일 내 첫 개신교교회 건축물인 성 예배당이 건립됐고, 10월 5일 루터는 직접 토어가우를 방문해 새로 건축된 성교회 설교단의 계단을 오르며 그것을 축성했다.

루터는 "토어가우의 건축물들은 그 아름다움에서 모든 고대 건축물들을 능가한다. 심지어 솔로몬 왕의 궁도 그저 목조 건물에 불과했다"라고 감탄한 적이 있다. 16세기에 만들어진 이 토어가우의 매우 인상적인 시내는 오늘날까지 잘 보존돼 있다. 토어가우에는 르네상스와 후기 고딕 양식으로 지어진 옛 건물들이 500여 채 정도 남아 있다. 독일에 있는 초기 르네상스 양식의 성 중 가장 잘 보존된 하르텐펠스성, 시장을 내려다보며 우뚝 솟아 있는 장엄한 시청은 역사적인 이곳 도시 경관의 백미를 이룬다.

카타리나 루터가 사망한 집 (Sterbehaus Katharina Luthers)
Katharinenstraße 11, 04860 Torgau

카타리나 루터가 사망한 집은 종교개혁가 루터의 부인을 위한 유일한 기념관이다. 1552년 전염병을 피해 토어가우로 오던 중 사고를 당한 카타리나는 가난했기에 수수한 숙박 시설로 실려 왔고, 거기서 긴 투병 후 사망했다. 그 집에 붙어 있는 작은 기념판이 이를 상기시키고 있다.

카타리나 루터가 사망한 집

이 집에서 케테 루터 부인이 1552년 12월 20일 사망했다.

(In diesem Haus starb Frau Käthe Luther am 20. Dezember 1552).

카타리나의 흉상

현재 그 집에는 카타리나와 루터와 관련된 자료들이 전시돼 있다. 전시물 가운데 카타리나 흉상이 특히 인상적이다. 그녀의 머리 앞뒤로 평범한 표정의 얼굴과 미망인이 되고 난 후의 슬픈 표정의 얼굴이 조각돼 있다.

성 마리아교회(Marienkirche) Wintergrüne 1, 04860 Torgau

성 마리아교회

현재의 후기 고딕 양식의 성 마리아교회 건축은 1390년경 시작돼 16세기 초가 돼서야 완공됐다. 1525년 종교개혁이 토어가우에 도입되기까지 그 홀 교회는 님브셴의 시토회 수녀원의 보호를 받고 있었다. 교회 내 성구들 가운데 종교개혁기의 것들이 몇 개 있다. 1509년에 만들어진 그리스도의 수난이 그려져 있는 제단은 거룩한 십자가 예배당(Heiligkreuzkapelle)에서 왔다고 하며 북쪽 성소단에 세워져 있다. L.K.라는 문자가 그 제단을 레온하르트 콥페(Leonhard Koppe)가 기부했다는 것을 알려 준다. 그는 1523년 님브셴수녀원에서 카타리나를 포함해 수녀들이 도망쳐 나오도록 도와준 이다. 북쪽의 제단 옆에는 카타리나 루터의 묘비가 있다. 그 묘비는 카타리나의 전면 모습을 조각한 큰 부조다. 카타리나는 끝부분이 모피로 장식된 주름 잡힌 긴 겨울 외투에 모자를 쓰고 머리와 어깨에

스카프를 두르고 가슴에 책을 들고 있는 모습을 하고 있다.

루터 가문의 문장인 루터의 장미와 카타리나 친정 가문의 문장이 위쪽 구석에 새겨져 있다. 묘비에는 다음과 같은 비문이 새겨져 있다.

기원후 1552년 12월 20일 마틴 루터 박사의 거룩한 미망인 카타리나가 이곳 토어가우에서 거룩하신 하나님 안에 잠들다(Anno 1552 den 20. Decembr. ist in Gott Selig entschlafen allhier zu Torgau Herrn D. Martini Luthers seligen Hinterlassen wittbe Katharina).

카타리나 루터의 묘비

그 묘비는 훼손됐다가 1617년에 복구된 것이다.

목재 설교단은 조각가 게오르크 비텐베르거(Georg Wittenberger)의 작품으로 1582년에 만들어진 것이다. 설교자에게 루터의 가르침을 상기시켜 주고자 설교단에 오르는 계단 위쪽에 루터의 초상화가 있다. 루터는 1519년부터 성 마리아교회에서 몇 번 설교했다.

목재 설교단

설교단에서 멀지 않은 남쪽 성가대석에 요한 부동자의 첫 번째 부인인 소피 폰 멕클렌부르크(Sophie von Mecklenburg)의 청동 묘비 판이 있다. 그녀는 1503년에 토어가우에서 사망했다. 그 묘비 판은 1504년 뉘른베르크의 유명한 놋쇠 주조 공 페터 피셔 1세(Peter Vischer der Ältere) 작업실에서 만들어진 것이다.

소피 폰 멕클렌부르크의 청동 묘비 판

크라나흐의 14 원조자 성인

 선제후 프리드리히와 요한 부동자가 소피 폰 멕클렌부르크를 기념하고 또한, 성 안나를 기리며 제단을 하나 기부했다. 그 제단 판에는 위급할 때 부르는 14명의 원조자 성인(Vierzehn Nothelfer) 초상화가 있는데, 이는 1507년경 크라나흐 1세가 그린 것이다.
 성 마리아교회 건너편에 이전 교구 감독관저(ehemaliger Superintendentur)가 있다. 토어가우에 종교개혁이 도입되던 시기에 이전에 교회가 소유하고 있던 건물 가운데 가장 가치 있는 이 건물이 목사관으로 선택됐다. 디

디무스(Didymus)로 알려진 시 목사 가브리엘 츠빌링이 이곳에 이사했다. 이 집은 1530년 루터, 멜란히톤, 부겐하겐, 요나스가 아우그스부르크 신앙고백의 기초가 된 토어가우 신조의 초안을 작성한 곳이다. 이 사건이 1883년 토어가우 시민 기구가 기부한 기념판에 새겨져 있다. 그 집은 16세기와 19세기 사이에 몇 번 개조됐다.

이전 교구 감독관저

토어가우 신조 기념판

하르텐펠스성(Schloss Hartenfels)과 성 예배당(Schlosskapelle)
Schloßstraße 27, 04860 Torgau

엘베 강변의 하르텐펠스성

하르텐펠스성은 그 기원이 10세기로 올라가는 성으로 엘베강둑에서 15m 위에 자리하고 있다. 프리드리히 현공이 여기에 초기 르네상스 양식으로 웅장한 거주지 궁을 짓게 했다. 궁은 요한 프리드리히 1세 때 건축이 마무리됐다. 요한 프리드리히 1세는 15세기 이탈리아에서 발생한 르네상스의 물결을 16세기 알프스 이북에서 수용한 르네상스 제후(Fürst der Renaissance)였다. 그는 종교개혁을 위한 강력한 정치적 후원자였으며 일생 루터를 존경했던 신실한 개신교도였다. 하르텐펠스성은 당시 독일에서 가장 중요한 거주지 궁 가운데 하나였다.

대형 나선형 석조 계단

하르텐펠스성에서 주목할 만한 건축물 가운데 하나는 성 본관 건물에 있는 "대형 나선형 석조 계단"(Grosser Wendelstein)이다. 이 계단은 위대한 건축가 콘라트 크렙스(Konrad Krebs)가 1533년에서 1536년까지 지어 요한 프리드리히 1세에게 바친 것이다. 이 우아한 계단은 별도의 보강재나 기둥 없이 나선형으로 두 층 높이를 휘감고 올라간다. 계단은 실내 장식과 연결돼 있다.

이 계단은 독일 르네상스 시대에 만들어진 가장 아름다운 건축물 가운데 하나로 평가된다. 계단을 올라가면 정문 옆에 있는 기둥들에 루터와 멜란히톤의 모습이 새겨진 메달을 볼 수 있는데, 이것은 그 종교개혁가들을 입체적으로 표현한 최초의 기념물 가운데 하나다.

건축가 크렙스가 사망한 후 그를 이어 임명된 닉켈 그로만이 1543년 초 엘베강 쪽에 후기 고딕 양식 날개부를 완성했다. 저택과 연결된 부분과 뜰 쪽에 나 있는 아름다운 내닫이창(Schöner Erker)이 있는 성 예배당은 1년도 안 걸려 완공됐다. 그로만은 종교개혁 정신에 충실하게 그 단순하면서도 쓸모 있는 거룩한 건축물을 만들어 냈다. 이는 개신교 첫 교회 건축물(Kirchenbau)로 처음으로 종교개혁 정신이 건축과 예술로 표현된 것이었다. 루터 주관하에 1544년 10월 5일 그 예배당의 봉헌예식(Einweihung)이 거행됐다. 이는 루터가 직접 봉헌예식을 집례한 유일한 교회 건축물이기도 하다.

성 예배당

예배당 내부

예배당은 길이 23미터, 너비 11미터, 높이 14미터의 단일한 홀의 3층 구조물이다. 내부의 양 측면에 원형 아치로 이뤄진 이 층의 갤러리를 가지고 있다. 천장은 고딕 건축기법인 그물형궁륭(Netzgewölbe)으로 마감했다. 궁륭은 돌이나 벽돌 또는 콘크리트의 아치로 둥그스름하게 만든 천장을 가리킨다. 소박하고 검소한 예배당의 전반적인 분위기는 루터의 의견이 반영된 것이며, 건물 전체를 감도는 은은한 빛깔의 색감은 화가 크라나흐 1세의 의견이었다. 루터는 이 예배당을 무엇보다도 말씀 선포(Predigt), 회중 기도(Gemeindegebet), 성례전(Sakramentsliturgie)이라는 세 가지 개신교 예배요소에 집중하는 거룩한 공간으로 지어 달라고 요청했다.

아치형 교회 현관문(Portal)은 루터의 제안을 따라 토르가우 출신의 조각가 시몬 슈뢰터(Simon Schröter)가 간결하고 소박한 디자인으로 만들었다. 문을 들어서면 회중들의 눈에 가장 먼저 입구 맞은편 벽면에 있는 설교단(Kanzel)이 들어온다. 예배당 중심에 설교단을 위치하게 한 것은 개신교 예배에서 설교가 지니는 신학적인 위상을 시각적으로 표현한 것이다. 원통형의 석조 설교단에는 예수 그리스도의 생애 가운데 세 장면을 담은 부조가 새겨져 있다. 먼저 중앙 부조에는 예루살렘 성전을 방문한 열두 살의 예수께서 의자에 앉아 오른편에 있는 사람이 들고 있는 성서를 손으로 가리키고 있고 주변 사람들이 예수님의 말씀을 듣고 있는 모습이 담겨 있다. 종교개혁가들이 강조한 '오직 성경'(Sola scriptura)을 상징화한 것이다.

그리고 오른쪽 부조에는 붙잡혀 온 간음한 여인 앞에 예수께서 무언가를 땅에 쓰고 계시는 장면이 새겨져 있다. 그리스도에 의한 죄인의 용서, 즉 '오직 은혜'(Sola gratia)를 상징화한 것이다. 왼쪽 부조에는 예수께서 성전에서 상인들과 환전상들을 채찍으로 치며 내쫓는 장면이 새겨져 있다. 교회의 개혁을 상징화한 것이다. 세 부조 모두에 그리스도가 그 중심에 있다.

설교단

제단

'오직 그리스도'(Solus Christus)만이, 그리고 그리스도에 대한 '오직 믿음'(Sola fide)만이 우리를 구원에 이르게 함을 보여 준다 하겠다. 르네상스 양식의 이 부조는 크라나흐 1세의 스케치에 따라 슈뢰터의 작업실에서 제작됐다. 설교단은 긴 세월에도 오늘날까지 잘 보존돼 있다.

교회 제단 역시 슈뢰터의 작업실에서 제작됐는데, 네 천사가 받치고 있는 모양의 돌판으로 돼 있다. 성 유물함이 아닌 단순한 탁자로 된 이러한

봉헌판

드레스덴 성모교회

새로운 제단 양식은 루터와 종교개혁의 성찬 신학에서 온 것이다. 루터는 제단을 중심으로 원형으로 둘러선 회중들에게 떡과 포도주 모두를 주는 이 종성찬을 행했다.

루터 당시 기념물 가운데 봉헌 판(Dedikationstafel)도 주목할 만하다. 이는 1545년 프라이베르크(Freiberg)에서 주조된 것이다. 거기에 있는 라틴어 본문은 기부자인 요한 프리드리히 1세와 복음의 피난처인 새 예배당을 기념하고 있다. 화려하게 장식된 그 꼭대기에 원 안에 선제후의 초상화가 새겨져 있고, 측면에 그의 아들들의 메달이 있다. 그 아래쪽 원 안에는 루터 초상화가 새겨져 있다.

토어가우 성 예배당의 건축 유형은 16세기 독일 개신교 제후들의 궁정 예배당 건축 양식에 직접적인 영향을 미쳤다. 더 나아가 이후 말씀 선포에 중점을 두는 토어가우 예배당의 건축 유형은 이제까지 로마 가톨릭교회 전례에 부합했던 라틴 십자가형 중세 교회 건축과는 다른 중앙 집중형 개신교교회 건축(Protestantischer Sakralbau)의 전통을 이루는 기원이 됐다. 18세기 중엽 드레스덴에 세워진 독일 바로크 양식의 성모교회(Dresdner Frauenkirche)는 이러한 전통을 따른 대표적인 교회다.

슈팔라틴 목사관(Spalatins Priesterhaus)
Katharinenstraße 8, 04860 Torgau

슈팔라틴 목사관

게오르크 슈팔라틴은 루터와 프리드리히 현공 사이에서 중재자 역할을 했던 루터의 가까운 친구이자 가장 중요한 지지자 가운데 하나였다. 1508년부터 슈팔라틴은 이 집에서 거주했다. 나중에 1523년 선제후가 그 집을 그에게 선물했다. 오늘날 이곳의 전시물은 슈팔라틴과 함께 토어가우의 종교개혁 음악가인 요한 발터(Johann Walter, 1496-1570)의 생애와 작품에 초점을 맞추고 있다. 성가대 대장이자 오르간 연주자였던 발터는 첫 번째 개신교 합창곡집을 출간한 이로 개신교 교회 음악의 창시자다. 관람자들은 전시물을 통해 종교개혁과 음악 간의 상호 작용에 대해 감상해 볼 수 있다.

3. 차이츠(Zeitz)

차이츠는 작센-안할트 주에 속하며, 나움부르크에서 30km 정도 떨어진 곳에 있는 주민 3만 명 정도의 중소 도시다. 천년의 역사를 자랑하는 성 베드로와 바울 대성당과 모리츠부르크성(Schloss Moritzburg)으로 유명한 차이츠는 "로마네스크 양식 가도"에 포함돼 있다. 차이츠는 원래 로마 가톨릭교회 주교좌였던 곳이다. 1032년에 주교좌가 나움부르크로 옮겨갔다가

13세기 말 다시 차이츠로 옮겨 왔다.

   종교개혁을 거치며 성 베드로와 바울 대성당은 16세기부터 수 세기 동안 개신교교회가 됐다가 1894년 이후 다시 로마 가톨릭교회가 됐다. 차이츠는 독특하게 수많은 지하 통로와 아치를 가지고 있다. 맥주를 차갑게 보관하기 위해 이미 루터 시대에 지어진 이 건축물들은 오늘날 유명 관광 코스다.

   차이츠는 루터 시대에는 주교좌였다. 그러나 주교의 선출과 임명은 나움부르크대성당에서 이뤄졌다. 1542년 1월 20일 암스도르프가 나움부르크대성당에서 개신교 최초의 주교로 안수를 받고 임명된 다음 날 주교관저(Bischofsburg)가 있는 차이츠로 왔다. 원래 나움부르크대성당 참사회는 다른 이를 원했지만, 선제후 요한 프리드리히 1세가 암스도르프를 선택했다.

   암스도르프는 귀족 출신에 학식이 높은 경건한 사람으로 선제후가 자신의 종교 정책을 수행할 적절한 인물로 본 것이다. 선제후의 신임을 얻었던 암스도르프는 1554년 3월 3일 선제후가 바이마르에서 임종할 때에도 그의 곁을 지켰다.

   암스도르프는 1542년 1월 22일 성 베드로와 바울 대성당에서 루터와 슈팔라틴의 참석 하에 주교 부임 설교를 했다. 1546년 슈말칼덴 전쟁이 발발하고 개신교 진영이 패배하며 선제후 요한 프리드리히 1세가 포로가 되는 등 여러 어려운 상황이 전개되자 암스도르프는 차이츠를 떠나 아이제나흐로 가서 그곳에서 마지막 생을 보냈다.

   루터는 차이츠를 여러 차례 방문했고, 성 베드로와 바울 대성당에서 설교했다. 차이츠는 루터의 후손들 도시로도 유명하다. 루터의 다섯 번째 자녀이자 셋째 아들인 파울 루터(Paul Luther, 1533-1593)는 예나에서 의학 교수이자 작센 선제후의 주치의로 있었다. 그는 토르가우에서 지방 귀족의 딸인 안나 폰 바르벡과 어머니가 임종하기 전 약혼을 하고, 돌아가신 후인

1553년 2월 5일 결혼을 했다.

그는 여섯 명의 자녀를 뒀는데, 그중 셋째인 요한 에른스트 루터(Johann Ernst Luther, 1560-1637)가 차이츠 출신의 마르타(Martha)와 결혼한 후 차이츠에 정착해 여덟 명의 자녀를 낳고 살았다. 이후 요한 에른스트 루터의 후손들이 차이츠에서 유력한 루터 가문을 이뤘으며, 증손자인 프리드리히 마틴 루터(Friedrich Martin Luther, 1686-1742)는 차이츠의 시장을 역임하기도 했다. 오늘날에도 여전히 많은 루터의 후손들이 차이츠에 살고 있다.

그에 걸맞게 차이츠에는 2001년에 '루터가문협회'(Lutherriden-Vereinigung)의 본부가 생겼다. 루터가문협회에 속해 있는 후손은 성인만 2백 명 정도이며, 전 세계에 2천 명 정도가 흩어져 있는 것으로 추정된다.

차이츠에는 1710년부터 1756년까지 루터의 마지막 직계 자손들이 살던 건물이 남아 있다. 그 이후로는 방계 자손들만 차이츠에 남아 있다고 한다. 모리츠부르크성의 토어하우스(Torhaus)에는 루터의 후손들이 개인적으로 소장하고 있다가 기증한 고서들을 보관하고 있는 도서관이 있다.

성 베드로와 바울 대성당 (Der Dom St. Peter und Paul)
Schloßstraße 6, 06712 Zeitz

모리츠부르크 성의 한쪽에 성 베드로와 바울 대성당이 있다. 967년 차이츠에 주교좌가 세워진 이래 600년간 지속해 오던 로마 가톨릭교회 주교구가 1564년 주교 율리우스 폰 플룩의 사망과 함께 해체됐다. 이후 성 베드로와 바울 대성당은 1894년에 다시 로마 가톨릭교회로 돌아갈 때까지 개신교교회였다.

루터는 수차례 차이츠를 방문했으며, 이 교회에서 여러 번 설교했다. 암스도르프는 1542년 1월 22일 이 교회에서 루터와 슈팔라틴이 지켜보는 앞에서 개신교 첫 주교로 부임설교를 했다. 오늘날 대성당 안에는 루터

성 베드로와 바울 대성당

의 손자인 요한 에른스트 루터의 묘비가 회랑의 벽에 박혀 있다. 요한 에른스트 루터는 그의 아내 마르타와 함께 8명의 자녀를 낳고 차이츠에서 루터 가문을 세웠던 이다.

미카엘리스교회(Michaeliskirche)
Michaeliskirchhof 7, 06712 Zeitz

로마네스크 양식의 미카엘리스교회는 1154년에 문헌에 처음 나타나며, 1450년에 후기 고딕 양식으로 개축됐다. 1670년 모리츠 공작에 의해 45m 높이의 중앙 탑이 좌우의 작은 탑과 함께 세워졌으며 바로크 양식이 더해졌다.

미카엘리스교회에서는 1537년부터 요한 크라머(Johann Cramer)에 의해 개신교 설교가 시작됐다. 1541년 작센의 선제후 요한 프리드리히 1세가 이 교회 소속이었던 성 슈테판(St. Stephan) 수녀원을 해체하고, 그 재산을 개신교 교회를 위해 사용토록 했다.

루터의 손자인 요한 에른스트 루터가 1725년 이 교회에서 차이츠의 시장 예레미아스 블루멘슈텐겔(Jeremias Blumenstengel)의 딸 마르타와 결혼식을 올렸다. 이후로도 많은 루터의 후손들이 이 교회에서 세례를 받거나 결혼 서약

요한 에른스트 루터의 묘비
(성베드로와 바울 대성당)

을 했다.

  1882년 교회 건물 개축 작업 중에 1517년에 작성된 루터의 95개조 논제 인쇄본이 발견됐다. 그 인쇄본은 1613년 차이츠의 상인 루카스 숄츠(Lucas Scholz)가 미카엘리스교회 도서관에 기증한 루터의 면죄부 판매에 대한 글을 모아 둔 책 안에 들어 있었다. 이 인쇄본은 전 세계에 6개만 남아 있으며, 종교개혁 시대의 유산 중 가장 유명한 희귀품에 속한다. 현재 교회에는 복제품이 전시돼 있다.

미카엘리스교회

95개조 논제 인쇄본

제12장

논쟁의 개혁자들 장소

1. 에스라무스의 바젤(Basel)

　스위스 북서부에 있는 바젤은 취리히, 제네바에 이어 스위스에서 세 번째로 큰 도시다. 스위스, 프랑스, 독일의 국경이 접하는 곳에 있다 보니 바젤은 오래전부터 상업과 교통의 중심지였다. 현재 3개국이 기차를 포함해 바젤의 교통 시설을 공용하고 있다. 영토가 작은 나라이지만 스위스는 독일어, 프랑스어, 이탈리아어, 그리고 로망슈어 4개 국어를 지역에 따라 공용으로 사용하고 있다.

　바젤은 독일어 사용 지역이지만 프랑스와도 국경을 마주하는 도시라서 적지 않은 주민이 프랑스어를 구사한다. 바젤 시가는 라인강을 사이에 두고 오른쪽은 공업 지역, 왼쪽은 상업과 문화의 중심지로 나눠져 있다. 주민의 2/3가 개신교도다.

　바젤이 문헌에 처음 등장한 것은 로마의 역사가 암미아누스 마르셀리누스(Ammianus Marcellinus)가 "발렌티니안(Valentinian) 황제가 374년 자신의 군대와 함께 '바실리아'(Basilia)에 진을 쳤다"라고 기록한 것이었다. "바실리아"에서 "바젤"이라는 이름이 유래한 것으로 보인다. 7세기에 바젤은 주교청 소재지가 됐고, 이후 오랫동안 봉건 영주였던 주교들이 통치하다가

1501년에 스위스 연방에 가맹했다. 르네상스 시대 이후로 바젤은 상업과 문화의 중심지였다. 오버라인(Oberrhein, 라인강 상류) 지방의 인문주의 운동의 중심지였던 바젤에 1460년 스위스에서 가장 오래된 대학인 바젤대학(Universität Basel)이 창립됐다.

바젤에서 에라스무스가 그의 헬라어 신약성서를 만들어 출판했다. 에라스무스는 여러 곳을 떠돌며 살았는데, 그중 바젤에서 1514-1516년, 1521-1529년, 그리고 1535-1536년을 보냈다. 그는 바젤의 종교개혁 기간에는 프라이부르크에 머물다가, 이후 다시 돌아와 1536년 70세의 나이로 이곳에서 죽었다.

1522년부터 성 마틴교회의 설교자와 바젤대학의 교수로 활동한 요한네스 외콜람파디우스에 의해 바젤은 점차 개신교로 전향해, 1529년 미사를 폐지했다. 바젤은 취리히와 함께 스위스가 종교개혁의 중심지가 되도록 만들었다. 1536년 칼뱅의 『기독교 강요』(Institutio Christianae Religionis) 초판이 라틴어로 출판된 곳도 바젤이었다.

바젤 뮌스터(Basler Münster)

Münsterplatz 9, 4051 Basel, Schweiz

바젤 뮌스터

"뮌스터"(Münster)는 성당 중에서 교구의 중심이 되는 주교좌 대성당을 가리키는 독일어로, 영어의 "Minster" 또는 "Cathedral"에 해당한다. 따라서 "바젤 뮌스터"라는 명칭은 이곳이 과거 로마 가톨릭교회 주교좌 대성당이었음을 말해 준다. 그러나 이 교회는 스위스 종교개혁 이후 개신교 개혁교회가 됐다. 라인 강가에 우뚝 서 있는 뮌스터는 1019년에 로마네스크 양식으로 건축된 이후 여러 차례 확장과 재건축을 거쳤다.

현재의 후기 로마네스크 양식의 건물은 1180년경부터 1225년까지 대부분 건축된 것으로, 1356년 바젤 지진으로 크게 파손된 후 건축가 요하네스 폰 그뮌트(Johannes von Gmünd)가 재건했다. 그뮌트는 프라이부르크 뮌스터(Freiburg Münster)도 건축한 사람이다. 남쪽의 탑은 한스 폰 누쓰도르프(Hans von Nußdorf)가 1500년에 완공했다. 현재 교회는 붉은 사암의 외벽과 타일로 만든 십자가 형태의 지붕과 두 개의 높이 솟아 있는 탑이 있다. 탑은 개방돼 있어 위에 올라가면 라인강과 바젤시를 한눈에 볼 수 있다.

바젤 뮌스터

바젤에서 종교개혁이 일어난 1529년까지 이곳은 주교좌였다. 1529년 종교개혁으로 성상 파괴가 도시를 휩쓸고 지나갈 때 많은 교회의 귀중한 예술품들이 파괴됐다. 기록에 의하면 1529년 2월 9일 오후 1시에 40명의 무장한 폭도들이 시장 광장(Marktplatz)에서 뮌스터로 몰려와 강제로 들어오려고 했다. 이에 교회 측이 문을 닫고 저항하자 사람들이 더 몰려들어 200명의 사람이 문을 부수고 교회로 들어와 십자가들과 마리아와 성인들의 성화들을 파괴하고 제단들까지도 부쉈다. 그리고 성상 파괴는 바젤에 있는 다른 교회에 확산됐다. 당시 상황에 대해 에라스무스는 1529년 5월 9일에 쓴 서신 가운데 다음과 같이 기록하고 있다.

교회고 현관이고 회랑이고 수도원이고를 막론하고 성화가 그대로 남아 있는 것이 없었습니다. 그들은 그림의 남은 부분은 석회로 덧칠해 버렸습니다. 불에 타는 것들은 불 속에 던졌으며, 그렇지 않은 것은 조금씩 박살냈습니다. 가치 있는 것이든 예술품이든 아무것도 건질 게 없었습니다.

에라스무스의 글은 당시 그 광경을 목격한 이들이 받은 충격을 생생하게 증언하고 있지만, 여전히 보존된 중세 조각들이 종교개혁에 대해 비판적이었던 그가 말하고 있는 만큼 그 파괴가 그렇게 광범위하지는 않았다는 것을 보여 준다. 이는 당시 성상 파괴에도 살아남아 보존돼 온 교회의 보물들을 봐도 알 수 있다.

1303년의 문서에 따르면 스위스에서 가장 오래된 것으로 알려진 오르간이 이곳 뮌스터에 있었다. 그 오르간은 프랑크푸르트의 장인 라스포(Raspo)가 만든 것으로 더 이상 보존돼 있지 않으며, 바젤 지진 이후 다른 오르간으로 대체됐다. 1529년에서 1561년 사이에는 교회에 오르간을 두는 것이 스위스 종교개혁에 의해 금지됐다가 이후 다시 도입됐다. 지금 있는 오르간은 2003년에 제작된 것으로 특이하게 창을 가리지 않도록 둘로 분할돼 있다.

오르간

교회 안에는 에라스무스의 묘비가 있다. 에라스무스는 네덜란드의 섭정인 형가리의 메리 여왕으로부터 초대를 받아 브라반트로 가던 도중 여행을 계속하지 못하고 1536년 병으로 바젤에서 사망했다. 그리고 그는 이곳 뮌스터에 묻혔다. 바젤이 종교개혁 중임에도 로마 가톨릭교회 신자였던 에라

에라스무스의 묘비

외콜람파디우스 동상

스무스가 이 영예의 장소에 묻혔다는 것은 그가 신구교의 장벽을 넘어서 특별한 존경을 받았다는 증거다.

바젤 뮌스터 뒤편에 요하네스 외콜람파디우스의 동상이 있다. 그리스어와 히브리어에 능통했던 인문주의자 외콜람파디우스는 바젤에서 그리스어 신약성서의 편집을 준비하고 있던 에라스무스를 도왔으며, 교부들의 저서를 번역하기도 했다. 외콜람파디우스는 1518년 신학박사 학위를 취득하고 바젤대학 성서 강독자가 됐으며, 1522년 11월 17일 바젤의 성 마틴교회 설교자로 부임했다. 1525년에는 바젤대학의 성서학 교수가 됐다. 그는 3개 언어로 강의하고 설교하면서 바젤의 유력 인사가 됐다.

외콜람파디우스는 츠빙글리의 종교개혁 모델을 따라 바젤에서 종교개혁을 수행하는 일에 전력했다. 그는 츠빙글리와 함께 마부르크 종교 회담에 참석했으며, 성찬논쟁에서 루터의 문자적 해석에 동의하지 않고 츠빙글리의 신학적 견해를 따랐다. 외콜람파디우스는 츠빙글리 사망 후 취리히에서 그의 후임자로 오라는 제안을 받았으나 거부하고 바젤에 남았다. 외콜람파디우스는 스위스 개혁교회의 지도자로 활동하다 1531년 바젤에서 사망했으며 바젤 뮌스터 뒤편에 묻혔다.

마틴교회(Martinskirche) Martinskirchplatz 4, 4051 Basel, Schweiz

마틴교회

대성당 언덕(Münsterhügel) 북쪽 끝에 있는 마틴교회는 1101년에 문서에 처음 등장하며, 바젤에서 가장 오래된 교구 교회다. 이곳에서 외콜람파디우스가 1529년에 처음으로 "종교개혁 식으로"(nach reformierter Art) 독일어로 설교했다. 현재 마틴교회는 개신교 개혁교회에 속해 있다. 교회는 1851년 상당 부분 재건축됐다.

바젤대학(Universität Basel) Petersplatz 1, 4001 Basel, Schweiz

옛 바젤대학

바젤대학은 1459년 11월 교황 피우스 2세(Pius II)가 교령 형태로 설립령을 반포함으로 창립됐다. 학교는 공식적으로는 1460년 4월 4일 개교식과 함께 시작됐다. 스위스에서 가장 오래된 대학인 바젤대학은 신학, 법학, 예술 및 의학 네 개의 학과를 가지고 있었으며, 르네상스 시대에 유럽의 주요 대학 가운데 하나였다. 수 세기 동안 많은 학자가 바젤로 모여들었으며, 그 도시는 책 인쇄와 인문주의의 초기 중심지가 됐다. 대학과 같은 시기에 바젤대학 도서관이 설립됐다. 현재 도서관은 3백만 권이 넘는 장서를 소장하고 있으며 스위스에서 가장 큰 도서관이다.

성 마틴교회의 설교자였던 외콜람파디우스가 바젤대학의 성서 강독자와 교수로 학생들을 가르쳤으며, 에라스무스도 이 대학과 연관이 있었다. 바젤대학과 관련된 유명인사들이 많다. 유명한 철학자 프리드리히 니체(Friedrich Nietzsche)가 이곳의 교수였으며, 1933년에 나치가 독일에서 권력을 장악한 후 신학자 칼 바르트(Karl Barth)가 나치를 피해 바젤로 이주해 이곳에서 가르치기도 했다. 제2차 세계대전 후에는 하이델베르크대학 출신의 철학자 칼 야스퍼스(Karl Jaspers)가 이곳에 와 가르쳤다.

2. 츠빙글리의 취리히(Zürich)

취리히 전경

스위스 최대 도시인 취리히는 인구가 약 40만 명이며, 스위스 상공업과 금융의 중심지로 유럽에서 가장 부유한 도시 가운데 하나다. 언어적으로는 독일어를 사용하는 지역이며, 주로 스위스 개혁교회 신자들인 개신교

인구가 다수를 차지하고 있다. 도시는 취리히 호수에 근접해 있으며 취리히 호수의 북안으로 흐르는 리마트(Limmat)강과 그 지류인 질(Sihl)강 연안에 있다. 예로부터 취리히는 교통의 중심지로 경제적으로 번영했던 독일의 프랑크푸르트와 이탈리아의 밀라노(Milano)와 연결돼 상업과 금융업이 발전했다. 프라우뮌스터 주변이 물건을 교역하던 시장이 있던 곳이다. 취리히는 1218년 신성로마제국의 자유 도시가 됐고, 1351년에 스위스 연방의 동맹 도시가 됐다.

1519년 츠빙글리가 그로스뮌스터의 목회자로 부임한 후 취리히는 스위스 내 종교개혁 운동의 중심 도시가 됐다. 당시 스위스는 명목상으로는 신성 로마 제국의 일부에 속해 있었으나 1513년 이래로 13개 자치주(cantons)로 구성돼 있었으며, 각각 주는 종교문제에 있어서 자치권을 행사하고 있었기에 빠른 개혁이 가능했다. 취리히는 츠빙글리와 함께 스위스에서 독일의 비텐베르크와 같은 위상을 가지게 됐다.

그로스뮌스터(Grossmünster) Grossmünsterplatz, 8001 Zürich, Schweiz

그로스뮌스터

그로스뮌스터는 로마네스크 양식으로 된 스위스 최대의 대사원으로 1100년경 건축이 시작돼 1220년경에 봉헌됐다. 이곳에는 원래 취리히에서 순교한 수호성인 펠릭스(Felix)와 레귤라(Regula)의 무덤이 있었으며, 그 자리에 칼 대제가 세운 교회가 있었다. 지금도 교회 지하와 외벽에 칼 대제의 석상이 있다. 그로스뮌스터는 중세 시기에는 수도원 교회였다. 그로스뮌스터의 쌍둥이 탑은 취리히를 상징하는 명물 가운데 하나다. 그 두 탑은 처음에는 1487년에서 1492년 사이에 높은 나무 첨탑으로 세워졌으나, 1763년 화재로 파괴된 후 1787년에 현재의 신고딕 양식 탑이 추가됐다.

유명한 독일 작곡가 리차드 바그너(Richard Wagner)가 그 탑들을 보고 두 개의 고추 분쇄기처럼 생겼다고 조롱했다고 하는 유명한 일화가 있다. 현재 교회에는 종교개혁 박물관과 취리히대학 신학부가 있다.

1519년 1월 1일 츠빙글리가 이곳에 목회자로 부임하면서 교회는 큰 전환점을 맞았다. 츠빙글리가 종교개혁 운동에 뛰어들게 된 계기를 제공한 것은 흑사병이었다. 1518년 8월부터 흑사병이 취리히를 강타했는데, 그의 형제를 비롯한 취리히 시민 1/3이 목숨을 잃었다. 츠빙글리는 위험을 무릅쓰고 죽어 가는 시민들을 간호하다가 결국 그도 흑사병에 걸려 사경을 헤매게 됐다. 1년 가까이 죽음의 문턱에서 고생하다가 1520년 여름에 이르러서야 그는 겨우 건강을 회복했다. 이 체험은 그를 진지한 자기 성찰로 인도했다.

그 시기에 츠빙글리는 루터의 종교개혁 운동에 대해 알게 됐고 루터의 저서를 입수해 읽으며 그 종교개혁가를 존경하게 됐다. 인문주의자였던 츠빙글리가 에라스무스적 인문주의 개혁에서 이탈해 종교개혁 신학을 보여 주기 시작한 것이 이때부터였다. 당시 그의 서신에 루터의 이름이 자주 등장한다. 츠빙글리는 그동안 받던 교황청의 연금을 거절하고, 취리히의 교회와 사회를 개혁하는 길로 나섰다.

츠빙글리는 사순절 기간의 금식 규례, 성인과 마리아 숭배, 수도원의 타락한 현실 등을 비판하면서 로마 가톨릭교회를 공개적으로 공격했다. 또한, 성직자 독신 제도에 대해서도 비판하며, 그 자신이 1522년 세 아이의 어머니였던 안나 라인하르트(Anna Reinhard)와 결혼했다. 흥미롭게도 그 자신이 하프, 바이올린, 플룻, 코넷, 류트 등의 악기를 연주하고 작곡도 할 수 있는 음악애호가였음에도 츠빙글리는 교회에서 오르간과 같은 악기를 제거했다. 성서적 근거가 부족하다는 이유에서였다. 그는 12년 동안 그로스뮌스터의 설교자로서 교회를 개혁하고 취리히시를 신정 공동체로 만들기 위해 힘썼다. 당시 그로스뮌스터는 유럽에서 비교적 큰 교회 가운데 하나로 영향력 있는 교회였으므로, 츠빙글리의 개혁 운동은 스위스의 운명을 바꾸어 놓을 수 있는 영향력을 발휘할 수 있었다.

츠빙글리를 이어 하인리히 불링거가 그로스뮌스터를 중심으로 취리히 종교개혁을 계속 이끌었다. 불링거는 무려 44년 동안 그로스뮌스터의 설교자로 섬기면서 스위스 개혁교회의 근간을 세웠다. 불링거는 츠빙글리의 사위로 츠빙글리의 정치적 야망에는 미치지 못하지만 유능하고 화해적인 인물로 개혁주의 신앙에서 가장 중요하다고 평가되는 "헬베티아 신앙고백서"를 작성한 사람이다. 이 교회의 담임목사였던 불링거를 기념하며 그로스뮌스터 외벽에 그의 조각상이 설치돼 있다.

불링거 조각상

츠빙글리 목사관 (Zwinglis Amtswohnung)
Kirchgasse 13, 8001 Zürich, Schweiz

츠빙글리 목사관

그로스뮌스터 인근에 츠빙글리의 목사관이 있다. 이곳에서 츠빙글리는 1531년 카펠(Kappel) 전투에 나가 사망할 때까지 살았다. 건물 입구에 이를 기념하는 기념판이 붙어 있다. 건물 내부 2층에 있는 소박한 목재 실내 장식과 녹색의 타일 난로를 가진 츠빙글리 방(Zwinglistube)에서 오늘날에도 여전히 츠빙글리의 흔적을 볼 수 있다.

울리히 츠빙글리 기념물 (Ulrich Zwingli Monument)
Wasserkirche: Limmatquai 31, 8001 Zürich, Schweiz

울리히 츠빙글리 기념물

리마트강 연안의 바써교회(Wasserkirche) 앞에 츠빙글리 기념 동상이 서 있다. 그 동상은 한 손에는 성서를, 다른 한 손에는 검을 들고 있는 츠빙글리의 형상을 하고 있다. 직접 전투에 나가 싸웠던 종교개혁가 츠빙글리를 묘사한 것이다. 1531년 10월 취리히 군대가 카펠에서 로마 자치주들의 군대에 대패했다. 이때 전투에 참여했던 츠빙글리를 비롯해 대다수의 개신교 목회자와 의회 의원이 전사했다. 로마 가톨릭교회 측이 츠빙글리의 시체를 조각내어 불에 태웠는데, 그 재를 공중에 뿌렸다거나 혹은 인분에 섞어 버렸다고 한다. 사망 시 츠빙글리의 나이는 47세였다.

츠빙글리 기념 동상은 1885년에 조각가 하인리히 나터(Heinrich Natter)가 제작한 것이다. 동상을 만들 때 검을 든 개혁자의 모습을 놓고 논란이 있었다고 한다. 동상건립위원회 위원 중 한 명이었던 스위스 신학자 알렉산더 슈바이처(Alexander Schweizer)가 검을 든 츠빙글리의 형상을 만드는 것에 반대해 위원회를 떠나는 일까지 있었다.

프라우뮌스터(Fraumünster)

Münsterhof 2, 8001 Zürich, Schweiz

프라우뮌스터

그로스뮌스터와 함께 취리히의 랜드마크를 이루는 프라우뮌스터는 853년 동프랑크 왕국의 루트비히 2세(Ludwig II)가 자신의 두 딸 힐데가르트(Hildegard)와 베르타(Bertha)를 위해 세운 수녀원교회였다. 이 수녀원에는 유럽의 귀족 여인이 거주했었다. 수녀원은 왕들의 후원을 받았으며, 13세기까지는 취리히에서 동전을 만들 수 있는 권리를 가지고 있었다. 종교개혁 이후 교회와 수녀원의 소유권이 취리히시로 넘어갔고, 성화와 성상 그리고 오르간 등이 철거된 후 개신교교회로 사용됐다.

성 베드로교회(St. Peterskirche)
St. Peterhofstatt 1, 8001 Zürich, Schweiz

성 베드로교회

로마 시대에 성이 있던 린덴호프(Lindenhof) 언덕 옆에 있는 성 베드로교회는 쥬피터 신전이 있던 자리에 세워졌다. 8세기나 9세기에 벌써 이곳에 교회가 있었다. 현재의 교회 건물은 1706년에 봉헌됐는데, 개신교 규정에 맞게 세워진 첫 번째 교회였다. 첨탑의 시계 문자판은 지름이 8.64m나 되는데, 분침의 길이가 5.73m, 시침의 길이가 5.07m나 된다. 이는 유럽에서 가장 큰 시계 문자판이다. 수 세기 동안 취리히의 모든 공공 시계는 이 시계에 맞추어 시간을 맞춘다.

종교개혁 이전 성 베드로교회는 취리히시의 유일한 교구 교회였다. 이 교회의 첫 개혁교회 목사는 츠빙글리의 친구인 레오 유드(Leo Jud)로, 그는 취리히에서 성서를 처음으로 번역하는 일에 기여했던 인물이다. 현재 교회는 취리히주의 개신교 개혁교회(Evangelical Reformed Church of the Canton of Zürich) 소속이다.

펠릭스 만츠 순교 기념판 강벽 Schipfe 43, 8001 Zürich, Schweiz

리마트강가에 재세례파 교도 만츠가 수장돼 순교한 장소임을 알려 주는 기념판이 있다. 츠빙글리에게서 갈라져 나온 스위스 형제단은 만츠의 집에 모여 유아세례를 비판하며 첫 재세례를 행했다. 이후 재세례파는 개혁교회와 루터교, 로마 가톨릭교회와 정부 모두에게서 박해를 받았다. 만츠는 "기독교의 질서와 관습에 반대하고 재세례파 운동을 전개했다"라는 이유로 체포돼 1527년 1월 5일 리마트 강에서 수장형으로 처형됨으로 제세례파 첫 번째 순교자가 됐다. 그 처형장이었던 곳에 이러한 역사를 알리는 기념판이 설치돼 있다.

펠릭스 만츠 순교 기념판

3. 부처의 슈트라스부르크(Strassburg; 프랑스어로는 '스트라스부르[Strasbourg]')

노트르담 대성당

프랑스 동북부 알자스(Alsace) 지방의 스트라스부르는 독일과의 경계가 되는 라인(Rhine) 강 서쪽 약 3km 지점에 있으며, 그랑테스트(Grand Est)의 경제와 문화 중심지다. 유럽에서 교통의 요지로 라인강이 인접해 있고 일(Ill) 강이 도시를 지나 흐르고 있어 선박을 이용한 교통과 함께 육상교통도 발달해 독일과 스위스 등 인접 국가와의 교역량이 많은 곳이다. 또한, 스트라스부르는 유럽 정치의 중심지기도 하다. 이곳에 유럽연합의 유럽의회와 유럽인권재판소 그리고 유럽평의회가 소재하고 있다.

인문주의자 야콥 웜펠링(Jakob Wimpfeling)이 "세계 여덟 번째 불가사의"라고 감탄했던 중세 고딕 양식의 탑을 지닌 노트르담대성당(Cathédrale Notre-Dame de Strasbourg), 1567년 창립된 스트라스부르대학, 18세기에 건립돼 현재는 미술관으로 사용되고 있는 로앙 추기경의 저택, 기타 중세풍의 가옥 등 볼 거리가 많은 스트라스부르는 1988년 유네스코 세계 문화유산에 등재됐다.

슈트라스부르크 쁘띠 프랑스

이 도시는 문헌상으로는 기원전 12년 로마 시대에 "아르겐토라툼"(Argentoratum)이라는 이름으로 처음 언급돼 있다. 그 이름은 금 채굴지와 연관이 있다. 455년에 훈족의 침입으로 이곳은 파괴됐다가 그 후 복구돼 "스트라테부르기스"(Strateburgis)라는 이름으로 불렸고, 거기에서 "슈트라스부르크"(Strassburg)라는 지금의 이름이 유래했다. 라틴어 *strata*는 "포장된 큰길"을 가리키는데, 그 단어에서 독일어 "Straße"가 나왔다. 고대 독일어 "burgz"는 "언덕의 요새나 성채"를 가리키는 말이었고, 여기서 독일어 "Burg"이 유래했다. 따라서 "슈트라스부르크"(Strassburg, '포장된 큰길에 자리한 요새나 성채'라는 의미)는 사통팔달의 요지에 자리 잡은 그 지역의 특성으로 인해 붙여진 이름일 것이다.

역사적으로는 842년 서 프랑크 왕국의 칼 2세(Karl II)와 동 프랑크 왕국의 루트비히 1세(Ludwig I)가 '스트라스부르 서약'(Oaths of Strasbourg)이라고 하는 협약을 맺은 사건이 유명하다. 이 서약 문서는 고대 프랑스어로 기록된 문헌 중에서 가장 오래된 것이다. 도시는 923년부터 신성로마제국 일부가 됐으며, 17세기까지 신성로마제국 소속으로 독일에 포함돼 있었다. 독일 지역에서는 "슈트라스부르크"(Strassburg)라 불렸다. 슈트라스부르크는 1262년에 제국의 자유 도시로서의 특권을 얻었다. 오랫동안 독일 영토였던 슈트라스부르크는 30년 전쟁에서 승전한 프랑스가 신성로마제국으로부터 알자스 지역을 전리품으로 획득한 1681년에 루이 14세(Louis XIV)에 의해 프랑스에 합병됐다.

하지만 이후로도 지리적 특성 때문에 프랑스와 독일이 알자스 지역을 놓고 쟁탈전을 벌일 때마다 슈트라스부르크는 그 주인이 바뀌곤 했다. 현재는 프랑스에서 7번째로 큰 도시로 인구가 27만 명 정도다. 역사적 지리적 특성 때문에 이곳은 오늘날에도 프랑스 10대 대도시 중에는 유일하게 프랑스어와 독일어 병행 수업을 하는 초등학교가 있으며, 주민들의 상당수는 여전히 독일어에 능통하다.

16세기 종교개혁 시대에 슈트라스부르크는 독일어를 사용하는 독일어권이었다. 슈트라스부르크는 인문주의의 중심지 가운데 하나며, 종교개혁 역사에서 중요한 위치를 차지한다. 서양에서 처음으로 금속 활자와 활판 인쇄술을 발명해 세계 최초의 활자 인쇄 성서를 찍어 낸 것으로 유명한 요한네스 구텐베르크(Johannes Gutenberg)가 이곳에서 1439년부터 1444년까지 거주하며 활동했다. 그 때문에 구시가지에 구텐베르크를 기리며 그의 이름을 딴 광장이 있으며, 그곳에 그의 동상이 세워져 있다.

종교개혁 시대에 슈트라스부르크는 유럽 인쇄술의 중심지였다. 1262년 제국의 자유 도시 지위를 획득한 이래 슈트라스부르크는 특정 영주의 지배를 받지 않았기 때문에 이곳의 인쇄소들이 루터의 독일어성서를 비교적 자유롭게 찍어 낼 수 있었다. 루터뿐 아니라 많은 종교개혁가의 책들이 이곳에서 대량으로 출판됐다. 그 때문에 슈트라스부르크는 일찍부터 남부 독일 지역에서 종교개혁의 중심지가 될 수 있었다.

슈트라스부르크에서 종교개혁은 루터의 95개조 논제 이전부터 싹을 키우고 있었다. 15세기 말부터 이미 이 도시에서는 카이저베르크(Kayserberg)라 불리는 요한 가일러(Johann Geiler)에 의해 교회의 악습을 비난하는 설교가 시작됐고, 1510년에 그가 사망하자 마태우스 첼(Matthäus Zell)이 그의 뒤를 이어 교회 개혁을 요구하는 설교를 했다.

1521년 슈트라스부르크 대성당의 사제였던 첼은 사실상 이곳에서 최초의 개신교적 복음 설교를 했다. 첼은 1523년 이 도시에 온 마틴 부처에게 성직자와 평신도들을 위한 성서 강해를 맡겼다. 부처는 슈트라스부르크에서 1549년까지 활동하며 그 도시의 종교개혁을 이끌었다.

1524년에는 시 의회가 교회 감독권을 갖게 됐는데, 시 의회원 다수가 개신교도가 아니었음에도 시 의회는 개신교 설교를 승인했다. 1529년 2월 20일 시 의회는 미사를 폐지하기로 결정했으며, 3월에는 슈트라스부르크 시 대표단이 슈파이어 제국 의회에 참석해 개신교도들의 항의서를 제출하는 데 참여했다.

1530년 아우그스부르크 제국 의회에서 슈트라스부르크 시는 종교개혁 편에 섰다. 하지만 슈트라스부르크는 처음에는 루터파의 '아우그스부르크 신앙고백'에 합류하지 않고, 다른 3개 도시인 콘스탄츠와 멤밍엔(Memmingen) 그리고 린다우(Lindau)와 함께 마틴 부처와 볼프강 카피토(Wolfgang Capito)가 작성한 자신들의 신앙고백을 고수했다. 이 신앙고백서는 4개 도시의 신앙고백서라 해 '테트라폴리타나 신앙고백'(Confessio Tetrapolitana)이라 불렸다.

1531년에는 시 대표들이 슈말칼덴 동맹 회의에 참석했고, 이후 슈트라스부르크는 그 동맹의 일원이 됐다. 1536년 루터와 마틴 부처 사이에 맺어진 '비텐베르크 협약'을 통해 슈트라스부르크는 루터교와 정치적으로나 신학적으로 확고하게 연대하게 됐다.

하지만 슈트라스부르크에서는 도시의 평화를 위태롭게 하지 않는 한, 다양한 신학적인 그룹들이 용인됐다. 그에 따라 위그노파(Huguenots)가 슈트라스부르크에서 피난처를 찾을 수 있었고, 장 칼뱅도 이곳에 머물렀다. 과격한 재세례파 피난민들에게도 슈트라스부르크는 "희망의 도시"고 "의의 피난처"였다. 그 이유는 이 도시가 스위스, 네덜란드, 독일 북부와 남부로부터 피난처를 찾아 떠난 많은 재세례파 피난민들을 환영해 줬기 때문이다. 16세기 유럽의 재세례파들에게 슈트라스부르크는 다른 어느 지역보다 관용적인 도시였다.

1530년에서 1540년 사이에 슈트라스부르크는 재세례파 논쟁으로 잠잠할 날이 없었다. 처음에 시는 재세례파에게 관용적이었으나, 점차 소란이 커지자 시 의회가 1534년 3월 아우그스부르크 신앙고백과 일치하지 않는 것은 관용하지 않겠다는 칙령을 공포했다. 당시 슈트라스부르크에는 2,000여 명의 재세례파가 있었다. 이들이 이 칙령을 수용하지 않고 계속해서 자신들의 입장을 고수하며 소요를 일으키자, 1538년에는 모든 재세례파는 도시를 떠나야 한다는 시 의회의 새로운 칙령이 공포됐다.

부처 역시 처음에는 그들에게 호의적이었으나, 점차 그들의 과격함에 반대하며 격렬히 논쟁했다. 부처가 보기에 그들은 교회의 분열을 조장하고 그리스도의 몸을 찢으려 하는 교만한 자들이었다. 결국, 재세례파들은 슈트라스부르크에서 추방됐다. 그들 가운데 멜히오르 호프만(Melchior Hofmann)은 이미 1531년에 도시에서 추방됐다가 1533년에 다시 돌아온 후에 체포됐고, 10년 후인 1543년 말에 감옥에서 사망했다.

1548년 아우그스부르크 잠정안에 따라 시 의회가 이곳의 로마 가톨릭교회 주교에게 일부 교회를 양도하고, 부처가 영국으로 떠났다. 1529년 이후 로마 가톨릭교회의 미사는 주민들에 의해 거부됐지만 1559년까지 완전히 폐지되지는 않았다. 슈트라스부르크는 요한네스 파푸스(Johannes Pappus)의 영향으로 개혁교회 교리가 아닌 루터교 교리만을 받아들였다. 하지만 1583년과 1604년 사이의 슈트라스부르크 분쟁에서 로마 가톨릭교회 측이 우세해지며 도시 지역 대부분이 로마 가톨릭교회 신자로 남게 됐다.

구텐베르크 광장

구텐베르크 동상

구텐베르크의 인쇄술이 없었더라면 종교개혁이 성공할 수 있었을까?

혹자는 "종교개혁은 인쇄술의 딸이다"라고 말한다. 분명히 인쇄술이 없었다면 종교개혁은 그토록 빠르게 확산될 수 없었을 것이다.

슈트라스부르크 대성당 인근에 구텐베르크 광장이 있다. 이곳에는 구텐베르크가 새로 개발한 인쇄기로 인쇄한 성서의 한 페이지를 손에 들고 있는 모습을 형상화한 동상이 있다. 이 구텐베르크 기념 동상은 1840년 프랑스 조각가 다비드 당제(David d' Angers)가 제작한 것이다. 동상의 구텐베르크 손에 들려 있는 펼쳐진 인쇄물에는 프랑스어로 "그리고 빛이 있었다"(Et la lumiere fut)라는 창세기 1:3의 성서 구절이 새겨져 있다. 다비드 당제가 이 구절을 새긴 데에는 시대적 상황이 있었다고 하지만, 시대를 초월해 성서와 함께 인쇄술이 인류에게 빛을 준 것은 분명하다.

요하네스 구텐베르크
(Johannes Gutenberg, c. 1400-1468)

요하네스 구텐베르크
(작가 미상, 마인츠 구텐베르크 박물관)

구텐베르크는 독일 마인츠의 대주교 밑에서 주화를 찍어 내는 금속 세공 관리로 일했던 부친에게서 일찍이 주물과 압축 등의 금속 세공 기술과 지식을 익혔다. 부친이 세상을 떠나자 구텐베르크는 1439년 슈트라스부르크로 이주해 주로 금속 세공 장인으로 생계를 유지하며 금속 활자를 연구하기 시작했다. 그는 1434년부터 시작해 1444년경에 인쇄기를 발명했다. 이후 구텐베르크는 마인츠로 귀향해 인쇄소를 개업하고, 로마 가톨릭교회의 면죄부 등을 찍어 팔았다.

그는 1452-1453년경 최초로 고딕 활자를 사용해 인쇄한 36행의 라틴어성서인 『구텐베르크성서』를 인쇄했다. 이후 구텐베르크는 활자를 더 작게 발전시켜 1453년경 42행의 성서를 인쇄하는데 성공했다. 『구텐베르크성서』를 만드는 과정은 인쇄로 끝나는 것이 아니라, 인쇄를 위해 구텐베르크가 290개의 서로 다른 자모를 만들어 활자로 찍은 후 채색공이나 식자공들이 삽화로 그려진 머리 글자(장식 글자)와 부호들을 그려 넣었다.

이 작업은 섬세하고도 많은 수고를 요구하는 일이었기에 180부만 만들어 낼 수 있었다. 오늘날 생각하는 것처럼 무한정 인쇄해 성서를 만들어 낸 것은 아니다. 180부 가운데 150부 정도를 종이에 인쇄했고, 나머지 30부는 값비싼 양피지에 인쇄했다. 오늘날까지 남아 있는 『구텐베르크성서』는 총 48부로 알려져 있으며, 그 가운데 2부가 마인츠의 구텐베르크 박물관에 소장돼 있다.

인쇄술은 유럽에서 종교개혁을 촉진하고 확산시키는 데 중요한 역할을 했다. 이전에는 성서를 비롯해 책은 손으로 필사해 만드는 것이라 그 수량이 적어서 가격이 매우 비싸고 구하기도 힘들었다. 활자 인쇄술이 등장하면서 책의 대량 생산이 가능해졌고, 많은 사람이 이전보다 쉽게 책과 접할 수 있게 됐다. 특히 인쇄술은 성직자와 지식인들만 읽을 수 있었던 성서를 대중화시키는 데 결정적인 공헌을 했다. 루터의 95개조 논제가 두 주 만에 독일 전역에 그리고 두 달 만에 유럽 전역에 퍼질 수 있었던 것은 활자 인쇄술이 있어서 가능했다.

구텐베르크 박물관

구텐베르크성서

성 토마스교회 (Église Saint-Thomas)
11 Rue Martin Luther, 67000 Strasbourg, France

이곳에 이미 6세기부터 사도 도마에 봉헌된 교회 건물이 있었다. 1521년에 후기 고딕 양식으로 완공된 현재의 교회는 알자스 지방에서 유일한 강당형 교회다. 원래 로마 가톨릭교회 성당이었던 교회가 마틴 부처를 중심으로 한 슈트라스부르크의 개혁자들을 통해 종교개혁을 받아들이고 1524년 개신교교회가 됐다.

성 토마스교회

성 토마스교회 내에는 이곳에서 목회하며 슈트라스부르크의 종교개혁을 주도했던 마틴 부처의 기념비가 있다. 교회에서 우선적으로 눈에 들어오는 것은 부처가 설교하던 강대상이다. 강대상 옆에 성찬대가 나란히 놓여 있어 말씀과 함께 성례도 강조하는 교회의 특징을 볼 수 있다.

성 토마스교회는 슈트라스부르크를 포함해 알자스 지방이 1681년 로마가톨릭교회 국가인 프랑스로 합병된 후에도 계속 개신교교회로 남았으며 지금도 개신교교회다. 교회는 여전히 초등학교와 중등학교 그리고 신학교를 운영하고 있다.

성 토마스교회 내부

- 마틴 부처(영어 및 프랑스명 Martin Bucer; 독어명 Martin Butzer, 1491-1551)와 슈트라스부르크의 종교개혁

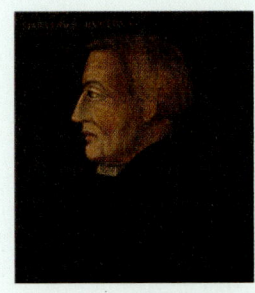

마틴 부처
(작가 미상, 독일 화파)

알자스 지방 출신의 도미니크회 수도사였던 부처는 1518년 루터의 하이델베르크 신학 논쟁에 참석해 그 종교개혁가의 주장을 들었다. 이는 부처가 루터를 처음으로 봤던 순간이기도 하다. 이때 루터가 강변한 '십자가의 신학'은 장차 뷔르템베르크와 슈트라스부르크의 종교개혁을 이끌 브렌츠와 부처에게 강한 인상을 남겼다.

루터의 추종자가 된 부처는 1521년 수도회에서 탈퇴하고 그다음 해 여름 수녀였던 엘리자베스 질버아이젠(Elisabeth Silbereisen)과 결혼했다. 이 결혼으로 부처는 사실상 로마 가톨릭교회 사제들의 독신 제도를 타파하고 최초로 성직자의 개혁을 시도한 사람 가운데 하나가 됐다. 1523년 5월 부처는 슈트라스부르크에 도착한 후 자신의 안전과 적법한 지위를 확보하기 위해 의회에 시민권을 신청해 11월에 시민권을 획득했다. 이는 처음으로 결혼한 사제가 시민으로서의 권리를 행사할 수 있게 된 사건이었다.

1524년 2월 31일, 부처는 급진적인 성향의 야채상인 길드의 후원으로 성 아우렐리아(St. Aurelia)교회에서 첫 설교를 했고, 5월 31일에는 그곳의 목사로 선출됐다. 이후 그는 슈트라스부르크를 대표하는 종교개혁가가 됐다. 1531년부터 부처는 성 토마스교회를 담임하게 됐다. 그는 1534년부터 목회자를 양성할 수 있는 교육 기관을 구상했고, 그 결과 1538년에 새로운 아카데미가 설립됐다.

이 아카데미의 초대 학장은 요한 슈투름(Johann Sturm)이 맡았다. 아카데미가 설립되던 해에 장 칼뱅이 슈트라스부르크의 프랑스 피난민 교회에 청빙돼 왔는데, 그도 이 아카데미에서 3년간 신약성서 교수로 가르쳤다. 부처와 카피토도 성서 과목을, 헤디오가 교회사를 가르쳤다. 이 아카데미는 계속 발전해 1567년에 슈트라스부르크 대학이 됐다.

부처 기념비

부처는 교회의 일치와 연합을 위해 노력했던 평화의 종교개혁가로 불린다. 그는 루터파와 츠빙글리파로 나뉜 개신교의 두 진영을 하나로 묶어 보려고 중재를 시도했다. 이러한 중재의 시도가 결과적으로는 성공하지는 못했지만, 부처 자신은 1536년 비텐베르크 협약을 통해 루터파와 연대를 이뤄 내기도 했다. 나아가 교회 연합을 위해 부처는 설교와 성찬을 결합시킨 예배를 실시했으며, 과거와의 단절이 아닌 갱신을 위해 힘썼다. 부처는 1540년 6월 베른에 보낸 편지 가운데서 "비텐베르크를 제외하고 독일에 있는 어떤 도시도 슈트라스부르크만큼 복음에 우호적이고 너그러운 정신을 가진 곳이 없다"고 말할 만큼 그 도시를 관용정신 아래에서 개혁하고자 했다. 그는 제네바 개혁에 실패하고 추방 당한 칼뱅을 슈트라스부르크로 초청해 정착을 도와줬다. 칼뱅은 1538년부터 1541년까지 슈트라스부르크에 체류하며 부처와 함께 활동했다.

1541년 11월 흑사병으로 엘리자베스가 사망한 후 부처는 비브란디스 로젠블라트(Wibrandis Rosenblatt)와 재혼했다. 비브란디스는 그의 동료 볼프강 카피토의 미망인이었다. 그녀에게 이 결혼은 네 번째였다. 그녀의 첫 남편은 바젤의 학자 루트비히 켈러(Ludwig Keller)였고, 두 번째 남편은 바젤의 종교개혁가 외콜람파디우스였다. 재혼 후 부처는 오늘날 성 토마스(St. Thomas) 거리 15번지에 있는 새 집으로 이사했다.

슈말칼덴 전쟁에서 개신교 동맹군의 참패로 그 동맹 도시 가운데 하나였던 슈트라스부르크는 1548년 아우그스부르크 잠정안을 받아들이도록 강요받았다. 이 잠정안은 사제의 결혼을 허용하고 평신도에게 이종성찬을 허용한다는 점 말고는 모든 예배의식과 교리에서 로마 가톨릭교회의 기존 입장을 고수했다. 그것을 받아들이기를 거부했던 부처는 결국 1549년 슈트라스부르크에서 추방 당했고, 영국 캔터베리의 대주교 토마스 크랜머의 초청을 받아 케임브리지대학으로 갔다.

부처는 케임브리지대학의 왕립 교수가 돼 가르쳤으나, 2년을 채 넘기지 못하고 1551년 2월 28일 머나먼 이국땅에서 사망했다. 짧은 기간이지만 부처는 영국에서 활동하는 동안 영국의 종교개혁가들에게 큰 영향을 끼쳤으며, 영국 종교개혁의 마무리 과정에서 그의 공헌은 지대했다. 그가 죽은 지 수년이 지나 영국을 로마 가톨릭교회로 다시 되돌리려고 했던 메리 여왕이 그의 유해를 파내 형틀에 매달아 화형에 처하는 일이 벌어졌다. 그러나 메리의 뒤를 이은 엘리자베스 여왕 시대에 다시 부처의 묘가 만들어지고 그 명예가 회복됐다.

부처의 뒤를 이어 헤디오가 슈트라스부르크의 개혁을 이끌었으나 능력이 부족했고 그마저 1552년에 흑사병으로 사망했다. 헤디오의 뒤를 이어 완고한 루터주의자였던 요한 마르바흐(Johann Marbach)가 개혁 운동을 계속했으나, 종교개혁의 불꽃은 슈트라스부르크에서보다는 오히려 다른 도시, 특히 제네바(Geneva)에서 훨씬 강렬하게 타올랐다.

부처의 집

3 Rue Salzmann, 67000 Strasbourg, France

부처의 집

부처의 집은 부처와 그의 아내 엘리자베스가 많은 피난민에게 환대를 베푼 곳으로, 그 때문에 "의로움의 숙소"라고 불렸다. 1538년 9월 초 슈트라스부르크에 도착한 칼뱅이 성 토마스교회 참사회원의 집으로 옮기기 전까지 잠시 이 집에 머물렀다.

칼뱅의 집

2 Rue du Bouclier, 67000 Strasbourg, France

칼뱅의 집

부처의 집에서 함께 기거하던 칼뱅은 그곳에서 멀지 않은 성 토마스교회 참사회원의 집이었던 이곳으로 이사한 후, 여기서 결혼도 하고 신혼 기간을 보냈다. 본래 이 집은 수많은 개신교 피난민의 임시 거주지였는데, 칼뱅이 유숙하면서 그의 집이 됐다. 칼뱅은 제네바로 돌아가기 전까지 이곳에서 살았다. 현재 이곳은 개혁교회의 부속 건물로 사용 중이다.

칼뱅은 부처의 중매로 1540년 8월 초에 이델라트 드 뷔르와 결혼했다. 이델라트는 재세례파 교도였던 리에주의 장 스토르더(Jean Stordeur of Liege)의 미망인으로 남편이 죽은 후 홀로 자녀들을 돌보며 살고 있었다. 칼뱅은 결혼 후 이 집에서 아내와 행복한 신혼을 보냈다. 하지만 이델라트는 불행하게도 1549년 흑사병으로 먼저 세상을 떠났고, 둘 사이에서 태어난 유일한 아들 자크(Jacques)도 태어나서 얼마 되지 않아 죽었다.

이곳 칼뱅의 집은 매우 컸기 때문에, 그 집에는 방문객도 많았고 피난민들을 포함해 많은 사람이 함께 거주했다. 칼뱅은 이곳에 살면서 방패교회에서 위그노파 피난민들을 위한 사역을 했고, 또한, 슈트라스부르크 아카데미의 신약성서 교수로서 강의도 했다. 나아가 칼뱅은 슈트라스부르크에서 1539년에 『기독교 강요』 개정판을 출판했다. 라틴어 『기독교 강요』 개정판은 그가 직접 프랑스어로 번역해 1541년에 다시 출판했다.

이 프랑스어 판은 프랑스어로 쓰여진 최초의 신학 전문 서적으로 프랑스어 발전에 큰 공헌을 한 것으로 평가받는다. 또한, 당시 사제들의 전문 언어인 라틴어로 기록됐던 신학 서적을 프랑스어로 번역해 평신들도 읽을 수 있게 만든 것은 평신도 신앙 발전에도 큰 기여를 한 사건이었다.

방패교회 (Eglise réformée du Bouclier) 4 Rue du Bouclier, 67000 Strasbourg, France

방패교회

칼뱅의 집 옆에 그가 위그노파 피난민들을 위해 목회했던 방패교회가 있다. 1538년 4월 22일 제네바에서 추방을 당한 칼뱅은 바젤에 머물다가 부처의 초청으로 그해 9월 슈트라스부르크로 와서 프랑스 위그노파 피난민들을 위한 교회를 개척해 목회 활동을 시작했다. 그 교회가 "방패교회"인데, 이는 후에 제네바와 프랑스의 개혁파 교회들의 모델이 됐다. 당시 슈트라스부르크에는 400여명의 위그노파 피난민들이 있었으며, 칼뱅은 그곳에서 "작은 프랑스인 회중(Ecclesiola Gallicana)의 목사"라고 불렸다. 칼뱅은 교회 헌금의 대부분을 피난민과 고아 등을 위해 사용했다. 그는 후에 슈트라스부르크의 피난민 교회 목회 시절을 회상하며, 그 기간이 자신의 사역 가운데 가장 아름다웠던 시간이었다고 말했다.

현재의 교회 건물은 칼뱅 당시의 건물이 아니라 후대에 다시 지은 것이다. 교회 내부 구조는 중세의 화려한 장식보다는 개혁 전통의 간소한 장식이 있다. 교회 정문 오른편에 이곳에서 활동했던 종교개혁가들을 기념하는 돌판이 붙어 있다.

> 프랑스 피난민 교회의 첫 목회자들을 기념함. 장 칼뱅 1538-1541, 피에르 브릴리(Pierre Brully) 1541-1544. 이들의 사역이 그들의 후손들로 이어져 지금도 계속되고 있다.

간소한 실내 장식

방패교회는 칼뱅이 세운 최초의 개혁교회로 오늘날도 1,200여 명의 신도를 가진 활동적인 교회다.

제13장

성만찬 문제를 위한 개신교 간의 종교 회담

1. 마부르크(Marburg)

마부르크는 독일 중부 헤센주의 란(Lahn)강을 끼고 있는 도시로 프랑크푸르트에서 북쪽으로 약 50Km 떨어진 곳에 있다. 마부르크는 현재 인구 8만 명 정도가 사는 아름다운 중세풍의 도시다. 마부르크라는 이름은 "경계 요새"라는 뜻으로 1130년에 처음으로 문헌에 나타나며, 그 당시 이곳은 튀링엔의 영주 소유지였다. 이 도시의 초기 역사는 헝가리 태생의 성 엘리자베스와 연관이 있다. 그녀는 1228년 바르트부르크에서 이곳으로 와서 여생을 자선 사업으로 보냈다고 한다. 엘리자베스는 후에 로마 가톨릭교회에서 성인으로 추대됐으며, 그녀의 유해는 라인강 유역의 금세공인 조합이 만들어 바친 성골함에 넣어져서 고딕 양식의 성 엘리자베스 교회 안에 보관돼 있었다. 그런데 종교개혁 시기 성인 유물이 파괴될 때, 그 유물도 제거됐다.

마부르크는 종교개혁 시기에는 헤센 지방을 다스리는 영주 필립 대공의 영토에 속했다. 필립은 마부르크를 프로테스탄트 도시로 만들었다. 마부르크성에서 1529년 10월 역사적인 마부르크 회담이 개최됐다. 회담은 결국 실패로 끝나 프로테스탄트 진영이 루터파와 츠빙글리파로 분열하는 출발점이 되고 말았지만, 마부르크 조항은 개혁자들의 일치를 향한 열망을 보여 주는 고전적인 문서로 남아 있다.

루터파의 후예인 루터교회와 츠빙글리파의 후예인 개혁교회가 1973년에 와서야 '로이엔베르크협약'(Leuenberg Concord)을 통해 서로를 말씀과 성례 안에서의 교제에 받아들이기로 합의했다. 양측이 그 간격을 극복하는 데 무려 450여 년이나 걸린 셈이다.

마부르크성(Marburger Schloss) Schloss 1, 35037 Marburg

마부르크성

마부르크 시내 어디에 서든지 볼 수 있는 마부르크성은 구시가지의 높은 언덕에 있다. 성에 오르면 사방으로 마부르크 시내가 한눈에 보인다. 성은 1122년에서 1138년 사이에 튀링엔의 영주가 산 위에 건축물을 세우며 시작됐으며, 13세기에 사실상 오늘날 같은 성으로 발전됐다.

2층 구조의 성 예배당(Schlosskapelle)은 로마네스크 양식의 성교회들 전통을 따른 중앙 구조식 건물로 1288년 성 카타리나와 성 조지에게 봉헌됐다. 그 예배당은 리브볼트를 가진 길쭉한 팔각형 모양의 건축물로, 그 바닥에 1300년경에 만든 유약 처리된 색 도자기 타일로 된 모자이크가 있다. 서쪽 제단에는 13세기 후반에 만든 6m 크기의 성 크리스토퍼 프레스코가 있으며, 루터도 이곳에서 설교하는 동안 이를 봤을 것이다.

　마부르크성은 여러 차례 증개축을 거쳤는데, 특히 필립 대공 시기에 크게 확장됐다. 성안의 볼거리로는 1320년경에 건축된 명성이 자자한 홀건물(Saalbau)이 있다. 이 건물 안에 있는 140평 크기의 제후의 홀(Fürstensaal)은 원래 상태대로 보존돼 있으며, 독일뿐 아니라 중앙 유럽의 가장 아름답고 중요한 고딕 양식 홀 가운데 하나로 꼽힌다. 마부르크 회담 참석자들이 바로 이 홀에서 모여 토론을 했던 것으로 알려져 있다. 일부 자료들 가운데는 회담이 성 남쪽 건물의 영주의 방(Landgrafenzimmer)에서 모였다는 기록도 있다.

성 예배당

성 크리스토퍼 프레스코(왼쪽 그림)

제후의 홀

성안에는 종교개혁 당시 마부르크 회담을 기념하는 그림들이 전시돼 있다. 이 성은 이후 헤센주의 문서보관소나 감옥으로 사용되기도 했으며, 오늘날에는 마부르크대학의 예술사 박물관이 자리하고 있다.

곰 여인숙(Gasthof "Zum Bären") Barfüßerstraße 48, 35037 Marburg

곰 여인숙

마부르크 회담을 위해 루터가 1529년 9월 말 마부르크의 곰 여인숙에 묵었다. 이것이 곰 여인숙 자리에 세워져 있는 건물 밖 기념 동판에 기록돼 있다. 루터 당시 16세기에는 아름다운 반 목골조 건물로 돔 형태의 창문들과 건물 정면부가 있었으나, 현재 건물은 재건축된 것이다.

마부르크필립대학 (Philipps-Universität Marburg)
옛 대학 Lahntor 3, 35037 Marburg 현대 대학 Biegenstraße 10.

그 도시에 1527년 필립 대공이 프로테스탄트 정신에 근거한 최초의 대학인 마부르크필립대학을 세웠다. 그 대학은 당시 비어 있던 도미니크회 수도원 건물에서 11명의 교수와 88명의 학생으로 시작됐다. 이후 학교는 개신교 진영에서 중요한 역할을 했으며, 현재 현존하는 가장 오래된 프로테스탄트 대학으로 남아 있다.

이 학교는 1609년 세계 최초로 약학과 의학을 가르치는 '화학과 교수직'을 신설했다. 이 대학의 의과대학 명성이 높은 이유도 17세기부터 시작된 약학과 교육의 영향이 크다. 실제 마부르크필립대학은 독일의 많은 의과대학의 모태가 됐다. 독일의 3대 대통령 구스타프 하이네만(Gustav Heinemann), 그림동화로 유명한 독일의 언어학자 형제 야콥 그림(Jakob Grimm)과 빌헬름 그림(Wilhelm Grimm) 등이 이 학교 출신이다. 20세기 위대한 신약성서학자 루돌프 불트만(Rudolf Bultmann)이 이 대학에서 30년간 교수로 재직하며 학생들을 가르쳤다. 지금도 옛 대학 안뜰에 불트만의 흉상이 있다.

옛 대학 건물

제14장

"프로테스탄트"

1. 슈파이어(Speyer)

독일 남서부 라인란트팔츠(Rheinland-Pfalz)주의 슈파이어는 산업의 중심지이며 라인 평원의 문화적 역사적 중심지다. 슈파이어는 독일의 대표적인 역사 도시 가운데 하나다. 로마제국이 알프스 산맥 북쪽의 중요한 교역과 군사 중심지로 이곳을 점령했던 때는 "아우구스타 네메툼"(Augusta Nemetum)과 "노비오마구스"(Noviomagus)라 불렀다. 7세기경에 주교 관할구가 됐다.

11세기부터 유명한 슈파이어대성당이 이곳에 건축됐다. 그 시기 슈파이어는 잘리어 왕조(Salian Dynasty)의 중심 도시로서 독일 내에서는 쾰른과 기독교 중심지를 놓고 다투던 곳으로 유럽 전체로 보면 클뤼니와 경쟁하던 곳이었다. 클뤼니성당은 베네딕트회를 3매개로 로마의 중앙 로마 가톨릭교회 정부를 대표하는 순수 수도원 성당이었으며 주로 성직자들이 안장됐다. 반

슈파이어대성당

면 슈파이어대성당은 신성로마제국을 대표하는 황실성당이었으며 황제와 황후 등 세속 권력자가 주로 안장됐다.

이때문에 현지에서는 보름스대성당과 마인츠 대성당과 함께 "황제성당"(Kaiserdom)으로 불린다. 슈파이어대성당은 11-12세기 로마네스크 건축 발달에 큰 영향을 미친 로마네스크 건축 설계의 절정으로 평가받는다. 대성당은 1981년 유네스코에 의해 세계유산으로 지정됐다.

● 로마네스크 건축 양식

로마네스크 건축 양식은 900년경에 시작돼 12세기 후반까지 계속된 초·중기 중세 건축 양식으로 알프스 이북 지역의 전통 목조건축과 로마의 석조 건축을 합한 새로운 건축술을 기본 구조로 삼아 주로 교회 건축에 사용됐던 건축 양식이다. "로마네스크"란 용어는 "로마적"이라는 의미로 당시 유럽 건축이 고대 로마의 석조 건축을 닮았다는 데서 비롯됐다. 이 양식의 특징은 십자형 구조에 피어라 불리는 두꺼운 튼튼한 기둥(이는 원래는 지붕이나 바닥의 하중을 받치는 벽의 일부였다), 두꺼운 벽체, 그리고 반 원통형의 둥근 천장인 석조 궁륭에 있다. 독일에서 로마네스크 양식의 전성기는 1060년에서 1170년까지로, 이 시기는 잘리어 왕조(1024-1125)와 호헨슈타우펜 왕조(Hohenstaufen Dynasty, 1138-1254)에 해당한다. 이 가운데 신성로마제국의 전성기를 이끈 잘리어 왕조가 주도적 역할을 했다. 이 시기에 로마네스크 건축 양식도 전성기를 누렸는데, 슈파이어대성당은 바로 그 시기에 건축됐으며 독일 로마네스크 전체를 통틀어 석조궁륭 천장과 다발 기둥을 접목하는 문제를 해결한 거의 독보적인 예였다.

제국 의회 장소였던 자리

슈파이어는 1294년 제국 자유 도시가 됐지만, 이곳 주교가 신성로마제국의 군주로서 라인강 양안의 영토를 모두 통치했다. 이곳에서 제국 의회가 여러 차례 개최됐다. 신성로마제국의 주요 의사 결정 기구였던 제국 의회는 754년부터 1529년까지 765차례 소집됐는데 같은 도시에서 제국 의회가 이어졌던 사례는 1522년에서 1524년까지 연이어 세 차례 뉘른베르크에서 열렸던 제국 의회와 1526년과 1529년에 두 차례 슈파이어에서 열렸던 제국 의회뿐이다. 그 가운데 1529년 제국 의회를 통해 "프로테스탄트"(Protestant)라는 말이 나온 사건이 역사적으로 크게 주목받는다. 1529년의 항의를 기념하는 개신교교회가 19세기 후반 슈파이어에 건립됐다. 슈파이어는 1990년에 시 건립 2,000주년을 기념했다.

항의기념교회(Gedächtniskirche der Protestation)
Martin-Luther-King-Weg 1, 67346 Speyer

항의기념교회는 1529년 개신교 제후들이 슈파이어 제국 의회에서 황제에게 '항의서'(Protestation)를 제출하고, 여기에서 "프로테스탄트"(개신교)라는 이름이 유래하게 된 것을 기념하기 위해 세워졌다. 교회는 원래 삼위일체교회(Dreifaltigkeitskirche) 근처에 있는 렛셰린(Retschelin) 가족 소유의 옛 영주의 집터인 '렛셔'(Retscher)에 세울 계획이었다. 이는 그곳이 1529년에 있었던 제국 의회 장소라고 알려져 있었기 때문이다. 하지만 1529년의 제국 의회가 렛셔에서 개최되지 않았다는 것이 밝혀진 후, "1529년 '항의기념교회 건축협회'"(Verein zur Erbauung der Gedächtniskirche der Protestation von 1529)는 1883년에 현재 위치에 교회를 세우기로 결정했다.

항의기념교회

기념교회는 로마 가톨릭교회의 황제교회로 명성이 높았던 슈파이어대성당에 의해 빛이 바래서는 안 됐기에 대성당의 로마네스크 양식과는 전혀 다른 양식으로 짓기로 결정됐다. 공개 입찰 후 에센(Essen)의 율리우스 플뤼게(Julius Flügge)와 칼 노르드만(Carl Nordmann)에게 건축을 맡기기로 했고, 그들은 교회를 신고딕(Neo-Gothic) 양식으로 짓기로 했다. 플뤼게와 노르드만은 기념교회를 빈(Wien)의 신고딕 양식 교회, 특히 1856년과 1879년 사이에 지어진 보티브교회(Votivkirche)를 모델로 해 지었다. 교회는 1893년 8월 24일에 기초가 세워지고 11년의 공사 기간을 거쳐 1904년 8월 31일 봉헌됐다. 신고딕 양식의 우뚝 솟은 교회 종탑은 100미터 높이로 라인란트팔츠에서 가장 높다.

항의 기념관은 교회 정문 앞에 있는 교회 종탑 1층에 있으며, 탑과 마찬가지로 육각형의 모양을 가지고 있다. 기념관이 정문 앞에 위치하게 된 것은 동상을 포함한 큰 기념물을 내부에 만들어 놓을 수 없었기 때문에 방문객들이 교회가 기념하고 있는 항의의 증거를 꼭 보도록 하기 위해서였다. 기념관 중앙에 루터 청동상이 스웨덴 화강암으로 만들어진 받침대 위에 서 있다.

이는 독일계 미국인 루터교 신자들의 기부를 통해 세워진 것이다. 루터의 모습은 왼손에 펼쳐진 성서를 들고 오른손은 주먹을 쥐고 있으며 오른

발로는 그를 파문한 교황의 교서를 밟고 있다. 바닥에는 루터가 1521년 보름스 제국 의회에서 했던 말을 상기시키는 글귀가 새겨져 있다.

> 제가 여기에 섰습니다. 저는 달리할 수 없습니다. 하나님이 저를 도우소서. 아멘! (Hier stehe ich, ich kann nicht anders, Gott helfe mir. Amen!)

루터 동상

1529년 4월 19일 슈파이어 제국 의회에서 항의했던 6명의 제후의 동상이 루터 동상을 둘러싸고 각각 받침대 위에 서 있다. 그 여섯 명은 작센의 선제후 요한 부동자, 브라운슈바익-뤼네부르크(Braunschweig-Lüneburg)의 공작 에른스트 1세(Ernst I)와 프란츠(Franz), 안할트-쾨첸(Anhalt-Köthen)의 제후 볼프강(Wolfgang), 브란덴부르크-안스바흐의 방백 게오르크(Markgraf Georg von Brandenburg-Ansbach), 헤센의 영주 필립 대공이다. 반원형 통로 교차점에는 항의서 서명자들의 가문 문장들이 있고, 옆에 있는 문들 위에는 슈파이어 항의에 함께 제휴했던 14개 제국 도시(Strassburg, Augsburg, Ulm, Constance, Lindau, Memmingen, Kempten, Nördlingen, Heilbronn, Reutlingen, Isny, St. Gallen, Weißenburg, Windsheim)의 문장이 있다.

종탑의 8개의 종은 1900-1903년에 아폴다(Apolda)에서 프란츠 쉴링(Franz Schilling)이 주조한 것이다. 원래 황제가 기부했던 9,150 킬로그램의 가장 큰 종이 있었는데, 1942년 함부르크에 있는 소위 "종 묘지"(Glockenfriedhof)에서 파괴돼 남아 있지 않다. 그리고 남아 있던 종 가운데 4개는 전쟁이 끝난 후 교회로 돌아왔지만, 시련을 겪은 이후 상태가 좋지 않아 1959년 칼스루에(Karlsruhe)의 공장 바첼트 형제(Brothers Bachert)에 의해 전체가 완전히 새로운 종으로 주조됐다. 기부금을 통해 만들어진 8개의 종은 스웨덴 왕 구스타브 아돌프 2세(Gustav Adolf II)와 7명의 유명한 종교개혁자들(Martin Luther, Johannes Calvin, Huldrych Zwingli, Philipp Melanchthon, Martin Butzer, Zacharias Ursinus, Johannes Bader)의 이름을 따서 명명됐다. 8개 종 가운데 마틴 루터가 무게가 7,540킬로그램에 지름이 2.33미터로 가장 크다.

제15장
재세례파 문제의 장소

1. 뮌스터(Münster)

독일 북서쪽 노르트라인-베스트팔렌(Nordrhein-Westfalen) 주에 있는 뮌스터는 인구 35만 명 정도의 중소 도시다. 뮌스터는 "비가 오고, 오지 않을 때는 교회 종이 울린다. 이 두 가지가 동시에 일어난다면 그날은 일요일이다"라는 말이 있을 만큼 비가 자주 오는 지역이다. 연 강우량 700mm 정도로 독일의 평균 강우량과 비슷하지만, 비가 오는 횟수가 많다. 뮌스터를 중심으로 하는 뮌스터란트(Münsterland) 지역은 비옥한 점토 토양과 많은 강우량 때문에 이상적인 가축 방목용 목초지가 조성돼 있으며, 루르(Ruhr) 지역에서 신선한 낙농품, 육류, 베이컨의 최대 공급지다. 중심부인 뮌스터는 서비스업의 중심지이자, 북해까지 항해할 수 있는 운하를 낀 중요한 교통 연계지다.

역사적으로 뮌스터가 주목받기 시작한 것은 793년 칼 대제가 뮌스터 땅을 전도하기 위해 선교사로 루트거(Ludger)를 파견하면서부터다. 루트거는 805년 뮌스터의 첫 주교가 됐다. 797년에 루트거는 이곳에 학교를 세우고, 그것이 나중에 대성당학교(Cathedral School)가 됐다가 현재는 파울리움 김나지움(Gymnasium Paulinum)으로 이어져 내려온다. 첫 번째 성당이 850

년에 호스테베르크(Horsteberg) 언덕에 건축됐다. 그 자리에 몇 번의 재건축을 거쳐 오늘날 시청과 함께 도시의 랜드마크로 여겨지는 사도바울대성당(St.-Paulus-Dom)이 세워졌다.

사도바울대성당

주민 수가 증가함에 따라 뮌스터는 1170년 도시의 특권을 얻었고, 중세에는 한자 동맹의 주요 회원 도시였다. 아직도 남아 있는 프린지팔 마르크트(Prinzipalmarkt)에 있는 화려한 상인 집들이 이 시대에 도시가 가졌던 부유함을 보여 준다.

1534년 9월 혁명적 재세례파들이 뮌스터에서 반란을 일으켜 얀 반 레이덴을 왕으로 선포하고 "새 예루살렘"을 세웠다. 재세례파가 뮌스터를 통치하던 기간 사도바울대성당, 성 람버트성당(St. Lambertikirche), 위버바써성당(Überwasserkirche) 등이 재세례파 교도들의 성상 파괴로 크게 손상됐다. 그러나 라이덴의 왕국은 1535년 6월 24일 프란츠 폰 발덱(Franz von Waldeck) 주교의 군대가 도시를 다시 탈환함으로 막을 내렸다.

재세례파의 지도자들인 레이덴, 베른트 크레히팅(Bernd Krechting), 베른트 크니퍼돌링(Bernd Knipperdolling) 등이 체포돼 고문 받고 프린치팔 마르크트에서 처형됐다. 이후 그 시체를 대중이 보게 하려고 그리고 다른 반역자에게 경고하기 위해 공개적으로 3개의 철장에 각각 넣어 교회 탑에 매달았다. 오늘날 사람들이 종종 새장으로 착각하곤 하는 철장들은 아직도 그 자리에 매달려 있다. 1987년부터 교회는 철장들에 노란 전구를 설치해 매일 해질녘부터 새벽까지 "그들의 떠난 영혼을 기념해 불을 밝히고 있다."

1648년 뮌스터에서 열린 '베스트팔리아 평화회의'(Westfälische Friede)를 통해 30년 전쟁이 끝나게 됐다. 이후 뮌스터는 로마 가톨릭교회 지역으로 남았다. 지금도 인구의 2/3 이상이 로마 가톨릭교회교도고 1/3 정도가 개신교도다. 2015년에는 뮌스터 시청이 "베스트팔리아 평화회의의 장소"로 유럽위원회(European Commission)에 의해 "유럽 문화유산"으로 지정됐다.

성 람버트성당의 3개의 철장

제16장
아우그스부르크 신앙고백의 장소

1. 아우그스부르크(Augsburg)

아우그스부르크는 독일 바이에른(Bayern)주 남서쪽에 있는 고대 로마 시대에 건설된 도시로 그 역사가 2000년이 넘는다. "바이에른"은 기원전에 게르만족의 부족 '바바리 족'(Bavarii)이 이곳에 들어와서 정착하며 그 지명의 기원이 됐다. 이곳은 오랫동안 독자적인 역사를 형성해 왔던 지역이다. 이 바이에른 지역에서 아우그스부르크는 뮌헨, 뉘른베르크 다음으로 세 번째로 큰 도시다.

현재 도시의 인구는 30여만 명이며, 도시 주변 인구도 90여만 명에 달한다. 로마 황제 아우구스투스(Augustus)가 이곳에 도시를 만들면서 자신의 이름을 따서 "아우그스부르크"라고 이름을 지었다고 한다. 이후 황제에게 소속된 자유 도시로 상업 중심지가 돼 부유한 도시로 성장했다.

아우그스부르크는 16세기 종교개혁의 과정에서 가장 긴박했던 역사적 장소 가운데 하나였다. 1530년 제국 의회의 도시였던 아우그스부르크에서 개신교의 신앙고백서가 황제에게 제출되고 의회에서 낭독됐다. 그리고 이어진 논박들로 아우그스부르크는 로마 가톨릭교회와 개신교 간의 대립 전장이 됐다.

아우크스부르크 평화의 여인상
(보름스 종교개혁 기념물)

루터 사후 1548년 이곳에서 다시 제국 의회가 열려 양측이 화해를 모색하며 '아우크스부르크 잠정안'이 나왔고, 7년 후 1555년 아우크스부르크에서 열린 제국 의회에서 마침내 '아우크스부르크 종교평화협정'이 채택됐다. 이로 인해 아우크스부르크는 일치, 화해, 평화의 도시라는 이미지를 가지게 됐으며, 많은 곳의 종교개혁 기념물에서 아우크스부르크는 종종 평화를 상징하는 종려나무 가지를 들고 있는 여인의 모습으로 표현되곤 한다.

루터는 아우크스부르크에 두 번 방문했다. 첫 번째 방문은 1511년 아우크스티누스회 수도사로 로마를 방문하고 돌아오는 길에 잠깐 들렀을 때였다. 당시 그는 아우크스부르크를 자랑스럽고 부유한 도시로 봤다. 수많은 교회, 수도원, 그리고 웅장한 관청 건물이 그 도시의 부유함과 힘을 잘 보여 주고 있었다.

두 번째 방문은 7년 후인 1518년 이단으로 소환됐을 때였다. 95개조 논제와 함께 종교개혁의 기치를 높이 들었던 루터는 일련의 외교적 힘겨루기 후에 제국의 자유 도시였던 아우크스부르크에서 심리를 받을 기회를 얻었다. 그렇게 해서 루터는 1518년 10월 7일 다시 아우크스부르크를 방문했으며 10월 20일까지 그 도시에 머물렀다. 당시 제국 의회가 아우크스부르크에서 열렸으며, 젊은 루터는 추기경 앞에서 성서의 권위 이외에는 그 어떤 세상의 권위 앞에서도 굴복하지 않겠다는 결기를 보여 줬다.

결국, 루터는 로마 가톨릭교회에서 출교 당하고 그에 맞서 매우 곤란한 종교개혁의 길로 들어서게 됐다. 하지만 루터 사건 이후 아우크스부르크에는 루터를 추종하는 이들이 늘어났고, 1534년 시는 종교개혁을 공식적으로 받아들였다.

갈멜수도회수도원(Karmelitenkloster)과 성 안나교회(St. Anna Kirche)
  Im Annahof 2, 86150 Augsburg

갈멜수도회수도원과 성 안나교회

아우그스부르크 갈멜수도회수도원은 1275년에 그리고 성 안나교회는 수도원의 일부로서 1321년에 세워졌다. 교회 내부가 1747년 바로크 양식으로 개조되기 전에는 부채꼴 둥근 천장을 가진 바실리카 양식을 하고 있었다. 그 바실리카 양식의 교회를 루터가 이곳에 머물고 있었을 때 봤을 것이다.

푸거예배당

교회 서쪽 측면에 독일에서 가장 아름다운 초기 르네상스 양식 건축 가운데 하나로 여겨지는 푸거예배당(Fuggerkapelle)이 자리하고 있다. 이 예배당은 1509년 수도원의 후원자로 아우크스부르크의 거상이자 당대 유럽 최고의 부자였던 야콥 푸거(Jakob Fugger)와 그의 형제 울리히 푸거(Ulrich Fugger)에 의해 세워졌다. 이곳은 푸거 가문의 장지로 사용되고 있으며, 그들의 사암 묘비가 뒷벽에 있다. 그 묘비는 세바스찬 로셔(Sebastian Loscher)가 만든 것으로 일부 알브레히트 뒤러의 그림을 참조한 것이다. 푸거예배당뿐 아니라 성 안나교회 내 곳곳의 벽면에는 수많은 묘비가 있는데, 이곳에 1500년에서 1806년까지 3,722명의 유해가 안장됐다.

야콥 푸거 묘

루터는 아우크스부르크에 머무는 동안 그 도시에 아우구스티누스회 수도원이 없었기 때문에 이곳 갈멜수도회수도원에 머물렀다. 그곳 수도원 원장인 요한 프로쉬(Johann Frosch)는 루터의 지도하에 비텐베르크에서 공부했던 이로 루터를 따뜻하게 영접했다. 성 안나교회는 아우크스부르크에서 처음으로 종교개혁을 도입한 곳이기도 하다. 이곳에서 1525년 이종성찬이 처음 시행됐으며, 1545년 교회는 아우크스부르크에서 공식적인 첫 개신교교회가 됐다.

안나호프(Annahof)에 있는 교회 남쪽 외벽에 1518년 루터가 이곳에 있었음을 기념하는 기념판이 있다.

안나호프 루터 기념판

"DA HINAB 1518"

1518년 10월 7일부터 20일까지 교황의 대사 카예탄에게 심문받는 동안 마틴 루터 박사가 이곳 갈멜수도회수도원 성 안나교회에 머물렀다.

추기경의 위협에 10월 20일 밤 몰래 도시를 빠져나가던 루터가 지나갔다고 알려진 좁은 길가 벽에는 "1518년에 저기 아래로"(DA HINAB 1518)라고 쓰인 기념판이 새겨져 있다.

루터 전시관으로 마련된 '루터 계단'(Lutherstiege)은 1983년 루터 탄생 500주년을 기념해 안나교회 측면 부분에 설치됐다. 계단을 따라 아우크스부르크에서의 루터와 종교개혁에 대한 설명이 전시돼 있다. 그곳에는 카예탄 추기경이 루터를 심문했던 자료, 아우크스부르크 신앙고백, 아우크스부르크 종교평화조약과 관련된 자료, 갈멜수도회수도원의 역사 자

루터 계단

료, 그리고 1743년 24권으로 출판된 요한 게오르크 발흐(Johann Georg Walch)의 『마틴 루터 박사의 전집』(Dr. Martin Luthers Sämmtliche Schriften)이 소장돼 있다. 계단은 교회 2층으로 연결된다. 그림, 문서, 루터의 저서들이 루터에 대한 역사를 생생하게 전해 주고 있으며, 종교개혁의 원인들과 사건들에 대한 지식도 함께 전해 준다.

칭의론에 대한 공동 선언 기념판

1999년 10월 31일, 이 역사적인 장소에서 로마 가톨릭교회와 루터교회가 다시 만나 화해했다. 양측은 오랫동안 양보하지 않고 대적했던 칭의론에 대해 합의한 후 이를 기념하는 "칭의론에 대한 공동 선언 기념판"(Gedenktafel zur Gemeinsamen Erklärung zur Rechtfertigungslehre)을 제작해 역사적인 성 안나교회 외벽에 설치했다. 500여 년 전 서로 분열했던 그곳에서 로마 가톨릭교회와 루터교회가 다시 만나 화해와 일치를 위한 역사를 시작한 것이다.

푸거 저택(Fuggerhäuser) Maximilianstraße 38, 86150 Augsburg

푸거 저택

1518년 루터가 카예탄 추기경에게 심문을 받았던 곳은 오늘날 막시밀리안슈트라세(Maximilianstraße)에 있는 푸거 저택이었다. 이곳은 1512년에서 1515년까지 이 도시의 큰 부자였던 푸거 가문의 야콥 푸거가 포도주 시장 근처의 비아 클라우디아

(Via Claudia, 현재의 Maximilianstraße)에 서로 연결된 형태로 두 개의 건물을 건축함으로 시작됐다. 하나는 주택이었고 다른 하나는 창고였다. 푸거가 직접 디자인한 이 세속 건축물은 알프스 북쪽에 세워진 최초의 르네상스 양식 건물이었다.

황실문

푸거는 1517년부터 다른 주변 주택들을 사서 단지에 통합해 나갔고, 이 저택은 막시밀리안슈트라세에서 가장 긴 건물이 됐다. 당시엔 집의 외관 길이에 따라 세금이 부과됐기 때문에 이 저택의 길이는 푸거 가문의 부를 보여 준다.

광산업, 무역, 은행업 등을 운영하며 막대한 부를 소유하고 있던 푸거 가문은 종교개혁 시대 유럽 제일의 부자로 유럽 역사에 많은 영향을 끼쳤다. 중세 말에는 지역의 교구를 거래하는 일이 빈번했는데, 독일 브란덴부르크 교구를 소유하고 있던 알브레히트 대주교가 바로 이 푸거 가문에게서 돈을 빌려 교황청에 바치고 마인츠 대교구를 얻어냈다. 그리고 이 빚을 갚기 위해 교황청에 면죄부 판매 허가를 요구했다.

루터 기념판

교황청에서는 판매 수입의 절반을 바티칸 베드로대성당 건축 기금으로 보내는 조건으로 이를 승인했다. 그리고 루터의 95개조 논제가 나오고, 익히 잘 알려진 것처럼 그것이 바로 16세기 유럽 종교개혁의 시발점이 됐다.

건물 전면에 1518년 루터가 카예탄 추기경에게 이곳에서 심문받았음을 알려 주는 기념판이 붙어 있다. 건물 정면 중앙의 입구에는 황실문(Adlertor)이 있는데, 이는 푸거 저택이 황실 거주지로도 사용됐음을 보여 준다. 칼 5세도 아우크스부르크에 있는 동안 이곳에 머물렀다. 저택은 현재도 푸거 가문이 소유하고 있으며, 푸거 가문이 운영하는 은행(Fürst Fugger Privatbank) 본부가 아직도 건물 안에 있다.

푸거라이(Fuggerei) Fuggerei, 86152 Augsburg

푸거라이는 1516년 야콥 푸거가 설립한 대규모 주택 단지를 일컫는다. 이 주택 단지는 세계에서 가장 오래된 사회 복지 시설 가운데 하나로 오늘날까지 거의 500년 동안 유지되고 있다. 현재도 이곳에는 주로 가난한 세입자들이 살고 있는데 이들이 지불하는 집세의 기준은 후기 중세 시대와 동일한 연간 1길더다. 이것을 유로화로 환산하면 0.88유로로 지금도 세입자들은 연간 0.88유로만 내고 살고 있다고 한다.

주택 단지

옛 부엌을 재현해놓은 곳

그래서 푸거라이는 부자의 사회적 기여와 역할의 모델로 자주 회자되곤 하는 곳이다. 현재 이곳은 입장료를 내고 단지 내의 교회와 공공시설들 그리고 주택 내부 등을 둘러볼 수 있게 돼 있다. 박물관도 있어 그곳에서 푸거 가문과 푸거라이의 역사를 볼 수 있다.

푸거 가문은 로마 가톨릭교회와 교황의 후원자로 종교개혁 측에서 보면 적이었지만, 가난한 사람들을 위해 주택을 지어 저렴한 집세로 임대했던 사회사업가로 존경을 받는다. 푸거라이는 지금도 로마 가톨릭교회 신자만 들어갈 수 있다.

주교 궁정(Bischöflische Residenz) Fronhof 10, 86145 Augsburg

주교 궁정

아우그스부르크 신앙고백 기념판

아우그스부르크의 프론호프(Fronhof) 공원 한편에 주교 궁정이 있다. 이 곳이 바로 1530년 아우그스부르크 신앙고백서가 낭독됐던 장소다. 현재는 슈바벤 지역을 관할하는 행정 관청(Regierung von Schwaben)으로 사용되고 있으며 내부는 공개하지 않고 있다. 건물 벽면에는 1530년 6월 25일 이곳에서 아우그스부르크 신앙고백이 선포됐음을 알려 주는 기념판이 부착돼 있다. 이 기념판은 1980년에 '아우그스부르크 신앙고백' 제출 450주년을 기념해 설치됐다.

성 울리히와 아프라성당 (Basilika St. Ulrich und Afra)과 성 울리히교회 (St. Ulrich Kirche) Ulrichsplatz 19/20, 86150 Augsburg

성 울리히와 아프라성당과
성 울리히교회

구시가지 막시밀리안슈트라세 남쪽 입구 울리히(Ulrich) 광장에서 방문자들은 로마 가톨릭교회 성당과 개신교교회가 앞뒤로 서로 붙어 있는 듯한 독특한 광경을 마주하게 된다. 이 경관은 1555년 종교평화회의의 장소로 화해와 평화의 도시로서의 아우그스부르크의 위상을 상징적으로 보여 준다.

성 울리히와 아프라성당은 8세기에 304년 로마에서 순교한 성 아프라(St. Afra)의 유해를 이곳에 가져옴으로 시작됐다. 973년 아우그스부르크의 주교 울리히가 아프라 옆에 묻혔고, 1012년 이후로 이곳은 성 울리히와 아프라 베네딕트회 수도원으로 사용됐다. 그간 몇 번의 교회 재건축이 있었고, 1474년에 오늘날의 후기 고딕 양식 교회로 건축이 시작돼 1500년에 완공됐다. 이후 이 교회는 독일 후기 고딕 양식 건축의 훌륭한 예로 평가받아 왔다.

성 울리히와 아프라성당의 종탑은 93미터 높이의 끝이 양파 모양을 한 장엄하고 화려한 모양으로 바이에른의 수많은 바로크 양식 탑 건축에 있어 모델이 됐다. 그 앞쪽으로 작고 아담한 울리히 교회의 종탑이 보인다. 울리히 교회는 현재 아우그스부르크 개신교 교구 교회다. 울리히 교회는 원래 성 울리히와 아프라성당의 현관홀로 지어져 순례자들의 순례 장소와 시민들을 위한 묘지로 사용됐었다.

성당이 1500년경에 재건될 때 오늘날의 울리히 교회 모습을 하게 됐다. 건축 시 성당과 같은 양식으로 지어져 마치 한 교회처럼 보인다. 서로 다른 두 교파의 평화로운 공존으로 이보다 더 나은 그림을 찾을 수 없을 듯싶다. 말 그대로 벽을 맞대고 두 신앙이 공존한다.

2. 코부르크(Coburg)

코부르크는 비텐베르크에서 아우그스부르크로 가는 길 중간쯤에 위치하며, 거리로는 두 도시에서 각각 280km 정도 떨어진 독일 남부 바이에른 주의 소도시다. 문헌에서의 코부르크에 대한 첫 기록은, 1056년 폴란드의 황후 리체차(Richeza)가 쾰른의 대주교 안노(Anno)에게 "코부르크"라고 불리는 언덕에 수도원을 세우도록 소유권을 넘겨줬다는 기록이 담긴 수도원 문서다. 나중에 그곳에 코부르크 성이 세워졌다. 이후 코부르크 성은 1248년 헨네베르크가(Haus Henneberg)의 소유가 됐다가, 1353년 헨네베르크가의 카테리네(Catherine)와 베틴 가(Haus Wettin)의 프리드리히 3세(Friedrich III)가 결혼하며 베틴 가에게 그 소유권이 넘어갔다. 이후 프리드리히 3세의 계승자인 "호전적인" 프리드리히(Friedrich der Streitbare)가 1423년 작센의 선제후가 됨으로 코부르크 성은 프랑코니아(Franconia)에 있음에도 작센의 영지로 남았다. 1485년 베틴 가가 "라이프치히 분할"로 나뉜 후 코부르크는 에른스트(Ernst) 가의 소유가 됐다. 그리고 이 가문에 속해 있던 선제후들이 종교개혁을 지지한 덕분에 코부르크에서는 일찍이 1524에 종교개혁이 도입될 수 있었다.

루터는 코부르크를 "완벽하게 매력적인 장소"라고 했다. 이러한 매력은 오늘날 방문자들도 느낄 수 있다. 옛 거리와 종탑 그리고 교회가 있는 구시가와 네 개의 성들 덕분에 이 도시에서는 예술, 역사 그리고 문화가 멋지게 조화를 이루고 있다.

아마도 루터는 1510년 로마로 가는 길에 코부르크를 처음으로 방문했을 것이다. 그러나 이에 대한 기록은 찾을 수 없고, 문서상으로는 그가 1518년에 코부르크를 방문했던 것을 알 수 있다. 이는 루터가 슈팔라틴에게 보낸 1518년 4월 15일자 서신의 발신지가 코부르크였던 것을 통해 확인할 수 있다. 하이델베르크로 논쟁하러 가는 길에 루터는 그날 오후 코부르크에 도착해 다음 날 뷔르츠부르크(Würzburg)로 여행을 계속했다. 1518년 10월에도 루터는 아우크스부르크에서 카예탄 추기경에게 심리를 받으러 가고 오는 길에 코부르크를 통과해 지나갔다.

루터가 코부르크에 머문 것 중 가장 길고 중요했던 시기는 1530년 아우크스부르크 제국 의회 기간 중이었다. 아우크스부르크를 향해 가던 루터와 동료들 그리고 작센의 선제후 요한 부동자는 1530년 성금요일에 코부르크에 도착했다. 그날 루터는 모리츠교회 인근 주임신부 사택에 묵었을 것이다. 선제후는 시장 광장(Marktplatz)에 있는 궁정약국(Hofapotheke)에 숙소를 잡았다. 그곳에 있는 동안 루터는 모리츠교회에서 일곱 번 설교했다. 4월 24일 선제후는 수행단과 함께 아우크스부르크로 계속 여행했다.

선제후 요한은 뉘른베르크 시 의회에 제국 의회 동안 루터에게 숙소를 제공해 달라고 요청했었다. 그러나 뉘른베르크인들은 루터가 아직 금지령 아래 있었기에 상황이 매우 위험하다고 생각했고, 그 때문에 루터는 코부르크에 남아 있어야 했다. 선제후는 4월 23일 밤 루터가 은밀히 치리아쿠스 카우프만(Cyriacus Kaufmann)과 파이트 디트리히(Veit Dietrich)와 함께 코부르크 성으로 옮기도록 했다. 디트리히는 비텐베르크에서 루터 밑에서 공부했던 이로 루터의 비서 역할을 하고 있었으며, 코부르크성에 있는 동안 루터의 말을 받아 적어 많은 기록을 남겼다.

루터는 코부르크성에 6개월간 머물렀는데 석조 건물에 있는 영주의 주택 가운데 방 두 개를 사용했다. 그는 바르트부르크성에 머물 때 그랬던 것처럼 자신의 신분을 숨기기 위해 수염을 길렀다. 당시 루터는 건강이 매우 안 좋았다. 이는 분명히 큰 긴장과 두려움이 그의 건강 상태에 영향을 준 탓이었다. 그는 두통과 이명으로 고통받았으며 간헐적으로 거의 정신을 잃기도 했다. 이따금 그는 읽고 쓸 수도 없을 정도로 아팠다. 그의 상태는 8월에 후두염과 치통이 완화되고 나서야 나아졌다.

이러한 육체적인 약함이 루터 안에 아직 남아 있었던 악마에 대한 두려움을 불러일으켰다. 그의 건강이 좋지 않았던 원인은 무엇보다 익숙하지 않은 바람과 열기, 그리고 아마도 포도주 때문이기도 했을 것이다. 루터와 일행은 성에 있던 165일 동안 1,200리터의 포도주를 마셨다. 육체적인 연약함 외에도 루터는 외로움으로 괴로워했다. 게다가 그는 1530년 6월 5일 자신의 옛 학교 친구 한스 라이네케에게서 부친이 돌아가셨다는 매우 슬픈 소식을 들었다. 이 소식을 듣고 루터는 며칠 동안 두문불출했다.

정신적 육체적 고통 가운데서도 루터는 "완벽하게 매력적이고 공부하기 좋은" 코부르크 성에 있는 동안 엄청난 양의 일을 했다. 그는 이곳에서 멜란히톤, 요나스, 선제후 등과 120통 이상의 서신을 주고받으며 당면한 문제에 대해 의견을 나누고 자기의 생각을 전했다. 바쁜 와중에도 그는 가족들과도 서신을 주고받았다. 서신들 가운데서 루터는 코부르크를 가리켜 "새들의 왕국," "악마로 가득한 곳," "고독한 곳" 등으로 상상력을 발휘해 표현하곤 했다. 서신 말고도 루터는 구약성서의 예언서를 번역하고 중요한 신학적 작품들과 교회 정책에 대한 26편의 에세이를 썼다.

그 가운데는 『코부르크 시편』(*Coburger Psalter*), 『번역에 대한 공개적 서신』(*Ein Sendbrief vom Dolmetschen*), 『아우그스부르크 제국 의회에 모인 성직자들에게 경고함』(*Vermanung an die Geistlichen Versamlet auf dem Reichstag zu Augsburg*) 등이 있다. 『아우그스부르크 제국 의회에 모인 성직자들에게 경고함』은 아우그스부르크에서 500권이 인쇄됐는데 순식간에 다 팔렸다. 코부르크에서의 루터의 저술은 파이트 디트리히가 받아 적어 기록한 것으로 알려져 있다.

루터가 코부르크를 떠나기 얼마 전 슈트라스부르크의 종교개혁가 부처가 방문했다. 그 두 개혁자는 성만찬에 대해 서로 다른 해석을 가지고 있었는데, 이를 타협해 보려고 했다. 하지만 두 사람은 합의에 이르지 못했다. 루터는 1530년 10월 4일 선제후 수행단과 함께 코부르크 성을 떠났다. 그 전에 선제후는 9월 23일 제국 의회를 떠났다.

흔히 루터 순례에서 바르트부르크 성에서의 루터는 큰 관심을 받지만 코부르크 성에서의 루터는 크게 주목받지 못하는 경향이 있다. 이는 이곳까지 찾는 이들이 많지 않기 때문이다. 그러나 코부르크는 종교개혁 이후 루터가 지냈던 장소 가운데 비텐베르크와 바르트부르크를 빼면 가장 오랫동안 살았던 장소다. 6개월을 이곳에서 살았던 루터의 흔적이 곳곳에 있다.

코부르크성 (Veste Coburg) Veste Coburg, 96450 Coburg

코부르크성

해발 464m 석회암 광맥 위에 세워져 도시를 내려다보고 있는 코부르크성은 독일에서 가장 잘 보존된 그리고 가장 크고 중요한 중세 시대의 성 가운데 하나다. 이 성은 지금은 바이에른주에 속하지만, 종교개혁 당시에는 작센의 선제후 영지에 속해 있었는데, 영지 내 가장 남단에 있는 성이었다.

성이 위치한 언덕에는 원래 사람이 살고 있지 않았으나, 1075년 성 베드로와 바울 예배당이 코부르크에 있었다는 기록이 있다. 따라서 그 이전에 사람들이 거주했을 것이다. 이 문서는 또한, 베네딕트회 건물이 그 언덕에서 관리되고 있었음을 암시하고 있다. 1206년 교황 호노리우스 2세 (Honorius II)가 서명한 문서에는 한 "언덕 촌"(mons coburg)이 언급돼 있다. 13세기에 그 언덕은 트루팔리스타트(Trufalistat; 코부르크의 전신) 마을을 내려다보고 있었으며, 트루팔리스타트는 뉘른베르크에서 에어푸르트를 거쳐 라이프치히까지 이르는 중요한 무역로 가운데 있었다. 코부르크 "성"(Schloss)이라는 용어는 1225년에 처음으로 문서에 등장한다. 당시에는 메라니아(Merania)의 공작이 그 도시를 다스리고 있었다. 이후 헨네베르크가를 거쳐 베틴 가의 영지가 됐다. 후터파 전쟁 결과로 1430년 성채의 요새가 확장됐다.

성 정면 입구

루터 방

루터 거실

1530년 아우크스부르크 제국 의회에서 멜란히톤이 개신교 신앙고백서를 제출하는 동안 루터는 이 성에 머물러 있었다. 루터는 4월부터 10월까지 6개월간 여기서 살았는데, 현재 성 안에 그가 사용했던 '루터 방'(Lutherzimmer)과 '루터 거실'(Lutherstube) 그리고 '루터 예배당'(lutherkapelle)이 이를 기념하고 있다. 루터의 방 가운데 한 곳 벽에 "내가 죽지 않고 살아서 주께서 하시는 일을 선포하리라"(Non moriar sed vivam et narrabo opera Domini, 시 118:17)는 성구가 적혀 있다. 당시 루터의 심경이 그러했을 것이다.

루터 거실(Lutherstube)에는 본래의 창 자리와 고딕식 굴뚝, 그리고 참나무 기둥이 떠받치고 있는 빔 지붕이 있다. 실내 장식 가운데는 종교개혁 시기의 귀한 예술품과 역사적 문서들이 있으며, 1575년 크라나흐 2세가 그린 루터 초상화도 있다. 그의 부친 크라나흐 1세가 1506/07년 이 코부르크 성에 살면서 일했던 것으로 알려져 있다. 루터 예배당은 더 이상 원래 상태로 보존돼 있지 않다. 루터가 여기서 매일 기도하고 성만찬을 받았을 당시는 2층으로 구성된 로마네스크 양식의 예배당이었다.

루터 예배당

1547년 요한 에른스트(Johann Ernst)가 공작 가족의 거주지를 더 편리하고 세련된 위치에 있는 코부르크 시내 중심의 에렌부르크성(Schloss Ehrenburg)으로 옮겼다. 이후 코부르크성은 요새로만 사용되게 됐다. 오늘날 성은 일반인들에게 공개돼 있다. 코부르크성이 소장하고 있는 예술품들은 여러 시대의 귀중한 걸작들로 큰 보물이다.

모리츠교회(Morizkirche) Kirchhof 3, 96450 Coburg

모리츠교회

모리츠교회는 14세기에 신고딕 양식의 교구 교회로 건축됐다. 동쪽의 성가대석이 먼저 건축됐다. 이후 새로운 종탑을 가진 서쪽 성가대석이 완성된 후 1520년부터 후기 고딕 양식으로 재건축 공사가 시작됐다. 루터가 1510년 그리고 1518년 코부르크를 거쳐 가며 봤을 때만 해도 교회는 아직 후기 로마네스크 양식의 중랑을 가지고 있었다. 루터가 코부르크에 머물던 1530년까지도 교회 재건축은 아직 끝나지 않았다. 1530년 루터가 모리츠교회에서 설교할 때는 교회의 삼랑이 거의 완성됐을 때였다. 그러나 공작 갤러리(Fürstenstand)와 북쪽의 탑을 가진 교회는 16세기 말이 돼서야 완성됐다.

1530년 고난주간과 부활절 이후 이곳 모리츠교회에서 루터는 아우그스부르크 제국 의회에 참석하기 위해 코부르크까지 함께 내려온 선제후와 그의 수행단, 그리고 코부르크 사람들 앞에서 일곱 번 설교했다. 그 설교 가운데 여섯 편은 아직도 필사본으로 남아 있다. 루터는 코부르크 성에서도 세 번 더 설교했는데, 그중 한 번은 9월 15일 선제후 요한 앞에서 했다. 선제후가 아우그스부르크에서 코부르크로 다시 돌아오자 10월 2일 루터는 제국 의회에서 있었던 일을

설교단

종합해 설명하며 마지막으로 모리츠교회에서 다음과 같이 설교했다.

> 우리는 특히 하나님의 말씀만이 남게 되고 우리가 그 말씀과만 남아 있게 돼 하나님께 감사하고 영광을 돌립니다. 한 번에 너무 많은 일을 해서 그것으로 충분합니다. 10명의 터키 왕들이 할 수 있는 것 이상으로 했습니다.

현재 교회에는 루터의 설교를 기념하는 루터 흉상과 기념판이 있다.

제17장
개신교 동맹과 종교적 분열

1. 슈말칼덴(Schmalkalden)

슈말칼덴은 독일의 중부 튀링엔주 남서쪽에 있는 인구 2만 명 정도의 소도시다. 도시 가까이 북동쪽에 거대한 튀링엔 숲 지대(Thüringer Wald)가 있어 풍경이 아름답다. 슈말칼덴은 874년 문서에 프랑크 공국 내 "스말칼타"(Smalcalta)라는 이름으로 처음 등장하며, 1180년경에 도시의 특권을 받았다. 몇 차례의 소유권 이전을 거쳐 헤센의 백작 가문의 속지가 됐던 슈말칼덴은 종교개혁 시대에는 헤센의 필립 1세가 통치하고 있었다.

1530년 아우그스부르크 제국 의회에서 칼 5세가 보름스 칙령을 다시 실행하고 개신교도들에게 항복할 것을 요구하자, 여러 개신교 제후들은 개신교 진영이 동맹을 맺어야만 황제에 대항해 안전을 확보할 수 있다는 것을 인식하게 됐다. 헤센의 제후 필립 1세도 그중의 한 사람이었다. 헤센주 밖에 있으면서도 헤센의 속지였던 슈말칼덴은 개신교 동맹을 위해 모이기에 적합한 장소였다.

1531년 필립 1세의 지도로 슈말칼덴 시청에서 개신교 제후들과 종교개혁가들이 모여 슈말칼덴 동맹을 결성했다. 스물여섯 차례 슈말칼덴 동맹회의 가운데 일곱 번을 슈말칼덴에서 모였으며, 1537년에는 이곳에서 루터가 '슈말칼덴 신조'를 작성했다. 그 기간 동안 루터는 시교회인 게오르크교회에서 설교했다.

1583년 헨네베르크가가 사라지게 되자 슈말칼덴은 헤센-카셀(Hessen-Kassel)의 영주인 빌헬름 4세(Wilhelm IV)에게 상속됐다. 빌헬름은 이 도시에 거주지를 만들고 빌헬름스부르크성(Schloss Wilhelmsburg)을 세워 1590년에 완성했다. 슈말칼덴은 이후로도 계속 헤센에 속해 있었으며, 1868년부터는 한동안 프러시아의 헤센-나소(Hesse-Nassau)에 편입돼 있었다. 슈말칼덴은 1944년 작센주에 편입됐다가 1945년부터는 튀링엔주의 일부가 됐다.

슈말칼덴에는 중세 유럽 도시 축조술을 잘 보여 주는 구시가가 형성돼 있다. 구시가의 자그마한 광장으로 나 있는 좁은 골목길들에 서 있는 낭만적인 목골조 가옥들, 뾰족한 계단 모양 지붕이 있는 석조 건물들, 후기 고딕 양식의 성 게오르크교회, 그리고 르네상스 시대의 건축 예술을 잘 보여 주는 빌헬름스부르크 성 등을 통해 도시의 역사를 느낄 수 있다.

루터하우스(Lutherhaus)

Lutherplatz 7, 98574 Schmalkalden

루터하우스

슈말칼덴 동맹 회의가 열리는 동안 루터는 이 목골조 건물의 2층에서 지냈다고 한다. 건물 1층 출입구 한 편에 다음과 같이 적혀 있는 안내판이 이 건물의 역사적 의미를 알려 준다.

루터하우스(Lutherhaus). 집의 앞부분은 1525년에 그리고 뒷부분은 1370년에 건축됐다. 이 건물에서

1537년 2월 7일부터 26일까지 마틴 루터 박사가 헤센의 토지 관리인 발타자르 빌헬름(Balthasar Wilhelm)의 손님으로 머물렀다. 그 종교개혁가가 설교하고 회의했던 장소다. 이전에는 냄비시장(Töpfenmarkt)으로 불리던 곳이 1837년 루터광장(Lutherplatz)으로 이름이 변경됐다.

건물 역사 안내판

안내판은 이어서 "슈말칼덴 동맹 회의가 진행되는 동안 이곳에서 신장결석으로 목숨이 위험할 정도로 아팠던 마틴 루터 박사가 네 명의 신학자와 에어푸르트의 의사인 슈투르츠(Sturz) 박사를 대동하고 1537년 2월 26일 튀링엔 숲을 거쳐 비텐베르크로 돌아가고자 탐바흐(Tambach) 방향으로 출발했다"라고 당시 루터의 상황에 관해 설명해 주고 있다.

현재 독일 문화유산에 등재된 이 건물은 한국에서 콘도라고 불리는 것과 비슷한 여행자 임대 아파트(Ferienwohnung)로 사용되고 있다. 2층에 루터가 머물렀던 방은 '루터 방'(Lutherzimmer)이라 불리는데, 이곳에서 한 때 "신앙으로 국가를 만들다. 1504년부터 1567년까지 헤센의 영주였던 필립 백작"이라는 제목의 전시회가 열린 적도 있다. 현재 일반인들에게 개방되고 있지 않으나, 관광안내소에서 예약하면 숙박을 하거나 실내를 둘러볼 수 있다. 1687년 건물 정면 중앙에 있는 창문 가운데 하나 위에 석고 기념판이 설치됐는데, 거기에는 비문과 루터의 상징인 백조 그리고 루터와 멜란히톤의 인장이 조각돼 있다.

루터하우스에서 시작되는 '루터의 길'(Lutherweg)은 탐바흐-디타르츠(Tambach-Dietharz) 쪽으로 이어지며 길이가 17Km에 달한다. 이 길은 1537

년 루터의 여정을 따라 만들어졌다.

장미 약국(Rosen-Apotheke)
Steingasse 11, 98574 Schmalkalden

장미 약국

장미 약국은 슈말칼덴의 다른 고딕 석조 건물과 마찬가지로 뾰족한 계단 모양으로 된 가파른 지붕을 가지고 있다. 15세기 전반에 건축된 이 건물은 한동안 역마 우편소 건물로 이용됐는데, 1644년에 약국이 이곳에 들어서게 됐다. 1537년 슈말칼덴 동맹 회의 동안 뉘른베르크시 대표단이 이곳에 묵었으며, 1540년에는 건물의 뒤쪽에 멜란히톤이 머물렀다. 벽에 이를 기념하는 기념판이 붙어 있다.

시청(Rathaus)
Altmarkt 1, 98574 Schmalkalden

시청

슈말칼덴에는 계단 모양 지붕이 특징인 고딕 양식의 "석조 건물"(Steinerne Kemenate)이 다섯 개가 남아 있는데, 이 건물들은 현재까지 잘 보존돼 있어 여전히 도시의 옛 영화를 보여 준다. 시청도 이 다섯 석조 건물 중 하나다. 오늘날 시청 단지는 완전히 서로 다른 3개의 건축물이 함께 연결된 것이 매우 특이한 모양을 하고 있다. 1419년에 건축된 시청 건물이 중앙에 있고, 왼쪽에 1905년에 지은 건축물이 그리고 오른쪽에 1422년에 지어진 후기 고딕양식의 건축물이 하나의 단지를 형성하고 있다. 오른쪽의 건물 옆에 성 게오르크교회가 있으며 다른 목골조 건물들과 함께 슈말칼덴 옛 광장(Schmalkalder Altmarkt)을 둘러싸고 있다.

슈말칼덴 동맹 소속 도시들의 문장

16세기 슈말칼덴(대형 벽화)

1419년에 건축된 시청 건물은 슈말칼덴 동맹이 결성된 장소로, 1530년부터 1543년까지 슈말칼덴 동맹의 주요 회의 장소였다. 시청 입구 홀에는 슈말칼덴 동맹에 속했던 도시들의 문장과 베를린의 예술가 비란트 푀르스터(Wieland Förster)가 1996년에 제작한 루터 흉상, 그리고 16세기 이 도시의 모습을 재구성해놓은 대형 벽화 등이 있다. 또한, 1583년에 제작된 르네상스 양식의 사자 조각상이 있는데, 이는 당시 슈말칼덴이 헤센이 통치하고 있었음을 보여 주는 상징이다. 이것들을 감상하는 것만으로도 16세기에 일어났던 역사적 사건들을 머리에 생생하게 그려볼 수 있다.

시립 성 게오르크교회 (Stadtkirche St. Georg)
Kirchhof 3, 98574 Schmalkalden

시청 건물단지 옆에 있는 성 게오르크 교회는 1437년부터 1509년 사이에 건축된 후기 고딕 양식의 강당형 교회로 튀링엔 주에서 가장 아름다운 교회 중 하나다. 루터의 교회 개혁을 추종하던 헤센의 영주 필립은 1525년 자신의 권위로 성 게오르크교회에 개신교 목사를 임명함으로 종교개혁을 도입하기 시작했다. 이 교회에서 1537년 2월 슈말칼덴 동맹 회의를 위해 모인 당대의 저명한 개신교 신학자들이 설교했는데, 루터도 두 번이나 설교했다. 오늘날 '루터의 방'(Lutherstube)이라고 불리는 장소는 당시에 예배 장비실로 쓰이던 곳으로, 그곳에서 루터가 예배 전에 대기했었다. 현재 그 방은 소규모의 교회 박물관으로 이용되고 있다.

시립 성 게오르크 교회

헤센호프 (Hessenhof) Neumarkt 5, 98574 Schmalkalden

헤센호프

1225년경에 건축된 헤센호프는 튀링엔의 영주가 행정 업무를 보던 곳이었다. 1360년부터는 헤센의 영주에게 넘어갔고, 1551년부터 헤센의 영주 필립의 누이였던 엘리자베스 폰 로힐리츠(Elisabeth von Rochlitz)가 남편을 잃은 후 이곳에 머물렀다.

헤센호프는 1227년 6월 27일에 성녀 튀링엔의 엘리자베스가 남편이었던 루트비히 4세(Ludwig IV)를 십자군 전쟁에 떠나보내며 작별한 곳으로도 알려져 있다. 지하실에는 하르트만 폰 데어 아우에(Hartmann von der Aue)의 서사시에 기반한 이바인 전설(Iweinsage)을 묘사한 벽화가 있는데, 이것은 1225년부터 1230년 사이에 만들어진 것으로 중부 유럽에서 가장 오래된 세속 벽화 가운데 하나다. 이 벽화와 함께 헤센 호프는 튀링엔 지역의 가장 중요한 기념비적인 건축 예술 가운데 하나로 꼽힌다.

헤센호프는 1537년 슈말켈덴 동맹 회의 기간 중 개신교 신학자들의 회합 장소였으며, 루터가 "슈말칼덴 신조"에 서명한 장소였다.

2. 나움부르크(Naumburg)

나움부르크 전경

독일 중동부 작센-안할트 주 내 포도주 생산지로 유명한 잘레 운슈트루트(Saale Unstrut)에 위치한 나움부르크는 1,000년의 역사를 자랑하는 도시다. 나움부르크는 독일의 역사와 문화 그리고 종교의 중심지 가운데 하나였으며, 오늘날도 로마네스크 및 고딕 양식의 기념비적 건물 그리고 르네상스와 바로크 시대의 화려한 상가들 등 도시 곳곳에서 옛 역사의 흔적들을 볼 수 있다.

나움부르크는 다양하게 루터나 종교개혁 역사와 관련을 맺고 있다. 1521년 4월 5일 루터는 보름스로 제국 의회에 소환돼 가는 길에 처음으로 나움부르크에 들렀다. 그를 수행했던 이들 가운데는 암스도르프가 있었다. 나움부르크의 시장 그레쓸러(Gressler)가 그 여행자들에게 숙소를 제공했다.

오늘날 마르크트(Markt) 3번지에 있는 그 집에 그 사건을 기념하는 기념판이 붙어 있다. 하지만 나움부르크 주민들은 그 종교개혁가에게 특별히 관심이 있지는 않았던 것으로 기록돼 있다. 사실 나움부르크 주민들은 루터가 방문하기 몇 해 전 면죄부 판매상 텟첼에게 존경을 표하며 그 도시의 모든 종을 울린 적이 있었다. 온 도시가 텟첼을 보러 나왔다고 한다. 그럼에도 그 뒤 몇 년 후 시민들은 자신들이 너무 주교의 권력에 의존해 있다는 것과 종교개혁이 자신들에게 이익이 되리라는 것을 알게 됐다.

주교는 모든 개혁적 노력을 막기 위해 계속 최선을 다했다. 그 때문에 첫 루터교 설교가 1526년 성 벤첼교회에서 행해졌음에도 1532년 요한 부동자가 시 의회에 더욱 힘을 주기 위해 선제후로서 가지고 있는 권력을 사용하고 나서야 종교개혁이 승리할 수 있었다. 성 벤첼교회는 1532년 나움부르크의 첫 개신교교회가 됐다.

루터는 1540년 다시 나움부르크에 들렀다. 그가 다른 곳에 가는 길에 들른 것인지, 혹은 그의 방문이 1537년 임명된 감독관과 관련이 있는 것인지는 확실치 않다. 그 감독관은 멜란히톤의 학교 규정에 상응하게 학교 체계를 개혁하고자 하고 있었다.

1542년 루터는 다시 한번 나움부르크에 왔다. 이번 방문은 역사적으로 아주 중요한 사건이었다. 나움부르크의 주교 필립(Philipp von Naumburg)이 사망하자 그 후임자를 선출해야 했다. 그사이에 요한 프리드리히 용자가 선제후가 됐고, 선제후는 일관되게 개신교 주교를 요구했다. 물론 성당 참사회원들이 반대했지만, 선제후는 결국 자신의 의지를 관철했다. 그가 먼저 생각했던 후보는 루터였다. 그러나 루터는 이를 고사했고, 결국 마그데부르크의 전임 시 목사였던 암스도르프에게 이 중요한 직책을 맡기기로 합의했다.

암스도르프는 루터의 친한 친구로 누구보다 루터 편에 서있던 인물이다. 1542년 1월 20일 나움부르크대성당인 성 베드로와 바울교회에서 루터가 암스도르프를 나움부르크-차이츠(Naumburg-Zeitz) 주교좌의 첫 번째이자 유일한 개신교 주교로 임명했다. 그 자리에는 선제후 외에도 멜란히톤과 부겐하겐이 참석했다. 암스도르프는 자신의 임무를 매우 진지하게 받아들여 자신의 주교좌에서 종교개혁을 열심히 수행했다.

그러나 슈말칼덴 전쟁 중 율리우스 폰 플룩이 작센의 모리츠의 군대와 함께 나움부르크를 점령해 들어오자 암스도르프는 도시를 떠났다. 이후 나움부르크에서 종교개혁은 힘을 잃었다. 이는 루터교회에는 커다란 짐이 됐다. 일련의 우여곡절 끝에 최종적으로는 나움부르크에 세속 영주를 임시주교로 세우는 긴급조치가 취해졌다. 그 임시조치는 무려 400년 가까이 유지됐다. 제1차 세계대전에서 패전한 이후에야 독일은 주교를 따로 세웠다.

나움부르크대성당(Naumburger Dom)
Domplatz 16, 06618 Naumburg(Saale)

성 베드로와 바울(St. Peter und St. Paul)교회라는 이름을 가진 나움부르크대성당은 유럽에서 중세 전성기의 '후기 로마네스크-초기 고딕 건축 양식' 가운데 가장 중요한 기념물 가운데 하나로 꼽힌다. "로마네스크 양식

나움부르크대성당

가도"에 위치한 교회는 2018년에 유네스코 세계 문화유산으로 등재됐다. 현재는 개신교교회다.

원래의 초기 로마네스크 양식의 교회 자리에 1210년경부터 현재와 같은 후기 로마네스크-초기 고딕 건축 양식의 성당 건축이 시작됐다. 3개의 회랑과 2개의 성가대석에 둥근 천장을 가진 교회는 오랫동안 그 도시의 상징이었다. 로마네스크 양식의 동쪽 탑들은 1500년경에 확장됐고, 1711년에서 1713년까지 바로크 양식의 첨탑이 덧붙여졌다.

대성당은 특히 내부에 있는 예술품들로 인해 큰 명성을 얻었다. 그 가운데도 서쪽 성가대석에 있는 12개의 실물 크기의 인물 조각상이 가장 유명하다. 대성당을 지을 때 기부한 이들을 조각한 이 초기 고딕 양식의 12 인상은 13세기 중반 무명의 나움부르크 장인이 만든 작품이다. 그 조각들은 기독교 성인들이 아닌 영주들(8명)과 그들의 부인들(4명)을 묘사하고 있다는 점에서 독특하다. 13세기 유럽 작품이라는 것을 고려해 볼 때, 교회의 중요한 자리에 평신도 인물상을 조각해 놓은 것은 매우 이례적인 것이었다.

그 조각상들 가운데 가장 유명한 것은 마이센의 영주였던 엑케하르트 2세(Ekkehard II) 백작과 특히 그의 부인 우타(Uta)의 조각상이다. 우타 조각상은 독일에서 가장 유명한 고딕 양식 작품 가운데 하나로 세계적으로도 알려져 있다. 그 조각상들을 만든 나움부르크 장인이 그의 작업실에서 만든 대성당 안에 있는 다른 예술품들로는 동쪽 성단소에 위치한 독서대가 있는 성구실, 서쪽 성단소의 부조들, 그리고 주교의 석관 무덤이 있다. 그 밖에 다른 보물들로는 14세기와 15세기의 몇몇 제단들, 1260년에 만들어진 성가대석 장의자, 인물들을 띠 모양으로 장식한 것, 스테인글라스 창문, 기념 묘비 등이 있다.

설교단의 루터 조각(우측 첫 번째)

종교개혁 시기였던 1542년에 암스도르프가 신성로마제국 내에서 최초로 개신교 주교로 이곳에서 임명돼 1546년까지 사역했다. 현재 대성당 내의 설교단에는 루터 조각이 새겨져 있고 설교단 계단에는 "내 주는 강한 성이요"라는 기념판이 1930년대에 만들어져 새겨져 있다. 이는 이곳에서의 첫 개신교 주교의 임명을 기념하는 것이다.

12인상

주교의 석관, 성가대석 장의자

성 벤첼교회 (Stadtkirche St. Wenzel)
Topfmarkt 18, 06618 Naumburg(Saale)

성 벤첼교회

나움부르크시 교회인 성 벤첼교회는 72m 높이의 탑을 가진 후기 고딕 양식의 홀교회로 매우 짧은 신도석과 많은 조각 장식이 있다. 그 교회는 1228년 문헌에 처음 언급된다. 원래의 교회가 화재로 소실된 후 1426년부터 새 교회 건축이 시작됐으나, 오랫동안 완공되지 못하다가 1517년과 1523년 사이의 건축으로 오늘날 교회 건축물의 기본 형태가 갖춰졌다. 17세기에 교회는 바로크 양식으로 개축됐다. 높은 탑은 바로크 양식의 지붕을 가지고 있으며, 그곳에서 아름다운 도시 전경을 볼 수 있다.

교회 안에 있는 보물들 가운데는 이동식 장식벽이 있는 바로크 양식의 높은 제단과 많은 그림이 있다. 그림들 가운데는 특별히 귀중한 크라나흐 1세가 그린 두 그림인 "동방박사의 경배"와 "아이들의 친구 예수"가 있다. 크라나흐는 두 번째 그림에서 분명한 개혁적 성향을 보여 주고 있다. 그 그림에는 암스도르프, 카타리나 폰 보라, 루터의 세 자녀가 다른 인물들과 함께 있다. 또 다른 그림인 "백조와 함께 한 루터"는 17세기 무명작가의 것이다.

성 벤첼교회 내부

아이들의 친구 예수 (Lucas Cranach)

백조와 함께 한 루터

제18장

루터의 죽음

1. 할레(Halle)

독일 중동부 작센-안할트 주에 있는 할레는 엘베강의 지류인 잘레(Salle) 강 연안에 있다. 할레는 독일에서 오래된 도시 가운데 하나로, 이곳에는 암염이 풍부해서 소금을 얻기 쉬웠고, 그 때문에 일찍부터 사람들이 모여 살았다고 한다. "할레"(Halle)라는 이름도 고대 웨일즈와 브레튼에서 사용되던 언어에서 "소금"을 뜻하는 "halen"에서 유래했다. 이는 초기에 이 지역에 켈트족(Celtic)이 정착해 살았음을 보여 준다. 아일랜드어에서 소금을 뜻하는 단어는 "salann"이다. 할레가 위치해 있는 "잘레"(Saale) 강도 그 이름이 "소금"이라는 의미를 가지고 있다. 이 지역에서 소금 수확은 적어도 청동기 시대부터 시작됐다.

할레는 9세기에 처음으로 문헌에 언급된다. 968년 오토 대제가 할레를 마그데부르크의 대주교좌로 넘겨 준 이후 1680년까지 할레는 마그데부르크 대주교의 담당하에 있었다. 1281년 할레는 자유 한자 동맹 도시로 특권을 얻었다.

할레는 종교개혁 역사에서 특별한 장소다. 1514년 추기경 브란덴부르크의 알브레히트가 새 통치자로 할레에 도착했다. 그는 모리츠부르크

(Moritzburg)성을 건축하고 그곳에서 30년 넘게 거주했다. 알브레히트는 1514년 마인츠의 대주교로 선출됨으로 독일 안에서 가장 강력한 교회 제후가 됐다. 그 선출직을 얻기 위해 그는 푸거가에 돈을 빌렸고, 교황의 허락하에 이를 면죄부 판매 수익금으로 갚고자 했다. 알브레히트는 할레에 성유물 전시관을 만들어 순례자들과 예배자들에게 개방하고 그들에게 무조건적인 완전 면죄부를 판매했다.

또한, 텟첼을 고용해 그 면죄부를 팔도록 했다. 그렇게 해서 텟첼이 면죄부 헌금함을 가지고 할레에 나타났다. 하지만 그는 시민들에게서 환영받지 못했다. 루터가 그 소식을 듣고 「할레의 우상숭배를 반대하며」(*Wider den Abgott zu Halle*, 1521)라는 논문을 썼다. 알브레히트는 루터의 가르침이 할레에서 자리 잡지 못하도록 하고자 노력했으나 성공하지 못했다.

루터가 번역한 신약성서가 그의 다른 저서들과 함께 할레에서 큰 관심을 받으며 읽혔다. 1541년 시 의회가 유스투스 요나스를 마르크트교회에서 첫 개신교 설교를 하도록 초청했고, 그에게 이후로도 계속 할레에 남아달라고 청함으로 할레는 종교개혁을 공식적으로 받아들였다. 알브레히트 대주교는 더 이상의 노력을 중단하고 할레를 떠났다.

시 의회는 1544년 루터가 추천한 요나스를 루터교 감독으로 승진시켰다. 루터는 1545년 8월 5일 할레를 방문해 마르크트교회에서 설교했다. 루터가 할레를 마지막으로 방문한 때는 1546년 1월로, 그는 아이스레벤으로 가는 길에 다시 한번 마르크트교회에서 설교했다. 이후 아이스레벤에 있는 위독한 루터를 요나스가 찾아 루터의 임종을 지켜봤다.

루터의 관을 아이스레벤에서 비텐베르크로 옮기는 장례 행렬이 1546년 2월 20일 할레에 다다르자 수많은 시민이 나와 그 위대한 종교개혁가에게 마지막 존경을 표했다. 시는 루터의 시신을 사람들이 볼 수 있도록 마르크트교회 성구실에 안치했고, 많은 문상객이 교회를 찾아 장례예배를 함께 드렸다.

기독교 역사 가운데서 할레는 무엇보다 경건주의 운동의 중심지로 주목받는다. 특히 루터교 목사이며 할레대학의 교수로 활동했던 아우구스트 헤르만 프랑케(August Hermann Francke, 1663-1727)는 이곳에서 교육 사업과 선교 사업을 통해 탁월한 업적을 남겼다. 많은 고아원과 함께 현대 교육 제도가 처음으로 설립된 곳도 할레였다. 지금도 할레에는 루터와 종교개혁의 흔적과 함께 경건주의의 영향이곳곳에서 발견된다.

또한, 할레는 음악을 사랑하는 사람들에게 "헨델의 도시"로도 유명하다. 유명한 "메시아"(Messiah)를 작곡한 작곡가 게오르크 프리드리히 헨델(Georg Friedrich Händel)이 이곳에서 태어나 자랐다. 그는 음악교육 등 여러 가지로 이 도시에서 많은 영향을 받았다. 아직도 헨델의 생가가 보존돼 있다.

마르크트교회(Marktkirche)

An der Marienkirche 2, 06108 Halle(Saale)

마르크트교회

독일에서도 몇 손가락에 꼽을 만큼 아름다운 시장 광장(Marktplatz)에 위치한 마르크트교회는 할레의 랜드마크와 같은 곳이다. 넓은 광장의 중앙에 탑처럼 우뚝 솟은 높은 첨탑을 가진 이 교회의 정식 명칭은 "우리 친애하는 여인 마르크트교회"(Marktkirche Unser Lieben Frauen) 또는 "성 마리아 마르크트교회"(Marktkirche St. Marien)다. 종종 "성모교회"(Frauenkirche)라고 불리기도 한다.

암염이 채취되는 할레에서 소금 광산업과 상업이 번창했고 부유한 상인들과 귀족들이 살았다. 본래 할레의 시장 광장에는 성 마리아교회와 함께 성 게르트루데(St. Gertrude)교회가 있었다. 서쪽의 성 게르트루데교회는 11세기에 할레의 중심에 있는 소금 시장 위에 소금 제조업자들이 세운 교회고, 동쪽의 성 마리아교회는 12세기에 시장 광장에 상인들과 무역업자들이 세운 교구 교회였다. 이 두 교회는 본래 로마네스크 양식의 건축물이었는데, 1529년 브란덴부르크의 알브레히트가 두 교회의 탑을 제외한 교회 건물을 철거하고, 오늘날의 고딕 양식의 마르크트교회를 다시 세우도록 했다.

건축가 카스파 크라프트(Caspar Kraft)와 닉켈 호프만(Nickel Hofmann)이 1529년부터 1554년까지 작업해 르네상스 양식을 가미한 후기 고딕 양식의 웅장한 강당형 교회를 만들어 냈다. 루터가 할레에 머물며 1545년 이곳에서 설교할 때는 아직 건축이 완성되지 않았을 때였다. 루터는 시 의회에서 받은 사례금 60길더를 그 마르크트교회 건축을 위해 기부했다.

마르크트교회와 붉은 탑

현재 교회는 앞뒤로 두 개씩의 높은 첨탑을 가지고 있는데, 광장에서 보이는 정면의 두 첨탑은 성 게르트루데교회의 탑이었고, 뒤편의 두 첨탑은 성 마리아교회의 것이었다. 양쪽 탑들 모두 좌우 폭이 좁으면서 위아래로 길기 때문에 정면에서 보면 탑이 우뚝 높이 솟아오른 듯한 모양이 인상적이다. 광장 쪽 두 탑은 다리로 연결돼 있는데, 당시 건물관리인이 탑에 거주하며 적이 쳐들어오면 종을 울려 사람들에게 알렸다고 한다.

그래서 이 두 탑을 "건물관리인 탑"(Hausmannstürme)이라 부른다. 마르크트교회의 네 개의 탑은 시장 광장 중앙에 교회 바로 앞에 있는 '붉은 탑(Der Rote Turm)과 함께 할레의 랜드마크다. 이 탑들로 인해 할레는 "다섯 탑의 도시"(Stadt der fünf Türme)라는 별명을 가지게 됐다.

마르크트교회의 내부 역시 매우 독특한데 특히 교회 기둥 등 내부를 푸른색 문양으로 장식하고 천장도 별 모양의 특이한 문양으로 조각해 색다른 느낌을 준다. 교회 내부에 앞뒤로 하나씩 두 개의 오르간이 있는데, 그중 제단 위에 있는 작고 화려한 오르간은 게오르크 프리드리히 헨델이 직접 연주했던 악기다. 헨델은 1685년 이 교회에서 세례를 받았으며, 이 교회의 오르간 연주자였던 프리드리히 차하우(Friedrich Zachau)에게서 오르간 레슨을 받았다. 헨델의 세례식에 사용됐던 청동 세례반이 아직도 있으며, 이는 1430년에 만들어진 것이다. 1716년에는 뒤편에 있는 주 오르간이 설치됐고, 그 첫 시범 연주를 요한 세바스찬 바흐가 했다. 훗날 그의 아들 빌헬름 프리데만 바흐(Wilhelm Friedemann Bach)가 이 교회 오르간 연주자로 활동했다.

제단과 작은 오르간

청동세례반

오늘날에도 교회에서는 매주 평일 12시에 30분 정도의 오르간 연주회가 열린다.

1529년에 만들어진 주 제단화는 크라나흐 1세가 디자인하고 그의 제자 시몬 프랑크(Simon Franck)가 제작한 것이다. 이 4단 제단화를 완전히 펼치면 알브레히트 추기경이 동정녀 마리아에게 예배하고 있는 장면의 그림을 볼 수 있다. 루터는 이 교회에서 1545년 8월 5일, 1546년 1월 6일, 그리고

설교단과 주 오르간

1546년 1월 26일 세 번 설교했다. 루터가 설교했던 사암 설교단은 1541년에 만들어진 것으로, 그 덮개는 1596년에 화려하게 장식됐다.

할레의 첫 개신교 설교자였던 요나스의 초상화가 설교단 맞은편에 걸려 있다. 1549년 이후 건축된 화랑에는 큰 물고기가 요나스를 삼키고 있는 모양을 한 요나스의 문장이 있다. 이는 "요나스"라는 이름이 구약성서의 요나에게서 온 것임을 알 수 있다. 그 문장 아래편으로 비교적 작은 글씨로 다음과 같은 글이 쓰여 있다.

1541년 유스투스 요나스 박사가 이곳에서 복음을 부활시켰다.
ANNO 1541 DOCTOR JUSTUS JONAS HIC EVANGELIUM RESTAURAVIT.

요나스의 문장

또한, 화랑에는 루터의 문장도 다음과 같은 글과 함께 있다.

독일의 예언자 거룩한 마틴 루터 박사는 1483년에 태어나 1517년에 가르쳤고 1546년에 사망했다
SANCTUS DOCTOR MARTINUS LUTHERUS PROPHETA GER-

루터 문장과 메달

MANIEA DECESSIT ANNO 1546 NATUS 1483 DOCUIT ANNO 1517.

외벽의 루터 조각

1883년 루터 탄생 400주년을 기념하며 루터 초상화가 담긴 메달이 그 문장 위에 장식됐고, 동쪽 홀에 기념판이 제막됐다. 교회 외벽에 조각된 루터 형상을 포함해 교회 곳곳에서 루터의 흔적과 영향을 찾아볼 수 있다.

마르크트교회에서 종교개혁 순례자들이 꼭 봐야 할 것은 교회 내 작은 박물관에 전시된 루터의 데스마스크와 손 모형이다. 이는 루터가 사망한 1546년 2월 18일 새벽에 빌헬름 푸르테나겔(Wilhelm Furtenagel)이 루터의 얼굴과 두 손을 본떠 만든 것이다. 루터는 그의 고향 아이슬레벤에서 사망한 뒤 장례를 위해 시신이 비텐베르크까지 운구됐다. 그 가는 길에 할레를 지나가게 되고, 그의 시신은 잠시 마르크트교회에 안치돼 문상객들을 맞았다. 루터의 죽음을 애도하던 할레 시민들은 나중에 루터의 데스마스크와 손 모형을 가져와 교회에 보관했다. 박물관에는 루터가 설교했던 설교대도 전시돼 있다.

루터 데스마스크

루터 설교대

"황금 자물쇠"(Goldenes Schlösschen) 집
Schmeerstraße 2, 06108 Halle(Saale)

황금자물쇠의 집

고딕 양식의 외관을 가진 이 3층으로 된 집은 출입구 위쪽 노란 벽 위에 새겨져 있는 자물쇠 모양의 부조 때문에 "황금 자물쇠"라는 이름을 가지게 됐다. 1545년과 1546년 아이스레벤으로 가는 길에 루터는 자신의 친구 요나스가 사는 이 집에서 묵었다. 이를 기념하는 기념판이 외벽에 붙어 있다. 이 건물은 할레에서 가장 오래된 건물 가운데 하나로 15세기 후반에는 호스텔이었다.

할레-비텐베르크의 마틴루터대학
(Martin-Luther-Universität Halle-Wittenberg)
Universitätsplatz 10, 06108 Halle(Saale)

할레-비텐베르크의 마틴 루터대학

할레-비텐베르크의 마틴루터대학은 원래 비텐베르크대학과 할레대학 두 개의 학교였던 것이 하나로 합병돼 이뤄진 대학이다. 비텐베르크대학은 1502년 작센의 선제후 프리드리히 현공에 의해 세워졌다. 1517년 비텐베르크대학의 신학교수로 재직 중이던 루터가 95개 논제를 내세우며 종교개혁을 주도했으며, 멜란히톤도 1518년부터 이 대학의 그리스어 교수로 있으며 루터의 개혁을 도왔다. 당시 많은 유럽의 젊은이들이 종교개혁 정신을 배우고자 이 대학으로 몰려들었다.

로이코레아 재단(비텐베르크)

한편 할레대학은 1694년에 선제후 프리드리히 3세가 할레에 세운 대학으로 유럽에서 최초로 설립된 근대적 대학이다. 이 대학에서는 처음부터 강의가 라틴어가 아닌 독일어로 진행됐으며, 근대적 철학과 과학이 중시됐다. 할레대학 설립에는 경건주의의 아버지로 불리는 필립 야콥 슈페너(Philipp Jakob Spener)의 지원을 받은 아우구스트 헤르만 프랑케의 역할이 중요했다.

이들을 통해 할레 대학은 17세기 말과 18세기 초에 프로이센 내 경건주의 운동의 중심이 됐다.

1817년 비텐베르크대학과 할레대학이 합병됐으며, 1933년부터 마틴 루터의 이름을 따 "할레-비텐베르크의 마틴루터대학"으로 불린다. 대부분의 대학 건물은 현재 할레에 있으며, 비텐베르크에는 세미나와 학회를 위한 컨벤션 센타로 운영되는 로이코레아 재단(Leucorea Foundation)만이 있다.

제19장

칼뱅의 도시

1. 제네바 (영어명 Geneva; 프랑스어명 Genève; 독일어명 Genf)

제네바 전경

"칼뱅의 도시" 제네바는 칼뱅이 목회한 교회, 그가 살았던 집, 그의 묘, 종교개혁 기념 조형물, 종교개혁 박물관, 제네바대학 등 칼뱅과 관련된 장소가 곳곳에 흩어져 있다. 칼뱅으로 인해 제네바는 16세기 프로테스탄트 종교개혁의 중심지가 됐고, 그곳에서 유럽 전역으로 프로테스탄트 신앙이 전파됨으로 "개신교의 로마"라는 별명까지 얻게 됐다. 현재 제네바에는 국제적십자사 본부와 국제연합 유럽본부, 세계교회협의회 등 20개가 넘는 국제 기관의 본부가 있다.

성 피에르교회 (Cathédrale Saint-Pierre)
Place du Bourg-de-Four 24, 1204 Genève, Suisse

성 피에르교회   성 피에르교회 내부

　성 피에르교회는 1160년에 착공돼 1232년에 완공된 뒤 여러 차례 증개축 됐다. 이로 인해 로마네스크, 고딕, 그레코 로망 양식이 혼합됐다. 원래 로마 가톨릭교회였으나 1536년 개신교회가 됐다. 1535년 종교개혁의 바람이 휩쓸면서 교회 내의 성상, 오르간, 제단들이 대부분 파괴됐다. 칼뱅은 1541년부터 죽을 때까지 25년 동안 이 교회에서 목회했다.

　성 피에르교회 우편(위의 교회 외관 사진에서 공사 중인 곳)에는 "칼뱅의 강당"으로 불리는 작은 예배당이 있다. 이곳은 16세기 중엽 종교개혁가들과 개신교도들 그리고 망명자들이 모여 자국어로 예배드리며 가르치고 기도하던 곳이다. 칼뱅뿐 아니라 존 녹스(John Knox, c.1514-1572)와 테오도르 베자도 이곳에서 가르쳤다. 스코틀랜드의 종교개혁가 녹스는 영어권 피난민들을 위해 이곳에서 목회하면서 스위스 종교개혁을 배우기도 했다. 이 때문에 이곳은 "녹스예배당"이라고도 불린다.

　성 피에르교회 좌측에 종교개혁국제박물관(Musée international de la Réforme)이 있다. 규모가 크지는 않지만, 박물관에는 유럽의 종교개혁 자료와 함께 세계 각 지역의 개신교 자료들까지 전시돼 있다.

종교개혁 국제 박물관 (왼편 건물)

1536년판 칼뱅의 '기독교강요' (박물관 내 소장)

세계 종교개혁 기념 조형물
(Monument international de la Réformation)

Promenade des Bastions 1, 1204 Genève, Suisse

세계 종교개혁 기념 조형물

이 종교개혁 기념 조형물은 칼뱅 탄생 400주년과 제네바 아카데미 설립 350주년을 맞아 1909년에 착공돼 1917년에 완공됐다. 이 조형물은 19세기 중엽까지 도시를 에워싸고 있던 구시가지의 성벽 아래쪽 바스티옹 공원(Parc des Bastions) 벽의 일부에 세워졌다. 길이 100m, 높이 10m의 거대한 조형물은 제네바대학 맞은편에 있다. 칼뱅이 설립한 제네바 아카데미가 발전해 제네바대학이 됐다.

조형물 바닥에는 종교개혁가 칼뱅이 활동한 도시인 제네바, 베자의 베른, 그리고 녹스의 스코틀랜드 각각의 문장이 그려져 있다. 조형물 중앙에는 제네바 종교개혁의 핵심 인물인 기욤 파렐(Guillaume Farel), 칼뱅, 베자, 녹스의 조각상이 세워져 있다. 이들 좌우로 프레데릭 기욤(Frédéric-Guillaume de Brandebourg), 기욤 르 따시튠(Guillaume le Taciturne), 가스파 드 콜리니(Gaspard de Coligny), 로저 윌리암스(Roger Williams), 올리버 크롬웰(Olivier Cromwell), 스테판 보스카이(Stephen Bocskay; 헝가리어명 Bocskai István) 등의 유럽 각국의 종교개혁가들이 조각돼 있다.

약어 표기 및 참고 문헌

약어 표기

WA   *D. Martin Luther's Werke: Kritische Gesamtausgabe.*
(Weimar: Hermann Böhlaus Nachfolger, 1966-).

WA B.   *D. Martin Luther's Werke: Kritische Gesamtausgabe. Briefwechsel.*
(Weimar: Hermann Böhlaus Nachfolger, 1969-).

WA Tr.   *D. Martin Luther's Werke: Kritische Gesamtausgabe. Tischreden.*
(Weimar: Hermann Böhlaus Nachfolger, 1967).

LW   *Luther's Works.* Edited by Jaroslav Pelikan.
(Saint Louis: Concordia Publishing House, 1964-).

참고 문헌

루터

김주한, 『마르틴 루터의 삶과 신학이야기』, 서울: 대한기독교서회, 2002.
라인하르트 슈바르츠, 『라인하르트 슈바르츠의 마틴 루터』, 정병식 옮김. 서울: 한국신학연구소, 2007.
롤런드 베인턴, 『마르틴 루터』, 이종태 옮김. 서울: 생명의 말씀사, 2016.
린들 로퍼, 『마르틴 루터: 인간, 예언자, 변절자』, 박규태 옮김. 서울: 복있는사람, 2019.
마르틴 루터, 『루터의 탁상담화: 종교개혁자의 사적인 대화록』, 이길상 옮김. 파주: CH북스, 2019.

_____, 『루터전집. 48권, 서한집 1』, 오광석, 김영인 옮김. 서울: 컨콜디아사, 2017.
_____, 『루터전집. 49권, 서한집 2』, 이은혜, 원성현 옮김. 서울: 컨콜디아사, 2017.
_____, 『루터전집. 50권, 서한집 3』, 박일영 옮김. 서울: 컨콜디아사, 2017.
_____, 『루터전집. 51권, 설교집 1』, 이성덕 옮김. 서울: 컨콜디아사, 2017.
_____, 『루터전집. 52권, 설교집 2』, 김철환 옮김. 서울: 컨콜디아사, 2017.
_____, 『(말틴 루터의)종교개혁 3대 논문』, 지원용 옮김. 서울: 컨콜디아사, 1994.
마르틴 트로이, 『비텐베르크의 마르틴 루터: 마르틴 루터 생애의 여행』, 한정애 역. 서울: 컨콜디아사, 2017.
베른하르트 로제, 『루터 입문: 역사 속의 신학자, 마르틴 루터의 시대와 저작을 중심으로』, 박일영 옮김. 서울: 복 있는 사람, 2019.
스콧 헨드릭스, 『마르틴 루터: 새 시대를 펼친 비전의 개혁자』, 손성현 옮김. 서울: IVP, 2017.
아스타 샤이프, 『불순종의 아이들: 마르틴 루터와 카타리나 폰 보라의 사랑 이야기』, 이미선 옮김. 서울: 솔, 2011.
오스발트 바이어, 『마르틴 루터의 신학-현재화』, 정병식 옮김. 파주: 공감마을, 2018.
이양호, 『루터의 생애와 사상』, 서울: 대한기독교서회, 2002.
이영호, 『영혼의 만찬: 마르틴 루터의 「탁상담화」 새로 읽기』, 서울: 컨콜디아사, 2017.
제임스 레스턴, 『루터의 밧모섬: 바르트부르크 성에서 보낸 침묵과 격동의 1년』, 서미석 옮김. 고양: 이른비, 2016.
최주훈, 『루터의 재발견』, 서울: 복 있는 사람, 2017.
파울 슈레켄바흐, 프란츠 노이베르트, 『마르틴 루터』, 남정우 옮김. 서울: 예영커뮤니케이션, 2003.
폴커 라인하르트, 『루터: 신의 제국을 무너트린 종교개혁의 정치학』, 이미선 옮김. 서울: 제3의공간, 2017.
헤르만 셀더하위스, 『루터, 루터를 말하다』, 신호섭 옮김. 서울: 세움북스, 2016.
Bainton, Roland H. *Here I Stand: A Life of Martin Luther*. Nashville: Abingdon Press, 1950.
Luther, Martin. *D. Martin Luther's Werke: Kritische Gesamtausgabe*. Weimar: Hermann Böhlaus Nachfolger, 1966-.
_____. *D. Martin Luther's Werke: Kritische Gesamtausgabe. Briefwechsel*. Weimar: Hermann Böhlaus Nachfolger, 1969-.

_____. *D. Martin Luther's Werke: Kritische Gesamtausgabe. Tischreden*. Weimar: Hermann Böhlaus Nachfolger, 1967.

_____. *Luther's Works*. Edited by Jaroslav Pelikan. Saint Louis: Concordia Publishing House, 1964-.

종교개혁

김기련, 『종교개혁사』, 서울: 한들, 2011.
미하엘 벨커, 미하엘 바인트커, 알버트 드 랑에 편, 『종교개혁, 유럽의 역사를 바꾸다: 48개 도시, 72명의 개혁자들이 이룬 대변혁』, 김재진 외 16인 옮김. 서울: 대한기독교서회, 2017.
오언 채드윅, 『종교개혁사』, 서요한 옮김. 서울: 크리스챤다이제스트, 2001.
이동희, 『꺼지지 않는 불, 종교개혁가들』, 넥서스CROSS, 2015.
이성덕, 『종교개혁 이야기』, 파주: 살림, 2006.
카터 린드버그, 『유럽의 종교개혁』, 조영천 옮김. 서울: 기독교문서선교회, 2012.
카터 린드버그 편, 『종교개혁과 신학자들』, 조영천 옮김. 서울: 기독교문서선교회, 2012.
토마스 카우프만, 『종교개혁의 역사』, 황정욱 옮김. 서울: 길, 2017.
토마스 M. 린제이, 『宗教改革史』, 1, 2, 3, 이형기 역. 서울: 한국장로교출판사, 2003-2005.
최성덕, 『위대한 이단자들, 종교개혁 500주년에 만나다』, 서울: 본문과 현장사이, 2017.
폴커 렙핀 편, 『종교개혁』, 공성철 옮김. 서울: 한국신학연구소, 2017.
필립 샤프, 『교회사전집 7: 독일 종교개혁』, 이길상 옮김. 고양: 크리스챤 다이제스트, 2004.
_____. 『교회사전집 8: 스위스 종교개혁』, 이길상 옮김. 고양: 크리스챤 다이제스트, 2004.
홍지훈, 『(홍지훈 교수가 쉽게 쓴) 종교개혁자들 이야기』, 서울: 신앙과지성사, 2019.
후스토 L. 곤잘레스, 『종교개혁사』, 엄성옥 역. 서울: 은성, 2012.
CBS 종교개혁 500주년 기획단 엮음, 『교양 종교개혁 이야기』, 서울: 대한기독교서회, 2016.
Estep, Willian R. 『르네상스와 종교개혁』, 라은성 역. 서울: 그리심, 2002.

기타

김남준, 『기롤라모 사보나롤라』, 서울: 솔로몬, 2007.
김명수, 『종교개혁의 새벽별: 존 위클리프와 존 후스의 생애와 사상』, 서울: 그리심, 2019.
김장수, 『후스로부터 시작된 종교적 격동기 (1412-1648), 서울: 북코리아, 2017.
니콜로 마키아벨리, 『군주론』, 신복룡 옮김. 서울: 을유문화사, 2019.
로버트 하인리히 외닝거, 『츠빙글리의 종교개혁 이야기: 취리히 그로스뮌스터의 츠빙글리 문을 중심으로』, 정미현 옮김. 서울: 한국장로교, 2002.
백충현, 김봉수 옮김, 『개혁의 주창자들: 위클리프부터 에라스무스까지』, 서울: 두란노아카데미, 2011.
사토 마사루, 『종교개혁 이야기: 프로테스탄트의 시작 종교개혁 이전의 종교개혁가 얀 후스 이야기』, 김소영 옮김. 서울: 바다출판사, 2016.
주도홍, 『처음 시작하는 루터와 츠빙글리: 팩트를 따라 여행하는 종교개혁의 두 거장 이야기』, 서울: 세움북스, 2019.
최윤배, 『잊혀진 종교개혁자 마르틴 부처』, 서울: 대한기독교서회, 2012.
토마시 부타, 『체코 종교개혁자 얀 후스를 만나다』, 이종실 옮김. 서울: 동연, 2015.
Fischer, Ludwig, ed. *Die Lutherische Pamphlete gegen Thomas Müntzer*. Berlin: De Gruyter, 1976.
Fountain, David. *John Wycliffe: The Dawn Of The Reformation*. Mayflower Christian Publications, 1984.
Greschat, Martin. *Martin Bucer. Ein Reformator und seine Zeit*. München: Beck, 1990.
Lahey, Stephen E. *John Wyclif*. New York: Oxford University Press, 2009.
Lützow, Francis. *John Hus His Life and Times*. Edited by David W. Sloan. Northport: Vision Press, 2017.
Polizzotto, Lorenzo. *The Elect Nation, the Savonarolan Movement in Florence 1494-1545*. New York: Oxford University Press, 1994.
Tourn, Giorgio. *The Waldensians: The First 800 Years (1174–1974)*. Torino: Claudiana, 1980.
Weinstein, Donald. *Savonarola, the Rise and Fall of a Renaissance Prophet*. New Haven, NY: Yale University Press, 2011.

미주

제1부

제1장 종교개혁의 선구자들

1. 토마시 부타, 『체코 종교개혁자 얀 후스를 만나다』, 이종실 옮김 (서울: 동연, 2015), 21.
2. 부타, 『체코 종교개혁자 얀 후스를 만나다』, 22.
3. Francis Lützow, *John Hus His Life and Times*, edited by David W. Sloan (Northport: Vision Press, 2017), 110.
4. Lützow, *John Hus His Life and Times*, 213.
5. 니콜로 마키아벨리, 『군주론』, 신복룡 옮김 (서울: 을유문화사, 2019), 97 참조.

제2장 루터의 출생과 성장

1. WA Tr. 3, 51, no. 2888a,b.
2. WA Tr. 3, 415-416, no. 3566A.
3. WA Tr. 5, 253-254, no. 5571.
4. WA 38, 150.
5. WA B. 1, 169-171.

제3장 루터의 영적 싸움

1. WA Tr. 4, 303, no. 4414.
2. WA 8, 573.
3. 헤르만 셀더하우스, 『루터. 루터를 말하다』, 신호섭 옮김 (서울: 세움북스, 2016), 63.
4. WA Tr. 1, 294, 439-440, no. 623, 881; 3, 410-411, no. 3556A.
5. WA 38, 142.
6. WA Tr. 5, 467, no. 6059.

7   WA 51, 89.
8   WA Tr. 3, 313, no. 3428.
9   WA 54, 220.
10 WA 54, 185.

제4장 종교개혁의 시작

1   WA 54, 186.
2   WA 51, 538.
3   WA 1, 138-141.

제5장 진리를 향한 싸움

1   WA B. 1, 173.
2   WA B. 2, 42.
3   WA B 2, 242-243.
4   WA 7, 828-829.
5   WA B 2, 300.
6   WA 7, 838.
7   WA B. 2, 305.
8   셀더하우스, 『루터. 루터를 말하다』, 259에서 재인용.
9   WA B. 2, 397.
10 WA B. 2, 490.
11 WA B. 2, 423.

제6장 과격한 개혁의 거센 물결

1   Roland H. Bainton, *Here I Stand: A Life of Martin Luther* (Nashville: Abingdon Press, 1950), 201.

2 Bainton, *Here I Stand*, 209.
3 Bainton, *Here I Stand*, 277-278.
4 WA 18, 361.
5 Philipp Melanchthon, "Die Histori Thome Müntzers," *Die Lutherische Pamphlete gegen Thomas Müntzer*, Edited by Ludwig Fischer (Berlin: De Gruyter, 1976), 28.
6 WA Tr. 1, 31, no. 84.
7 WA 18, 361.

제7장 루터의 결혼과 가정

1 WA B. 3, 540.
2 WA B. 3, 537-538.
3 WA B. 3, 538-539.
4 WA B. 3, 541.
5 WA Tr. 2, 134-135, no. 1563.
6 Bainton, *Here I Stand*, 292.
7 Bainton, *Here I Stand*, 293.
8 WA B. 5, 377.
9 WA B. 4, 364.
10 WA B. 10, 499-500.
11 WA Tr. 2, 534, no. 2590b.
12 Bainton, *Here I Stand*, 301.
13 WA Tr. 2, 300, no. 2034.
14 WA Tr. 4, 504, no. 4786.
15 Bainton, *Here I Stand*, 295-302에서 재인용.

제8장 개혁의 확산과 논쟁들

1 WA B. 1, 90.
2 WA 15, 713-716.
3 WA Tr. 6, 149.
4 WA 15, 435.

5   LW 38, 88-89.
6   WA B. 5, 160.

제9장 아우그스부르크 신앙고백과 독일의 종교적 분열

1   WA B. 8, 51.
2   WA B 11, 115.

제10장 생의 마지막이 가까이 오다

1   Martin Luther, "Von den Juden und Ihren Luegen," WA, 53, 417-552.
2   Martin Luther, "Vom Schem Hamphoras und vom Geschlecht Christi," WA, 53, 579-648.
3   WA B 5, 518.
4   WA B 5, 374-375, 518-520, 546-547.
5   WA B 10, 554.
6   WA B 11, 148-152.
7   WA B 11, 263-264.
8   WA B 11, 278.
9   WA 51, 187-194.
10 WA 48, 182.
11 WA B 11, 286.

제11장 과격한 개혁자 토마스 뮌처와 농민 전쟁

1   Thüringer Universitäts- und Landesbibliothek Jena, Ms. App. 25, 413r.

색인

지명 색인

ㄱ

고타(Gotha) 125
고슬라(Goslar) 205
괴르마르(Görmar) 151, 392, 396
그림마(Grimma) 154, **401-404**, 405
글라스바흐그룬트(Glasbachgrund)/루터 땅
(Luthergrund) 125, 250, 252, 354

ㄴ

나움부르크(Naumburg) 204-205, 318, 324,
416-417, **487-492**
누아용(Noyon) 227
뉘른베르크(Nürnberg) 99, 113-114, 135,
146, 155, 180, 184, 194, 199, 252, 267, 300,
321, **344-345**, 366, 456, 463, 474, 477

ㄹ

라이프치히(Leipzig) 30, 104-109, 112, 138,
162, 165, 204, 219, 284, 318, 336, **337-343**,
353, 392, 397, 401, 404, 477

레겐스부르크(Regensburg) 204, 207
루터워스(Lutterworth) 26-27, **235-236**
리용(Lyon) 20-21
린다우(Lindau) 437, 458

ㅁ

마그데부르크(Magdeburg) 51-53, 75, 79,
138, 199, 205, **278-284**, 494
마부르크(Marburg) 180-181, 184-185, 195,
200, 285, 303, 371, 425, **449-453**
마이닝엔(Meiningen) 252, 351
마이센(Meissen) 30, 72, 129, 135, 203, 353,
382, 404, 490
마인츠(Mainz) 75-76, 80, 96, 102, 128, 130,
160, 169, 238, 279, 292, 347, 440-441, 455,
469, 495
만스펠트(Mansfeld) 45-46, 49-52, 55, 58,
140, 151, 156, 220, 255-257, 265, 268-269,
271, **272-278**, 293, 306, 387
만투아(Mantua) 201-202
멤밍엔(Memmingen) 143, 437, 458
뫼라(Möhra) 44, 48, 125, **250-253**, 256,
350, 355
뮌스터(Münster) 192-193, **460-462**
뮐베르크(Mühlberg) 207, 209, 328, 405

뮐하우젠(Mühlhausen) 145-147, 150-151, 266, 377, **391-394**, 395-396

밀라노(Milano) 428

ㅂ

바르트부르크(Wartburg) 125-131, 133, 135, 172, 191-192, 252, 290-291, 305, 325, 339, 351, **352-356**, 371, 449, 474, 476

바이마르(Weimar) 136, 171, 301, 355, **357-370**, 387-388, 417

바젤(Basel) 176, 180, 287, **421-427**, 444, 447

바트 노이슈타트(Bad Neustadt) 45, **253**

바트 프랑켄하우젠(Bad Frankenhausen) 150-151, 266, 377, 380, 392, **394-400**

보름스(Worms) 19-20, 113-124, 125, 171, 195, 204, 218, 251, 269, 276, 281, 285, 287, 291, 299, 317, 342, 345, **346-350**, 352, 358, 376, 455, 458, 464, 488

보헤미아(Bohemia) 20, 22, 28-38, 102, 105, 108, 115, 139, 214, 238-243, 245, 383

뷔르츠부르크(Würzburg) 474

뷔르템베르크(Württemberg) 97, 181, 190, 200, 318

브레멘(Bremen) 199, 220

비텐베르크(Wittenberg) 48, 63, 66, 69-72, 79, 81, 86, 95, 99-100, 105-106, 111-112, 115, 118, 121, 125, 127, 131, 133-138, 140, 155-157, 159-162, 165, 167-168, 171-172, 177, 180, 188, 195-200, 204, 207-208, 215-216, 219-221, 223-224, 235, 252, 256, 263, 271, 291, 293, 299, 302, 305, **308-332**, 339, 350, 355, 364, 366-367, 371-373, 375, 382, 405-406, 428, 444, 466, 473-474, 476, 483, 495, 500, 502-503

ㅅ

슈말칼덴(Schmalkalden) 198, 200-202, **481-487**

슈토테른하임(Stotternheim) 58-59, 262, **306-307**

슈톨베르크(Stolberg) 138, 148, **375-382**

슈트라스부르크(Strassburg)/스트라스부르 (Strasbourg) 96-97, 116, 128, 180, 184, 194-195, 199, 228, **434-448**, 476

슈파이어(Speyer) 181-184, 194, 198, 201, 347, 350, 437, **454-459**

ㅇ

아우크스부르크(Augsburg) 76, 98-99, 104, 180, 189, 194-198, 200, 208, 225, 280, 358-359, 361, 406, 437, **463-473**, 474-475, 477, 479, 481

아이스레벤(Eisleben) 45-46, 156, 219-223, **255-271**, 272, 317-318, 495, 501

아이제나흐(Eisenach) 53-55, 116, 125, 192, 205, 250, 279, **284-292**, 352, 356, 360

아인벡(Einbeck) 205
안나베르크(Annaberg) 317
안트베르프(Antwerp) 126
안할트(Anhalt) 200
알슈테트(Allstedt) 139-142, 145, 256, **387-390**
알텐부르크(Altenburg) 100, **335-337**, 338
에버른부르크(Ebernburg) 116
에어푸르트(Erfurt) 55-56, 58, 60, 63-64, 66, 104, 106, 116, 131, 150, 162, **292-305**, 306-307, 309, 317, 357-358, 392, 477
예나(Jena) 136-137, 205, 290, 357, **370-375**, 417
오를라뮌데(Orlamünde) 136
옥스퍼드(Oxford) 24-26, **233-235**
　　　머튼대학(Merton College)
　　　/발리올대학(Balliol College)
　　　/크라이스트처치대학
　　　(Christ Church College)
옵펜하임(Oppenheim) 116-117, **345-346**
울름(Ulm) 184, 194-195
위터보르크(Jüterborg) 79
인스부르크(Innsbruck) 225
잉골슈타트(Ingolstadt) 104, 350

ㅈ

잘츠부르크(Salzburg) 99
제네바(Geneva) 180, 227-228, 347, 421, 444-447, **504-507**

ㅊ

차이츠(Zeitz) 165, 219, 336, **416-420**
췰스도르프(Zölsdorf) 337
취리히(Zürich) 178, 189-190, 199, 421-422, 425, **427-434**
츠비카우(Zwickau) 138-139, **382-387**

ㅋ

코부르크(Coburg) 162, 166, 196, 199, 336, 366, 406, **473-480**
콘스탄츠(Konstanz) 28, 32, 34, 239, 241, 243-245, 298, 437
크베들린부르크(Quedlinburg) 138
쿠트나 호라(Kutná Hora) 30

ㅌ

타보르(Tabor) 36-37, 139, **245-246**
토어가우(Torgau) 155, 158, 164, 168, 196, **404-416**
트리어(Trier) 102, 119, 346

ㅍ

페라라(Ferrara) 38
포메른(Pommern) 200
퓌센(Füssen) 356
프라하(Praha) 29-34, 105, 139, **237-243**,

244-245, 277, 383
프랑크푸르트(Frankfurt) 138, 428
피렌체(Firenze; Florence) 38-43, **247-249**
피르나(Pirna) 310-311, 343
필링햄(Fillingham) 25

ㅎ

하노버(Hannover) 200
하이델베르크(Heidelberg) 97, **333-335**, 338, 443, 474
할레(Halle) 138, 162, 219-220, 223-224, 318, **494-503**
할버슈타트(Halberstadt) 75, 264, 279, 388
함부르크(Hamburg) 200, 458
헤른후트(Herrnhut) 38
후시네츠(Husinec) 28

인명 색인

ㄱ

가일러, 요한(Johann Geiler)/카이저베르크(Kaysersberg) 437
게르존, 오틸리에 폰(Ottilie von Gerson) 139, 389
게어벨, 니콜라우스(Nikolaus Gerbel) 128
게오르크, 브란덴부르크-안스바흐의(Markgraf Georg von Brandenburg-Ansbach) 458

게오르크, 작센의(Georg von Sachsen) 105-106, 108, 203, 338-339
겝하르트 7세(Gebhard VII) 277-278
괴테, 요한 볼프강 폰(Johann Wolfgang von Goethe) 338, 353-354, 357, 360-361, 367, 390
괴데, 헨닝(Henning Goede) 58, 300
구텐베르크, 요한네스(Johannes Gutenberg) 96, 436, 439, **440-441**
굴덴납프, 비간트(Wigand Guldennapf) 53, 286
그라우어트, 요한(Johann Grauert) 279
그레고리우스 7세(Gregorius VII) 347
그레벨, 콘라드(Conrad Grebel) 189-190
그레펜슈타인, 요한(Johann Greffenstein) 297
그로만, 닉켈(Nickel Gromann) 368, 412
그로트, 파울 페르디난드(Paul Ferdinand Groth) 316
그루테, 게르하르트(Gerhard Groote) 51
그림, 빌헬름(Wilhelm Grimm) 453
그림, 야콥(Jakob Grimm) 353, 453
그뮌트, 요하네스 폰(Johannes von Gmünd) 423
글라피옹, 장(Jean Glapion) 116
기욤, 프레데릭(Frédéric-Guillaume de Brandebourg) 507

ㄴ

나터, 하인리히(Heinrich Natter) 432

노르드만, 칼(Carl Nordmann) 457
녹스, 존(John Knox) 505, 507
누쓰도르프, 한스 폰(Hans von Nußdorf) 423
니체, 프리드리히(Friedrich Nietzsche) 427
니콜라우스, 성(St. Nikolaus) 342

ㄷ

당제, 다비드(David d'Angers) 439
따시튠, 기욤 르(Guillaume le Taciturne) 507
돈도르프, 아돌프(Adolf Donndorf) 291, 349
돌치히, 한스 폰(Hans von Dolzig) 157
되링, 한스(Hans Döring) 277-278
뒤러, 알브레히트(Albrecht Dürer) 126, 344, 466
드라케, 하인리히(Heinrich Drake) 330
디트리히, 파이트(Veit Dietrich) 474-475

ㄹ

라스페, 요한 보네밀히 폰(Johann Bonemilch von Laspe) 295, 300
라우, 게오르크(Georg Rhau) 106
라우에, 위르겐(Jürgen Raue) 385
라우터바흐, 안톤(Anton Lauterbach) 310
라이펜슈타인, 빌헬름(Wilhelm Reifensein) 377, 380-381
라인엑케, 한스(Hans Reinecke) 51, 279
라인하르트, 마틴(Martin Reinhart) 137
라인하르트, 안나(Anna Reinhard) 429

라체베르거, 마테우스(Matthäus Ratzeberger) 219
라티머, 휴(Hugh Latimer) 229, 235
랑, 요한네스(Johannes Lang) 172, 296, 299
럼프, 미카엘(Michael Rumpf) 108
레기우스, 우어바누스(Urbanus Rhegius) 318
레오 10세(Leo X)/지오반니 디 로렌초 데 메디치(Giovanni di Lorenzo de' Medici) 74-75, 97, 100, 109, 112, 248, 279
레온하르트, 한스(Hans Leonhard) 290
레이덴, 얀 반(Jan van Leyden; John of Leiden) 192, 461
로셔, 세바스찬(Sebastian Loscher) 466
로이스부뢰크, 얀 반(Jan van Ruysbroeck) 51
로이힐린, 요한네스(Johannes Reuchlin) 350
로젠블라트, 비브란디스(Wibrandis Rosenblatt) 444
로터, 멜히오르(Melchior Lotter) 339
로힐리츠, 엘리자베스 폰(Elisabeth von Rochlitz) 486-487
롬바르두스, 페트루스(Petrus Lombardus) 63
뢰러, 게오르크(Georg Rörer) 374-375
루더, 한스(Hans Luder) 44-47, 51, 58, 60-62, 250-251, 253, 256, 272-273
루돌프 2세(Rudolf II) 239-240
루보, 프란츠(Franz Roubaud) 398
루시우스 3세(Lucius III) 22
루이 14세(Louis XIV) 436
루터, 게오르크(Georg Luther) 251
루터, 요한(Johann Luther) 289

루터, 요한 에른스트(Johann Ernst Luther) 418-419
루터, 파울(Paul Luther) 162, 165, 220, 406, 417
루터, 프리드리히(Friedrich Luther) 289
루터, 프리드리히 마틴(Friedrich Martin Luther) 418
루트비히 1세(Ludwig I) 436
루트비히 2세, 독일인(Ludwig II, der Deutsche) 432
루트비히 2세, 바바리아의(Ludwig II of Bavaria) 356
루트비히 3세(Ludwig III) 287
루트비히 4세(Ludwig IV) 487
루트비히 데어 슈프링어(Ludwig der Springer; Louis the Springer) 352
루트펠트, 암브로시우스(Ambrosius Rudtfelt) 220
루프레히트 1세(Ruprecht I) 334
루프트, 한스(Hans Lufft) 355, 374
리들리, 니콜라스(Nicholas Ridley) 235
리첼, 에른스트(Ernst Rietschel) 291, 349
린데만, 마가레터(Margarethe Lindemann) 44-45, 253
린데만, 요한(Johann Lindemann) 253
링크, 벤체슬라우스(Wenzeslaus Linck) 336, 402

□

마가레테 폰 데어 잘레(Margarete von der Sale) 203
마르바흐, 요한(Johann Marbach) 445
마르셀리누스, 암미아누스(Ammianus Marcellinus) 421
마르크스, 칼(Karl Marx) 37, 374
마키아벨리, 니콜로(Niccolò Machiavelli) 42
마테시우스, 요한네스(Johannes Mathesius) 132
마틴, 투르의 성(St. Martin of Tours) 45
막시밀리안 1세(Maximilian I) 99-100, 347
만츠, 펠릭스(Felix Mantz) 189-190, 433-434
메니우스, 유스투스(Justus Menius) 285
메디치, 로렌초 데(Lorenzo de' Medici) 39, 248
메메, 한스(Hans Meme) 381
메서슈미트, 크라우스 프리드리히(Klaus Friedrich Messerschmidt) 378
메클렌부르크, 소피 폰(Sophie von Mecklenburg) 410
멘델스존, 펠릭스(Jakob Ludwig Felix Mendelssohn-Bartholdy) 337, 341
멜란히톤, 필립(Philipp Melanchton) 105, 128, 131-132, 133, 135, 152, 158, 163, 165, 171, 176-177, 180, 191, 196-197, 198-200, 203, 220, 223-224, 252, 258, 263, 271, 276, 280, 301, 308, 315-322, 326, 329, 330-331, 339, 350, 355, 359, 361, 367, 380, 403, 404-407, 411-412, 475, 477, 483-484, 488, 502
모리츠, 작센의(Moritz von Sachsen) 205, 207, 225, 280, 489
뮌처, 토마스(Thomas Müntzer) 106, 136,

137-152, 187, 243, 256, 266, 287, 357-358, 376-379, 383-385, 387-393, 395-396, 398-399
뮐러, 클라우스(Claus Müller) 297
뮐러, 페르디난트(Ferdinand Müller) 252
뮐포르트, 헤르만(Hermann Mühlpfordt) 382, 384, 387
미켈란젤로(Michelangelo Buonarroti) 39, 248
밀티츠, 칼 폰(Karl von Miltitz) 100, 335-336

ㅂ

바그너, 리차드(Richard Wagner) 429
바르트, 칼(Karl Barth) 427
바바로사, 프리드리히(Friedrich Barbarossa) 394
바츨라프 4세(Václav IV; Wenzel IV; Wenceslas IV) 30, 33-34, 239
바흐, 빌헬름 프리데만(Wilhelm Friedemann Bach) 498
바흐, 요한 세바스찬(Johann Sebastian Bach) 286, 288, 323, 337, 340-342, 391, 498
반더러, 프리드리히(Friedrich Wanderer) 268
반스, 로버트(Robert Barnes) 200
발덱, 프란츠 폰(Franz von Waldeck) 461
발터, 요한(Johann Walter) 416
발흐, 요한 게오르크(Johann Georg Walch) 468
베스터부르크, 게라르트(Gerard Westerburg) 137, 370
베어렙쉬, 한스 짓티히 폰(Hans Sittich von Berlepsch) 127, 354

베자, 테오도르(Theodore Beza) 229, 505, 507
벤크하임, 훈트 폰(Hundt von Wenkheim) 125
보니파키우스, 성(St. Bonifacius) 292, 299
보라, 카타리나 폰(Katharina von Bora) 154-162, 166-168, 202, 223-224, 309-311, 326-327, 337, 360-361, 401, 405-409, 492
보스카이, 스테판(Stephen Bocskay; Bocskai István) 507
보토 3세(Botho III) 376
보티첼리(Sandro Botticelli) 39-40, 248
부겐하겐, 요한네스(Johannes Bugenhagen) 112, 157, 177, 208, 223-224, 318, 322, 326, 329, 406, 411, 489
부처, 마틴(Martin Bucer/Martin Butzer) 97, 116, 180, 187-188, 199, 203, 434, 437-438, 441-442, **443-445**, 446-447, 476
부카르트 3세(Buchard III) 276
불링거, 하인리히(Heinrich Bullinger) 199, 430
불트만, 루돌프(Rudolf Bultmann) 453
뷔르, 이델라트 드(Idelette de Bure) 229, 447
브렌츠, 요한네스(Johannes Brenz) 97, 180, 318, 443
브뤽, 그레고르(Gregor Brück) 201
브뤽, 크리스챤(Christian Brück) 368
블라러, 암브로시우스(Ambrosius Blarer) 245
블라우록, 조지(George Blaurock) 189-190
블루멘슈텐겔, 예레미아스(Jeremias Blumenstengel) 419
비엘, 가브리엘(Gabriel Biel) 56
비텐베르거, 게오르크(Georg Wittenberger) 409

빌데나우, 요한(Johann Wildenau)/에그라누스(Egranus) 384
빌란트, 크리스토프 마틴(Christoph Martin Wieland) 360
빌헬름, 발타자르(Balthasar Wilhelm) 483
빌헬름, 안할트의(Wilhelm von Anhalt) 52
빌헬름 2세, 프리드리히(Friedrich Wilhelm II) 316, 318
빌헬름 3세, 프리드리히(Friedrich Wilhelm III) 259, 271, 330
빌헬름 4세, 프리드리히(Friedrich Wilhelm IV) 316
빌헬름 4세, 헤센-카셀의(Wilhelm IV von Hessen-Kassel) 482

ㅅ

사보나롤라, 지롤라모(Girolamo Savonarola) 20, **38-43**, 247-249
샤도우, 요한 고트프리트(Johann Gottfried Schadow) 271, 291, 330
샤퍼, 프리츠(Fritz Schaper) 302
샬룬, 라디슬라브(Ladislav Saloun) 241
샬베, 하인리히(Heinrich Schalbe) 53-54
쇤펠트, 아베 폰(Ave von Schönfeld) 155-156
숄츠, 루카스(Lucas Scholz) 420
쉰켈, 칼 프리드리히(Karl Friedrich Schinkel) 298, 330
쉴러, 요한 크리스토프 프리드리히 폰(Johann Christoph Friedrich von Schiller) 357, 360, 373-374

쉴링, 요한네스(Johannes Schilling) 349
슈뢰터, 시몬(Simon Schröter) 413-414
슈미데베르크, 하인리히(Heinrich Schmiedeberg) 341
슈미델, 비란트(Wieland Schmiedel) 329-330
슈바이처, 알렉산더(Alexander Schweizer) 432
슈타우피츠, 막달레나 폰(Magdalena von Staupitz) 403-404
슈타우피츠, 요한 폰(Johann von Staupitz) 67-69, 71-72, 97, 99, 402, 404
슈투름, 니콜라우스(Nikolaus Sturm) 279
슈투름, 요한(Johann Sturm) 444
슈투름, 카스파(Kaspar Sturm)/도이치란트(Deutschland) 115
슈튈러, 에라스무스(Erasmus Stüler)/슈텔라(Stella) 387
슈튈러, 프리드리히 아우구스트(Friedrich August Stüler) 311
슈트라우스, 야콥(Jakob Strauss) 287
슈팔라틴, 게오르크(Georg Spalatin) 97, 100, 116, 129, 157, 171, 196, 315, 318, **335-337**, 416, 417-418, 474
슈팡엔베르크, 시리아쿠스(Cyriakus Spangenberg) 274
슈페너, 필립 야콥(Philipp Jakob Spener) 502
슐레겔, 칼 빌헬름 프리드리히 폰(Karl Wilhelm Friedrich von Schlegel) 374
슐레겔, 한스(Hans Schlegel) 265
스코트, 조지(George Gilbert Scott) 235
스토르더, 리에주의 장(Jean Stordeur of Liege) 447

스토르흐, 니콜라우스(Nikolaus Storch) 138-139, 384
시몬스, 메노(Menno Simons) 193
　　메노 파(Mennonite) 193

ㅇ

아 켐피스, 토마스(Thomas a Kempis) 51
아그리콜라, 마틴(Martin Agricola) 280
아그리콜라, 스테판(Stephan Agricola) 180
아그리콜라, 요한(Johann Agricola) 177, 188
아돌프, 구스타프(Gustav Adolf) 305
아돌프 2세, 구스타브(Gustav Adolf II) 459
아들러, 프리드리히(Friedrich Adler) 316
아르놀디, 바르톨로메우스(Bartholomaeus Arnoldi) 56
아우리파버, 요한네스(Johannes Aurifaber) 220
아우어바흐, 하인리히 슈트로머 폰(Heinrich Stromer von Auerbach) 338
아퀴나스, 토마스(Thomas Aquinas) 38
아펠, 요한네스(Johannes Apel) 157
아프라, 성(St. Afra) 472
안나, 성(St. Anna) 59, 262-263, 268, 306-307, 410
알레만, 아베(Ave Alemann) 156
알레안더, 눈티우스(Nuntius Aleander) 112, 122
알렉산더 3세(Alexander III) 22
알렉산더 6세(Alexander VI) 39
알브레히트, 브란덴부르크의(Albrecht von Brandenburg) 75-76, 80, 279, 283, 469, 494-495, 498
알브레히트, 요한(Johann Albrecht) 221, 266
알브레히트 4세, 만스펠트-힌터오르트의 (Albrecht IV of Mansfeld-Hinterort) 269, 277
알브레히트 7세(Albrecht VII) 276
암스도르프, 니콜라우스 폰(Nicholaus von Amsdorf) 112, 125, 130, 135, 155, 158, **204-205**, 280, 287-288, 417-418, 488-489, 492
앙리 2세(Henry II) 225
야스퍼스, 칼(Karl Jaspers) 427
에라스무스, 로테르담의(Erasmus of Rotterdam) 128, 131, **172-176**, 422-425, 427
에르베, 프리츠(Fritz Erbe) 191-192, 356
에른스트 1세, 만스펠트의(Ernst I von Mansfeld) 140, 387
에른스트 1세, 브라운슈바익-뤼네부르크의(Ernst I von Braunschweig-Lüneburg) 458
에버, 파울(Paul Eber) 329
에어네스트 1세, 요한(Johann Ernest I) 288
에어네스트 2세(Ernest II) 265-266
엑케하르트 2세(Ekkehard II) 490
엑켄, 요한 폰 데어(Johann von der Ecken) 119-121
엑크, 요한네스(Johannes Eck) 30, 104-109, 112, 198, 338
엑크하르트, 마이스터(Meister Eckhart) 51
엠저, 히에로니무스(Hieronymus Emser) 57
엥겔스, 프리드리히(Friedrich Engels) 37, 398
오시안더, 안드레아스(Andreas Osiander) 180

오캄, 윌리엄(William of Ockham) 56, 72
오토 2세(Otto II) 238
오토 대제(Otto I. der Große) 278, 283, 494
와츠, 아이작(Isaac Watts) 229
왈도, 피터(Peter Waldo) **20-23**, 31
외콜람파디우스, 요한네스(Johannes Oecolampadius) 180, 188, 422, 425-427, 444
요나스, 유스투스(Justus Jonas) 112, 157, 163-164, 180, 196, 220, 222-224, 315, 318, 405-406, 411, 475, 495, 499, 501
요한 부동자(Johann der Beständige) 150, 176, 195, 309, 317, 335, 337, 359, 405-406, 410, 458, 474
우르지누스, 자카리아스(Zacharias Ursinus) 335
우텐드룹, 한스 톤(Hans Thon Uttendrup) 270
울리히, 뷔르템베르크의(Ulrich of Württemberg) 181
웨슬리, 존(John Wesley), 38, 234
위클리프, 존(John Wycliffe) 20, **24-28**, 30-31, 233-236
윌리암스, 로저(Roger Williams) 507
윔펠링, 야콥(Jakob Wimpfeling) 435
유드, 레오(Leo Jud) 433
육코프, 폴(Paul Juckoff) 275
융커 외르크(Junker Jörg: 기사 게오르크) 125-126, 252, 290, 305, 325, 371
이노센트 3세(Innocentius III) 22
일리리쿠스, 마티아스 플라치우스(Matthias Flacius Illyricus) 205

ㅈ

자카리아스, 요한네스(Johannes Zacharias) 298
자쿠스, 지그프리드(Siegfried Saccus) 284
제발두스, 성(St. Sebaldus) 345
지기스문트(Sigismund) 34, 36-37
지머링, 루돌프(Rudolf Siemering) 271, 318
지슈카, 얀(Jan Žižka) 37, 245-246
진젠도르프, 니콜라스(Nikolas Ludwig Zinzendorf) 38
질버아이젠, 엘리자베스(Elisabeth Silbereisen) 443

ㅊ

차이스, 한스(Hans Zeiss) 140, 388
차직, 츠비넥(Zbyněk Zajíc) 31-32
차하우, 프리드리히(Friedrich Zachau) 498
첼, 마태우스(Matthäus Zell) 437
츠빌링, 가브리엘(Gabriel Zwilling)/디디무스(Didymus) 134-135, 187, 405, 411
츠빙글리, 울리히(Ulrich Zwingli) 178, **179-180**, 184, 186-189, 425, 427-433, 459
츠빙글리파 185, 195, 444, 449-450
치글러 2세, 하인리히(Heinrich Ziegler der Jüngere) 304, 371

ㅋ

카예탄, 토마스(Thomas Cajetan) 98-99, 104,

290, 358, 369, 467-468, 470, 474
카우프만, 치리아쿠스(Cyriacus Kaufmann) 474
카프카, 프란츠(Franz Kafka) 240
카피토, 볼프강(Wolfgang Capito) 437, 444
칼 4세(Karl IV) 29, 102, 113, 238-239
칼 5세(Karl V) 100, **101-104**, 113-115, 119-120, 122, 126, 181-182, 184, 195, 198-199, 201, 207-209, 225-226, 245, 288, 347, 367, 470, 481
칼 대제(Karl der Grosse; Charlemagne) 114, 278, 428, 460
칼뱅, 장(Jean Calvin/John Calvin) 180, **227-229**, 422, 438, 444, 446-448, 504-507
칼슈타트(Karlstadt)/안드레아스 보덴슈타인(Andreas Bodenstein) 105-106, 127, 131, 133-137, 167, 187, 315, 323, 358, 370-371, 373
캄머마이스터, 하르퉁(Hartung Cammermeister) 297
케슬러, 요한(Johann Kessler) 372
켈러, 루트비히(Ludwig Keller) 444
코클래우스, 요한네스(Johannes Cochlaeus) 198
코타, 우르술라(Ursula Cotta) 53-54, 289-290
콘스탄티누스(Constantinus) 65
콜리니, 가스파 드(Gaspard de Coligny) 507
콥, 니콜라스(Nicholas Cop) 228
콥페, 레온하르트(Leonhard Koppe) 155, 158, 405, 408

쿤하임 2세, 게오르크 폰(Georg von Kunheim der Jüngere) 165
크니퍼돌링, 베른트(Bernd Knipperdolling) 461
크라나흐 1세, 루카스(Lucas Cranach der Ältere) 125, 131, 157, 160, 166, 216, 275, 277, 288, 290-291, 304, 312-313, 324-327, 331-332, 360, 362-365, **366-367**, 368-369, 385, 405, 410, 413-414, 478, 492, 498
크라나흐 2세, 루카스(Lucas Cranach der Jüngere) 324-325, 327-328, 331, 360, 362, 364, 367, 369, 478
크라머, 요한(Johann Cramer) 419
크라프트, 카스파(Caspar Kraft) 497
크랜머, 토마스(Thomas Cranmer) 229, 235, 445
크레히팅, 베른트(Bernd Krechting) 461
크로델, 마르쿠스(Markus Crodel) 405
크롬웰, 올리버(Olivier Cromwell) 507
크루시거, 카스파(Caspar Cruciger) 132, 223, 280, 318
크리스티네, 작센의(Christine von Sachsen) 203
클레멘트 7세(Clement VII)/지울리오 디 지울리아노 데 메디치(Giulio di Giuliano de' Medici) 248
클로루스, 콘스탄티우스(Constantius Chlorus) 243
키에츠, 구스타프(Gustav Adolph Kietz) 349

ㅌ

타울러, 요한네스(Johannes Tauler) 51, 71
텟첼, 요한(Johann Tetzel) 72, 75-77, 79, 92, 100, 279, 343-344, 488, 495
투르트페터, 요도쿠스(Jodokus Trutvetter) 56
투만, 폴(Paul Thumann) 290
툰첼, 가브리엘(Gabriel Tuntzel) 264
튀브케, 베르너(Werner Tübke) 397-398
트레보니우스, 요한네스(Johannes Trebonius) 53, 286
틴달, 윌리암(William Tyndale) 229

ㅍ

파렐, 기욤(Guillaume Farel) 507
파버, 요한네스(Johannes Faber) 198
파우로우나, 마리아(Maria Pawlowna) 355
파우벨스, 페르디난트(Ferdinand Pauwels) 290
파이게, 요한(Johann Feige) 185
파이퍼, 하인리히(Heinrich Pfeiffer) 145-146, 150-151
파푸스, 요한네스(Johannes Pappus) 439
페르디난트 1세(Ferdinand I) 119, 166, 207, 225-226, 239
페르디난트 2세(Ferdinand II) 38, 239
페핑거, 요한네스(Johannes Pfeffinger) 342
펠리페 2세(Felipe II) 226
펫첸슈타이너, 요한네스(Johannes Petzensteiner) 125
포르스티우스, 페트루스(Petrus Vorstius) 200, 202
포르히하임, 게오르크(Georg Forchheim) 296
폴리히, 멜러슈타트의 마틴(Martin Pollich von Mellerstadt) 328
푀르스터, 비란트(Wieland Förster) 485
푸거, 야콥(Jakob Fugger) 466, 468-470
푸거, 울리히(Ulrich Fugger) 466
푸르테나겔, 루카스(Lucas Furtenagel) 223
푸르테나겔, 빌헬름(Wilhelm Furtenagel) 500
프라슈스키, 제로님(Jeroným Pražský; Jerome of Prague) 244
프란츠, 지킹엔의(Franz von Sickingen) 116
프랑수아 1세(Francis I) 182
프랑케, 아우구스트 헤르만(August Hermann Francke) 496, 502
프랑크, 시몬(Simon Franck) 498
프로레스, 안드레아스(Andreas Proles) 52
프로쉬, 요한(Johann Frosch) 466
프로인트, 작센-마이닝엔의 베른하르트 에리히(Bernhard Erich Freund von Sachsen-Meiningen) 351
프롭스트, 야콥(Jakob Propst) 220
프리드리히 1세, 요한/관대한 요한 프리드리히/요한 프리드리히 용자(Johann Friedrich der Großmütige) 201, 207, 223, 286, 320, 364, 367, 373, 404-405, 412, 415, 417, 419, 489
프리드리히 3세(Friedrich III) 473
프리드리히 5세(Friedrich V) 239
프리드리히 현공(Friedrich dem Weisen) 69,

98-100, 105, 125-126, 135, 160, 171-172, 175, 288, 309, 317, 331, 335-338, 350-351, 359, 366, 404, 412, 416, 502
플라트너, 틸만(Tilmann Plattner) 376
플룩, 율리우스 폰(Julius von Pflug) 205, 418, 489
플뤼게, 율리우스(Julius Flügge) 457
피셔, 한스(Hans Vischer) 301
피셔 1세, 페터(Peter Vischer der Ältere) 410
피셔 1세, 헤르만(Hermann Vischer der Ältere) 324
피스토리스, 시몬(Simon Pistoris) 338
피히테, 요한 고틀리프(Johann Gottlieb Fichte) 373-374
필립 대공, 헤센의(Philipp der Grossmütige)/필립 1세 150, 180-182, 184, 188, 191, 198, 203-204, 350, 359, 395, 449, 451-452, 458, 481, 483, 486

ㅎ

하르트만 폰 데어 아우에(Hartmann von der Aue) 487
하우스만, 니콜라우스(Nikolaus Hausmann) 382, 384
하이네만, 구스타프(Gustav Heinemann) 453
하인리히 4세(Heinrich IV) 347
하인츠 데어 클라이네(Heinz der Kleine) 250-251
하페어리츠, 지몬(Simon Haferitz) 389

할레, 프리드리히(Friedrich Halle) 399
헤겔, 게오르크 빌헬름 프리드리히(Georg Wilhelm Friedrich Hegel) 341, 374
헤디오, 카스파(Kaspar Hedio) 180, 188, 444-445
헤르만, 하인리히(Heinrich Hermann) 251
헤르만 1세(Herman I) 352
헤어더, 요한 고트프리드(Johann Gottfried Herder) 360-361, 365
헨델, 게오르크 프리드리히(Georg Friedrich Händel) 496, 498
헨리 8세(Henry VIII) 234
헬트, 마티아스(Mathias Held) 200, 202
호노리우스 2세(Honorius II) 477
호이어 6세, 만스펠트-포데어오르트의(Hoyer VI of Mansfeld-Vorderort) 265-266
호전적인 프리드리히(Friedrich der Streitbare) 473
호프만, 닉켈(Nickel Hofmann) 497
호프만, 멜히오르(Melchior Hofmann) 438
후스, 얀(Jan Hus) 20, 22, 28-36, 105, 107-109, 115, 139, 179, 202, 237, 239-246, 259-260, 288, 297-298, 358
후터, 콘라트(Konrad Hutter) 53, 289
훈트리저, 에밀(Emil Hundrieser) 282
휴텐, 울리히 폰(Ulrich von Hutten) 372
힐텐, 요한네스(Johannes Hilten) 54-55, 287

용어 색인

#

7선제후 76, **101-102**, 119, 195, 344
30년 전쟁 227, 239, 241, 281, 303, 350, 436, 462
95개조 논제(1517) 33, 48, 55, 72, 78, 79-80, **81-95**, 96, 99, 138, 171, 228, 235, 252, 276, 279, 308, 315-317, 320, 334, 335, 343, 375, 420, 437, 469

ㄱ

고해성사(die Beichte) 19, 26, 67, 73-74, 79, 82-83, 107, 228, 326
공동생활 형제회(Brüder vom gemeinsamen Leben)/제로 형제회(Nullbrüdern)/트로이루스(Troilus) 51-52, 279
공재설(Consubstantiation) 186-187
교서 "로마 교황은 이렇게 말한다"(Decet Romanum Pontificem) 112
교서 "일어나소서, 주여"(Exsurge Domine) 109, 319
교황의 무오설 26, 34
교회의 보배(Treasury of the Church)/공덕의 보배(Treasury of Merit) 89-90
교회의 대분열(Schisma) 130
금인칙서(Goldene Bulle) 102, 113

기념설/상징설 186-187
길더(gulden) **66**, 69, 76, 101, 160, 161, 167, 286, 338, 470, 497

ㄴ

농민 전쟁(Bauernkrieg) 137, 148-152, 154, 156, 158-159, 167, 171, 192, 210, 214, 256, 287, 357-358, 385, 389, 391-396, 397-399

ㄷ

독일 블루 북(German Blue Book) 397
독일기사수도회(Deutschritterorden; Order of Teutonic Kinghts) 153, 361

ㄹ

라이프치히 논쟁(Leipziger Disputation) **104-108**, 109, 112, 339-340
라이프치히 분할(Leipziger Teilung) 404, 473
로마네스크 양식 가도(Straße der Romanik) 387, 416, 489-490
로마의 왕(Rex Romanorum) 34, 102
로이엔베르크 협약(Leuenberg Concord) 450
롤라드파(Lollards) 27-28

루터의 길(Luthersweg) 250, 483

ㅁ

마부르크 조항(Marburger Artikel) 181, 187-188, 450
마부르크 종교 회담(Marburger Religionsgespräch) 180-181, 184-185, 200, 285, 303, 425, 449-452
말러바흐 사건(Affäre Mallerbach) 256, 387-388
면죄부 33-35, 48, **72-75**, 76-95, 100, 107, 110, 279, 283, 312, 326, 343-344, 375, 386, 402-403, 420, 440, 469, 488, 495
모테트(Motet) 106

ㅂ

바우하우스(Bauhaus) 운동 357
바이마르 고전주의(Weimar Classicism; Weimarer Klassik) 357, 360
바이마르 공화국 357-358
바이마르 헌법 357
반유대주의 210-216, 330
베스트팔리아 평화회의(Westfälische Friede) 462
보로디노전투(Battle of Borodino) 398
보름스 제국의회 19, 113-114, 121-122, 124-125, 171, 195, 204, 276, 285, 342, 347-349, 376, 458, 488

보름스 칙령(das Wormser Edikt) **122-124**, 182-183, 198, 481
보름스 협약(das Wormser Konkordat) 437
불가타(Vulgata) 26, 130, 132, 235
비더마이어(Biedermeier) 양식 267
비텐베르크 협약(Wittenberger Konkordie) 197, 200, 438, 444
빌라 호라 전투(Bitva na Bílé hoře; Battle of White Mountain) 241

ㅅ

서임권 논쟁 347
선출 협정(Wahlkapitulation) 115
성례전 73, 85, 111, 187-188, 325-326, 413
수비타(Subita) 228
슈말칼덴 동맹(Schmalkaldischer Bund) 198-200, 202-204, 207, 225, 280, 294, 328, 437, 481-487
슈말칼덴 신조(Schmalkaldische Artikel) 197, 201, 482, 487
슈말칼덴 전쟁(Schmalkaldischer Krieg) 205, 207, 417, 445, 489
스위스 형제단(Swiss Brethren) 189, 433
스트라스부르 서약(Oaths of Strasbourg) 436
신경건(Devotio Moderna) 51
신성로마제국 34, 37-38, 98, **101-102**, 103, 113, 147-148, 151, 182, 184, 205, 214, 225-226, 238-239, 243, 278, 292, 344, 347, 391, 405, 428, 436, 455-456, 491

ㅇ

아라비아티(Arrabbiati) 40
아우구스티누스 은수사회(Augustinereremiten) 60, 64, 72, 293, 297-299, 309, 402
아우크스부르크 신앙고백(Confessio Augustana) 194, **196-197**, 198, 245, 265, 288, 316, 319, 321, 325, 331, 406, 437-438, 463, 467, 471, 477
아우크스부르크 잠정안(Augsburger interim) 209, 438, 445, 464
아우크스부르크 종교평화협정(Augsburger Religionsfriede) 225-227, 350, 467, 472
알슈테트 동맹(Allstedter Bund) 140-141
알슈테트 정신(Allstedter Geist) 137
에어푸르트 학생소동(Erfurt Studentenlärm) 295
연옥설 **78-79**, 107
옥스퍼드 순교자들(Oxford Martyrs) 235
왈도파(Waldeneses)/왈덴시안들(Waldensians)/사보타티(Sabotati) 21-23, 37
월요일 시위(Montagsdemonstrationen) 284, 343
유대 돼지(Judensau) 215, 329-330
유명론(Nominalism) 30, 56, 72
율법무용론(antinomianism) 176-178
이바인 전설(Iweinsage) 487
이시도리안 교령집(Isidorian Decretals) 106
이신칭의 69-71, 79, 177-178
이종성찬 36, 133-134, 315, 323, 326, 415, 445, 466
인문주의 48, 55, 57, 104, 120, 138, 172-176, 179, 186, 322, 331, 350, 372, 422, 425, 426, 429, 435-436
일치신조서(Concordia) 201

ㅈ

잘리어 왕조(Salian Dynasty) 454-455
재세례파(Wiedertaufer; Anabaptist) 140, 145, **189-193**, 356, 383, 392, 433-434, 438, 447, 460-462
제후 설교(Fürstenpredigt) 141, 388, 390
종교개혁제단화(Der Reformationsaltar) 324-328, 362-365, 367

ㅊ

천년왕국 37, 139, 141, 142, 148, 192
츠비카우 예언자들 138, 384

ㅋ

카놋사의 굴욕 347
코랄(chorale) 323
콘스탄츠 공의회 28, 34, 107, 123, 202, 206, 239, 244
쿠트나 호라 법령(Decree of Kutná Hora) 30

ㅌ

타보르파(Taborites) **36-37**, 139
탄원 설교(Invocavit Sermons) 135, 323
테트라폴리타나 신앙고백(Confessio Tetrapolitana) 437
토마너 성가대(Thomanerchor)/토마스교회 소년 합창단 106, 337, 340
토어가우 신조(Torgauer Artikel) 406, 411
트렌트 공의회 206

ㅍ

파사우 조약(Passauer Vertrag) 225
파흐베르크하우스(Fachwerkhaus)/꼴롬바쥬(colombages) 289, **290**
프로테스탄트(Protestant) **183**, 345, 350, 401, 449, 452, 454, 456-459, 504
항의서(Protestation) 183, 350, 437, 456, 458
피아뇨니(Piagnoni, "흐느끼는 사람들") 42

ㅎ

하이델베르크 논쟁 334-335
헬베티아 신앙고백서(Helvetic Confessions) 180, 430
호헨슈타우펜 왕조(Hohenstaufen Dynasty) 348, 455
화체설(Transsubstantiation) 34, 111, 186-187
황실성당/황제성당(Kaiserdom) 347, 455
황제의 궁전(Pfalz) **113**, 348, 390
후스파(Hussites) 30, 33, 36-37, 105, 108, 239, 241, 245-246
흑사병 24-25, 190, 219, 235, 429, 444-445, 447